民族复兴与世界联邦

余天休社会科学论集

谢立中 编

北京大学出版社
PEKING UNIVERSITY PRESS

图书在版编目(CIP)数据

民族复兴与世界联邦:余天休社会科学论集/谢立中编.—北京:北京大学出版社,2008.11
ISBN 978-7-301-14509-8

Ⅰ.民… Ⅱ.谢… Ⅲ.余天休(1896~1969)-社会学-思想评论 Ⅳ.C91-092

中国版本图书馆 CIP 数据核字(2008)第 172402 号

书　　　名：民族复兴与世界联邦——余天休社会科学论集
著作责任者：谢立中　编
责 任 编 辑：刘金海
标 准 书 号：ISBN 978-7-301-14509-8/C·0505
出 版 发 行：北京大学出版社
地　　　址：北京市海淀区成府路 205 号　100871
网　　　址：http://www.pup.cn
电　　　话：邮购部 62752015　发行部 62750672　编辑部 62753121
　　　　　　出版部 62754962
电 子 邮 箱：ss@pup.pku.edu.cn
印 　刷 　者：涿州市星河印刷有限公司
经 　销 　者：新华书店
　　　　　　720 毫米×1020 毫米　16 开本　30 印张　594 千字
　　　　　　2008 年 11 月第 1 版　2008 年 11 月第 1 次印刷
定　　　价：58.00 元

未经许可,不得以任何方式复制或抄袭本书之部分或全部内容。
版权所有,侵权必究
举报电话:010-62752024　电子邮箱:fd@pup.pku.edu.cn

1968年,余天休先生在年度研讨会上与参与中美关系研讨年会的同仁 Dr. Baker 在一起。

余天休先生全家合影:(从左起)余先生儿媳,余先生夫人,余先生儿子,余天休先生,余先生女儿胡余锦明女士

1919年,余天休先生在美国

1917年,余天休先生在美国留学时所摄照片

余先生儿媳、余先生夫人、余先生女儿胡余锦明女士、余天休先生

1920年,余天休先生在回中国的船上

1920年,余天休先生离开美国前与好友合影

余天休先生早年在西北考察

1929年,余天休先生去原西北中山大学(现西北大学)就任校长的路途中

余天休先生 60 岁摄影

编者前言

余天休(1896—1969),美籍著名华人学者,中国社会学初创时期的重要人物之一。

依余天休先生自传所载,余先生祖居广东台山县荻海镇上湾村。其祖父余章侃于太平天国期间就已远渡重洋赴美谋生,其父余治中即出生于美国,成年后居美经商。和旅居海外的广大华侨一样,其父"关怀祖国心切,家庭观念较重",故常回祖国探望,然由于当时交通不甚方便,中美之间往返一次费时甚多("几近周年"),所以余先生三兄弟均生在中国。余先生幼年随母居台山家乡生活,13岁时(1909年)从父命随堂兄赴美留学,先在旧金山预备学校学习,后入印第安纳州凡尔巴来素大学(Valparaiso University)攻读法律、教育等科,得法律学士(1915年)和教育学学士(1916年)两学位;又入缅因州立大学(University of Maine)攻读政治学,得政治学学士学位(1917年);然后又入麻省克拉克大学(Clark University)研究院深造,攻读经济学和社会学,先后得经济学硕士(1918年)和社会学博士(1920年)学位,被认为是"当时我国留学生得博士学位之最年轻者"[①]。

1920年夏,余先生应北京大学校长蔡元培之约,回国到北京大学任教,在北京大学讲授"社会学原理"和"社会思想之派系"等课程,和同时在北京大学任教的陶孟和等人一起成为我国最早讲授社会学课程的社会学家之一。此后二十余年,余先生除先后在北京大学、北京师范大学、辅仁大学、法政大学(后改北平大学法学院)、农业大学(后改北平大学农学院)、中国大学、朝阳大学、"九·一八"事变后迁移至北京的东北大学、平民大学、河北法商学院、齐鲁大学等校任教授课(并担任过齐鲁大学社会经济学系主任)之外,还受聘担任上海大夏大学法律系教授、南京中央大学社会学系教授、广州中山大学社会学系教授等职(但均因事未能到任),为中国早期的社会学教育事业做出了重要贡献。

除去讲授社会学等课程之外,余先生还积极推动中国社会学学科制度方面的建设。1921年余先生组织创立了"中国社会学会",并担任第一任会长(1921年—1923年)。这是中国历史上的第一个全国性社会学会。同年又创办了中国历史上的第一份社会学学术研究刊物《社会学杂志》,并担任总编辑,由商务印

[①] 见本书所收录的汪公亮、朱照箕、陈文震三人主编的"余天休先生之学术思想与政治理论"部分。

书馆出版。该杂志先后共出版了三卷11册,为中国早期的社会学学术建设做出了重要贡献。

余天休先生不仅是中国早期社会学事业的一位重要推动者,而且也是一位卓越的社会活动家和教育家。早在美国求学期间,他就追随过孙中山先生从事革命活动,"时向驻美华侨演讲时局趋势"。回国之后任教之余,余先生又认为"欲图解决中国之人口问题,必须移民殖边,复兴西北,一则可以巩固边防,二则可以厚利民生",所以于1922年开始提倡"殖边运动",创办殖边协会,担任会长,出版殖边运动周报,组织相关人士到西北进行考察活动,创办边语学校(后因感觉中国万事待举,需要培养各色人才,遂将边语学校改为北平私立东方大学)以作为培养边疆人才之基础,并担任过西安中山大学校长,以推动西部人才的培养工作,成为我国"当代倡导开发西北之先辈"[①]。20世纪50年代,余先生返美国定居后,虽身在美国,但却始终关怀祖国,一心要为祖国做事。他感觉包括官员、学者和普通人民在内的美国人民对中国了解甚少,为推动中美两国人民的相互了解和理解,旋于1951年在美国旧金山创办了"中美学院"。依余天休先生的女儿、美籍华人胡余锦明女士回忆,他利用中美学院的条件,"每年筹办大会一次,每月聚餐一次。餐会时常邀请美亚各国人士介绍本国文化、社会、经济、政治现状,使美国人对中国能有正确的认识。""每月都出版月刊,每年有组织研讨会及每年出版年刊,都办得非常成功"。在这些活动中,所有事务皆为余先生亲自独立担任,"无任何公家之帮助,事无巨细,皆为亲手所为。例如每次会议前文件之起稿、书写,甚至贴邮票、送邮皆为自己动手,劳碌终日,无一怨言"[②],为沟通中美文化、促进中美友好做出了自己的贡献。

余天休先生1969年因胃病逝于美国旧金山。

余先生学养深厚,知识广博,兼之治学勤奋,思维敏捷,一生著述甚丰。据相关资料记载,余先生一生著述近二百种(其中著作三十余部,且近半数未曾公开出版),数百万字。然而由于各种原因,这些著述如今能够在国内找到的已经不多。2007年春胡余锦明女士访问北京大学,向北京大学提供了一批其父亲在美国出版的著作及未出版的著述手稿,以及其父的友人编撰的有关余先生学术思想的著作。为了纪念余天休这位中国社会学初创时期的先驱人物,缅怀其对中国早期社会学的发展所做出的贡献,我们决定从胡余锦明女士赠送的手稿当中选择部分文稿,又从北京大学图书馆的珍本图书当中选择了余天休先生早年捐赠给北京大学的部分著作,合成一集,公开出版,以让更多的人能够了解余先生的学术思想。

收录在本文集中的前三篇作品,一是余先生于20世纪30年代编写的社会学

[①] 见本书所收录的汪公亮、朱照箕、陈文震三人主编的"余天休先生之学术思想与政治理论"部分。
[②] 录自胡余锦明女士给编者的电子邮件。

教材《社会学大纲》，二是先生差不多同一时期编写的经济学教材《经济学原理》，三是余先生晚年在美国时撰写的重要著作《世界联邦政府》。它们分别涵盖了社会学、经济学、政治学三个领域，虽然不一定完整地反映了余先生在这三个领域的学术思想，但至少对于我们了解先生在这些领域的思想有一定的参考价值。尤其是其中的《世界联邦政府》一书，是先生从世界主义或人类大同的理想出发，对人类历史及现状（特别是两次世界大战的历史和现状）进行深刻反思的一个结果，书中提出的许多认识和对策性建议（如建立世界联邦政府等），至今读来仍让人觉得不仅有极高的学术价值，而且有极强的现实意义，并与当代西方某些理论家们的类似主张遥相呼应，值得我们认真地去阅读和体会。

本书收录的四份文献中，有两份未曾公开出版过。一是汪公亮、朱照箕、陈文震三人主编的《余天休先生之学术思想与政治理论》一书，该书只是作为非卖品内部印行过；另一是《世界联邦政府》一书，该书系由胡余锦明女士保存的英文手稿翻译而成。两份文献可以说都是第一次公开面向广大读者。这使得本书不仅具有较高的学术价值，而且具有很高的文献价值。这两份文献也均系胡余锦明女士所赠，在此我们谨向胡余锦明女士表示衷心的谢意。

余天休先生的友人主编的《余天休先生之学术思想与政治理论》一书，以文章节录或转述的形式对余先生的主要学术思想及其政治理论进行了比较全面系统地介绍，可以视为余先生学术及政治思想方面的一份概论性读物，对我们比较系统地了解余先生的学术思想有重要的参考价值。故此，我们将其作为本书的附录，以供读者参考。

谢立中
2008年5月26日

目　录

社会学大纲

自序	(003)
续序	(004)
凡例	(005)
第一章　欧洲近代文明之演化	(006)
第二章　科学导言	(013)
第三章　社会之意义	(016)
第四章　社会学之定义	(019)
第五章　社会学与诸科学之关系	(021)
第六章　社会学之派别	(023)
第七章　社会之起源	(025)
第八章　社会之演化	(028)
第九章　左右社会之势力	(030)
第十章　人口论	(033)
第十一章　社会活动	(037)
第十二章　社会之阶级	(041)
第十三章　社会之威力	(044)
第十四章　社会之求治	(048)
第十五章　社会进步	(052)
第十六章　宗教	(056)
第十七章　家庭	(058)
第十八章　犯罪	(061)
附录一　普通汉文社会学参考书籍	(063)
附录二　普通英文社会学参考书籍	(067)
附录三　中国社会情形的普通参考书籍	(069)
附录四　中外各种社会学定期刊物	(070)

经济学原理

序 …………………………………………………………… (073)

卷一 导言
  第一章 经济学的意义和现代的经济制度 ………………… (074)
  第二章 经济学与诸社会科学的关系 ……………………… (078)
  第三章 经济学和经济行为的分类 ………………………… (080)

卷二 经济史略
  第四章 人类的环境和他们的经济发展 …………………… (083)
  第五章 人口的增加和经济史的发达 ……………………… (088)

卷三 消费
  第六章 效用和财富 ………………………………………… (096)
  第七章 需要和消费 ………………………………………… (101)
  第八章 欲望和生产 ………………………………………… (105)

卷四 生产
  第九章 生产的要素 ………………………………………… (107)
  第十章 生产的组织 ………………………………………… (112)
  第十一章 生产的代价 ……………………………………… (118)

卷五 交易
  第十二章 价值 ……………………………………………… (122)
  第十三章 货币和信用制度 ………………………………… (128)
  第十四章 国际贸易和关税制度 …………………………… (136)

卷六 分配
  第十五章 分配与租金 ……………………………………… (141)
  第十六章 工金 ……………………………………………… (148)
  第十七章 利息 ……………………………………………… (154)
  第十八章 赢利 ……………………………………………… (159)
  第十九章 租税 ……………………………………………… (163)

卷七 经济问题
  第二十章 人口问题 ………………………………………… (170)
  第二十一章 劳工结合和劳工问题 ………………………… (175)
  第二十二章 投机和垄断 …………………………………… (180)
  第二十三章 独占事业 ……………………………………… (183)
  第二十四章 社会主义 ……………………………………… (189)

卷八 结论
  第二十五章 我们的将来 …………………………………… (194)

附录一　经济学研究题目 ……………………………………………… (199)
　　附录二　汉文经济学参考书 …………………………………………… (203)
　　附录三　英文参考书 …………………………………………………… (207)
　　附录四　中英文经济学名词对照表 …………………………………… (210)

世界联邦政府
——从国际困惑到世界联合

　　前言 ……………………………………………………………………… (231)
卷一　作为战争之产物和机器的国家
　　第一章　国家的历史进程 ……………………………………………… (232)
　　第二章　国家的主权和法权 …………………………………………… (236)
　　第三章　国家的显著特质 ……………………………………………… (242)
卷二　战争与和平中的国际关系
　　第四章　罗马帝国与中国治理下的和平 ……………………………… (247)
　　第五章　国际法 ………………………………………………………… (253)
　　第六章　外交 …………………………………………………………… (256)
　　第七章　国际条约 ……………………………………………………… (259)
　　第八章　国际争端及其和平解决 ……………………………………… (265)
　　第九章　作为解决国际争端合法手段的战争 ………………………… (269)
　　第十章　平时中立和战时中立 ………………………………………… (275)
　　第十一章　战争封锁和禁运 …………………………………………… (279)
卷三　国际合作与国际组织
　　第十二章　国际合作的早期形式 ……………………………………… (283)
　　第十三章　国际联盟 …………………………………………………… (286)
　　第十四章　联合国 ……………………………………………………… (292)
　　第十五章　联合国的结构与活动 ……………………………………… (296)
卷四　世界政治的必然趋势：世界政府
　　第十六章　世界性统一政权的创造和扩展 …………………………… (309)
　　第十七章　世界公民身份和普遍权利法案 …………………………… (313)
　　第十八章　世界政府的功能 …………………………………………… (315)
　　第十九章　阻碍世界政府建立的障碍 ………………………………… (320)

附录：余天休先生之学术思想与政治理论

　　编者序 …………………………………………………………………… (327)
　　王序 ……………………………………………………………………… (328)
　　余序 ……………………………………………………………………… (329)

卷一 先生之小传
  第一章 家境与幼年时代 …………………………………………（330）
  第二章 留学时代 ……………………………………………………（332）
  第三章 回国任事时代 ………………………………………………（334）

卷二 先生之学术与思想
  第四章 先生之思想概要 ……………………………………………（336）
  第五章 先生思想之中心 ……………………………………………（338）
  第六章 先生对知识与科学之思想 …………………………………（342）
  第七章 先生之宗教思想 ……………………………………………（343）
  第八章 先生之道德思想 ……………………………………………（345）
  第九章 先生之文化观念 ……………………………………………（347）
  第十章 先生之国学观念 ……………………………………………（348）
  第十一章 先生之史学观念 …………………………………………（351）
  第十二章 先生之社会思想 …………………………………………（354）
  第十三章 先生之治学方法 …………………………………………（357）
  第十四章 先生对于社会学之贡献 …………………………………（358）

卷三 先生之社会政治理论
  第十五章 先生对改造中国社会政治经济体制之理论 ……………（362）
  第十六章 先生之政治演变理论 ……………………………………（365）
  第十七章 先生之法治与人治理论 …………………………………（368）
  第十八章 先生之法律理论 …………………………………………（370）
  第十九章 先生对调整政治问题之理论 ……………………………（372）
  第二十章 先生对中国政治之理论 …………………………………（374）

卷四 先生对新中国建设之理想纲要
  第二十一章 心理建设 ……………………………………………（378）
  第二十二章 社会建设 ……………………………………………（387）
  第二十三章 军事建设 ……………………………………………（405）
  第二十四章 政治建设 ……………………………………………（412）
  第二十五章 经济建设 ……………………………………………（438）
  第二十六章 国际建设 ……………………………………………（457）
  第二十七章 结论 …………………………………………………（465）

  刘跋 ………………………………………………………………………（466）
  张跋 ………………………………………………………………………（467）
  附先生著述目录一览 ……………………………………………………（468）

社会学大纲

注:本书于1931年由北平文化学社首次印刷发行。

自 序

社会学乃近数十年来泰西新兴科学之一,其中原理含集各社会科学之精华,实可称为诸社会科学之基础。社会学之目的以确定人类团结生活之起源、演化、发达、组织及机能,与夫社会之治乱为标准。故学者常谓各国立国方针,将以该学研究之所得为标准,可无疑也。余性好学,曾治社会学十有余年。考国人之研究此学者人数尚少,而相当之教材及课本亦甚缺乏,故早已计拟收集该学之材料,编成详细课本,以供青年之参考。

今经编成文者已愈十余万字,全书告成将不下二三十万言,一二年后或可供之以问世。今春余出长西安中大,于公余之暇,将社会学之要旨先编成大纲,以便一般学子之参考,但暇时不多,随时即写,全部各章次序亦未完全规定。兹将已成之部,先行油印二百余份,分送各知交,请为指正。俟全部大纲告成之后,再将内部各章次序重新规定,以便再版。海内贤达有以教之,则幸甚也。

1929年7月14日余天休序于西安中山大学

续 序

本书原为十四章,曾在西安中山大学用油印出版一次,分赠知交;刊行至今,将近一载。兹将原本重新修改,添加章数,补充材料,章数秩序亦重新布置;每章并增添练习题,以便作高中及大学预科教本。此书之缺点尚多,他日再版,当加以修正,并增添章数以补其不足。是否有当?幸贤明有以教之。

1930年6月30日序于北平

凡　　例

一、本书之要旨系预备作高中及大学预料教科书。

二、本书内所用之演化名词系演进之别名其英文名为 Evolution 著者主张用演化而不用演进,因英文之原意系指有秩序之变化及有系统之变化,其变化不一定往前进或往后退,故演进之义似有指前进之意,而演化则指前进后退均可,适与英文原义相合。

三、每章末附参考书目数种,如阅者欲详细研究本章内之原理,可参阅所举之参考书。

四、每章末附有练习题若干项,为学生练习便利之用。

五、本书分为十章①,预定每周授课一小时,一学期完毕。

---

① 原文写的就是"十章",疑为笔误。

第一章　欧洲近代文明之演化

　　泰西今日之文明,虽可谓承接巴比伦,犹太,埃及,希腊,与东方诸国之文明而成。其实不尽然,因欧洲诸国虽有太古诸邦之文明为其背景,若其环境无特殊情况以发展之,则虽有此基础亦不能发达也。欧洲今日之文明,实起于罗马帝国之灭亡。何以言之?盖自罗马灭亡之后,泰西环境乃大变,而逐渐变更各方情状以立一新文明于其间。今日之论西学者,不可不自罗马之灭亡起。盖欧洲今日一切科学与思想,实始于此。故吾之论社会科学也,亦从此而起焉。

　　当罗马帝国得势之时,全欧统一,其不在罗马之范围者,唯北方之野蛮民族而已。罗马之势力继续数百年,至四五世纪之间,北欧民族遂兴,而渐侵占其国境,及至六七世纪,昔日庄严之大帝国,乃一灭而不能复兴矣。自帝国灭亡之后,群雄自主,实行其武力式之封建制度,而鱼肉平民。考封建制度含有政治及经济作用于其间。盖是时政治失其主宰,盗贼横行,强人各自割据,封侯封爵,霸占民地,以致民不聊生。凡是者数百年,于是有力者出而包办民生,凡欲谋安存者可将其田地交托强人,复受其指使。久而久之,强者愈加压迫,使平民成为被征服阶级,而供强人之使役,并替其耕作,以培养强者之威福。此即封建制度之现象也。后经若何竞争,若何淘汰,志雄力厚之士,乃实行其帝王之幻想,而各地遂成独立之小邦。今日欧洲各国实基于此。故未有罗马之灭亡,则无今日之欧洲各国矣。

　　当罗马灭亡之秋,亚洲西南于一宗教兴起于其间。此教以武力为传道之工具,不信其说者伐之,杀之。不满数十年间,而亚洲西南遂归其势力范围矣。此教为何?即回教是也。回教之始祖为穆罕麦德。此人生于阿拉伯西南之麦克Mecca城。然则穆罕麦德之为人也,及回教之兴起也,究兴泰西文明有何关系耶?著者曰,其关系也大矣。回教兴起之后,其势力逐渐膨胀,而耶教之发祥地,柏拉斯坦Palestine遂被回人占据矣。

　　回人之占领犹太,遂引起欧人之反抗,因是时全欧人民皆奉耶稣为教主,对于耶稣之发祥地甚为钦佩,且名之曰神州。是时香客每年巡游其间者,大不乏人。故神州一失,反抗即起,而有十字军之兴矣。十字军之东征凡八次,历二百年,死人无数,由老翁而至儿童,莫不与之有关系焉。然十字军之声势虽大,及至十四世纪之初,西欧人民即感其苦,而对于宗教之迷信,遂略为减少。况自十四世纪以还,文化日兴,宗教容忍之心,亦日益增加。故是时十字军之进行,不伐而灭矣。惟十字军虽终止，而其影响于欧洲社会者仍属不少。其影响为何？一曰封建贵族势力之减少。盖当十字军之役，贵族之死亡者大不乏人，而平民遂得安其居，乐其业矣。二曰思想之复兴。因西欧诸国，自罗马灭亡以后，古学丧失，而十字军因与东方交战，遂吸受其文化，而开新思潮及宗教革命之源泉。三曰商业之发达。因十军军引起西方贸易家之徂东心，于是欧人之与东方诸国之往来，亦由此起矣。意大利是时为东方贸易之发源地，其城市之发达，实为欧洲各国之冠。四曰引起欧人之探险心，而生发现新大陆之根源。

自十字军终止后，回教势力复兴，且渐次蚕食亚洲西南全境。于是欧人徂东贸易之大道，亦因此被其阻止矣。惟小亚细亚之路虽阻止，而东方之商务不能因此而终。故是时关心东西交通者，大发其议论，有谓世界如球形者，同时亦有否认其说者。主张球形者谓顺欧洲西行，则可达远东矣。当此问题争执之中，有一冒险家名哥伦布者，呈求意大利王供给其船只以便西行追探之，而解决此疑问。惟意王不允，于是哥伦布乃赴葡萄牙，请求该国王津贴其行。葡王许之。于是哥氏与其船只，西行流荡；经数月，于不意不觉之中，发现西方新大陆（即美洲）矣。自新大陆发现后，欧人探险心遂兴，而航海者纷纷航行各海，不满数十年间，非洲沿岸及印度洋，皆有欧人之足迹，而全球亦被其环驶矣。

自欧人环驶全球后，东方贸易复兴，于是人民知识日增，而古代失传之文化工具，亦从此而复见；盖昔欧人所失者，仍存于亚洲西南诸国，况自东方贸易复兴而后，欧洲学者多从商人之后，而探寻东方文明之得失。故欧洲文明虽经中古衰颓之景象，然自全球环驶后，文学，哲学，科学，艺术，美术等等，遂相继而复兴矣。

文化复兴之后，欧人思想渐次发达而自由，于是有宗教革命之举。中古天主耶稣之思想虽专制，惟经此震动之后，均被其倾覆，而种下法国革命之种子矣。是时美洲各地之贸易，亦渐次发达，因是时中美南美皆有金银矿之发现，欧人遂乘机而强夺以发展之。是时皮货贸易亦颇发达，惟美洲土人之抵抗力甚大，故若欲夺其财产，必先灭其种，于是美洲土著遂一一毁灭矣。同时北美西部，与澳洲，南非洲等地，亦次等发现金银等矿；因是之故，欧人之往各该地者日多，而地广人稀之新大陆，遂成为文明之区矣。因新大陆之发现，欧人之经营商业者，亦随此而活动。于是贸易渐推广全球，又因各新大陆互相需要各地产品，欧洲商人遂不能不前进而供给之。所以当时之小商业，不能适用于此新时势，而经营商业者，遂采取大商业主义，以应付其情境。此即商业革命是也。自商业革命及美洲发现后，欧人之游历海外者日多，于是知识日广，而倡言政治改革者，亦乘机而起。是时欧洲各国中，政治之最宜改革者实为法国。于是法人孟德斯鸠、卢梭等，唱言民约，法律之精神，及平等、博爱、自由等学说，而一般有志之士，遂受其感动，齐起而行其主张，于是法国大革命起矣。

法国革命有两大原因：一为政治之不良，一为社会思想之发达，不得志之士因而日多。革命实为掠夺政权之唯一工具。其革命之口号为谋民众之利益，其目的为夺取政权而享受当局之幸福。革命既起,社会全部颠倒,革命军一胜一败,被打倒之当局遂变而为反动派。此两种势力相持不下凡八十余年,而全欧各国莫不受其影响。盖是时党人所持之口号为民约,平等,博爱,自由。彼时全欧各国皆为专制政体。民众利益当然无可承认,于是此种口号绝对不能与各国当局相容。所以昔日各国对于法国革命所持之态度,俨如今日之对苏俄者无异。于是有神圣同盟之团结,以压制法国党人。法人因受各国之控制,遂与之交战,十余年间几有征服全欧之景象,后因众寡之不敌遂归失败,而有联军维也纳之会议,强复旧制。党人不甘心,陆续奋斗,以至全欧摇动,而各国革命亦相继而起。及其结果,则有封建制度之推倒,天赋王权之取消,及佃奴之解放。当法国革命之际,同时在英伦发生一空前之经济大革命——工业革命是也。此种特殊之变迁虽起自英伦,但其膨胀力较法国革命为大,不及数十年,世界几无地无人不受其影响。考英伦之所以有如此特殊之经济变迁者,实因下列数原因:(1)美洲发现后,商业阶级之发达;(2)蒸汽机之发明,以致机械自动,而代替人力于各种生产事业;(3)同时社会经济发达,人口亦因而增加,于是有过剩之劳动者,以应此特殊之需要;(4)新大陆市场之广大,而需要大量之产品;(5)英伦有大量之煤铁矿发现,以供给蒸气及制造机械用;(6)英伦近五百年以来,商船兵舰日趋发达,可以保护海上之运输事业;(7)因机器铁业之发达,铁路因而建筑,广大之汽船亦因而制造,以装载大量之货品;(8)煤业矿业之发展,以促经济发达之基础。

工业革命而后,欧洲社会益形发达,因应修造机械之需要,(1)科学知识时而增加;知识既增,(2)教育亦随之而进步;(3)生产制度顺势而变更;以前之手工制度,小资本制度,及家庭工业制度等,均不适用于此新局面,而发生一种所谓资本制度矣;(4)法国革命既将佃奴制度取消,但欧洲自工业发达而后,生产制度加大,资本集中,以致富者日富,而穷者无容身之地。穷者既无可倚靠,遂投身工厂,以得一时之饱。但日入无几,生活为艰,终非了事。劳资者因处境之不同,于是有阶级观念之发生,新式佃奴(工奴)制度,亦因而显现矣。

考资本制度之特性有五:(1)工厂制度,集多数人于一工厂之下,供给其工具与材料,利用其劳力而支配机器,以出产大量之货品;(2)公司制度,集多数人之小资本于一大组织之下,经营生产事业,内不受小本股东之约束,外谋绝大之权利以维护公司之本身,在内可以指挥工人,支配资本,在外可以应付国家及其他一切社会环境,俨然一小朝廷;(3)银行制度,收罗多数人之积蓄,集中社会之金融,以制造信用而调剂社会之供求,俾有存蓄者可出借其余资,需求资本以营生产事业者可得其所需;(4)交易所制度,包办资本,代销债券,介绍投资,以振兴实业;(5)保险制度,分担意外损失,集合千百万人之小资本以成巨大之富产,而投之于一切工商业,以振兴地方;而赔偿个人之意外损失。总而言之,资本制度发达,社会上少数之得意分子,利用其保管之巨富,而操纵社会上之一切大生产事业,以致富者日富,而贫者无地告贷。此乃资本制度之弱点也。

资本制度发达之后，工厂林立，交通较为便利之区，遂成为经济之中心。经济事业既集中，于是人口亦从此而重行分配，并发生下列诸现象：（1）乡村之荒废，盖城市经济发达，工资较高，动心之事亦因而增加，于是田间青年弃乡而投生于城市之工厂；（2）乡村既荒，城市因而伸张，盖城市经济事业日趋于发达，人口亦随之而增加，生活程度亦与时共进，以致劳动青年日入不敷所出；（3）而发生劳工问题，罢工问题等复杂现象，因之而起以致陷社会于不安；（4）乡间青年既弃乡而不复回，村间青春女子无所倚靠，亦不能不离乡别井以求城市之生活矣。妇女既集中城市，投身工厂以求一饱者乃必然之事。妇女既可自给，于是社交平等亦系意中事，再由社交平等而至要求参政。凡此种种，即所谓妇女解放之现象也。但妇女一经解放，其他关于妇女之一切问题，如婚姻问题，家庭问题，离婚问题，娼妓问题，及育儿问题等，亦随之而生，盖妇女既得自立，则其对于婚事，必与男子立于相等地位，及至结婚后，男女间意志不一，家庭因而不安，离婚亦从此而增加，于是不轨之性交及娼妓等问题，亦同时而发生矣。家庭及婚姻既发生问题，则儿童之养育，亦发生问题矣。以上所述，即妇女问题之总览也。

城市发达之后，不独劳工问题，妇女问题同时并立，即犯罪行为，及其他一切不道德行为，亦次第发现，盖城市人口复杂，知识与生活程度不一，同一居处，环境各异，再加上经济现象之不安，则人心之趋向可想而知矣。在资本制度之下，社会经济常有摇动，因一地之人口有限，机器之生产过剩，常用供过于求之苦衷，其唯一之出路，即推广市场，不然则社会必发生恐慌，但世界各国情形相差甚远，甲国之所产，未必适合于乙国。乙国之所需，未必甲国或丙国所能供给。于是遇有一时或一地之生产过剩，工厂即行停闭，社会上不安之景象，亦因而显现矣。

城市经济发达之后，人口亦为之一变，盖女子之志向不在家庭而在工厂，或其他经济事业上。于是成年之孤男寡女，日有增加，以致男女杂交，时有所闻。在此情状之下，婚姻之唯一条件为恋爱，若爱情不等，即可离异，因情场失败愤而自杀者，不知凡几。处此境地，人口问题，亦因而发生，盖孤男寡女之日多，人口之自然增加，均因而低减。今城市人口之仍表面增加者，乃因由乡间之新移植耳。此种问题日趋紧张，所以泰西各国当局极为恐慌，设计奖励人口繁衍；而取缔孤男寡女独身生活矣。

社会现象既日趋于不安，于是维持之法乃出，在拥有资产者之眼光观之，其维持之法有下列数段：（1）劳资不利，将工厂或某关系之生产机关所得之红利，拨若干成分与劳工者而令其安心；（2）于假定工资而外，若每日出产超过其定额，即可给予相当之额外津贴；（3）科学管理，以最简便之方法，而令每一工人各尽其所能，以资出产最多最良之货品，而加以奖励之；（4）工人保险，将工人每周或每月之工资，扣下若下留作保险基金，以济工人之意外需用，如医药费，棺材费，或养老费等，令各得其所，以终其天年；（5）优待工人，如设立公共体育场，公共洗澡塘，公共图书室阅报室，工人青年会等等，以资其娱乐；（6）施行慈善工作,捐资救贫,以济老弱者之所需;(7)广办公民教育,以培养后起者之通才,凡此种种,皆为有资产者之所提倡,而实行者也。

处此局势之下,劳工者遂变而为无恒产阶级,因其工作所用器具材料等,均属于资产阶级之所有,持有巨富者,虽间有设法维持劳工者之生活,但无恒产者终觉得有经济阶级之不平等,同时社会上亦有其他不得志份子,利用此变态现象,而提倡种种改革社会方式,欲以之而推倒资产阶级。其所提倡之方式有下列数种:(1)企业联合主义,联合各业各行工人,与资产阶级对抗,以达其平等之地位;(2)社会主义,主张社会上一切大工商及独占事业,如矿产,山林,铁路,轮船,电话,电报等等,均收归国有,或地方所有,以控制资本家之操纵;(3)工团主义,联合各业各工人,自行组织工团政府,管理各有关系之生产机关,例如铁路工人,组织铁路政府,电话工人,组组电话工团,以自行管束其中之生产事业。信仰此种工团主义者,不主张有中央或地方政府,只相信其工团万能耳。其后持此论者之领袖,以为若无地方或中央政府主持一切则二工团以上之间,同时或发生若何冲突,则非有政府为之调停,实无法可补救。故其后又提倡工团组织而外,如有政府而统核之并名之曰修正工团主义;(4)共产主义,主张社会上一切大小生产事业均归公有,并以劳动阶级专政,而实行之,以打倒有产阶级;(5)劳农主义,乃共产主义之别号,以农工两阶级专政,苏俄曾举行一次,后经失败,而改用新经济政策,准许小资产之存在;(6)无政府主义,信仰此说,以为政府乃万恶之源,有力者用而压制民众,有资者以之鱼肉工人,于是非去之不可。此主义之中,又分为两派,一为理性之无政府主义,社会上若各能自爱,即可不用政府;一为激烈之无政府主义,非以激烈之革命去之不可;(7)虚无主义,主张社会上一切制度无存在之可能,其中一切现象,均是虚伪,故亦须以激烈手段打倒之而后可。在此劳资相持局势之下,各走极端,劳动者因不得其所欲,并进行下列工作:(a)从事政治运动,选举代表,参加议会,以图修改法律,惟其代表虽出自劳动阶级,一经当选,地位为之一变,遂放弃劳动者之初意,而谋与对党合作,工人之愿望遂由此而失败;(b)工人既失其所望,遂同盟罢工,以达其初志;(c)及至罢工失败,则勉强复工,而阴谋破坏机器,及其他生产工具,以制止经济事业之进行,而达其所主张之目的;(d)若阴谋不遂,激烈之革命,相继而起,社会之基础于是摇动矣。

劳动者既有此举动,把持生产事业者,亦当然有相当之应付方法:(1)秘密抵制,将主动份子及劳动首领,秘密开除,并同时通知同业永久不许录用;(2)及至无办法时,即共同宣告停业,藉以取缔劳动者之活动;(3)若此两种方法仍不适用时,则请示政府,调动武力为后援,以压制工人之扰乱,而解散其团体。凡此种种,皆系泰西社会不安之现象也。

资本制度发生后,泰西社会内部既有如上述之变态,其影响于他地者亦当然不少,兹列之如下:(1)海外市场之需要,盖机械生产乃大量之生产,前者百人之所出,今可用一机器代之而有余,但一地之人口有限,一旦生产过量,货物之销路必减,工厂遂因而停止工作,劳动者之生活,于是亦受莫大之影响。所以施行资本制度之国家,不能不向外发展,而推销其国内之过剩物品矣。此即国人之所谓帝国主义者也。(2)生货之需求,资本制度国家向外发展有二大原因,一如上述,其他为夺得相当殖民地,以供给大量之生产资料,盖机器生产之率虽大,而其所消耗之资料亦不少,若原料无可供给,则工厂必因而停顿,社会经济亦受莫大之损矢。此资本主义之国家,不能不向外发展者也。(3)殖民地之竞争,遂为各国向外发展所产生之一种现象,所以十九世纪以后,非洲全部,及亚洲之一大部分,因而被欧人瓜分矣。(4)武力主义之伸张,借以保护海外市场及既得之权利。(5)外交政策之施行,资本主义国家向外发展既为重要,是则外交政策与武力共进,而维护既得之权利,及阴谋未来之特殊利益。(6)关税之设立,以排斥外货,而保护土产,及增进国家之岁入。(7)资本国家发达而后,凡有物质事业,均焕然一新,出产愈多,财富愈足,告贷者遂因而日少,利息量额亦随之而低减,以成一资本过剩之国家。主持经济事业者遂谋向经济未发达之区域发展,投资于该地一切工商事业,以享受相当之利益,但投资外国,意外变迁必多,于是以外交及武力而担保其海外资产,实为切实之要图。所以国际风云紧张,竞赛武备以防万一。此迩来欧洲大战之所由起也。而今而后,国际资本愈趋活动,则世界大战愈加多而激烈,来日之大战,必不出太平洋沿岸,与远东之区域矣。区区数语,略述欧洲一千四百年来,社会文明之发展,及将来之趋势以献之有志青年学子,而资警告焉。

参 考 书 籍

Myers: *Modern History*
West: *Mediaeval and Modern History*
Harding: *New Mediaeval and Modern History*
Robinson: *The Development of Modern Europe*

本章练习题

(一) 欧洲今日之文明绍基何代?试述其前因后果。

(二) 穆罕麦德由何起家?其传教之方法,可得闻乎?

(三) 十字军之东征,影响于欧洲社会组织若何?

(四) 回教势力复兴,与新大陆之发现,有何关系?试述之。

(五) 试叙文化复兴之概况。

(六) 法国大革命,倡自何人?其学说内容若何?略加说明之。

（七）工业革命，由英伦发生，其故安在？

（八）试述明资本制度之特性。

（九）经济事业集中，能发生何种现象？

（十）妇女解放，则其他关于妇女之一切问题，亦随之而生，能例举说明乎？

（十一）何谓劳工问题？

（十二）城市经济发达后，社会现象，日趋于不安。宜用何方法维持之？

（十三）打倒产业阶级，其主义方法，各有不同，试分类剖解之。

（十四）在劳资相持局势之下，双方所进行之工作为何？能各收其效果否？

（十五）试论帝国主义与弱小民族之暗斗，谁得最后胜利？

（十六）国际资本愈趋活动，则世界大战愈加激烈，未来之大战，将产生于何方？

（十七）埃及文明之遗迹，至今尚光耀于世界者为何物？

（十八）试论欧洲古代政权与教权有无区别？

（十九）欧洲古代人民分为若干阶级，各阶级之组织若何？试述之。

（二十）可兰经中最重要之理论为何？

（二十一）耶稣降生与欧洲人民思想有何关系？

（二十二）试述迷信与科学有无冲突？

（二十三）意大利何以为东方贸易之发源地？试将其中古城市发达之状况略述之。

（二十四）试述十字军之始末与欧洲文明之关系。

（二十五）哥伦布之航海术，能略言乎？

（二十六）新大陆之发现与欧洲殖民事业有何关系？试述之。

（二十七）请叙法人孟德斯鸠之学说。

（二十八）维也纳在今日欧洲何地？

（二十九）试述物质文明与道德堕落之违反性。

第二章　科　学　导　言

科学乃人类知识之有系统者之总名称也。但有系统之知识，类别纷繁：如无机科学，有机科学，心灵科学，美艺科学，纯理科学，应用科学，叙述科学等，不一而足。社会学亦科学之一，故学者不能不先论科学焉。兹将科学之要点数项列之如下，以资学者之参考。

（一）科学分应用与理论二种。其理论者为纯理科学，其应用者亦可称为艺术。二者之关系可想而知矣。

（二）科学与哲学之目的相同，而方法各异。科学方法在于叙述，而哲学方法则在于解释。科学之法则乃由研究事物各个体而规定之。哲学之法则，略有不同，即由事物之某一方面而推出其总则之谓也。

（三）科学与宗教之目的略同——在于明瞭宇宙间一切现象，惟其方法则大异，盖科学注重实验，而宗教则注重冲动及情感之故也。

（四）科学与迷信之关系亦甚大。科学注重实验及叙述事物之真相，迷信则固守旧习，不愿观察事物之是非，故科学之进步常被迷信阻止，而不能发达焉。

人类之所以能研究科学者，乃因其欲治理其环境所致，盖人类所处之境遇常有不甚适合其自然生活者，如气候之一寒一暑，高山大海之阻碍等等，皆于人类生活有所不利，故须设计以治之，而设计之知识，又非研究而不可得。此乃科学之所由起也。人类环境大概有四种即：(1) 无机环境，如天时地利及其他一切自然现象；(2) 有机环境，如一切动植物等；(3) 人类间之种族环境，如种族之冲突，国际之战争，及其他一切重要之国际问题等；(4) 社会环境，如处置国内一切社会问题等。此可见人类之处理其环境，不能不倡言科学也。

科学之发达常经过某种时期，法人孔德氏曾指出三种：(1) 神秘时期；(2) 形而上时期；(3) 科学时期。在第一时期内，人类知识甚幼稚，对于宇宙一切现象，均以鬼神万能之说解释之；及至第二期，则知识渐发达，对于宇宙之解释，亦渐次适用理想矣；至于第三期，则科学昌明，知识亦极发达矣。

英人皮亚逊氏亦曾指出科学之发达曾经三种时期，即：(1) 意识时期；(2) 观察时期；(3) 数量时期。据氏之主张，人类知识之初期甚为简单，对于一切事物，均以意识解释之。至第二期略为进步，观察之法遂成，意识而外，加以观察。及至第三期，则一切事物均以数量代知识之表现矣。

综合二氏之主张，则下列四时期较为适当：(1) 神秘时期；(2) 意识时期；

(3) 观察时期;(4) 数量时期。

吾人研究科学所用之方法大概有三种,即:(1) 实验法;(2) 大量观察法;(3) 数量法。实验法即将所研究之事物剖解之,分析之,以求其因果。此法多用自然科学,或物理科学。大量观察法,则应用统计学之法则为方法,以得社会现象之意义。大量观察法多用于社会科学;至于数量法,即以数理测量事物之实况,而以公式或数量代事物之表现,如 $H_2O = Water$,$2 + 2 = 4$,$a + b = ab$ 等类。此法亦多用于物理科学。其他尚有若干特别法则,适用于某种科学者,兹为简略起见,均不多述。

科学之研究,不但有方法,且其研究之所得,亦有一定之效果,有一定之法则,如 $2 + 2 = 4$ 等,且其效果亦不常变更;假若有某种原因,必生某种结果,因果互相关联。吾人观察某种结果,必知其原因为何,若知某事物之原因,同时亦可预料其结果。自然科学之一部分,已达到此地步,而社会科学,因发达较迟,及其所研究之要素亦较为复杂,故其发达,尚远不及自然科学也。

科学之分类甚多,以上略为举列,兹将普通分类述之如下;如有欲进一步之研究者,可参阅著者所作之"科学概论",即"社会科学小丛书之第二种"。

(1) 数学。
(2) 天文学。
(3) 物理学。
(4) 化学。
(5) 地质学。
(6) 生物学。
(7) 心理学。
(8) 社会学。

以上分类系按每种科学发达先后之程序而定,其中所列之种类,系科学之较为重要者,余均不多赘。

参 考 书 籍

(一) 余天休著:《科学概论》
(二) J. H. Thomson: *Introduction to Science*
(三) Karl Pearson: *Grammar of Science*

本章练习题

(一) 科学二字,作何解释? 其性质如何?
(二) 科学之发达,常经过某种时期,法之孔德,英之皮亚逊,皆有相当之见解，能举其说以答乎？

（三）吾人如何研究科学？

（四）试述自然科学与社会科学之区别。

（五）试言余氏所著科学概论之内容。

（六）试言唯心论与唯物论之真谛。

（七）天文学有何用处？

（八）中国数千年来各代学者，对于人性善恶之讨论，多至数十万言，能用今日之心理学，得一异确之定论乎？

（九）试述地质学与考古学之互助性。

（十）请述中国今日社会之病态。

第三章　社会之意义

社会者,人类处境互生共存之现象也。考其意义有二,一即指人类结合之特种名称,如社会上各种结合,或团体,或同处一区域之人民互相共处,而有一定之组织或目的者而言,此亦即特种社会之谓也。其二则指人类间互相活动之种种现象,而未有一定之组织或关系者,亦即普通社会之谓也。特种社会之成立,乃由各个份子心德相同而成者。一社会之中,若其份子之心德不同,则其组织终必归失败。所以特别社会亦可谓人类因同心同德及权利相关而互相结合之现象也。

社会之种类甚多,故其分类亦复杂。美人基丁斯氏于其"叙述的社会学"一书之中,曾由心理方面分社会之种类为八。兹略列之于下,并解释其发生之原因,以资读者之参考。如有欲知其详细之解释者,可参阅基氏之原本。

（一）不分界限之团体,如动物与人类社会等

（二）人类社会

1．种族社会——根据于血统者。

2．地方社会——根据于地方或其他区域之关系者。

（三）由社会学方面有研究价值之团体

1．根据于本能(天性)者。

2．根据于理性者。

由此二者乃发生下列之种类[①]：

[①] 下表为原书的原样,"自愿者"与"假定者"之间无区分之表示。

{
自然或自愿者
  (1) 同情社会——根据于血统如家族等。
  (2) 同性社会——根据于心德相同者，宗教团体如昔日欧洲之宗教旅行团 Pilgrim Fathers 及其他宗教团体如(后至国)Latterday Saints 等。
  (3) 嘉纳社会——根据于赞许一种行为或事业，如不法之徒，因经济机会之吸引而结合，或政客、流氓、土匪、江湖之流，及中国各地之大刀会等。
  (4) 暴虐社会——根据于专权及奴仆式之服从而成立者，至于其组织则由不平等之份子而集合焉；即秦灭六国之秋，五代之残唐及满洲人入关后之现象是也。
  (5) 威严社会——根据于威权，可见于专制成风之社会，当局者之地位尊若神圣，如中国历朝隆盛时代及所谓太平之时，俄国当彼得大帝之世，法国当路易十五世时，皆表现此等社会现象也。

由思想而假定者
  (6) 奸谋社会——系根据于阴谋与结党为奸而成者，此现象乃由社会制度之破坏而产生者也；于此社会之中，奸雄之辈用行贿、包庇、及特权等，而达首领之地位，如三国时代及历朝乱世之秋，与夫今日中国之现象，及法国革命时之情形是也。
  (7) 契约社会——其创立之初系根据于某种约法，并由于其份子感觉结合之利益，及救世之可能而成立者。北美洲合众国之联邦制度，昔日北美洲土人之结合，中国三国时刘关张之结义，今日之青红帮、大刀会等，皆其例也。
  (8) 理想社会——系根据于互相感觉、互相信仰反互相服务而成立者。共产国、合作社或其他宗教团体等皆其例也。
}

参 考 书 籍

Blackmar and Gillin：*Outlines of Sociology*, Chapter I

Giddings：*Descriptive Sociology*

本章练习题

（一）何谓社会？请道其义。

（二）美人基丁斯氏所著"叙述的社会学"，分社会之种类为八，试列表说明之。

（三）现在地球上共有若干宗教，其势力之消长若何？

（四）欧洲以何民族为最优秀？其社会之团结繁荣进步，果具秘术乎？

（五）试述中国大刀会之起源。

（六）专制政体，以何国为最严重，今后尚能继续维持乎？

（七）中国人才，以春秋战国三国等时代为最盛，其故何在？

（八）中国以后立国之方针，宜采何主义与政策？请论之。

（九）理想之社会，果有实现之可能耶？

第四章　社会学之定义

误解社会学之名称者大不乏人：有谓"社会学乃研究社会弊病及其救济方法之科学"者；有谓"社会学是论社会现象之科学"者；有谓"社会学是论人类制度之科学"者；更有谓"社会学乃论社会组织之科学"者。此种定义全然错误。兹为便利研究起见，特举一较为合理之定义如下：

"社会学乃论人类团结之起源，演化，构造，作用，及其间所发生之一切问题之科学"

社会学之工作是设计寻求社会之组织，及其演化之定律，或原理；约言之，含有下列两项：

（一）社会组织各问题，即个人彼此关系，及个人与制度彼此关系之问题。

（二）社会演化各问题，包含社会起源，变迁，进步，或退步等问题。

社会学乃诸科学中发达最晚者。历代论人类社会生活者人数极多，维以科学法则而研究社会原理者，只见于最近数十年间耳。社会学之范围包含人类社会一切现象，由政治现象，而至盗匪问题，娼妓问题，贫穷问题等，莫不在其研究范围之中。将来世界各国立国方针，非从社会学立论而莫由。社会学历史虽短，研究成绩虽尚未可观，然其前途之发展，实未可限量。社会学乃研究人类文明进退，兴亡，盛衰，治乱之根本原理；明日之参政者，非研究此科学将无以应付其治理之环境。研究社会学之重要，可想而知矣。

研究社会学虽重要，但其中阻碍甚多，因人类所处环境不同，日常境遇亦因而异，处境既异，则其对于适应此种境遇之观念，亦因而不同。观念既别，则偏见起焉。人类偏见之种类甚多，其中之大者，有数项，即国家之偏见，经济之偏见，区域之偏见，私利之偏见等。此乃学者不可不注意者也。

参 考 书 籍

Blackmar and Gillin：*Outlines of Sociology*

Hayes：*Introduction to the Study of Sociology*

Spencer：*The Study of Sociology*（汉文译本：《群学肄言》）

本章练习题

（一）社会学之定义，言人人殊，能综各家之学说，而定一合理，概念欤？
（二）请详言社会学与其他科学之关系。
（三）社会学之范围，包含何种事实？
（四）如何免去人类之偏见？试论之。
（五）研究社会学宜参考何项书籍？
（六）自然环境与社会环境，影响于吾人之思想若何？
（七）伦理学乃论人类行为善恶之学，然人类之善恶，究以何为标准？
（八）娼妓问题，至今何以不能铲除？试道其理。
（九）心灵究系何物？

第五章　社会学与诸科学之关系

社会学与其他社会科学之关系，历来学者主张不一，第一派主张社会学是各种社会科学之总名称，以为社会学是综合法律，政治，经济，历史，宗教等科学之总名称。第二派以为法律，政治，经济与社会学均有密切之关系，盖社会学乃包括各科学之原理也。第三派以为社会学与其他社会科学不同，所以应该独立研究者也。

上述三派之主张当以第三派为合理，因人类社会非常复杂，内中包含各种复杂现象，而社会学仅研究其普遍之现象，至于其中之特殊现象，如经济活动，国家组织，道德，宗教等，则尚有经济学，政治学，伦理学，史学等。但科学之目的在于探求真理，其间不论任何一科学，均与其他诸科学有相当之关系，社会学亦然，兹略举数项略述之如下：

（一）与生物学之关系。生物学论生命，人类社会是生物界之一，所以社会学须以生物学为根据。

（二）与心理学之关系。心理学专论心灵，社会是由各个人的心灵相感而成，所以社会学亦须以心理学为根据。

（三）与经济学之关系。经济学之所研究者是人类之经济活动，但此种活动是从社会生活中而发生者。所以经济学不能不以社会学为基础也。即以近代生产方法之演化而论，此种演化亦不过是普通社会演化中之一种形式耳。若吾人不明白社会普通情形，则生产方法之演化，即莫能了解也。所以研究经济学者须先研究社会学方为适宜，否则将无所益也。

（四）与政治学之关系。政治制度之组织是建于社会组织之上。故社会现象与政治制度有莫大之关系。社会学与政治学同为研究人类社会组织之科学，不过其范围有广狭之分耳。社会学所研究者乃人类社会全体之组织，而其研究之单位为个人，说明人类互相作用及其互相影响之动作，而政治学所研究者则为人类社会中之一种特殊组织，其研究之单位是国家，故其研究之范围较之社会学为狭小也。

（五）与伦理学之关系。伦理学是研究人类行为善恶之科学。前代学者以为伦理学仅是讨论个人行为之科学，现在则共认伦理学为社会科学之一，因人类一切行为均以社会为标准，故伦理学即以社会学为根据矣。社会学之职务在于供给伦理学各种轨范，而伦理学之职责，则在于批评此种轨范。此两种科学之关系于此可见也。

（六）与史学之关系。史学之责任在于叙述社会生活过去之情状,而社会学之职责则在于解释人类社会生活之通则,故社会学可称为史学之研究法。至于史学对于社会学之贡献则在于收集资料,使社会学得有确实之根据而演绎其真确之结论也。简言之,社会学可称为史学之方法,而史学则可谓社会学之资料也。

（七）与教育学之关系。教育之目的在于训练社会中之个人,使其适合于社会之轨范。社会学与教育学之关系于此可想而知矣。总而言之,教育是社会之一种程序,替社会造就良好之个人,故教育亦可称为应用社会学之一部分及改良社会之一种方法也。再者社会问题常与教育问题互相关联,而教育之实施亦常基于社会之状况,是则社会学实为教育之基础也。

参 考 书 籍

Blackmar and Gillin: *Outlines of Sociology*, Chapter II

Giddings, *Principles of Sociology*.

本章练习题

（一）社会科学每种是否应该独立存在？试论之。

（二）人类社会非常复杂,用何方法方求得其普遍之现象？

（三）经济学以何种科学为基础？

（四）社会现象与政治制度有莫大之关系,试说明其连环性。

（五）个人之行为与团体之行为有何区别？试举例说明之。

（六）史学之责任在于研究社会生活过去之陈迹,其研究之方法若何？

（七）教育学之最终目的何在？试述之。

（八）良好社会,将由何而产生？请略论之。

第六章　社会学之派别

人类知识发达之途径,乃由非系统之思想,而进至有系统之原理。非系统之知识,无可确定,有系统之原理,则可以公式代其表现,或代其证明某事物之是或非。科学乃有系统之知识,其间所含之原则,均有真理在焉。科学愈发达,其原则亦愈确实;若科学之原则确实而不可驳斥,则派别无从生焉,盖诸学者均公认某项原则为合理,某项为不合理,所以无派别之可言。此乃自然科学之现状也。惟社会学则不然,因其发达尚在幼稚时代,其间各种原则相差尚远,于是各家有各家之主张,且因各种学者处境之不同,派别遂亦分歧矣。兹将其派别略列之如下。

（一）理想派。此派主张一切社会活动及状况,均受理想之支配,欲图改良社会者,必须从改正人民思想为根据。从来提倡宗教及采用某项主义而改良社会者,均属此派。

（二）环境派。此派以为社会之进步,退步,兴亡,治乱,及一切习惯,制度等,均受环境之影响。环境之要素即气候。（寒暑,风雨,干燥,潮湿等）。地理,（经纬,山地,山谷,平原,山地,沙漠,高原,海边,海港,海岛,河流,湖泽,等）。研究人文地理者,均属此派。

（三）生物学派。此派主张人类一切进步,社会一切情状,均由生物原理所致,即由弱肉强食,弱者先灭,强者后亡,天择人择,及生存竞争等原理为之左右。生物学家,优生学家,均是此派之重要分子也。

（四）人类学派。相信此派者,主张社会一切状况,及进步,退步等现象,均受人类之本性,即原有之智,体,德,及情之要素,与其所产生之风俗,习惯,所左右。主张是派者,以素研究人类学者为多。

（五）心理学派。此派主张人类团结之要素实为心理,盖社会内部之份子,须同心同德,及具有互助之精神,方有良善之团结,故欲明白社会情形者,务须研究人类心理为基础。

（六）史学派。此派否认社会学之存在,并主张以理论解释历史之科学,即"历史的哲学",足可以代表社会学之责任。倡议此说之最力者,当为德国巴尔德氏,在其 Philosophie der Geschichte als Soziologie《历史的哲学就是社会学》一书之中。巴氏学说合理之处尚多,惟其缺点亦复不少,盖史学只包含社会过去之现象,及现在现象之一部分;且史学从来对于社会各种问题,如家庭,娼妓,贫穷,犯罪等，均不多注意，而社会学则注重古今未来之一切社会现象，以古今之事实，而表现人类未来之途径。

（七）经济学派。主张是派者以为社会一切制度，均以经济为基础，古今各国社会无不相似，一旦经济基础略有变动，则社会本身亦随之而变；且从来拥有巨富，或把持社会之生产工具者，必为当代社会之统治阶级。社会之变迁，或兴亡治乱，均由统治者与被统治者互相争夺富源。或生产工具所致。近时各国学者多赞许此派之主张。迩来各国所采用之各种政策，或主义，如社会政策，经济政策，劳农主义，社会主义，共产主义，及我国之三民主义等，均以此学说为根据。

（八）综合派。主张此派者，以为上述各派均有缺点，应综合各派之要素，而解释社会之真象，方为妥善也。

参 考 书 籍

Bristol: *Social Adaptation*
Dunning: *History of Social and Political Theores*
Haney: *History of Economie Thought*
Bogardus: *History of Social Thought*

本章练习题

（一）社会学之派别，约有八种，试各举其内容以对。
（二）历史哲学，否认社会学之存在，此说创自何人？并申其说。
（三）试论劳农主义，社会主义，共产主义，三民主义之优劣。
（四）科学之原理，常可用公式表示之，试举其例。
（五）试述德国巴尔德氏之著述。
（六）综合派之学说，各国学者赞成者何人？

第七章　社会之起源

关于社会之起源，可分下列数项陈述之。

（一）生物。关于生物之原始，学者至今尚未研究清楚，有谓生物乃由上帝造成者，其后相继相灭，而至今日。有谓地球上本无生物，一切生物均由地球以外之行星，相传而来者；其相传之法，系由行星互相冲碰，生物因而坠下。此乃地球上生物之起源也。此外尚有一说，谓生物乃因某种化学要素，偶然结合而成者。查生物均包含下列要素，水分七成，其余三成则为盐质、炭质、氢气、氧气及氮气等，因其偶然集合，则生物遂成。以上诸说，当以此为合理。以此理推想，地球上生物之起源，当不只一处，或一次，及时既久，则变迁日多，生物遂由偶然发生，而至非性的分化，由分化而至有性别的生殖。所谓非性的分化者，即生物之生殖不由性交而由母体分段而来者也。至于有性别的生殖，即须经性别之交媾，方能成孕者之谓也。

（二）心理。生物最初时，本无心灵，后因适应环境，心理现象遂生。大概最初之心理现象，乃一种反应现象，一日遇某种状况，即表现某种反应状态；后再由反应而生反抗之举动；一旦遇有刺激，即表现有反抗之动作。再由反抗而有感觉而有冲动，遇事均不具理性而应付之。生物既有感觉，则制戒亦由而生。考动物之感觉，有痛苦快乐之列，凡遇有痛苦之经验，则即时制止而戒之，若遇有快乐之经验，则继而尝试之，试之日久，遂成习惯，而不可解除，及经年岁月，以至后世，则习惯即积集而成本能矣。自后智能亦渐次萌芽而发达，此即心理起源及变迁之程序也。

（三）人类。人类乃动物之一，其生存死亡，均根据生物原理而定，其来历亦当由生物演化而表现之。据人类学家之研究，一百万年前，地球上无人类踪迹，是时北半球结冰经年，生物南逃，其后大冰北退，生物重至，而人类踪迹亦渐显。大概人类发现于地球之上，距今五十万余年，近年人类学家，经历年研究，次第发现人类遗迹多种，如半猴人，Pithecanthropus Erectus，克鲁马克南人，Gro-magnon man，呢安得特尔人 Neandertal Man，等半人半猴动物，而表现几十万年来人类之变迁也。查人类与猴类相似之处甚多，如生理及心理上之特点，均甚相同。据生物学家之研究，人类与猴类均同为一祖宗所出，后因处境之不同，食料之差异，及生物之变迁，逐渐成类别。即人类内部，只有数十万年之历史，而今又分为黄红白黑等种矣。此可知人类由下等动物变化而来之可能性也。

（四）社会。社会学家对于社会之起源有两种主张，一谓人类本有乐群性，而不愿孤立居处，故有人类即有社会之组织；一说谓人类乃自私之动物，不乐群而不愿团结，后因对外竞争日多，遂觉合作之利益，而有社会之组合。原人生活简单，人口稀少，物产丰盛，生计较易，而竞争亦少，故不觉合作之必要，团结遂无由发展；后因人口增加，生计维艰，竞争亦日烈，社会遂因而成立矣。

（五）家庭。原人无家室，嫁娶莫由，血统亦不分，孩儿只知有母，而不知有父；后因为母者育儿之够劳，为父者间有表同情于母者，而暂与之同居于相当时期，俟孩儿长至若干时日方再行分离，而成立一种暂时家庭关系。及至人类思想渐次发达，文明亦略有可观，育儿时间亦因而较长，夫妇同居之期亦逐渐延长，而成为白头偕老之家庭矣。

（六）宗教。原人不谙物理，迷信鬼神，立庙宇，设教堂，而崇奉之，以神鬼为万能万在之主宰。此乃宗教之简明现象也。英人斯宾塞尔氏谓人类因怕活人，而有政府之组织，因怕鬼神，遂有宗教之迷信，又云宗教之起源，乃因原人食量过度，而晚间多梦，感觉人有二体，一为肉体，一为灵魂，日间二体相合而成全人，晚间二体分离，而成寝睡之状态。原人梦中即表现此现象；后又觉日间人亦有二体之表现，即人身之肉体及其影迹之跟随肉体而活动是也。斯氏谓原人之有此观念者其数极少，后因迷信者之宣传，由一而十、而百、而千、而万，以至普遍全世界。又法人都尔克海姆氏谓原人乐于跳舞，每于荒野之中，大烧烟火而跳舞以取乐，如醉如梦，以致乐极生悲，并感觉有神秘力量主宰其举动，遂崇拜之。以为鬼神。此即原人宗教观念之起源也。

（七）国家。初民无国家，最初为单人生活，渐进而有家族及部落之生活。地居平原者，以务农为业，聚族而居，社会制度亦极有条理；久居沙漠者，顺水草而食，生活无恒，民性凶猛，且沙漠之地，雨水不丰，旱灾易成，于是常谋向平原发展。平地农民遂巩固团体，死力抵抗，卒无可能，而终归失败，外族因而入居，为民之主，国家遂因而成立焉；时日既久，民族调和，互相合作，后又因外患相继，遂合力抵御，而国家团结，更为坚固。此乃最近学者之主张也，更有一说，谓国家为部落之扩大组织，其起源乃因感外族势力之日益膨胀，非有相当之组织，不足以图存，所以内部分子，牺牲成见，而谋巩固团体，以御外侮，此乃国家组织之根本源理也。

（八）社会各种制度。人类文明之发达，乃因其环境为之使然，可无疑也。英国某地理学家曾云："人类之所以日进者，乃因自然界在其后踢其前进耳。"善哉斯言也，岂有他哉？人类社会上一切制度、工具、用具、习惯、法规、礼教、仪式，何一非因时、因地制宜而发生者耶？西谚有云："需要者发明之母也"。岂不然乎？

参 考 书

余天休著:《科学概论》
Darwin: *Origin of Species*
Tylor: *Anthropology*
Thomas: *Social Origins*

本章练习题

（一）试说明社会之起源。
（二）地球上何时始有人类？未有人类以前，地面之现象如何？试述之。
（三）人类形体演化之程序若何？试根据生物学家研究之结果说明之。
（四）社会学家对于社会之起源，有何主张？
（五）人类何时始有家庭？其组织之动机何在？
（六）宗教何由发生？其影响于人类文化若何？
（七）试述国家之性质。
（八）社会各种制度，因环境之关系，次第发生，能明其故欤？
（九）试说明陵谷变迁，沧海桑田之原理。
（十）吾国古时新疆、蒙古等地，果为大沙漠乎？
（十一）中国人种从何处发生？其间繁殖之经过，能举所知者报告欤？
（十二）人类因受何影响，因分为黄、红、白、黑、棕诸种族？请申其理。
（十三）国家与政府之分别若何？

第八章 社会之演化

演化者,有次序之变迁,或逐渐变迁之谓也。英文名之曰:Lvolution;国人有译之为天演者,亦有译之为进化者。考宇宙之变迁凡二种,一为演化或天演,一为革命或人演。演化乃自然之变迁,有秩序之变迁,而有轨道之变迁,其程序乃由简而繁,由纯一复杂,其中之一切过程,均可预料。反之,革命乃人为之变化,乃无轨道之变迁,乃无定之变迁,其程序全靠人类之冲动,行为,情感,思想,或欲望之作用为之主动。本章专论演化,至于革命则容后再详。社会演化亦系宇宙演化之一,兹将演化之概要述之如下:

(一)演化之类别。宇宙万物,由表面观察似变化无穷,而无一定之秩序,若经精细之考察,则其一切变迁均有常轨,科学之进步,即在于增进分析此种变迁之能力也。考宇宙之演化虽复杂,但其中之大者亦不外下列数种耳。

(二)行星之演化。宇宙间一切行星均常有变迁,如地球之化昼为夜,彗星之去而复来,太阳之朝出而晚落,行星之由何而长成,而发达,及其他日蚀月蚀等等,皆其中之最显著者也。

(三)地球或地质之演化。据地质学家之研究,地球之历史最少有一万万年;当其初其,气候无常,地面全为硬石,而无泥土,且无雨无水,生物尚未萌芽;后经若干万年,因水素集合而成水,雨雪亦因而发生,大雨经年,硬石遂化为泥土;其后雨水减少,气候亦渐趋于有恒性,而生物遂萌芽。地球有历史以来,其中之变化已非一次;其变迁有两种,一为气候之变迁,一为地层之变迁。考气候之变迁,乃因其周转轨道略有变更,以致地球距离太阳较远,故气候遂随之而变。至于地层之变迁,系因地球初成时与他行星互相碰吸、热度过高,而成流质;其后因气候之变迁,地面热度渐灭,但地心热度尚高,仍属流质,且遇有通透之处,其热度即顺此而出,以致爆发,地面遂受其震动,而发生激烈之变化,名为地震,地层亦因而颠倒,其中所有生物均受其影响。此乃地球变迁之现象也。考地球自有历史以来所经过之变迁,其激烈者凡数次,小者不知凡几;在此期间,气候之变迁亦有多次,每次生物亦被其倾覆,而另立新纪元。此乃地球演化之大概也。

(四)生物之演化。生物之演化系根据地球之演化为原则,盖一切生物均与地势及气候有密切之关系,一旦地势或气候有变迁,则生物亦随之而变,且生物之繁殖亦系由地势与气候为之限制。生物演化中之公例,如生存竞争,(天择,人择,适者生存),生物之可变性,及适应性等,莫不由地势与气候促成之。故吾人可谓为生物之演化史,系地球演化史之一部分也。

（五）人类之演化。生物之演化既可称为地球演化之一部分，而人类之演化则亦可称为生物演化之一部分，盖人类乃生物之一，所有生物学止之一切原则，均可适用于人类，例如遗传学与优生学，生物之可变性与人种之可变性等，均可称为生物学原则之伸张。故人类学亦可称为生物学之一部分也。

（六）社会之演化。原始社会甚为单纯，其最大之组织不外小群，后因人口增加，物产有限，遂有竞争，而较大之社会亦因以成立。人口增加愈多，竞争愈烈，而结实之社会亦愈需要，故人类间之能合群者即得以生存，其中之个性过强者，虽有特殊之天才亦终归失败，而致灭亡。故社会之演化亦可称为人类团结之演化，系由简而繁，由纯一而复杂，由无组织而有组织，由小组织而至大组织，由不合作而至合作，由家庭而社会，而国家，而世界。但其演化之原动力，除自然环境等关系之外，实为人口之增加可断言也。

参 考 书 籍

Herbert：*First Principles of Evolution*

F. Stuart Chapin：*Introduction to Social Evolution*

本章练习题

（一）何谓演化？

（二）演化与革命有何分别？请申言之。

（三）演化有否代替革命，及革命能否代替演化？试论论之。

（四）试述演化之类别。

（五）科学何以有进步？试讨论之。

（六）试述行星演化之现象。

（七）试述地球之历史约有若干年。

（八）最初地球之原状若何？试说明之。

（九）地球之水系由何而来，及其与气候有若何关系？请申言之。

（十）何谓地震？试说明之。

（十一）生物与地震有何关系？请申言之。

（十二）试举生物演化公例若干项说明之。

（十三）何谓适者生存？

（十四）天择与人择有何分别？试说明之。

（十五）何谓遗传学？

（十六）遗传学与优生学有何关系？请申言之。

（十七）社会演化之原动力为何？请说明之。

（十八）试述社会演化之程序及其原因。

第九章　左右社会之势力

人类社会之内部及其形式,均受环境之支配,即社会间各种制度之起源及变迁,亦常以环境之力量为之主动。兹略述环境之势力如下:

(一)物理势力。物理环境包含地理,气候二项。欲建造良善之社会,必须有适合之天时地利方为有成。青天白日之下寒暖适宜,人民具有进步之精神;反之风雨过度,寒暑不等之区,人民无进取之心,文明亦莫由发达。地利与社会之发展亦然,交通便利之地,人民知识进步;山地居民,知识闭塞;平原之区,五谷丰盛,人民安居乐业;沙漠之地,物产缺乏,民无以食,顺水草而居,民性强硬,视死如归;猛凶如此,沙漠为之也。欲穷究此说,可参照各国学者所著之人文地理,及经济地理等书。

(二)生物势力。天时地利,固为人类生存之基础,而生物与人类社会之发达,亦有莫大之关系焉。人类今日之所以能自称为地球之王者,不外其有压服他种生物之能力耳。地球之上,生物种类纷繁,各自求食,以致弱肉强食,无可挽救,弱者因无力图存而灭种,强者因有所恃,而得以传种而存在。人类虽暂可自称为宇宙之霸者,但其果能永久持此地位,尚属疑问。盖地球上能害人类之生物尚多,如蝗虫、毒蛇猛兽,及其他一切微生物等,均可随时随地以害人,倘若人类无法制止,则其害必由浅而深,由小而大,以致人类不能抵御,而被推倒。故人类之生存,不独须与饥寒相对抗,其与他类生物之竞争,尤为惨苛,吾人应加以注意焉。

(三)群际势力。人种因处境不同,初而有风俗习惯之异,再而有文明文化之差别。文明者,人类适应环境之程序也;文化者,人类采用某种程序,其适应其环境之成绩也。文明是程序,是动力,文化是成绩,是静体。文化之要素有:(1)语言,(2)宗教,(3)道德,(4)法律,(5)政治,(6)思想,(7)风俗,(8)科学,(9)艺术,(10)家庭制度等。地球上各民族因居处之不同,其适应环境之程序亦异,其程序既异,则其成绩亦当然有差别。近今环球交通,文明差异之点易于表现,各成势力,互相接触,因而冲突,由冲突而达优胜劣败之状态,兹特详之于次:

地球上各地因气候地理之不同,于是渐成若干文化区域,凡一民族久居某一区域,因其适应该区域之关系,其文化遂具有特征。各地文化既具有特性,则久而久之,即成为特种势力。百年以前,各地交通不便,各文化虽具有特点,但因未有若何接触,其特点尚未达到有若何之冲突。今者交通便利,各地文化之长短,均明白表现,渐由接触而至冲突,由冲突而至"强"与"适"者占优胜而保存;"弱"与"陈"而不"适"者成为劣败,而被推倒。今日东西文明之冲突,岂非有此结果乎?考文明冲突之程序如次:(1)民族相处较近者,日趋接触。(2)交通渐趋便利,以致旅行者日多,而观察文化之特点,更为清楚。(3)传教之士顺交通便利之途而至,初以感化"外族"(持有他地文化特点者)为职志,再由感化以至压服外族文化,而以祖国文化代替之。泰西各国教士,在海洋洲、非洲、亚洲等地之一举一动,皆不外此也。(4)贸易亦随交通而至。泰西各国近二百年来,因机器之发明,工商业亦因而大发达,制造品乃充满市面,供过于求,销路遂减,于是欲维持原状,不能不顺交通便利地点而推广其出品,以保其故有之地位。但人类欲望无穷,多得新市场尚不满足,遂再谋霸占外族之土地,以得生产之资料——此之所谓帝国主义是也。(5)凡国际贸易所至之地,外交亦相继而至,以保商人之利益,盖外交乃商人之后援,凡本国商人在外邦所作所为,不问其是否合理,是否合法,均在保护之列,如商人要求某项权利,则外交当局必尽量代而谋之。(6)及至最后维持本国威信,伸张本国势力,推广本国文化,及保护本国对外一切利益,则又赖乎战争以达之。文化之陈劣者,岂能对抗耶?

上述文明之冲突,凡能占优胜之地位者,须具有下列条件:

1. 高尚之民族,即一般国民具(1)有应付环境之能力,(2)有长寿之可能性,(3)有抵抗疾病之能力,(4)有经济发展之能力,(5)有人口繁盛之可能性,(6)有高尚知识之能力。

2. 高尚之经济组织,即(1)生产机关之完备,(2)金融机关之妥善,(3)销费机关之便利,(4)推广机关之周详,(5)交通工具之完善。

3. 高尚之武备,即(1)海陆空军之完善,(2)作战机械之充裕而灵敏,(3)作战机械厂之宏大,(4)军官教育之完备,(5)兵士训练之周到,(6)武备组织之良善。

4. 高尚之文明。(1)科学与艺术之发达,(2)法律之完备,(3)政治之良善,(4)家庭制度之妥善,(5)国民思想之发达。凡此种种,皆为文明竞争优胜之点。凡立国于地球之上者,必须具有此种优点。不然,则早晚必归失败而灭亡也。

(四)群内势力。凡一社会之中,情状甚为复杂,外受物理群际势力之影响,内受群众及个人之左右。主持社会者,岂乃易事耶?查群内势力有数种,(1)人民之习惯,历代相传之遗风,俗例;当代之时尚,行为举动样式等;(2)人民之迷信;(3)民众之道德观念;(4)社会上流行之宗教。上述四项皆为左右社会进退之势力也。

(五)个人势力。在一种普通社会状态之下,个人常受社会之指挥,而不敢反抗。此之所谓群治,亦常人之所谓服从者也。但在一种非常状态之下,常有匹夫起而支配社会者，如近年以来，我国军阀之左右大局，乃昔日朝代变迁时，出而奠定大局之草莽英雄等，皆其举例也。其余一切大英雄、大豪杰、大贤、大圣、大思想家、大科学家、大哲学家、大教育家、大美术家等，均可左右社会之进退、治乱、兴亡。社会之一切制度，亦均受其影响，受其支配，而普通个人，则更无法抵抗矣。环境之势力其大如此也。

参 考 书

Semple：*The Influence of the Geographic Environment*
Huntington：*Climate and Civilization*
Ratzel：*Anthropo-geographie*
Sumner：*Folkways*
Ross：*Social Psychology*

本章练习题

（一）环境之势力可分几种？试述之。
（二）交通便利与各地文化之冲突，其现象若何？请申其说。
（三）各国文明冲突，必具若何条件，方能占优胜？
（四）人类究能永久霸占地球之上乎？
（五）试述习惯与法律之异同。
（六）地球上之民族，以何种族为最优？其要件何在？
（七）天演论创自何人？其学说果能持久耶？
（八）试述欧亚古代之交通方法。

第十章 人 口 论

地质之学兴,生物之学明,于是天演之说倡,谓生物生齿日繁,食料有限,生存维艰,竞争日烈,弱肉因而强食,弱者因而先灭,强者因而后亡。十九世纪以还,天演公例渐次适用于人类社会,而有马尔塞斯氏之说出,谓人口日繁,有顺几何率增加之趋势,而食料则只顺算术率以增进,世界将有人满之患,食料无由供给,盖人口必受食物之限制,而发生两种结果:(1) 自然限制——如战争、水旱灾、贫穷、饥馑、瘟疫等,以增加死亡率,(2) 人为限制——如独身、晚婚等,以减少生殖率,不然则自然限制必相继而至也。近二十年来,又有提倡所谓新马尔塞斯主义者,主张以药品或其他手术积极限制孩儿之生产。再而有提倡人种改良者亦应运而起。同时各国帝国主义者,则仍积极提倡设计增加人口,以应战场之需用。关于人口问题是非之所在,暂不具论,但此问题之重要,可想而知矣。反以上之说者,则有英人斯宾塞尔氏,谓世界必无人满之患,盖食料少则生育必减,再者文明发达,个人因求精神上之发展,如用功于学问或技术上,则肉体上之发展,必加以限制,因生殖率亦因以减少。此乃人口论之大概也。兹将世界人口之统计,及人口增加与死亡之原因略为讨论之。

表一 世界人数调查表

推算者 洲别	华古那 以万人 为单位	维希曼 以万人 为单位	希克曼 以万人 为单位	1912年伦敦调查报计算 之数及其百分比之例	
亚细亚	88400	8300	85522	90000	50.7
欧罗巴	44100	43360	41340	50000	28.1
阿非利加	13500	12768	14523	15000	8.4
澳大利亚	700	72	656	700	4
亚美利加	17000	16386	14910	23000	12.4
合 计	163700	156470	156950	177700	100

表二 各洲人口密度表

洲 别	面积以百万 公方里为单位	人口以 百万人为单位	密度就 一公方里计	人口百分率
亚细亚	416	851	20.4	52.3
欧罗巴	101	437	43.3	26.9
阿非利加	315	126	3.4	7.7

（续表）

洲别	面积以百万公方里为单位	人口以百万人为单位	密度就一公方里计	人口百分率
澳大利亚	110	57	4.7	3.1
北亚美利加	260	116	4.5	7.2
南亚美利加	185	45	2.4	2.8
合计	1387	1632	78.7	100.0

表三　各人种人数表

白色人种	86500万	86500万	86500万
黄色人种	50000	50000	
褐色副种	4700	4700	58200
赤色副种	3500	3500	
西黑人（非美）	12500		
达罗维底安人	6200	19000	19000
巴布亚人	295		
澳大利亚人	5		
总　数	163700	163700	163700

（一）人口增加之现象

世界自近二百年来人口之加减，较之以前为之一大变，盖19世纪以前，关于人口之计算，虽未有若何精密之统计可查，但社会生产不丰，不能适合多数人口之生活，此乃从前人口增加迟慢之主因。19世纪以后，因科学发达之结果，经济状况遂为之一变。人类因能利用物质之发达，及医术之进步，而求得美满之生活，人口增加之速率，亦较以前为大。

凡人口增加之国家，其人口之死亡率，必较以前减少，盖死亡率之减少亦人口增加之一原因也。自19世纪以来，各文明国家因经济之充裕，人生衣食住之三大要素，均为改良，医学亦有日新月异之新发明，所以每千人之中每年死亡之数不过十五人。此乃极应注意之事项也。兹将人口增减之原因略加研究之。

（二）生殖率减少之原因

1. 人类生殖率减少之主要原因为生计困难。此乃因个人生活程度过高，收入不能敷出，以致生计日窘，结婚较晚，不能多生子女，人口因而渐次减少。又因种种竞争之故，先进国民不耐作工资低廉之职业，而使一般从他乡徒来之侨民操之，于是一切不用技艺之工作，均为侨工所夺，而先进之国民遂得不后退而为书记店伙等较轻之职业，但此种职业之工资，实在不敷其生活之需用，故又不得不晚婚而少生子女矣。此乃生殖率低减之第一原因也。

2. 风俗淫靡亦是减少生殖率之一原因。据美国医士调查之结果，普通夫妇，足有百分之二十未得养育子女。考此种无子女之人，大半皆患花柳病者也。

若花柳病散布于全国,则妇女无辜受害而孩儿之生育更为减少矣。考儿童之夭亡者,其过半数亦是由社会上淫靡之所致。因此人口之生殖率遂大受其影响也。

3. 文明国人生殖率之减少亦有因受高等教育之影响者,因曾受过高等教育之人,常与富人相往还,沾染富人之陋习,任意奢侈,而其财力又不足以敷衍,于是不能不从事独身或晚婚矣。再者现在受过高等教育之妇女,因知生育之危险,大多数亦不愿结婚。此亦出殖率迅减之一原因也。

4. 最近各国发生之妇女运动亦是减少生殖率之一大原因。考妇女运动之领袖中有主张不婚者,有主张每一家庭之中只养育两儿童者,再有主张用人工方法,避去生殖者。此种论调若能实行,则社会将有不堪设想之危险矣。

5. 除上述种种原因而外,尚有其他原因,如文明妇女之不孕是也。妇女不孕之现象,在文明国家为最甚。考文明国妇女用脑过度以致生理上有所损害。此乃文明国人民不可不注意之事也。

(三) 死亡率增减之原因

吾人若设计增加生殖率,乃不容易,但若设计减少死亡率,却是可能之事;因生殖率之增加,对于个人不直接发生关系,而死亡率之减少乃人所愿望之事也。现在之文明国家医学极为发达,此乃减少死亡率之最重要原因。此外,如公园之建设,个人及公共卫生之讲求,亦减少死亡率之一方法,兹将死亡率之增减略为讨论之。

1. 通常人以为当两军战争之时,死亡率一定甚大,其实不尽然,盖战胜之国其阵亡甚少;战败之国其死亡虽众,但死于战后者较之死于沙场者尤多。此乃因战胜者之乘胜入境,任意骚扰;战败之国民,既失去其生产上之财源,又流离失所,死亡率遂因而增加矣。但死亡率之增加,不能不以战争为第一原因也。

2. 物价之提高或食物之缺少亦能使死亡率之增加。现代各国,由经济迫下所杀之人较之杀于战争者尤多。无论若何文明国家,若其国内食品增价,其国民必起恐慌,且其恐慌之程度,必较之大战尤甚。现代欧美各国因工商业之发达,虽不甚惧饥馑,但其中有若干人民,生计极为困难,若日用品之价值略为提高,即发生无限之痛苦。各国人口统计中常见贫民之死亡率,较之富人阶级尤大,此乃显明之理也。

3. 气候与时令对于死亡率亦有关系。大概北方各国人民之死于冬季者较多,南方各国,则死于夏季者较多,而在寒暖适中之时则死亡者比较少。所以气候极冷或极热之地,其民族必不能发达;至于温带之地,天气温和,其居民之寿命亦因以较长也。

4. 男女之死亡率,亦有相差之处,大概男子为谋生起见,须出外工作,常遇工业上之危险,女子则在家经营家务,不易遇业务上之危险,所以通常男子之寿命,较之女子为短。再者,男孩亦较女孩易于死亡,此乃因雌性之体质较之雄性为坚固所致也。所以女子虽力弱,但其生活力较之男子为强。美国纽约市曾有男女死亡率之调查,表现男子之死亡为千分之十六,而女子则为千分之十四。此足可以证明男女死亡率之不同也。

5. 生死统计表之最可注意者为婴儿之死亡率。由观察一国婴儿及乳儿死亡之数目,即可知此一国之公共卫生及社会状况为如何。现在各国人民所生之婴儿,不及五岁即死亡者仍居半数,且以未满周岁之乳婴之死亡为多。故若图减少人口之死亡率,不可不先从减少乳婴之死亡率着手也。

以上所述,人口死亡率之增减,已略为讨论,但人口之增加,有无定律,历来社会学家尚未能解决也。未开化民族之增加,其原理甚为简单,但文明民族较为复杂,其增减之原理不易于表现,盖初民所居之地其出产仅足供给若干人之食用,所以其人口增加之定律,常以食物之供给为标准。至于文明民族,则智力比较发达,死亡与生殖率增减之原因,非常复杂,若以定律推究其原理,乃不易之事也。

参 考 书 籍

Malthus: *Principles of Population*

F. A. Ross: *Prineiples of Sociology*

本章练习题

(一) 地质学与生物学从何时发生?

(二) 试论马尔塞斯之人口论,有若何价值。

(三) 何谓自然限制,何谓人为限制?

(四) 试将世界人口之统计,列表说明之。

(五) 试将世界人口增加之原因,逐一答复。

(六) 试论衣食住行四大政策,与社会学之关系若何。

(七) 医学进步之结果,能使人口与食物,永久维持平衡之状态欤?

(八) 试述花柳病之种类共有若干,其影响于人类健康若何?

(九) 试述文明国人民之生殖率,何以减少?

(十) 妇女运动,与家庭之组织,有无冲突? 请论之。

(十一) 试述死亡率增减之原因何在?

(十二) 试论战争与瘟疫之连带性。

(十三) 物价因何提高? 试申明其理。

(十四) 气候与时令对于死亡有无关系? 请申明之。

(十五) 各国男女之死亡率,是否相同? 请论之。

(十六) 试述人口之统计,有何利益?

第十一章 社会活动

人类之社会活动可分为二类,即简单与复杂活动是也。简单活动又可分为欣赏,致用,特性之表现,及社会化四种。复杂活动亦可分为四种,即经济、法律、政治及文化活动是也。美人基丁斯对此言之甚详,兹略述之如下:

(一)欣赏。人类的孩童及新由他方徙来之居民,常觉得适应其环境之必要,于是细察其环境及人物等之真相,适合其心理者爱之,反者憎之,而估定一种价值。此种偏爱及估价心理作用,即基氏所谓欣赏 Appreciation 是也。此种举动之结果实可供孩童心理上之指导,而定其营生之目标。此乃生活上最有用之活动也。

(二)致用。欣赏既定后,凡憎恶之人物必远避之,爱好者必进而使用之,或游戏之;凡一切事物莫不倾心试验之,以满足其兴趣。所谓致用者 Utilization 即此义也。

(三)特性之表现。孩童对于凡百事物试验既多,则其失败亦当然不少;凡德性薄弱,意志不坚者,一经失败必灰心丧气消极;但心力强健,行事有决心者,必不能因失败而沮丧,反之而意气愈豪。此种活动即特性之表现也。Characterization。

(四)社会化。孩童活动既多,则自觉智力缺乏之念必起,故非广见闻,多求知识,不足以应付。于是模仿力加强,并常求其所敬爱之人加以辅助或指导,而求友之念亦日有进步。此种活动,即所谓社会化也。Socialization 以上所述,乃简单活动之四种。兹又将复杂活动四种述之于次:

(一)经济活动。在复杂社会情形之中,最基本之活动,当然是经济。此种活动,是如何使物质财富定出有组织之分配与交易,满足人类之需要。所以经济活动,显然是一种"致用"之进步。"致用"是经济作用中最重要之步骤。然而经济活动之作用,却不仅在致用,实在是致用与特性表现,及社会化联合之结果也。当经济活动实现之时,人类不仅须备有致用之能力,且应有品性上之训练,使其对于其目标,忍耐工作,有可能范围内,养成互助之习惯。所以经济活动,是致用方面之道德化与社会化之进步也。

(二)法律活动。较经济活动次为重要者当推法律活动。法律是一种合理动作之原则,及形式。此种形式为人民所公认之重要准则,并以命令形式使群众服从者也。且法律是人类特性之原理,是使群众实现道德行为之一种工具,故法律活动,亦与经济活动同为复杂活动之一种,不仅是简单特性之表现,实在是"致用"与"社会化"之实际活动所共同表现之作用也。法律之应用乃支配人类物质及精神之一种程序,而使之社会化。法律活动,不仅使各个人能表现合理的动作,且能使其明瞭法律之原理。所以法律活动,亦非常复杂而混合三种实际活动(特性,社会化,致用,)于其间也。

（三）政治活动。人类社会中之第三种实际复杂活动形式是政治活动。此乃"社会化"作用之基础。此种活动最大之工作是组织同情及互助之团体以共同防御或抵抗仇敌之侵犯,并同时定出种种方法,保护社会内部之秩序,使各国人实行合理之动作。政治活动之成因是特性表现及致用与社会化所共同表现之作用也。政治活动是由复杂之经济与法律作用及社会化联合之结果。人类法律上之特权,如财产上之权利,及其他一切实际上之利益,均是政治上最重要之原因也。所以政治活动,实在是群众实际运动之形式也。

（四）文化活动。文化活动是人类第四种复杂之形式。此乃上列各种活动之结果。考人类一切组织及活动,几完全为生活所使然,以推进其心意及品性而谋得身体及精神上之愉快或同伴之友谊及异性之恋爱也。文化活动亦是欣赏作用之一种。换言之,人类提高其知识与情绪之最后欣赏作用即文化活动是也。

上述各种活动均有其动机。兹略述之如下：

1．欣赏之动机。欣赏之动机乃由感觉上之愉快。及思虑上之感奋而发生。例如光线、色彩、音乐、光滑与精细之平面等,均可以供给吾人以视、听、触等感觉机关之愉快。又例如孩童常企图推动外界许多物体,因此等物体能给予感觉上之愉快也。吾人求学亦然,一切欣赏之动机,莫不由于愉快所致也。

2．致用之动机。致用之动机是由食欲之感觉所致。求食之活动,乃生物最基本之活动,其后再进而求安息居处,制造寒衣,保护小命,以致创造适宜住宅及便宜物品等,皆由此而进展也。

3．特性表现之动机。特性表现之动机,亦是一种欲望所表现之形式,由身体与精神上之需要所发生者。人类最重要之问题,当为求生活,倘人类经过充分之劳动,而仍不得充实之生活,则心理上必感得不安宁,而谋怨社会组织之缺点,道德与正义之观念遂从中产生。此乃人为特性表现之动机也。

4．社会化之动机。社会化最初之动机是由友谊与同情愉快所发生者,在人类交谊未广时其动作甚为简单,后因文明日进,其视线渐次扩大,交谊之范围,亦随之而推广。盖人类以一人之力量所不能成功之事业,若得多数人之互助,则竟能收获。于是人与人之关系,遂格外密切,社会幸福之基础,亦因而固定。所以社会化之第二种动机,是由社会相互关系间所发生之效果而产生者也。

各种实际活动之动机已略为陈述,兹又将其活动之方法,述之于下：

（一）欣赏之方法。欣赏活动常由下列两种方法产生之。

1．刺激与反应。反应对于刺激之关系,心理学者已言之甚详,不论何种刺激,均可以激起一种感官之活动,例如强烈光线,可以刺激吾人之视官,音乐之声浪,可以刺激吾人之听官。各种感官对于各种刺激所发生之反应,即是发展欣赏之第一种方法也。

2. 模仿。第二种欣赏活动之方法是模仿。模仿是人类社会活动之最重要方法。儿童之一切动作,其大部分莫不由模仿而来者也。假如儿童见得外界各种事物能激动其惊奇与赞美者,其必记之甚详,而逐渐与之发生熟悉之关系,而赞美此等事物之心理,亦格外伸张;若外界事物,无可赞美之价值者,则不能激起模仿之作用。

(二)致用之方法。致用之发生乃由下列各方法促成之,即攻击,感应模仿,及发明是也。兹略为叙述之:

1. 攻击。攻击是利用身体之能力,以抵抗外物之现象也。人类每因求满足自己之欲望而需要各种物质,遂用其体力与奋斗以取夺之。所以攻击之发生,是一种体力之应用。人类因保护其生命,亦不能不利用攻击之手段也。

2. 感应。感应是一种应付心理,与体力作用不同。人类之感应力较之各种动物尤强,盖感应力强之人可以随机应变而不感困难,其他动物则即发生恐惧态度矣。再者感应强之人其体力往往甚为懦弱,而体力强者之感应力,反为薄弱,法将拿破仑乃其例也。人类社会中一切事务莫不由感应以克之。

3. 发明。发明之意义有二:一为机械之发明,一为心理上之发明。本段之所论者乃指其第二义。心理上之发明乃各种感念,动作,事物,及能力之所新结合也。所以在小说中一切情节之结构,均是一种发明;有效之法制,能校正公共错误者亦为一种发明;军事上之新计划或新战术等,亦均是发明之一种也。

(三)特性表现之方法。特性表现之方法,即固执,适应,与自治三种。固执与自治之名词,均甚清楚,不用多赘,兹将"适应"略加讨论之。适应者,适合之谓也。一切生物有时均因其环境之变化务须适合之,以求其自身之生存,举凡一切生物莫不顺此程序而求生存也。假如移民到一新境地,其间之天时地利均完全与其旧居不相同,处其境者,非出尽其能力,以适应之,断不能生活也。所以移民到一新地之后,非经过许多变化,不能得其天时地利之宜,而应付此种变化之程序,即适应之谓也。

(四)社会化之方法。社会化之方法只有一种,即同化作用是也。换言之,乃两人以上之互相适应的心理作用,彼此互相学习,互相模仿,以致双方心理经过若干变化。即所谓社会化之作用也。在一同化程序之中,心理意志薄弱者必为意志强健者所压服而同化之,例如寄居美国之各国新移植侨民,经过同化作用之后,均变成美国人矣。

参考书籍

Giddings: *Elements of Sociology*

本章练习题

（一）美人基丁斯氏之所谓欣赏，其意义何如？

（二）人类之欣赏，各有不同，英人以白为美，印度人以黑为美，黑白果有轻重之分耶？

（三）失败为成功之母乎？为坠落之基乎？试述之。

（四）试缕述孩童之心理。

（五）试论致用之进步，与经济活动之关系若何？

（六）法律因何而产生？试述之。

（七）法律活动，非常复杂，试言其内容。

（八）群众实际运动之形式为何？试述之。

（九）文化定义，作何释诠？试论之。

（十）试述欣赏之动机为何？

（十一）生物最基本之活动为何？最终之活动为何？

（十二）何谓特性表现之动机？

（十三）道德与正义之观念，从何造成？试论之。

（十四）文明日进，人类之视线扩大，其影响于交际若何？

（十五）试说明刺激与反应之关系？

（十六）试述模仿性在人类社会活动中，占何位置？

（十七）试述攻击与感应之作用。

（十八）机械之发明，与心理上之发明，有何区别？

（十九）试论如何能使吾人适合社会环境。

（二十）请论同化与殖民政策之关系。

第十二章　社会之阶级

人类之所以能存在于此地球之上者,乃因其适应环境之结果。盖若人类无此应付之技能,则早已灭迹矣。但地球上各区景象不一,人类适应此种景象之程序各不相同,后经若干万年之变迁,及方法与程序之选择,适者因而生存,不适者因而消灭;至于人类适应环境成败之标准,乃由其心灵之差别而定。如优秀者得以生存,不肖者因处世乏术易于消灭等乃其举例也。此外人类尚受生物可变性之影响,而有个别之差。例如同一父母所生之人,其身心之质体亦不能完全相同,因此人类间几无二人绝对相同者。但社会上较为相似之人即可类之为某种阶级,或等类。体质与心灵之类别亦均可由此而定。社会阶级之原理即以此为标准也。兹将社会上之假定阶级略论之如下:

现在所谓劳动资本等阶级都系社会阶级之结果,而非其原因。士农工商亦非真正阶级。根本上之阶级约有下列数种。

(一)美人基丁斯曾定社会阶级数种如下

1. 生活能力阶级,由生活能力方面立论,此阶级之中又分(1)上,(2)中,(3)下三种。

2. 品性阶级,由品性方面立论,此阶级中又分(1)才子,(2)常人,(3)欠缺人三种。

3. 合群阶级,由合群方面立论,其中又分(1)合群,(2)不合群,(3)假合群,(4)反对合群等四种。

生活能力阶级中之上级,其生存力甚大,而死亡数极少,如乡村间之农民是也。生活能力阶级中之中级,其增加率不大而死亡数亦少,如城市间之商人及其他职业份子是也。生活能力阶级中之下级,其加增率甚大,而死亡数亦多,如乞丐,及下等劳动家是也。

就品性或心理阶级方面立论,英国高尔登氏谓:(1)优秀分子每百万人中只有一个,(2)常人则占大多数,(3)其余身心不健全者,其数亦不少,社会中之贫穷,实基于此不健全之阶级也。

就合群阶级方面论之:(1)热心改良与热心服务社会等,皆合群阶级份子之工作;(2)不合群阶级之分子,对于社会各种事业,皆不帮忙,惟有利己而已;(3)假合群者,与寄生虫无异,毫无贡献于社会,即乞丐等是也;(4)反对合群者较之假合群阶级之害尤大,因其常犯,偷,抢,与杀人等罪,不但不合群而且反对社会之一切常态生活。社会之腐败,莫不由此类人所致也。

人类间既有此种阶级存乎其间,若不合作则无若何特殊现象。若各自联合,则优秀分子,必占首领之地位,如资本家及政治当局等。如此即有阶级矣。今之所谓劳动与资本阶级等,皆由此结果而生之现象也。若社会无品性阶级,则劳动与资本之界限,即难分矣。

才子乃生而知之之份子,即无须教化,亦有才能。此份子皆由于种族遗传所致。惟社会遗传又无一定,因每一人皆有一父一母,而父母仍有父母,如一出二、二出四、四出八、八出十六等;故国人对于各人皆用同胞之名词乃甚适当者也。由生理方面而言,每人之一身上含有种子数百万,而此数百万之种子又只有五六个能有生存之机会而已,是以有父著名而其子未必然者。遗传之无可限定可想而知矣。

(二)由心理方面立论,社会阶级可分下列数种

(1)才子,即活动及思想能力大者,(2)有天资者,即能干种种事业者,(3)常人以上者,即能自立者,(4)常人,即略能自立者,(5)下常人,即若无他人帮助则不能自立者,(6)愚蠢者,即如心理年龄在九岁或十岁之间者,(7)极蠢者,即如心理年龄在五六岁者,(8)痴呆者,即心理年龄不及几个月者。五六七八四种乃社会之爪牙,皆为人所驱使者。军阀、资本家、官僚等,均属一二三种阶级。社会无论如何革新如何换招牌,首领之地位,仍由此三种人所占据可无疑也。我国虽由专制团体一变而为民国,而大权仍为优秀者所把持,五六七人四种阶级皆为其爪牙而已。现在之所谓平等均产等主义皆不易奏效,皆因社会进步只由前三种人之脑筋发达所致故耳。

(三)奥人(Gumplowics)甘母普立胃志氏亦曾论欧洲社会阶级,其说略如下

(1)贵族或上等阶级,(2)商人或中等阶级,(3)平民或下等阶级。欧洲以前之上等阶级,皆有权利而无义务。此种人系先前之军人,因其战胜农民而达其特殊之地位。俄国今日之劳农政府皆因反抗此阶级而发生者也。中等阶级系从前之商人,由外来者而非本地人,都是犹太人。后来此阶级逐渐发达并利用第三阶级(即平民阶级)将贵族社会制度推翻,而成立现在之民治社会,如资本政府或劳农政府等。

参 考 书 籍

Giddings: *Elements of Sociology*

L. Gumplowics: *Der Rassenkampf*

本章练习题

（一）人类身心之质体，虽同一父母，亦各不能相同，请申其理。

（二）社会中有士农工商兵妇女各阶级，以何阶级为最占势力？

（三）生活能力阶级，品性阶级，合群阶级，其中各含有何种份子？

（四）社会中优秀分子，每百万人中能占几个？

（五）何种人为假合群者？何种人为反对合群者？

（六）才子无须教化亦有才能，能于中外历史举例证明欤？

（七）每人之身上含有种子若干？试根据生物学家之言，略论之。

（八）由心理方面立论，社会阶级可分几种？

（九）现在之所谓平等均产等主义，在今日之中国何以不易奏效？

（十）欧洲古代社会阶级、界限极严，不相混杂；中国则由平民可以升为贵族，其故安在？

（十一）犹太人在近代欧洲最占势力，果具何优秀条件而至此耶？

（十二）请说资本政府与劳农政府之区别。

第十三章　社会之威力

人类各有个性,在同一社会之内,彼此皆能以其活动互相影响,但其影响之大小各有所不同;盖社会之中,份子参差不齐,常有个人或某一阶级占有特殊之地位,而影响于社会之特种活动,亦大都从其发出;但下层阶级有时亦可发生极大影响之活动而压服社会上之特殊阶级。所以无论何人在社会上均有若干因果之效用,而变化其同群之活动;此种因果效用之活动即余之所谓威力也。美人黑斯氏对于威力问题素有研究,兹特将其说略为讨论之。考威力之形式,可分为下列十种:

（一）数目之威力,以人数之超多为威严。
（二）年龄或长老之威力,以长者之年龄为威严。
（三）武勇之威力,如运动家或军阀等以武勇为威严。
（四）神圣或僧侣阶级之威力,以神权为威严。
（五）灵威或先知之威力,以预知为威严。
（六）地位或官僚阶级之威力,以职业为威严。
（七）金钱或富人之威力,以财富为威严。
（八）思想家或优秀者之威力,以智慧为威严。
（九）积学者之威力,以学术为威严。
（十）门第之威力,系以其他威力继续之结果,以固有地位为威严。

社会之品格均由上述各种威力之大小而定,如数目之威力大,则社会之活动必多冲动而乏理性,且其心理非轻浮即固执。

长老之威力,在初民社会上所占之势力甚大,在文明社会上其力量对于后起者仍是不少。此种威力易于使社会趋于保守,一方面亦可以维持社会秩序之稳定,但同时阻碍社会进步亦不少。在一崇拜祖先之社会,此种威力尤特别加强。

军阀之威力可改变社会之嗜好,风俗,及道德之标准,或可造成严格之社会阶级。此并非以强力压制社会而成,实因人民崇尚军阀之威力,而对于其情感动作均不知不觉容纳所致者也。

官僚之威力甚有力量,以政权之提高,及政府威信之扩张为正比例。

财富之威力含有若干民治之倾向,因社会资产易于转移,而不能固定者也。但此种威力又含有保守性,盖财富得之不易,而拥有者因富有保守性。人生态度,社会风化,与夫个人野心,亦莫不受其影响。即以普通人而论,莫不以金钱价值为作事之标准,此乃财富威力之表现也。

社会上之所谓优秀者,不但指有智力者而言,凡一切有特长或有道德之人物而有合作之精神者,均可称优秀分子。此种人之威力,是倾向于良善方面,若社会上一般人物能感到其威力,并得以同化而使其管理重要职务,则社会之进益当日有增加。

积学者之威力系从时势而转移,即在保守时代则保守,而在进步时代则进步也。所谓积学者,乃指博学而言,并不含有创作之意义,盖创作乃优秀者之特长;所谓专门家,乃指积学者而言也。专门家之知识多偏于应用方面,故其威力亦是社会所敬仰者。社会之所以需要专门家,乃因科学日趋于进步,实用知识日增而亟待分别整理之故也。

威力之要素可分为论理,准论理,与非论理三种。此种名词乃就社会上受影响者被领导之态度而言。普通之人民往往承领某种威力,而情愿受其管辖,至于其究竟有若何原理为根据,实在不清楚,兹将此三种要素略论之。

(一)论理之要素。以一种合理判断为根据。对于某个人或某阶级之种种意见,情感,或行为认为正当或有利于民众者是。此种要素包含下列三种威力:

(1) 专门家之威力。

(2) 功业之威力。

(3) 优秀者之威力。

(二)准论理之要素。以不合事实之意识,或下意识之推论为根据。常人对于某种威力往往不加以考虑,只表面上觉得其正当,而其实错误者即此意义也。下列举例足以证明之:

(1) 崇"古"之风。其一大部分系根据于意识,或由意识之推理而成,盖此种风气历年甚久,经验亦多,故一般人民皆信之以为真确,实则不合时势而应废除者也。

(2) 迷新之威力。在一个进步社会之中,当许多新理论或应用工具发明时,普通人民往往以为最新之理论,或最近发明之工具为最有威力,而不问其是否合理。实则此种最新之思想或工具,其错误之处正甚多也。

(3) 数目之威力。大概系根据于一种错误之推论,以为众人所做,或所信之事物,必皆真确而无错误者,而不考虑其是非之所在者皆是也。

(4) 转移之威力。系根据于一种假定推论,即以为某人对于某事有经验或可信,或某人为伟大人物,其人必具有万能之才,吾人作事应奉为圭臬者也。此种推想实在错误,盖一人精于某事,不能谓其对于任何他事亦均精明。如谓"一件精百件明,"实在是错误之说;又例如:一般人民对于富人之观念,以为富者拥有财富,故其态度,道德,嗜好,意见,均与众不同。与非迷信者乎?人民对于都会之威力,其性质大概亦与此观念相差不远也。

（三）非论理之要素。包含下列数种威力：

（1）身体之威力。人类之个性与个体各不相同，此乃因种族与遗传而异。有些人身体上有一种力量，能引起一般人民之注意，如演说家、武士，或着制服者，及一切有宰制态度之人，均有此种威力。

（2）断事之威力。异常事实，亦往往引起人民之注意，或鼓动其兴趣。作恶者易于著名，即此理也。普通报纸莫不乐于登载非常事件，藉以推广其销路。

（3）美丽之威力。凡人或物之美者，亦均能引起人民之注意。此亦威力之一种。

（4）情感之威力。上述种种威力，均可以引起人民之情感，而成为一种作用。此段之所论，乃专指鼓动力强之感情作用而言。有较强之情感，方能有强力之思想，及行为，如反日运动，打倒帝国主义运动等激励公忿之事，一定可以引起良善之情感，而成相当之威力。至于引起恐怕与妒忌之情感或作用，亦须有相当之基础，方能有效。社会上领袖人物之势力，往往亦顺着其内部各份子之情感为转移也。

（5）欲望之威力。众人之欲望常可造成一种威力，例如：每个社会中必有若干领袖人物，此种领袖人物，必非全是伟大人物，故不能满足全体人民之愿望，但其中有些人往往怎着其自己私人之情感，将某领袖之地位抬高以使其为伟大人物，然后自享渔人之利。再者有时因某职位之伟大，但在位者却不能以之相称，而一般人民仍可照样抬高其人格。考人类社会欲望之一种是求虚荣，所以社会上之领袖人物常被一般人民利用，而将其抬高。至于抬高死人之价值，则格外容易，因已死之人是无人妒忌或反对的。此种事件有时能收极大之效果，而成为一种极大之威力。领神人物若能满足一般无知识民众之欲望者亦可成为一种威力作用；若领袖之中能有作事为民众所最需要者，则其举动亦最令人注意也。所以社会上之权利常由能做出民众所最愿望之事者所操纵，而社会上权力之转移，亦常随民众欲望之变化而定。

上述种种威力含有共同作用，而决定社会之品格。何种威力可通行或存在，何种不可通行，或存在，均由上述种种原因而定，盖社会威力之变动，与其他事物之变动相似，皆含有因果之关系也。

社会上若发生新变化之后，当道者常欲将此种变化传播以资流行，新思想遂藉暗示以传布，新情感、新嗜好、新需要，或新道德亦藉同情之力量而传播，新动作亦藉模仿以普遍。此种新潮之传布常与固有之潮流发生冲突，而互相加重，互相妨阻，或互相抵消。社会上之种种思想，情感，模仿等，莫不如此也。故一种思想常可阻碍或增高一种社会活动之传播，或缩减一种已经通行活动之威力，同时思想亦可提高或压抑种种情感；但情感又可以增进民众对于各种思想之信念也。若欲得一民族信仰与其欲望情感相反之思想，乃极为困难之事，但若欲得一使其相信与其情感一致之思想，则极为容易者也。各种社会阶级所持之经济或政治信条之不同点,亦即在此。社会常因个人依暗示或同情之传达,以及物质环境之影响而形成社会之规模,其中之各个人亦将以其心理适应之以成一种确定之个性,而定社会之组织。

参 考 书 籍

Giddlings：*Elements of Sociology*
E. C. Hayes：*Introduction to the Study of Sociology.* ch. XVIII.

本章练习题

(一) 社会间威力之形式,可分几种? 试述之。
(二) 威力之大小,用何方法表示之?
(三) 社会中有进取保守二派,孰优孰劣?
(四) 社会之嗜好,由何养成? 试论之。
(五) 风俗与道德之标准若何?
(六) 情感动作与理性动作,有无冲突?
(七) 试辨别国家与政府之性质。
(八) 财富威力,从何表现?
(九) 积学二字作何解释? 可称积学者为何等人?
(十) 试述迷新与崇古之利弊得失若何?
(十一) 演说家与武士,何以能引起一般人之信仰?
(十二) 普通报纸,常登载非常事件,以推广销路,试根据社会心理学评论之。
(十三) 激动公忿之事,能引起良善之情感耶?
(十四) 众人之欲望,常可造成一种威力,试各举例以证之。
(十五) 抬高死人之价值易,抬高活人之价值难,其理由何在?
(十六) 现在各国之政治家,各有其救国之政策,能举其方略以答乎?
(十七) 试言社会威力变动之因果。
(十八) 述说社会上之种种思想、情感、模仿,由何而生?
(十九) 说明经济信条与政治信条之不同点。

第十四章 社会之求治

（一）自然秩序之维持。人类社会中之各种制度常由自然因果而成，在此种社会秩序之中，各种通行情感，意思，风俗，制度，以及各个人，各党派，各团体，均不需人力即可自然调和而联络。在简单或野蛮社会组织中，人类可以不加计虑而得协和之生活。从积极方面而论，人类本有社交与同类共处之心，再而有感情或朋党之念；所以能自动联合而协作，而互助；所谓人道者，亦不外此种现象。以消极而论，人类亦本有反抗与复杂等情感。此种情感亦是维持原始社会组织之一种有效工具，因少数强者怕多数弱者之愤思而复仇，致强者之生活不安，所以不敢过欺压弱者。社会之秩序遂得以而维持矣。

（二）文明社会之维持。但在文明社会中，此种单纯作用，不足以维持社会之谐和，盖以上种种皆系社会本能，而此种本能只可左右人类所能直接知觉或感到善恶之事而调剂之耳。至于其他复杂社会现象，则社会本能有效之范围甚小。在复杂社会中所发生之现象，其因果相离时间甚远，不能直接明瞭；更有许多事件，其因果关系简直不明，而难立断其作用。在此种情形之下，社会本能当然不能有若何适宜作用；故若全靠之以调和复杂社会现象乃不可能之事也。在复杂社会中，人类常有颠倒错乱之行为，并加以人力及理解而治理之不可。再者，社会本能只可在亲群及平时社会之中有效，若处理乱世社会，则本能作用之力量更小矣。

在复杂社会中，本能既不足以抑制有害于社会之行为，或引起有益于社会之理性行为；是则治理复杂社会最要紧之事，是令社会中各个份子觉得其一己之行为，是许多人所做类似行为之一部分，其个人行为虽无若何显著效果，但若与他人许多类似之行为互相集合，则可发生无限之效果矣。此种办法即是协作行为，乃文明社会之一大特色。但此种协作精神，乃由理智而生者，并非本能所可能及也。再者在复杂社会中，本能亦仍有相当之用途，盖人类至今仍不是完全理性动物，其一举一动之一大部分，仍是本能的，而非理性的，不过其治理之法渐趋于理性耳。在一社会之中，其份子之知识愈发达，其中之理性行为愈多，而其治理之法亦愈趋于复杂；盖知识可引起人类之合作精神，令其能就社会组织之范围尽量发挥其所有之善性，而不受本能之拘束也。

人类一面虽有合群之本能，而同时亦有破坏合群之本能，即个人主义，人类之人生观怀有两种观念，一为个人主义，一为社会主义；个人主义，即是利己之念,社会主义,即是愿念大众之意;所以有许多人对于"自己或其私党"抱有甚好之感,而对于"非自己或其私党者"却往往有异常残苛之举。此乃治理社会者不可不注意之点也。

凡一进步之社会,必曾经若干人力改变其物质环境,且其中之自然社会秩序,亦必曾受若干理性之支配而略变更其原状,于是骚扰与其他冲动行为亦相继减少,杂乱野蛮之社会现象亦逐渐消灭,而社会自治工作亦因是而萌芽矣。

(三)人类活动之两面观。社会治理之原则可分为一段:一即人类作事之两面观,一即社会治理之方式是也。人类作事之两面观即人类之活动可由两方面观察之,一当作目的,一当作手段。若作目的时,是一种自为善恶之举动,若作手段时,则是以之而达到他种举动之程序,盖其活动之目的在使其能得受良好之效果;但若实现此种效果,选择良好之手段实为要图。故若图治理此种活动者,务须明白此点方可,因社会治理之最后目的在于抑制不合理之行为,而使其合理者也。

(四)社会治理之方式。社会为达到治理目的起见,须采用两种方式,一为直接治理,即利用法规及其他例章以图之,一为间接治理即藉社会之暗示,同情,与模仿等之传达而治理之。第一种方式只限于特种行为,而第二种则可型成个人之品性。此乃两种方式之异点也。简言之,第一种方式是外变,第二种方式是内化。从客观方面论之,社会治理对于个人似有所拘束,但其理性情感等如能融洽,亦可觉自由,而不嫌束缚也。

吾人研究社会治理,须了解社会上多数人之福利,当较个人之福利为尤重要;但若牺牲少数而为多数亦不合宜。所以社会应尽量发展各个人之力量,广大其见解,使其各自治理,而不受制于人方为合理也。现在一般人民往往为幻想所蒙蔽,社会之治理大概只为保障少数统治者之利益,而与多数人之福利无关。此种治理方式,吾人不应容其永久存在也。

(五)合理之社会治理。合理社会治理之初步为使人类各自用其理性以克服其本能;再使人各自扩大其本能之反应,愿念一切公共利益;第三步为使其将所受过之教育于紧急时能充分应用之,而值得社会之赞许以暗中型成个人向善之心。若此三步治理之程序能次第实现,则其对于治理社会事业,当不致颠倒错乱矣。但现在之社会治理与理性相差尚远,将来必有能达互此目的之一日也。

(六)维持社会秩序最后之程序。再者维持社会秩序最后之程序不在法律,而在社会各个份子之人格。社会治理之所重不在积极而在消极,不独注意法律之制定与施行或犯罪之取缔,而注重实现完成之人格。故社会治理之根本职务即将各个人所具之本能加以培植而养成一种合群之人格,使其一面能满足其个人之需要,而一面则能为社会用心服务,将社会与个人联成一气。此乃治理社会之真正基础也。

(七)合群人格之要素。由上观之,吾人究竟需养成何项人格,方能达到合群之目的？此种人格应具何项特性？均应考虑者也。就吾人研究之结果，下列四种特性乃人类合群所必具者，兹略述之：

（1）诚实。语言与行为务须实践，而不可弄巧。

（2）节欲。兽欲如饮食生殖等乃人生所必具者，但此种欲望不可过于放纵也。

（3）有恒。人类作同样之事过久，常觉得疲劳而无趣。吾人务将此种偷安性减弱，而令其对于合理事业坚持到底也。

（4）公正。品性与行为须公正。公正之义即使人类作事受理性之指挥，而不受本能之支配，令其放开眼界，不只顾念自己之私利，而对于大众之利益，亦有相当之顾虑，以完成一种德性。

所谓合理，所谓顾念他人之利益者，并非指个人觉得他人之利益与其自己之利益同样注重。所谓合理者只使个人明瞭自己之利益以外，确尚有他人之利益存在耳。若各个人能明瞭此点，则其对于他人之利益当自有相当之尊重，并且有时能因此而以理性推想到他人之利益较之自己者为重要，勉力牺牲自己而为他人。此时本能作用亦可由理性克服矣。此即是公正，亦即是牺牲之谓也。凡牺牲者总觉得有较好之目的方肯为之，盖无为而牺牲，乃非人类之所愿也。此种公正现象须有相当之发展及各个人肯谋公共之福利，社会方能成为大规模之合作生活。若此目的之达到，则各个人所受之利益，当较其所牺牲之力量为大也。

（八）社会治理之通常工具。社会治理之通常工具约有下列五种：

（1）法律，由国家执行之；

（2）宗教，由教会或宗教团体执行之；

（3）教育，由家庭与学校施行之；

（4）舆论，见于报章通行道德观念，及其他印刷物中；

（5）艺术、典礼、礼仪等。

此外社会上之各种重要制度，亦均为治理之原动力也。

参考书籍

E. A. Ross: *Social Control*

Blackmar and Gillin: *Outlines of Sociology*

本章练习题

（一）所谓人道主义者何？

（二）人类之情感，可分消极积极二种，试将其所表现之现象陈述之。

（三）社会本能之力量，何时最大？何时最小？试述之。

（四）个人之行为有时足以左右社会，社会之行为常左右个人，其故何在？

（五）协作精神，果由理智养成乎？

（六）人类之人生观，怀有两种观念，其观念为何？试述之。

（七）杂乱野蛮之社会，有无共同之信条。

（八）吾人之活动，可从两方面观察之，一为目的，一为手段，两者之关系若何？试说明之。

（九）试用个人理想，制定社会治理之方式。

（十）大多数人之永久福利，常由少数人牺牲得来，在牺牲者个人之观念若何？

（十一）维持社会秩序最后之程序为法律乎，为道德乎，抑其他方法乎？试述之。

（十二）人类合群所必具之特性，约有四种，能否申言欤？

（十三）古人谓有恒为作圣之基，其所持之理由，果充足耶？

（十四）试述个人利益与公众利益冲突时，如何解决之。

（十五）治理社会通常之工具有几种？请述明之。

第十五章 社会进步

进步者何？曰：生活学术上之功绩是也。此义包括人类适应环境及增进生活之一切学与术之功绩之谓也。吾人若定一进步之标准乃不容易之事，至于欲规定进步之学理，则更为困难，盖历来学者各自定其义，而其所主张之理论又各不相同。乐天者常谓：人类服从上帝骎骎日上。悲观者云：人类至今未常进步，社会衰颓乃社会演化之途径。再有第三派云：人类日见活动，但不知去向，故其结果亦无如之何也。但美国华德教授 Ward 则谓进步乃指人类以知识改进其环境之义。除以上诸说外，尚有他说甚多，兹略举数项考核之。

美国搭德教授 Todd 云：进步乃人类之一种概念，而不是变迁而演化。其实是一种有目的之运动。氏又云：人生与社会演化乃络绎不绝之问题。凡有以解决此问题者，即能定进步之率度；而对于人类幸福之兴趣，即可谓社会进步之标准矣。欧洲学者米加拉夫斯基氏 Mikhalovsky 以为人类分工合作渐加精微即是进步；而法国学者都尔克罕姆氏 Durkheim 之主张亦与此说相似。美国卓丹博士 Jordan 曾云：国家进步之标准在于能否给予相当机会与其平民，进言之，即平民之是否能有相当之天才以掌握此种机会以为进步之决断也。但美国爱尔乌德教授 Prof. Ellwood 常云：社会进步乃指其内部之和睦。及包含一切关于社会和谐社会效能及社会生存等理想。

美国基丁斯教授曾云：进步以客观而论，是人类交际之增加，关系之繁杂，物质幸福之增进，人口之添增，及理性行为之演化；以主观而论，进步即同类互相意识之谓也。美国华德氏在其先出之书内曾云：进步即人类幸福增进之谓；以后在其"应用社会学"一书内氏则以为进步是功绩之专用之谓。但美国罗斯教授曾云：进步即是适应某项情状之谓。戞尔空尔氏谓：幸福乃进步之标准，其意含有适应之意。英人穆尔氏曾谓：改进即是进步；斯宾塞尔氏则谓：社会进步即人类欲望之满足，物件之大量与多类之制造，个人身体与财产之保障，与夫活动及自由之伸张。

除上述诸概念而外，尚有其他学者主张以某项要素为进步之完全决断点。此类学者可分为唯物学者，生物学者，唯心学者，及制度学者。唯物学派以为进步最重要之决断当为自然环境，如气候地质及土壤之影响，用具之发明，事业之分工，财富之储蓄，交易媒介之设备等。简言之，即经济与自然环境之作用是也。

一般生物学者以为社会进步最重要之要素为天择与人为淘汰，由优生计划、民生冲突、民族迁移,及民族混杂等以促成之。此类学者并主张民族平等,及设计增加优秀分子之繁殖力等为原理。

一般唯心学者以为社会进步最重要之要素,为思想与理想之发达,美感性之发展,及人类理解之扩大。

至于一般制度学者以为社会进步最重要之要素为制度之发达,如语言,宗教,家庭,政府,法律,公论,及产业等之伸张。上述四种学说,均言之理,但各偏一面,未免有缺憾之处。故若规定一种真正进步学理,务须将以上诸说合而为一,则庶几乎有所取也。

人类历史之分析,至今仍不完备,因而不能断定上述何家学说为真确,盖人类历史之过程甚短,而人类出现于此地球之上,仅占地球演化历程中之一小部分耳。据地质学家之研究,地球之历史当在一万万年以上,而地球自有生物以来,又在五千万年以上。若论人类之踪迹,则地质学家只能证明其有五十万年之历程耳。至于人类之历史,则亦只有五千年之记载而已。在此五千年之间,人类各自图存,其知识有增有减者,其学术有进有退者,故以此不完备之资料而定一最后之进步标准,未免时间过早也。且初民社会常受鬼神观念之制裁,而思想因以不能发达,学术亦莫由发展。故人类社会进步之最显现证据,只有近两三百年来之各种功绩耳。兹将两三百年来人类进步之特点,略为陈述之。

(一)个人主义之勃兴。此种现象是中世纪欧洲文艺复兴以后之产物,盖中世纪以前,人民自由研究之思想无从引起。文艺复兴之后,所有迷妄思想,渐次撤销,以前所崇尚之一切哲学及形而上学等原理,均不甚令人注意矣。自此而后,一般学者均认一切社会状况为流动的,而不是固定的,并且可由个人力量发展之。此种自由之新发现,即个人主义之勃兴,亦即近数百年来社会进步史上之第一特点。

(二)国家思想之发达。国家与个人均愿望其自身未来幸福之实现。此种特点,在西方文化中最为显著。最近一百年来,此种思想尤其特别发达,如十九世纪之意大利爱国运动,玛志尼与加黎波的等竟能将其国家从暴民手中释放,不独使意人能得较高尚美好之生活,及良善之社会组织,且能激起全世界之民治运动。此种国家思想,亦是近百年来社会进步史上之一特点。

(三)工业之革命。工业革命是机械与制造方法发明后之一种特殊社会现象。盖自机械发明后,生产方法亦同时改进,于是社会组织与构造,亦随之而变更。以前之一切工艺,均是家庭小工艺,不能引起若何社会变化。及至新机械发明之后,极少数之工人即可产出多量之货品。劳工过剩之现象,遂不能免,而都市社会之进步,亦因此而起。盖一般在家庭业手艺工作之人,已失却维持生活之能力,而不能不离不弃故乡,赁屋于工厂之傍,以求工作,于是工业社会之形式,遂固定矣。此即近世社会进步之第三特点。

(四)科学之发明。科学为知识之锁论,在近世社会上之贡献极大,人类常用之以控制自然界。其效能足使吾人弃去幻虚之理想界,而趋向于经验之实际界。今者世界上不论若何重大事物,莫不为人类的科学知识所利用或操纵。此即近代社会进步之最大特点。

（五）民治主义之发达。民治主义是一种主张而现成一种社会制度。此种主义乃近四百年来泰西社会之一种特产品,由其人民思想之逐渐发达而发生者。考民治运动从法国革命以来已成一种普遍社会现象。今日英美民治运动之最近趋势是一种协作运动,主张有教育者及中等阶级统治社会。但是在此种运动之下,同时又产生了一种极大之反动,即俄国式之过激主义是也。考其主义主张平民化之劳工运动,将统治权置于劳农界之手。所有一切私产阶级份子均不给予选举及居官权。此亦近代社会变迁之一大特点也。

（六）互助思想之进步。近代生物学者研究生物现象之结果以为社会之成因,不是互竞,而是互助。社会一切文物能维持至今者,莫不由此观念而生也,主张此说之最力者,当推俄国克鲁巴特金氏。氏曾著"互助论"一书,阐发互助之意义极为详密,现在合作运动之基础,即建于此说之上。此即社会进步上最近之一特点也。

西方文化,今日之现象已远不若我国之乡村生活矣。泰西今日之文明已由闲静之状态,而趋向于个人发展及创作之精神。此乃近世泰西社会进步之趋势也。

参 考 书 籍

F. J. Todd：*Theories of Social Progress*
T. Nixon Carver：*Sociology and Social Progress*

本章练习题

（一）吾国今日社会之病态,可谓之退化乎,抑谓为演化乎？
（二）历来学者,对于社会环境之变迁,其主张各有不同,能将各家理论,条缕说明欤？
（三）美国华德教授对于社会之进步,作何解释？
（四）社会之进步,是否即国家之进步？
（五）何谓社会和谐,社会效能,及社会生存？
（六）人口之增加与物质幸福之增进,是否能成正比例？
（七）应用社会学自何人创始？试述之。
（八）斯宾塞尔氏系何时代人物？其学说能贯彻今日复杂之社会否？
（九）地理环境,影响于人民之思想若何？试论之。

（十）优生计划，系用何方法促成之？

（十一）美感性之发展，及人类理解之长大，其因果关系若何？

（十二）试述宗教及法律之原理。

（十三）试说人类出现于地球之上有若干万年？

（十四）初民社会何以都迷信鬼神？

（十五）试述二三百年来社会之各种功绩。

（十六）个人主义发达，社会组织，应否变更？是否受其影响？试说明之。

（十七）未来之幸福，果有一定止境乎？

（十八）试报告十九世纪之意大利爱国运动经过。

（十九）蒸汽机自何人发明？其促进工业之演化若何？

（二十）劳工过剩，因何而起？

（二十一）何种科学为吾人必修之科学？

（二十二）社会阶级战争，果能用科学方法之消灭欤？

（二十三）俄国克鲁巴特金氏之互助论，与吾国墨翟之兼爱论，是否有相同之点？

第十六章 宗　　教

（一）宗教之定义。从来学者对于宗教之定义不一，大抵宗教系人类对于宇宙间某种力量，承认其有支配人类命运之能力，遂因而信仰之，尊敬之，崇奉之，献祭之，之一种行为或情感。

（二）宗教之起源。关于宗教之起源，主张者亦各有不同，如——法人都罕姆氏谓："古时原人围火跳舞，因跳时过久，逐渐觉疲倦；但其不知疲倦之道，以为暗中有神人指使，日后遁演而下，因成宗教。"

斯宾塞尔氏说："茹毛饮血时代的原人，人人以打猎为生，所得的鸟兽无法保存，所以每有所获，辄一次食罄，食完以后，因疲倦而卧；梦中见许多事物，醒后无以自解，遂以为人有两体，一为肉体，一为灵魂，平时肉体与灵魂合一，睡时则分离，及至人死后，灵魂亦离开肉体而不复返；但生人常恐死人之灵魂或再来就食，故常设饮食以饲之，以安慰之，而使其不作恶。此种举动相演成俗，遂成祭拜鬼神之事。宗教之起源或由于此。"

上边两种主张，未免过于臆造，此外尚有一种比较可靠的解释如下：

原始时代，人类每日观察风雷雨雪，森羁万象，往往不能解释；于是找出一种奥妙难测的东西，以作此神奇事物之支配者而尊崇之，其后遂成宗教。

（三）宗教之种类有下列数种

1. 灵魂主义。此主义是人类最早的一种迷信，内中又分两类：

（1）魔术。

（2）拜物教。

2. 多神教。宗教乃人类情感之一种需要品，人至生活不适的时候，便拜神敬佛以求救济之方，如中国之供奉土地，关公，城隍庙诸神等，皆其举例。

3. 一神教。此教推定一个人或物或上帝，为解决万事之所在，如回耶诸教均是。

4. 自安教主义或自安教。此种主义系一种似有神，似无神，可信，而不可信的宗教。

5. 无神主义或无神教。此一派是根本不承认有神的存在。

（四）宗教与科学。科学与宗教之目的大概是相同——求解释宇宙间不可明之真相，但其程序则各不相同；科学是要怀疑，观察，实验，及详详细细的研究；宗教则只有信仰，不容再有所谓疑惑，与研究之余地。

（五）宗教与社会学。无论何人都有信仰宗教之时，因为当其遇着非人力所可能解决的事时，就要祈祷鬼神，以求补救，在无意中就上了宗教的轨道：如遇旱魃为虐，就杀猪唱戏来祈雨；遇小儿有病，即请巫念佛以求方。所以宗教与人类之关系甚大。社会学是研究社会上一切演化，组织，情况之科学，所以与宗教亦有相当之关系也。

参 考 书 籍

Jastrow, *The Study of Religion*
Ross, *Social Control*, Ch. XVI.

本章练习题

（一）何谓宗教？
（二）英人斯宾塞尔氏对于宗教有何见解？
（三）试述法人孔德氏对于宗教之主张。
（四）试述宗教有若干种。
（五）何谓灵魂主义？
（六）人类为何而有宗教？试述之？
（七）何谓自安主义？
（八）宇宙果无鬼神乎？试解释之。
（九）试述宗教与科学有何关系？
（十）社会学对于人类宗教果有贡献乎？试述之。

第十七章 家　　庭

（一）家庭在社会上的重要。家庭是人类最初的社会制度，是社会的小乾坤；先有家庭然后有其他社会制度；一切社会关系，都是从家庭衍生出来。家庭能绵延种族，能将社会上的物质产业，精神产业，世世遗传下去。家庭亦是人类社会中博爱心之出产地；社会进步又全赖博爱心与互助心为原动力。所以家庭又可谓为社会进步之根源。

孔德氏曾说："构成社会之单位是家庭而不是个人，"又有人说："欲瞻一个社会之良善否，只观其中包含之家庭良善与否。即可知之。"——总上观来，家庭在社会上之位置是极为重要。

（二）家庭之起源。人类之所以有家庭之组织，系因育孩关系，盖初生婴孩不能自立，必须要父母之养育，始能长成。人类婴孩期最长，所以需要父母养育之时间也最多，迨后绵延成俗。遂成家庭制度。人类家庭之成立在于婚姻，兹将婚姻之种类略述之。

（三）婚姻之形式。

1. 掠夺婚姻。此种婚姻制度是男家抢夺女子为妻的办法，为男娶女的初步。

2. 买卖婚姻。此种婚姻系由男家给予女家若干礼物而定，订婚时以牲畜，银钱等为条件。此为婚姻史中之第二时期，中国今日仍有采行之者。

3. 同意婚姻。此种婚姻不管婚礼，但能两方同意即可。

4. 契约婚姻。此种婚姻除同意外，互立契约为保障，中外多行之。

5. 自由意志的婚姻。此种婚姻系自由恋爱的婚姻，是婚姻中之最自由者。

（四）家庭之体制。

1. 家庭的统系。

（1）母系家庭——家庭之血统由母传，财产与权能均归母氏掌握。

（2）父系家庭——一家之血统由父传，财产与权能均由父系负责。

2. 男女偏重的家庭。

（1）团婚制，Group Marriage，系由一般异姓男女——对方大概是兄弟或姊妹居多——互结为夫妇，如男家兄弟二三人，共娶女家二三人为妻等办法。

（2）Polyandry（一妻多夫制），是一个女子同时与几个男子结婚，而同居的意思，现在已不多见，考其发生之原因约有三端：

  a. 土地硗瘠,男子一人之工作不足以养全家。
  b. 硗瘠之地男子数目多于女子。
  c. 因血族自相通婚,男女之数失了均等。
  (3) Polygyny(一夫多妻制)是一个男子娶几个女子的意思。此乃婚姻制度中最普通之景象,其发生之原因约有五端。
  a. 男子色欲过度。
  b. 俘虏女子为妻。
  c. 重男轻女,男子可任意将妇女买卖。
  d. 家庭每以儿童为中心,娶妻多则可多生子。
  e. 宗教裁可多妻制。
  (4) Monogamy(一夫一妻制)是古今各国普通行之婚姻制度,对于促进文化之功用极多。
  (五)组织家庭之根本条件。
  1. 男女结婚是一种法律手续,凡结婚者应注意之。
  2. 家庭以儿童为中心点,故婚姻之基础亦在此。
  3. 组织家庭者须要相当的经济以维持全家之生活,凡无法维持家庭生活者,可暂缓结婚,以免痛苦。
  (六)现在家庭的缺点。
  1. 离婚者过多。离婚的大原因有二:
  (1) "个人主义"的勃兴,各人皆不欲受他人束缚。
  (2) 女子经济独立成为事实。
  2. 人口繁殖过少。因为女子有了经济独立,受过相当的教育,更兼社交公开,所以常忙于跳舞有交际等动作,而不愿生育孩儿。此种现象是极为危险,因为愿生育的妇女,大概是受过高等教育者居多;下等社会的妇女仍生养如故,长此以往,上等社会的人口逐渐减少,一切社会事业将由下层社会主持,文化前途或将有将不堪之景象。

参 考 书 籍

Giltette, *The Family*
Westermarck, *History of Human Marriage*

本章练习题

  (一)试述家庭在社会上之重要。
  (二)家庭因何而发生?试论之。

（三）何谓掠夺婚姻？

（四）买卖式的婚姻现今仍存在否？

（五）何谓同意婚姻？试述之。

（六）中国现在有契约婚姻否？

（七）何谓母系家庭？

（八）父系家庭与母系家庭有何分别？

（九）何谓团婚制？

（十）试述一妻多夫制之利弊，及其发生之原因。

（十一）中国有一妻多夫制否？

（十二）试述一夫多妻发生之原因。

（十三）一夫多妻制将来能否存在？

（十四）组织家庭之基本条件有几？试述之。

（十五）试论离婚之利弊。

（十六）试论现代家庭缺点。

（十七）家庭有何方法改良？试论之。

第十八章 犯　　罪

（一）定义。对于社会现状不满，而发生破坏行为者，谓之犯罪。

近世各国，犯罪的人极多，美国的犯人每年因犯罪所破坏的物质价值，竟出乎其本国的教育费。说到中国犯罪的更多，每年的消费可超出吾国两年出产的价值。

（二）犯罪的种类。

1. 就犯罪的对象论有：

（1）对人的……如杀人、强奸、毁人名誉等……

（2）对物的……如放火、毁人家具等……

（3）对地方的……如扰乱公共治安等……

2. 就罪的轻重说，有：

（1）（Treason）……卖国、谋叛等罪。

（2）（Felony）……大逆不道的重罪。

（3）（Misdemeanor）……稍轻的罪如违警罚法等。

（三）犯罪的原因。

1. 气候。气候的冷暖与犯罪极有关系，夏天多犯对人的罪，冬天多犯对物的罪。

2. 家庭。无家可归的人易于犯罪。

3. 灾祸。遇着水旱兵各灾的人易于犯罪。

4. 教育。未受教育的人容易犯罪，因其不知法律条文及惩罚的规约。

5. 政治不良。

6. 环境恶劣。

7. 人口稠密。

8. 性别。男性比较女性易于犯罪。

9. 嗜好。有不良嗜好的人易于犯罪。

10. 神经病。

11. 不得志。如恋爱不得志，作事不得志，等易于犯罪。

12. 司法不良。

（四）犯人的类别。

1. 偶然犯。

2. 习惯犯。

3. 癫狂犯。

4. 政治犯。

5. 待机犯。

6. 热情犯。

7. 神经病犯。

（五）犯罪的要素。

1. 犯罪的能力。能力不足的人，罪不得咎。

2. 罪人的年龄。年龄过小，没有犯罪的能力者其罪亦少有处分。

3. 罪人的心灵。心灵失却作用的人，如癫狂等，即犯罪亦无惩罚。

4. 法律的明文。所犯之罪，若法律上无明文载出，亦不得为罪。

参 考 书 籍

Parrmelee, *Criminology*

Lombroso, *Causes and Remedies of Crime*

本章练习题

（一）何谓犯罪？

（二）试述各国犯罪的状况。

（三）何谓对人的罪？

（四）试述犯罪之种类。

（五）何谓对物的罪？

（六）试述犯罪的原因。

（七）犯人可分为若干种？试述之。

（八）试论犯罪之要素。

（九）儿童有犯罪能力否？试述之。

附录一　普通汉文社会学参考书籍

刘廷陵:《社会论》(百科小丛书)。
赵作雄译,Ellwood:《社会学及现代社会问题》。
梁仲策译,Wallas:《社会心理的分析》。
严复译,Spencer:《群学肄言》。
欧阳钧译:《社会学》。
伏卢记:《Russell讲社会结构学》。
瞿世英译,Bogardus:《社会学概论》。
管聚仁及朱源文:《社会学大纲》。
王平陵:《社会学大纲》。
常乃德:《社会学要旨》。
谭寿公译,远藤陆吉著:《近世社会学》。
张其均:《新学制社会学概论》。
陈安仁:《社会观》。
陈映璜:《人类学》。
陶孟和等译,F. Muller-Lyer:《社会进化史》。
严复译,Huxley:《天演论》。
萨端:《社会进化论》。
张亮采:《中国风俗史》。
陈石孚译,Seligman:《经济史观》。
董时译,Beard:《经济的政治基础》。
过耀根:《人类进化之研究》。
顾寿白:《人类学大意》。
王海初:《进化浅说》。
马君武:《物种原始》。
张之纯:《中国文字源流》。
胡怀琛:《中国民歌研究》。
张资平:《人类进化论》。
李小峰:《人与自然》。
吴旭初译,Le Bon:《群众心理》。

刘延陵译，MacDougall：《社会心理学绪论》。
金本基译，Ellwood：《社会心理学》。
陆志韦：《社会心理学新论》。
钟建闳译，Wallas：《政治中之人性》。
冯承钧译，Le Bon：《政治心理》。
杜师事译，LeBon：《革命心理》。
陈震昇译，Loria：《社会之经济基础》。
陶孟和：《社会问题》。
东方文库：《社会政策》。
熊得山：《社会问题》。
周佛海：《社会问题概论》。
赵作雄：《社会问题总览》。
《中国秘密社会史》。
王新之：《监狱学》。
杨山木：《救贫丛谈》。
东方文库：《农荒预防策》。
马君武：《收入及恤贫政策》。
止止译：《贫乏论》（泰山书局）。
刘麟生译，Lombroso：《犯罪学》。
《北京监狱纪实》。
李希贤：《财产进化论》。
马君武：《工产政策》。
何海鸣：《中国工兵政策》。
马凌甫译，关一：《工业政策》。
张东孙译，Cole：《社会论》。
东方文库：《合作制度》。
东方文库：《马克思主义与唯物史观》。
梅生：《社会主义浅说》。
沈钧儒：《家庭新论》。
东方文库：《家庭与婚姻》。
严恩椿：《家庭进化论》。
陈顾远：《古代婚姻史》。
刘鸿九译，Gillette：《家庭与社会》。
张佩芬：《妇女问题》。
高尔松：《妇女与家庭》。

东方文库:《妇女运动》。

陈长衡:《中国人口论》。

武堉干译,Cox:《人口问题》。

陈迪光译,Pohle:《都市居住问题》。

李积新:《遗传学》。

周建人译,Doncaster:《遗传学》。

陈寿凡:《人种改良学》。

陈长译:《社会论与善种学》。

徐傅霖:《生育节制论》。

姚伯麟:《人种改善学》。

东方文库:《进化学与善种学》。

张季良:《道传与环境》。

王新命译,H. Ellis:《优生问题》。

刘雄:《遗传与优生》。

李达译,安部矶雄:《产儿限制论》。

阮湘:《殖民》。

马宗荣:《社会教育概说》。

顾倬:《学潮研究》。

顾旭侯等:《平民教育实施法》。

吴敬恒:《二百兆平民大问题》。

熊翥高:《家庭教育与学校》。

余家菊:《国家主义的教育》。

陈启天:《应用教育社会学》。

常道直:《社会教育》。

凌道扬:《中国农业之经济观》。

顾复:《农村社会学》。

顾复:《农村教育》。

邹秉文:《中国农业教育问题》。

东方文库:《新村市》。

罗家伦译,Reinsch:《平民政治的基本原理》。

刘文岛:《政党政治论》。

吴献书译:《柏拉图之理想国》。

《政治社会学》(商务)

曾友豪:《中华民国政府大纲》。

王道:《中国地方制度之沿革》。

杨名遂:《都市问题之研究》。
俞子夷:《测验统计法概要》。
张镜予:《社会调查,沈家行实况》。
许德珩译,Durkheim:《社会学方法论》。
邹敬芳译,Mackenzie:《社会哲学原论》。
易家钺:《社会学史要》。
严复译,Jenks:《社会通诠》。
梁启超:《先秦政治思想史》。
高一涵:《欧洲政治思想史》。
孙文:《建国方略》。
黄昌谷:《科学概论》。
杨东莼译,Morgan:《古代社会》。
施复亮译,上田茂树:《世界社会史》。

附录二　普通英文社会学参考书籍

Achelis: T. , *Sociologie*, Leipzig.
Blackmar and Gillin: *Outlines of Sociology*, New York.
Beach: *Introduction to Sociology and Social Problems*.
Bogardus: F. S. : *An Introduction to the Social Sciences*, Los Angeles.
Bogardus, F. S. : *Introduction to Sociology*, Los Angeles.
Bogardus, F. S. : *Introduction to Social Psychology*.
Bristol, L. M. : *Social Adaptation*, Cambridge,
Carver, T. Nixon: *Sociology and Social Progress*, New York.
Caullet, Paul: *Elements de Sociologie*, Paris.
Cocley, C. N. : *Social Organization*, New York.
Dealey, J. Q. : *Sociology, Its Simpler Teachings and Applications*, New York.
Dealey, J. Q. , and Ward, L. F. : *Textbook of Sociology*, New York.
Eleutheropules, A. : *Soziology*, Jena.
Ellwood, C. A. : *Sociology and Modern Social Problems*, New York.
Ellwood, C. A. : *Social Psychology*, New York.
Fairbanks, Arthur: *Introduction to Sociology*, New York.
Giddings, F. H. : *Elements of Sociology*, New York.
Giddings, F. H. : *Readings in Desoriptive and Historical Sociology*, New York.
Giddings, F. H. : *Principles of Sociology*, New York.
Greef, Guillaume de: *Introduction a la Sociologie*, 2 vols. , Paris.
Gumplowicz, Ludwig: *The Outlines of Sociology*, Philadelphia.
Gumplowicz, Ludwig: *Der Rassenkampf*, Innsbruck.
Hankins, F. H. : *Introduction to the Study of Society*.
Howard, G. F. : General Sociolgy, *An Analytical Syllabus*, Lincoln, Neb. , U. S. A.
Hayes, C. E. : *Introduction to the Study of Sociology*, New York.
Kulp, II, D. H. : *Outlines of the Sociology of Human Behavior*, New York.
Ratzenhofer, Gustav: *Soziologie*, Leipzig.
Ratzenhofer, Gustav: *Die Soziologische Erkenintnis*, Leipzig.

Roberty, E. de.: *Sociologie*, Paris.

Roberty E. de.: *Sociologie de l'action*, Paris.

Rogers, J. E: *The Economic Interpretation of History*, New York.

Ross, E. A.: *Foundations of Sociology*, New York.

Ross, E. A.: *Social Psychology*, New York.

Ross, E. A.: *Principles of Sociology*, New York.

Saleeby, C. W.: *Sociology*, London.

Seligman, E. R.: *The Economic Interpretation of History*, New York.

Simmel, Georg: *Soziologie*, Leipzig.

Small, A. W.: *Adam Smith and Modern Sociology*, Chicago.

Small, A. W.: *General Sociology*, Chicago.

Small, A. W.: *The Meaning of Social Science*, Chicago.

Spencer, Herbert: *The Study of Sociology*, New York.

Spencer, Herbert: *The Principles of Sociology*, New York.

Stuckenberg, J. H. W.: *Introduction to the Study of Sociology*, New York.

Stuckenberg, J. H. W.: *Sociology, the Science of Human Society*, 2 vols., New York.

Tarde, Gabriel: *Social Laws* (translation), New York.

Tarde, Gabriel: *The Laws of Imitation*, (translation), New York.

Tonnies, Ferdinand: *Gemeinschaft und Gesellschaft*, Leipzig.

Veblen, Thorstein: *The Instinct of Workmanship*, New York.

Veblen, Thorstein: *The Theory of the Leisure Class*, New York.

Wallas, Graham: *Human Nature in Politics*, Boston.

Wallas, Graham: *The Great Society*, New York.

Ward Lester F.: *Dynamic Sociology*, 2 vol., New York.

Ward Lester F.: *Outlines of Sociology*, New York.

Ward Lester F.: *Psychic Factors of Civilization*, Boston.

Ward, I. ester, F.: *Pure Sociology*, New York.

Waxweiler, Emile: *Esquisse d'une Sociologie*, Brussels.

Worms, Rene: *Philosophie des Sciences Sociale*, 3 vols., Paris.

附录三 中国社会情形的普通参考书籍

Gamble: *Peking, A Social Survey.*
Warner: *Descriptive Sociology-Chinese Civilization.*
M. T. Z. Tyau: *China Awakened.*
Chen: *The Economic Principles of Confucius and his School.*
Tsu: *Chinese Philanthropy.*
Shirokogoroff: *Social Organization of the Manchus.*
Smith: *Chinese Characteristics.*
Leong and Tao: *Village and Town Life in China.*
Yu Tinn-Hugh: *Progress and Social Control in China.*
Chen Ta: *Chinese Migrations.*
Ross: *The Changing Chinese.*
Russell: *The Problem of China.*
B. K. Barkar: *Chinese Religion through Hindu Eyes.*
Fung: *A Comparative Study of Life Ideals.*
Shirokogoroft: *Process of Physical Growth Among the Chinese.*

附录四 中外各种社会学定期刊物

American Journal of Sociology, Chicago, bi-monthly, since 1895.

Annals of the American Academy of Political and Social Science, Philadelphia, bi-monthly, since 1890.

Bliss, W. D. P.: *Encyclopedia of Social Reform*, New York, 1908.

Journal of the American Institute of Criminal Law and Criminology, since 1900.

Proceedings of the American Prison Aosociation, since 1887.

Proceedings of the American Sociological Society.

Proceedings of the National Conference of Charities and Corrections, annual, since 1876. (guide to same: Alex. Johnson, Guide to the Study of Charities and Corrections, Indianapolis, 1908).

The Survey, (replacing Charities and Corrections), New York, weekly, since 1909.

The Sociological Review (replacing Sociological Papers), London, since 1908.

Revue Internationale de Sociologie, Paris, since 1893.

L'Annee Sociologie, since 1898, Paris.

The Journal of Social Forces.

The Journal of Applied Sociology.

The Chinese Journal of Sociology, since 1922. (社会学杂志)

The Chinese Social and Political Science Review.

经济学原理

注:本书于 1933 年由北平北华印刷局首次印刷发行。

序

今日忧心国事者，莫不叹我国一切政治、社会、经济制度之破产，然而促成此现象者果为何因乎？曰，国人社会思想错误有以致之耳。中国数千年来之政治皆为独裁制度，谋国者常以武力竟其大业，而一般士大夫则摇尾乞怜于军阀淫威之下以图生存；历代独裁政治之基即建于此。

中国在一般武人与士大夫支配之下曾产生两种社会思想，使中国社会趋向于混乱状态；一为士大夫之鄙视农工商业，以读书为升官发财之途径；至于其消费则剥削自民间，而摧残民众之生产力，使其起图反抗，以置社会于不安；二为民众之江山本无主的念头，以胜者为王，败者为寇为成败之途径。他们以为将相本无种，男儿当自强；凡是大丈夫均可将天下之大权取而代之。在此两种社会思想支配之下，全体人民上行下效，曾读书者与夫一般不学而有术之野心分子，遂日以求功名富贵或争权夺利为职志；而其他一切无野心之民众，则终日勤劳亦不足以供一般争天下者之剥削；于是全民均趋向于铤而走险，以求个己之生存；结果则政治不良，学术不发达，经济事业破产，社会的过程只有一治一乱的现象，而无进步之可言。此为我国立国之大误点也。

东西洋各国近二百年来，皆以经济为立国之基础；凡执国政者莫不以谋保护社会经济利益为怀，否则必引起人民之反感，而被迫下野；如美国全民的口号为"商业为优先"；而英国则自称为"开商店的民族"。故凡执政者皆以人民之意志为意志，而经济事业乃得发达，学术乃得进步，而国力亦日强矣。

回顾我国，则思想错误，民智不开，政治不良，上有士大夫之剥削，下有兵匪之横行，社会经济日趋破产，民不聊生，国弱民贫，执政者则仍执迷不悟，唯利是图，而不外观世变，内审国情，以图补救于万一，其必将使国破家亡而后已。要之，我国今日之唯一问题为"愚"与"贫"二字；今日整个问题之梗概即可以数语尽详之，即民众之衣不足，食不饱，居无所，长无教是也。著者为提倡经济以救贫起见，编成此书以供高中以上诸学子，及留心经济问题者之参考。此书可作教本，亦可作参考书，凡重要经济原则与问题均略加以讨论，每章末并附有些练习题及参考书目，以便初学者之参考；至书末则附有研究问题及中英文参考书目录，与中英文经济学名词对照表，以资研究者的便利。是否有当，幸高明有以教之。

1933 年 1 月 1 日著者于北平

卷一 导 言

第一章 经济学的意义和现代的经济制度

我们研究经济学，要先明白它的定义，才可以有相当的进步。大概经济学就是研究人类谋生的方法的科学；它包含人类一切财富，交易，富源，理财，生产，消费，分配，工金，利息，租金，价值，价格和计算财富等事件。以字义来说，经就是经营，济就是补助，就是救济，所以经济就是营生之谓。初学经济学的人们，往往有些误解，以为经济学就是专讲劳工问题，唯物史观，金融问题，或关税问题等项的，而忽略上述那些事件。这是不对的。

照以上所述，经济学的范围是很广，一般学者常把各部分著成专书，但我们这本书是一种概论，所以只把这一切材料都搁在里头，简单的讨论一下。我们先从经济史着手，而后再讨论经济的理论。

在未讨论经济学的内容以前，我们还要知道，我们现在的经济社会是一种资产社会，承认物的所有权。所谓资产就是对于物产有一种特有的专权，为他人不得侵占的。我们现在的法律就是保障这种特权的。资产又可分为公产和私产。现在我们且把它来讨论一下。

当人类未成人类以前，世界上无所谓资产；就那原始社会里头也只有公共资产，即社会的一切物件和土地均归社会全体公共所有，而个人不得独占的；后来因为人口增加，物产不足用，所以一般有野心的人们就把一切物体逐渐占为己有，而成立一种私有资产了。久而久之，这种私有观念，就成为一种习惯，而演成一种特权，为他人所不得侵犯的。现在的资本制度，就是基于此了。

现在的公产观念和古代的公共资产观念不同；原始社会对于资产的观念很薄弱，所谓专权特权等观念均未萌芽；但是现在的公产观念系由私产观念而生的，因为社会上一切资产几由私人占有，那么，所遗留的并不多了，所以就算是属于公共团体或地方和国家所有了。这公产亦抱着有一种特权的观念，凡一切私人均不得侵犯，违者将受相当的处分。在这种状态之下，公共资产也抱着有几分私有的观念了。

谈到私产制度，泰西各国的民众认为是一种神圣不可侵犯的东西；一般法学家也认为是一种"天赋的自然权利"。在这种观念底下,"物权"比生命尤宝贵;假若工人在工厂里头被机器压死了,厂主不能受刑律的处分,反加罪于工人不小心使用机器,以致演出意外的事故;但假若有人把工厂的东西偷了,而被捉获,那就非同小可了,他一定要受相当的苛刑以儆效尤。现在欧美各国的资本主义,就是从这种状态底下培养出来了。一般泰西的民族对于这种观念很深,所以要提倡废除资本主义,和改良私有资产制度,是不容易的事情。

私有资产制度虽然是不容易取消,但是各国均采用些限制的办法,使一般有资产的人们不得享受过分的权利。这种办法就是:(1)课税,务使一般拥有资产的人每年拨若干成归公用,以谋公共利益。泰西各国现在所采用的课税办法,并不像我们中国的苛捐杂税,致人民于死地。他们的目的是在于限制私产,就是课富以济贫的意思。(2)征用,这是像战时征收军粮或其他军用品一样,但同时给予相当的代价,私人不得反抗。(3)收归公用,把私人的不动产收为公用,而酬以相当的代价。(4)罚款和没收,这是因为犯罪由国家科与处分的。(5)复归公有,如拥有资产的人们,死后无承继人,那么,他们的资产就复归公有了。

在这种私产制度之下,除了私产的专权之外,还有些类似私产的特许。这就是:(1)专利特许,给予发明家准他享受一种专有的利益,别人不得侵犯;(2)版权特许,给予一般著作家,使他们专有享受,他人亦不得冒犯;(3)商标特许,给予一般商人,准他们享受法律的保障。

契约也是私产制度下的一种特殊现象。资本主义之恃以存在者,就是契约,因为拥有资产的人们,恃他们的资财,强迫无资度日的和他们订约,而占得便宜的利益,同时法律也给他们一种特殊的保障。现在的私产制度,可说是全靠着契约为转移,因为社会上一切私产都是以契约为根据;而资产的买卖,也靠着契约为凭,因为法律给契约有相当的保障。近世的立法常以明文规定:(1)什么人有立契约的能力和什么人没有这能力;(2)什么样的契约才有效;(3)契约的目的是否正当;(4)契约的手续是否完备,因为所有违背法律和社会风化的契约均一律认为无效,以保障社会的安宁,和一般人民固有的权利。

除契约以外,现在的私有资产制度还承认个人有经营经济事业,和自由取得或以法律手续取得资产的权利。上述那几种就是现在资产社会的特殊现象了。

参 考 书

Richie, D. J., *Natural Rights*.

Ely, R. T., *Property and Contract*, Bk. 1, Pt. Ⅰ.

Mill, J. S., *Principles of Political Economy*, Bk. Ⅱ-Chs. 1 & 2.

本章练习题

（一）一经济学是讲什么东西的,它是论金融的吗？论人口的吗？或是论关税的呢？

（二）地理历史和经济学有什么关系？

（三）经济学家应该要知道工业的程序吗？工业和经济学有什么关系？

（四）研究经济学的人应该知道法律吗？市场吗？气候吗？水利和物产吗？

（五）公共卫生和经济学亦有关系吗？

（六）我们为什么要生产财富呢？

（七）你知道有人作事不要钱的吗？他自己的钱已经够他用的了吗？

（八）人们用钱有限度的吗？假使你有一百万家财,你有什么用途呢？

（九）假使社会上没有金融,那些农民怎样可以买得他们的一切用具呢？

（十）假使社会上没有金融,有什么不方便呢？

（十一）为什么我们叫金钱作交易的媒介？

（十二）假使一件物品的市价突然增加了一倍,这物品的价值也算加倍了吗？

（十三）什么是经济史？经济理论？

（十四）我们现在的经济社会是一个什么样的社会？

（十五）原始人类也有资产吗？

（十六）私产制度怎样成立的？

（十七）什么是资产？

（十八）公产和私产有什么分别？

（十九）物权是天赋的吗？神圣不可侵犯的吗？

（二十）在一个资产观念很深的社会里头,生命宝贵还是资产呢？

（二十一）提倡废除私产制度有什么困难？

（二十二）现在各国用什么方法来限制私产的扩充？试举例述之。

（二十三）欧美各国现在的课税原理和我们中国现在的苛捐制度有冲突没有？

（二十四）征用和收归公用有什么分别？应该给报酬吗？

（二十五）什么是复归公有呢？

（二十六）什么是专利？版权？美术品也有版权吗？

（二十七）版权和商标有什么分别？

（二十八）什么是契约？契约制度有什么坏处呢？

（二十九）私产制度和契豹有什么关系？

（三十）近代立法对于契约有什么规定？什么样的契豹才可以有效？什么

人不可以立契约呢？立契约应有什么手续？

（三十一）假使有人要立一个契约来合伙当强盗，这亦是合法的吗？

（三十二）我们现在的私产制度有什么毛病呢？自由取得是对的吗？

第二章　经济学与诸社会科学的关系

经济学乃社会科学之一，故其与诸社会科学有极大的关系；兹将其关系之点，略述之如下。

（一）社会学。社会学是专考究人类社会一切现象，而规定其原则的科学。经济活动亦是社会现象之一，故欲明瞭经济现象，必须研究人类社会的组织和发展，才可以得其真义。由此可见得这两种科学的关系之密切了。

（二）史学。历史乃记载和解释人类已往事迹的科学。史学的分类亦极复杂，如通史，政治史，经济史，教育史等等不一而足。史学中之经济史，就是记述人类经济事业的发达，和经济制度的沿革等。所以凡研究经济学的人必须研究经济史，以确定其标准。史学和经济学的关系就是在这里了。

（三）政治学。政治学是研究人类政治的组织和演化的科学。经济事业是靠政治组织的得宜以使其发达；若一国的政治不良，则其经济事业必无从发展。今日的中国就是个举例。是则政治与经济是有连带关系的，而研究经济学的人，亦必须研究政治学以明其究竟。

（四）统计学。这学是以大量观察而研究社会现象的一种方法。所有社会科学均靠它为研究的媒介。其所用的方法即是搜集研究的资料，然后记述之，并与数学计算其结果。故经济学亦靠这种方法以明其究竟。

（五）法学。法律是人类行为的明文规则，或权利义务的原则。法学则是研究这种规则和原则的学理。经济学的内容大半是论货财和权利义务的，故其与法学的关系是至为密切。

（六）伦理学。伦理学是论人类行为标准的科学。经济学亦是研究人类行为之一种，故二者的关系亦甚为密切；如勤勉储蓄，为论经济行为者所奖励，同时论伦理者亦以其为合理的行为。欧美各国近年颁行工厂法，限制童工和女工，以重道德，而屈经济。这种经济行为，都是含有伦理观念的。所以凡治经济学者，不能不顾及伦理学也。

此外如心理学，地理学，美术等，均于经济学有极大的补助，为治经济学者，不可不留心也。

本章练习题

（一）试述社会学和社会科学的区别。

（二）社会学与经济学有什么关系？

（三）什么是史学？它与经济学有什么关系？

（四）政治学是论什么的？它与经济学亦有关系的吗？

（五）试述统计学和经济学的关系。统计学是干什么的？

（六）什么是法律？法学？法律和法学与经济学有什么关系？

（七）伦理学是论什么的？经济学与它亦有关系吗？

（八）心理学和美术与经济学有什么关系？

第三章 经济学和经济行为的分类

经济学的范围大别之,可分为:(1) 纯理的经济学,(2) 应用的经济学。兹略加说明之。

纯理经济学是专论经济现象因果关系的。这就是把一切经济现象观察其通性,和互相关系之点,而推其因果,以发现经济的原理和原则。其所用之方法为:(1) 演绎法,是由一般现象而推定某一事实者;(2) 归纳法,是由某项事实而推定其全般原理者。

上述两种方法对于经济学均有极大的贡献,研究经济学者不可偏重于任何一方法,以致失真理之实际;如英国学派多偏于演绎法,使世人轻视经济学为惨淡的科学;而德国的所谓史学派,则又偏重于归纳法,以为经济学是有一定不移的真理,而往往与事实不相符合。故演绎归纳二法均须并用,以实验经济的现象,然后经济学的成绩才能卓著。

至于应用经济学则是论述个人或社会图谋福利的方法和行为的学术。它的职务不仅限于理论,而是以福利和繁荣为标准的。兹略分述之如下。

(一) 营利事业

1. 初级的生产事业:(1) 农业,(2) 渔猎事业,(3) 畜牧事业,(4) 森林事业,(5) 矿业。

2. 工业:(1) 大工业,(2) 小工业。

3. 商业:(1) 国内贸易,(2) 国外贸易。

4. 交通事业:(1) 道路事业,(2) 铁道事业,(3) 运河事业,(4) 航海事业,(5) 邮政事业,(6) 电政事业(电话电报、无线电等)。

5. 保险事业:(1) 人寿保险,(2) 水火保险,(3) 运输保险,(4) 其他一切的保险。

6. 信用事业:(1) 普通银行,(2) 发行银行,(3) 商业银行,(4) 工业银行,(5) 农业银行,(6) 储蓄银行,(7) 投资银行,(8) 国际贸易银行,(9) 信托银行。

(二) 非营利事业

1. 财政事业:(1) 国家岁入,(2) 国家岁出,(3) 赋税制度,(4) 币制。

2. 度量衡制度。

(三) 经济政策

1. 放任主义。
2. 干涉主义。

(四) 特别经济事业

1. 家事经济学,专论家庭经济的。
2. 技术经济学,专论经济技术的。

纯理经济学有好些地方比较应用经济学重要,凡应用经济学的实施都是以纯理经济学为基础,否则就不容易适合事实了;但同时应用经济学亦靠其他科学的扶助以决定其施行的方法。

人类的经济行为是随着人文发达而复杂的;这种行为的现象固然是很多,但归纳起来,亦不外消费以用财,生产以成财,交易以通财,和分配以均财罢了。这四项现象是互有关系的,若要国民经济得到良好的结果,则这四者务求其充分的合作才能实现。我们研究经济的人亦须从这四项着手。兹列项述明之。

(一) 消费。消费就是使用既生的货财,而消耗其作用以充人类的直接或间接的需用之谓;如饮食衣服等为直接消费,利用机器以作其他生产是间接的消费,因为这种消耗是以生财为目的,而使其产品可作直接或间接消耗的。

(二) 生产。这就是利用人力与自然要素和资本,以改变自然物质的形状,或其时间与空间的地位,而使其适合于人类的消费,以供其所需之谓。至于生产的方法,则或个人独力支持,或分工合作,或利用人力和机器等等不一而足。

(三) 交易。人们将他们自己的所有而供给他人的所无,或将他人的所有,而交换自己的所有,以互相供给,而辗转流通,便是交易。这种作用在人类社会上是很重要的,因人们个人的能力有限,而物产和各人的需要又各有不同,于是不能不互求供给,以满各个的需要。这种作用与人文具进,文明愈进步,其程度亦愈高。

(四) 分配。将生产之所得,分与参加生产要素的人,使其充生活资料,便谓之分配;如劳工得工金,资本家得利息,地主得租金等,便是分配的现象。分配方法的良善否,与国家的盛衰有密切的关系。由分配而产生的问题亦可算是近代各国的最大社会问题,如泰西各国因分配上的关系,而使社会上的财富集中于数人的手上,以致富者愈富,贫者愈贫,而产生一种极不安宁的现象,就是个举例。但是中国的最大问题却是生产问题,而非分配问题。容后再详论之。

本书的大概,就是把这四部分的经济活动,分章详论之。

参 考 书

Ely and Wicker, *Elementary Principles of Economics*, Bk. I, Chs. 1 & 2.

本章练习题

（一）什么是纯理经济学？应用经济学？
（二）什么是演绎法？归纳法？
（三）英国经济学派的缺点在什么地方？
（四）什么是史学派的经济学家？他们的缺点是在哪里？
（五）什么是初级的生产事业？
（六）营利和非营利的经济事业有什么区别？
（七）什么是信用事业？
（八）为什么度量衡亦算作经济事业呢？
（九）什么是经济政策？
（十）什么是放任主义？干涉主义？
（十一）什么是特别的经济事业？技术经济学？
（十二）纯理经济学和应用经济学有什么关系？
（十三）人类的经济行为归总起来可分作几项？
（十四）什么是消费？它是可以分作几项的？
（十五）什么是生产？它是怎样进行的？
（十六）交易是什么？它是有什么作用的？
（十七）分配于社会的盛衰有什么关系？
（十八）为什么泰西各国的富者愈富而贫者愈贫呢？
（十九）中国最大的经济问题是什么？试述之。

卷二 经济史略

第四章 人类的环境和他们的经济发展

　　树上的蝦蟆是绿的；草上的蛇是黄的或绿的；周年结冰的南北极中的熊是白的。一般生物学家谓这是适应环境的关系，因为树和草是绿的，北极的冰是白的，所以生长在这地方的动物为了自卫计，免为他类动物所害，也就适应了这种环境，而逐渐改变它们身上的颜色，以便和它们的环境相符合了。人类间因为气候地势和食料的关系，也有颜色的不同，例如热带的民族，皮肤每多带着黑色，而居在北方阴天地方的居民，每多白色，也就是这种缘故。生物界像这类的证据很多，有人说温带的蜜蜂移到热带去就容易失却它们产蜜的能力；黑洞里的鱼。也就失却它们的看视能力。不但动物是这样的，植物界也有同类的情形，大树必在肥土之上，良好的菜蔬也必生在肥美的园圃；若以五谷类种在荒田之上以抗野草，必无良好的结果。这是生物学给我们的公例。

　　适应的公例含有两项要素，就是环境的适合，和竞争生存的意义。凡生物缺乏这两种要素，就不容易竞争生存了。人类也受这种原则的支配。人类的生活，和他们的社会，也要时时刻刻的留心着这种状况，以免对于他们的发展有所妨碍。个人在社会上竞争，也有这种景象，就是除他自己的聪明和教育而外，还有命运和机会的支配。道教育命运和机会就是他的环境了。一切经济的发展，务须有能干的施行者，和有相当的机会才行。

　　我们在社会学和经济学里头，也要特别注意到人类和他们的环境的关系，及人类间个人在社会内部的活动。人类到了现在还是和他们的环境互相竞争，有好些事情人类自己不能作主，但是同时外界的一切势力也不能完全支配他们，因为人类自己是一种原动力，而具有相当的能力和活动，与自然界互争优胜的。人类和他们的环境是站在一种互相为用的地位，有时他们要适应环境，但是有时人类也可以使环境适合于他们。人类是能进攻的亦可以反攻的。人类的历史就是他们和环境互相支配的一种记载。所以历史上的两大问题就是"人"和"自然界"的互相为用，结果就是人类的发展。简言之，在这优胜劣败的程序之中，人类的问题一方面是他们自己的智能，一方面是外界的环境和际遇。在这两种问题的当中,哪一种是基础的,哪一种是次要的,是不容易断定,因为人类和环境的作用,是互为因果的。

经济学并不是专注意于人类的发达史,不过我们在这里所讨论的就是将经济理论分为两段——人和他的环境,就是人和非人的问题。例如财富的生产,除了人事以外,还靠环境的补助,就是靠着一切气候,如雨水、温度、湿度,和土地的肥美、矿产的丰富,交通的便利和其他一切关于光线、风云、潮水、电气、蒸汽等等,为之补助。所以我们要注意财富的生产,是靠着人类自己和他们的环境互相为用的。人类虽然可以变更多少他们环境的状况,但是有些地方他们是不容易变更的,像那北极周年结冰的地方和热带的沙漠,就是一个举例了。这种地方也不能给人类有什么好的机会来生产他们的财富。在一个不合卫生的环境里头,人类可以适应它,但是在这种环境中人类的精力已经受很大的损失了。人类虽然可以利用一切河流、湖泊、和海湾,来发展他们的交通,但是同时还有那些大山大漠,他们不容易利用的。还有一件事情,我们应该注意的,就是人类现在虽可利用若干自然的力量,像电,水,和气,来补助他们的生产,但这才是初步的工作、将来那些自然的力量,还可以补助人类的工作于无穷。

谈到人的本身问题,我们也可以把他来研究一下。人类之中还有好些的差别。例如民族的差别,和个人的差别。这种差别虽然不能说完全由环境的作用产生出来,但是有些确是由环境使然的。自然环境不但是影响到人类皮肤的颜色,就是他们的体格、气力、健康、习惯、品性和智慧等,无不受它影响的。我们就打开一本普通地理书来看一看,就可以了然了。在寒带的地方,到了现在还谈不到文明的开展,热带闷人的气候和自然植物的过剩,使人类易于生存,结果就把他们堕落,变成了呆笨的民族,而不能从事文明的工作了。

在这当中,我们应该知道一种原理,不论在一个什么地方,如果我们看见它有很发达的文明,兴盛的民生,或丰裕的财富,我们就可以知道这地方的民族一定是很有智能和进取的精神,或者他们的地方富源比较别的地方丰富了。假使我们说中国人平均比美国人穷些,那一定是中国人所生产的东西比美国人所产的少了。中国人所以不能出产多的东西,大概是因为他们的体力,手艺,知识,和科学的方法,没有美国人的高强,或者中国的富源,和别的机会,比较美国差些罢了。再进一步说,假使美国人比较欧洲富裕,那一定是美国人较为能生产,能活动,和能够发明机械,或长于经营,或者美国的土壤,气候,和富源,较为适合于生产,以致富的。这是明简的道理。即以个人而论,若无良好的工具,最精艺的工人也没有法子造出好的东西来。假使要一块农地出产多量的收成,不但是要良好的农人,这农地也还要好的才行。所以人和环境是互相为用的,就是这样了。

人类生产的能力含有几种要素,第一种就是气力和耐苦;但是努力和快捷也要同样的注意。德国经济学家罗斯尔氏 Roscher 曾说,"据英国的制造家的报告,英国的工人平均每人每天的生产比较法国的工人加两倍,但是法国人的生产比较爱尔兰人又多些"。有一位英国的工人曾在英国的国会报告法国劳工的状况说,"他们所作的不是工,他们就是在那里看并希望它作得了。例如一个英国纺织工人,用一个八百纺锤的机器,每天可以出六十六磅纱;但是一个法国工人只能够出四十八磅"。美国的农业调查委员会曾报告谓,"美国的工人对于工作的行为,忠实,和兴趣,比较英国的工人尤强"。又据报告,"一个柏林的伐木者平均十日所伐的木料比较一个普鲁斯伐木工人二十七天所伐的木尤多。又英国的种植家在希腊情愿每年给一个希腊的农工十磅金的工资和包他吃饭,而不愿意给一个土耳其工人三磅的工资。南洋群岛的农工,马来土民每月可得二元半的工资,马拉巴人每月四元,但是华侨可得六元"。这足可证民族生产能力各有不同的地方了。

  人类的学术也是生产能力的一个很大的要素。假使我们把现在的生产方法和古代的来比较,那就可以知道学术和生产的重要了。在经济界里头,知识就是能力。野蛮的民族得了弓箭的补助,已经是很有进步的了。工具的确是能够增加人类的生产能力不知道有多少倍。但人类自从用了机器之后,他们的进步是更加急速了。自从用了纺织机之后,人类的生产就增加了百倍以上。其他关于蒸汽,电气,和印刷等机器均是现代文明的砥柱,为古往今来的特产品。但是在这机器之背后,还有那纯理的科学。现在的农业进步就是化学家的贡献。所有工业上的一切困难问题都是由那科学家的实验室找出方法来解决的。一般研究家和发明家就是世界的真正改造者。他们把人类的一切生活方法和习惯随时改变。现代文明的统治势力就是知识。政治,法律,科学,艺术,发明,和发现等事实,就是文明和野蛮的界标。这种界标是往前开展的,将来一定是进到无疆界境。

  人类的德性和他们的社会状况也是生产能力的一个很大的要素。现在世界各国是互相通商的。他们所作的买卖是很大,他们的商业组织也是很复杂,一切的用人行政均是集中。所有大的工厂均用人以千万计。世界各国均有他们的销货员。他们的行政人员也很多,俨如一个小朝廷。他们的买卖还有很多是赊账的。在这种情形之下,他们的营业可以说完全是靠着人类的德性,——他们的信用来维持。若果一个民族缺乏这种德性,那么,这种制度就不容易实行了。还有一样事情在这里应该注意的,就是在现在的资产社会里头,大部分的人们都是替人家作生产事业的,他们的雇主也就完全靠着他们的信用来雇用他们,若果每人都是有诚意去和他的雇主为难,那么,社会上的生产事业就不行了。

  人类的自由也是生产能力的一种要素。若果社会的民众无自由去选择他们自己的工作以谋他们自己的幸福,这社会的生产力量一定很少。劳工一定要自愿才行,不然,一般劳力的人们就不肯努力了。所以无酬报的奴隶工作都是没有什么好的结果。而一般用奴隶的人们,以为这种劳动是很方便的,所以自己也就懒惰起来而致腐化了。欧洲中古的社会就是受这种害了。

社会的安宁也是生产能力的一种要素。若果一个社会常闹着乱子,像闹什么土匪,兵灾,苛捐杂税,和一切的搅扰,使一般民众不得安居乐业,这社会的生产能力一定是要减少了;因为生命,财产,和投资的保障,是最大的经济效能。

远虑也是生产能力的一种要素。若果一个社会的人无深谋远虑为自己前途打算,这社会的生产能力一定是很少的,除非他们目前有些很急需的东西他们是不肯努力的。人类因为谋他们自己的前途计,就肯牺牲目前的辛苦和不方便来开垦新地,砍伐树林,计划机器,建设工厂,修铁路,开河修路,和谋一切经济的发展,不然,社会就不会发达了。

参 考 书

Herbert, *First Principles of Evolution.*
Malthus, *Essays on Population.*
Pearson, C. H., *National Life and Character.*

本章练习题

（一）为什么南北极的熊是白色的呢?

（二）试说明为什么有些蛇是有斑纹的。

（三）为什么有些生物能够把它的颜色变了以适合它的环境?

（四）为什么北方的动物身上有很厚的毛呢?

（五）照我们的观察,到底是生物适应环境抑或是环境适应生物呢? 试由生物学上举例证明之。

（六）生物的不能适应环境者是怎样的呢? 哪些能适应者又是怎样的呢?

（七）什么是竞争生存? 竞争生命?

（八）世界上有什么力量可以限制鱼类、鼠类、畜类和人类的增加呢?

（九）植物界亦有同样的作用吗? 试述这作用。

（十）洋桑子若种在野草地上即变回野果了,这是为什么?

（十一）我们有什么法子可以把这野洋桑子改回人工种的呢? 这是什么道理?

（十二）为什么园子所出的苹果比较多些软肉呢?

（十三）野果的软肉有什么用处?

（十四）动物亦可以补助植物蓄种的吗?

（十五）什么是自然淘汰? 人为淘汰?

（十六）什么是适应环境? 适合环境?

（十七）为什么热带的民族较黑,北方的民族较白而强壮和勤力呢?

（十八）试述生物生存的要素有几种？

（十九）人类的种植是靠什么的呢？

（二十）机会和成功有什么关系？

（二十一）我们为什么不在北方培植香蕉树呢？

（二十二）为什么释迦是生在印度，孔子是生在中国，而穆罕默德是生在阿拉伯呢？

（二十三）北极有百万家财的富翁没有？这是因为什么呢？

（二十四）试述富翁在哪些地方最多的，并举出理由说明之。

（二十五）求学的机会到底是环境的一部分抑或是人的本身一部分呢？教育得到之后呢？

（二十六）试述工业发达的要素。

（二十七）工业发达的要素哪些是属于人的，哪些不是的呢？

（二十八）工业发达的要素哪些是属于机会或环境的呢？

（二十九）工业发达与下列条件有什么关系？（1）人民的嗜好，（2）交通，（3）机器和技术，（4）动机，（5）社会安宁和道德，（6）法律，（7）邦交。

（三十）世界上文明发达的地点有一定的区域没有？这是为什么？

（三十一）世界上的文明曾发源于何地带呢？试述它的理由。

（三十二）文明发达的方向是向北的抑或是向南的呢？试述理由。

（三十三）南北极和热带的地方为什么不能发达呢？是物产不丰富的缘故吗？

（三十四）为什么中国的工业和美国的不同呢？为什么蒙古人游牧汉人种地呢？

（三十五）英国原来有什么富源而促成他为世界上最大的工业国家呢？试举例证明之。

（三十六）为什么英国的国际贸易和海洋交通比较别的国家发达？

（三十七）中国的革命是有气候关系的吗？

第五章　人口的增加和经济史的发达

经济史是叙述人类经济活动事迹的一种记载——就是叙述人类努力求谋物质以满足他们欲望的事迹。人类求谋物质大概是以三种方法为之，一是寻获之，一是制造之，第三种方法就是掠抢之，即以破坏方法以得人家的东西。原始人类的经济，就是寻获的经济，他们所需要的东西就是寻获之。有人说这是狩猎的经济，还有人说这是收集的经济。无论我们用什么名词来叙述这种经济活动，人类最初的经济活动一定不出这收集的范围以外。后来因为人口增加了，一个地方的自然产品有限，物产于是不敷应用，而人类只有两条路走，一是自己努力想法子去增加物产——大概是制造物品居多；一是想法子把人家的东西抢过来。我在这里所用这抢字是广义的，举凡一切以破坏手段如强盗，偷窃，拐骗，掠抢，假冒，欺骗，战争，或一切非法等手续取来的东西，都算是抢的，我们可暂时把这抢夺的经济现象搁开，先谈人类的经济史。平常一般经济学家把生产演化的现象分为五个时期，就是

（一）渔猎时期

（二）游牧时期

（三）农业时期

（四）手工业时期

（五）大工业时期

最近美国哈佛德大学商业史教授葛拉斯 Gras 作了一本经济史概论专论这五个时期，并且把这五个时期的名目略有更改，兹述之如下。

（一）收集的经济 Collectional Economy

（二）文化游牧的经济 Cultural Nomadic Economy

（三）固定的乡村经济 Settled Village Economy

（四）镇市的经济 Town Economy

（五）大都市的经济 Metropolitan Economy

又美国经济学家伊礼 Ely 氏曾把经济时期分三类，每类分为四五期不等，第一类是由经济单位的大小而分为四期如下。

（一）独立经济时期

（二）镇市或近地经济时期

（三）国家经济时期

（四）最大或世界经济时期

第二类是由人类交易方法而分为下列四期

（一）互送物品时期

（二）交换物品经济时期

（三）金融经济时期

（四）信用经济时期

第三类是由人类劳工演化方面立论而分为下列六期。

（一）无固定劳工时期

（二）奴仆时期

（三）田奴时期

（四）自由劳工时期（以习惯为拘束）

（五）自由劳工时期（以个人契约为拘束）

（六）自由劳工时期"由团体（如工党之类）条件和法律明文为拘束"

以上所述那些时期都是大概的，而不能指定年代，因为地球上各地情状不一，即在同一区域之内，也不能有相当的分明，并且同时同地也可以有各种时期存在，例如美国西部仍有以狩猎为活者，再东就是放牧之地，更东即为农业之区，最东则为工商业之域矣；而最大的工商业，则集中于大西洋海岸。我们中国的情形也是差不多，西南和东北的大山区域大概还是在狩猎时期的经济，蒙古和西北一带就是放牧的经济，中部多农，沿海多工商。所以我们对于这一切时期只可假定罢了。

在最初的渔猎时期，人类全靠着自然界的供给为生活，劳工既少，资本也没有。我们现在的所谓劳工，是为原人所轻视的，他们只有妇女为之而已。他们每日所事的，就是接受自然界的给养，训养家畜等工作也还没有开首。至于收藏粮食以备来日的饥寒也是谈不到。他们的经济生活是一种孤立的，所以有些学者谓这个时期为独立经济时期，就是这种原因了。简言之，他们的经济程序是用不着很多人来经营的，最多也不过一家之大罢了。他们那时也还没有交易和分工。所谓经济阶级和阶级争斗，更谈不到了。他们的资产，除了个人所用的简单工具而外，就没有别的东西了。他们的土地大概也是一种公有的东西。

那时民族大概可分为两种：一种是狩猎的，一种是捕鱼的。业猎的民族容易养成一种奸诈和忍耐的心理，和健康的身体，但是对于技术还没有什么发展。他们的人口也很少，据一般经济学家的推测，狩猎生活须有五万英亩（每英亩的面积约合中亩七亩）的面积才可以养活一个人，在一个现代经济较为发达的地方，同样大的面积就可以养活三四万人了。所以狩猎时代的人口一旦增加，人类的生活面积就减少，生存竞争就利害，战争就日多，而食人的恶习也就发生了。若果在战场失败，恐怕就要被敌人吃了。

以捕鱼为生活的部落比较好些，他们的人口也多些。生活也比较安定，心理也较为和平，因为他们的生活比较容易维持，而他们所需要的面积也较为狭小。因为他们的生活比较安定，所以他们也就储有些资本，而较为长久的建筑物也就建造起来；他们的工具像渔船和捕鱼的家具等也就多添了。现在寒带区里还有这种民族。

人类因为人口增加，渔牧的所得不足以维持生活，于是就想出别的法子来增加他们的生活品，而训养家畜的工作也就从此开首了。人类最初所驯养的生物当为马，牛，猪，狗，等类，以供他们的使役和食用。在这时期之中，人类也略知道劳工和制造物品的可贵，于是游牧就从此开始了。游牧也有几分像狩猎，因为狩猎是为人类自己找食物，游牧是为他们所驯养的动物找食物，以维人类本身的生存。所以他们也就顺水草而居，每遇水草缺乏时就要迁移了。在这时期要有固定的住所还是不可能的，但是每人所需要的面积以维持生活也就减少了。据人文地理学家拉德斯尔 Ratzel 所言，在这时期中每一方英里就可以养活二人至五人了；可是在这时期的人口还不能有相当的增加，因为可以放牧的草地不多，而且这草地还常受天然的水旱等灾所支配。在这时代的民族因为争草地也常有战争以决土地的所有。那时因为人类有了他们的牧群，他们所捉的敌人也就不食了，只把他们当作奴仆来使役而已。游牧民族因为竞争草地，那些失败的就迁移远方了；有不得已的时候还要向邻近的平原上发展，而把那平原上的农民征服而成立国家。东半球自中古以还已不知道有多少次这样的事实发生。在游牧时代土地仍认为公有的，个人私有的不动产大概还没有，但是动产像珍珠、金银、宝贝，等容易于迁移的东西，就成为私产了。在这当中，商业还没有萌芽，因为那时物产简单，各人所有的东西都是差不多一样，且他们所需要的东西都是由自己预备而无需交换的；假使他们有交易，也不外互相赠送物品而已，好比甲送乙一个东西，乙也照例送甲一个就是了。

因为人口繁殖的关系，游牧的所得也不足以维持人类的生活了；所以人类又进一步着想，除了放牧之外，还要自己种植东西，而成立一个农业经济社会。在这农业时代，人口增加较从前尤速，而人口的密度亦增加了。据拉德斯尔的计算，在古代农业社会里，每方里可养活的人口比较游牧时代多五六倍。在这时期的民族亦渐有固定的居所，私产观念亦渐次发达，农地也就次第归私人所有了。在这时期之中，劳工阶级也渐次成立。大概最初的劳工者一定是奴仆，由战败的敌人之中捉来充任，因为原人不乐意劳工，除非不得已时绝不会自己劳动的。那时的贸易也还没有发达，因为人类所需要的东西还是很简单，而无交易之可言，但是那时的人口增加得很快，所以法律，风俗和一切伦理观念，也就在这时期内发生，以约束这增加的稠密人口了。在这当中，人与人的权利义务亦次第发明，但是这种权利义务观念只限于本群以内而已，对于远方或外界的人们，则仍可任意骚扰，而不受这种观念所约束。这农业时期大概比较游牧时期尤长久，而技术亦有相当的进步，以备手工业时期的发展。

手工业时期就是利用手工来制造物品的意义。人类制造物品系用两种方法为之，一是用自己的手力，二是用机器加上牲口的力，或水力、风力、蒸汽力、电力、或煤气力以代人力。在这手工业时期中，制造的工具亦渐次精明，资本和劳工亦较为重要。在这时期中自然的原料就可以造成制造品，五金和木料的用途亦逐渐推广了。在这当中，还有几件事情很可注意的，兹略述之如下。

（一）手艺。在这时期之中，人类作物的手艺亦渐次精明，因为工匠各有所专，如木匠，铜匠，铁匠等，以图最大的利益。

（二）商业。在渔猎和游牧时期，商业是不容易发达的。因为各人所出产的都是同样的东西，于是无贸易之必要；但是在手工业时期，人各有所专，制造品亦于是纷繁，各人所造的东西不能完全自用。就把这些过剩的物品来和他人交换别的东西了。所以商业也从此兴起，社会上也有一般人专替他人交换东西而名为商贾，以便利制造者和需用者了；因为制造者和需用者直接交易费时过多，而所得的结果也相差无几，于是就把这零卖的利益让给一般商贾去经营了。在这时期之中，各地交通虽不甚便利，但较为方便的地方，大量的物质也有相当的销场了。

（三）货币。直接交易不容易，甲所需的东西乙未必能供给、乙所需的丙未必能制造，并且有些东西的用途比较别的东西的用途多而广，所以为解决这种困难起见，人类就利用一种较为通用而方便携带的东西来作交易的媒介了，后来因为铜银和金这三种东西比较最便利，人类于是就共同承认它为货币了。

（四）镇市。贸易既发达，人民遂集中于交通便利的地点，如河海之边，或其他四通八达的地方来作市场，而乡间的农民也就把他们所出的东西运来这镇市上推销了。

（五）行公会。工商业既渐次发达，各行工商分子遂组织行会，以维持他们各行内部的利益了。

（六）政治。工商业渐次发达之后，由乡间进城贸易的人亦较多，从前那些田奴亦乘机逃至镇市找寻工作，而一般乡间的封建大地主遂因而与镇市居民发生冲突，谓市民包庇田奴以妨碍他们的利益；但镇市日趋发达，并且争得自治权，所以那些封建的大地主也就没有法子应付，而封建制度的本身也就因而渐次破坏了。这就是欧洲近两三百年来的光景。

最近的大工业时代是由上述那两个时期演化而来的。这时期在英国发达最早，在美国发达最广。这时期的开端就是叫作工业革命，因为它突然把从前那些生产方法完全推倒，而以一种新奇和重大的方法代替之。这时期含有三个小时期，由1760年至1830年为应用机器和蒸汽作生产事业时期；由1830年至1870年为应用蒸汽来发展交通事业，如火车轮船等的时期；由1870年到现在为集中生产和完全制造物品的时期。所谓完全制造就是同在一个公司之下，所有一切同类和相类的东西都可以同时制造而不妨碍这公司的本性之谓。这时期的开端是由于机器的发明,和蒸气的应用所致。这时期的开端可说是在1769年。我们现在且把这时期的几种特殊情形来讨论一下。

（一）劳工阶级的勃兴。在手工业时期的工匠是独立的,每人都有他自己的工具,每天所造的东西也归他自己所有。在这状态之下无所谓劳工阶级,其中虽有工徒工匠之分,但是今日的工徒可为明日的工匠,于是无劳工阶级之可言。自从大工业时期开首之后,这种情形就大变了,因为这时期是用机器生产的,普通工匠没有相当的资本来购买机器和设立工厂,于是只可把这种事情让给有资产的人们来干,但是机器的制造比人力尤快速而量大,于是拥有机器的厂主就无形中和一般手工业的人们竞争起来了；结果就把那些业手工的人们推倒,因为手工每天所出的东西少而价格昂贵,而工厂所出的是价廉而物美。这些手工匠因为竞争不过,也就算失败了,他们的资产和营业也就无形中消灭了,以后他只可投身工厂里当一个普通工人,替厂主作工而已。在这种情形之下,每个工厂用人以千百计,雇主和劳工各不相往来。从前那种独立精神就完全消灭,而阶级观念也从此发生了。为厂主者因生产加多遂愈富,而一般劳工份子因每日收入不敷所出遂愈贫而成为无产阶级；于是拥有资产者也成为一种特殊阶级。这两种阶级因利害不同,所以就互相水火,而促成劳资之争,以演成现在的社会大问题了。

（二）工金的规定。在手工业时代每人每日所造的东西可以自由销卖,所入多少无定,但是在现在的工厂制度之下,他所用的工具和他所造的东西都不是他的,每天到时候他就要上工或放工。因为工厂制度分工很精微,他所造的东西不是像从前那样每人造一件,现在是每人只造一小部分,让其他在厂的人每人各专一部而完成一件东西。在这种制度之下,每人只可成为一个机器的奴仆,每日侍候机器的动作,工人每天所出的东西全归厂主,而工人所得的不过是些少工金,仅够他吃饭而已,一旦有事不能工作,那就有个人经济的恐慌了。

（三）市场的竞争。在手工业时代物品的价值和他的质量都是依照习惯来办,无所谓竞争,或一家商店故意把他们的东西卖贱些以广招徕,而推倒他们同行的买卖,因为他们还有行公会来拘束他们的定价,但是在现在的工厂制度之下就不然了；现在的大工厂不但是要吸引一个城市的商业,并且还要独占全世界的商业。他们现在是以世界为市场,他们的东西不限定在哪里销售,一旦销路不好就减价以广招徕,而吸引全世界的雇主了。但资本较为少的工厂因不能减价,销路就因而日少,以至于维持不住,而卒被资本雄厚的推倒了。因为商业竞争的关系,机器新发明的更多,制造方法的改良也更妙,交通工具也更加发达,分工也特别精微,而物品价格也格外低减,而使全世界成为他们商业的疆场了。

（四）银行和信用的推广。金融为手工业时代的产品,而信用则又为大工业时期的特产。现在的小交易仍以金融为媒介,但是一切大的贸易都是以信用,如支票,汇票等方法为之。因为推广信用起见,现在又有银行的组织出现,以便利这信用制度。在1782年美国只有银行一所,在1914年7月美国国家银行共有

7578 所,省银行共有 14512 所,私立银行有 1064 所,放债和信托公司共有 1564 所,全国总共有银行 24718 所,几全为商业性质的。此足见美国商业的发达了。

（五）交通的发达。在大工业未开端以前,西洋各国的交通极不方便,他们要转运的东西都是以牲口背的,或骡马车拉的,其余靠水的地方就用小船装载,所以从前的大商埠都是靠河海之边,就是这个缘故了。自从铁路开行以来,这种局面完全变了,现在的火车一日可行数千里,飞机可行万里,而内地的大商埠也从此发达了。

（六）公司制度的发达。公司制度是大工业时代的特产品,它是一种无形的有机体,并根据法律而产生的。它的本身无体质,但是它的动作是非同小可的,由少数人用一种组织即能支配其他无数个人;一切用人行政俨如政府,俨如小朝廷;一切外来侵犯均可尽量抵抗;但是他损害别人的权利可不负责任,而躲避一切;同时还可受法律的保障,因为法律承认公司为法人,自有权利义务。所以把持公司的人们,可任意利用公司的招牌以作恶,而不受法律上的处分。

（七）交易所制度。交易所也是大工业时代的一种特产物。这交易所是大量交易的集合所,分证券和物品等种类,支配大量交易,操纵金融和公司的生命,因公司和银行的股票,债票等,均推销于交易所,而把持交易的份子便可将某项股票或债票的价值任意提高或压低以从中渔利,社会上一般普通的人们受他的影响不少。

（八）保险制度的发达。在手工业时代无所谓保险,自十九世纪大工业勃兴之后,保险制度亦应运而生,凡一切意外损失均由保险家包赔。为酬劳保险损失者起见,凡受保的人们每年可根据定章给保险家若干年金。这保险制度系根据一种原则——可然性的原理来经营,例如每千人之中年必死亡若干,若不受保险则这死亡者的后人必受大损失,但若由他人包办经营,千人之中每人年给予若干年金足可清偿而有余,除赔款之外余款即作保险家的酬劳和红利。这种制度也是近代大工业中的一种制度。

（九）世界观念的推广。在手工业时代以前,各地人民对于外邦的人民均视为夷狄,不甚愿与之往来,但自从大工业时期开端之后,因全世界均视为销货的市场,并且交通日趋方便,地方观念也就日减,而对于他邦之人即有相当的谅解了。这也是大工业时期中的一种特殊现象。

参 考 书

Bucher, C. , *Industrial Evolution.*

Ely. R. T. , *Studies in the Evolution of Industrial Society.*

Lubbock, Sir John: *Prehistoric Times*; *Origin of Civilization and Primitive Condition of Man.*

Morgan, L. H., *Ancient Society*, Pt. I, Chs. 2&3.

Semple, E. C., *Influeoce of Geographic Environment*, Ch. 1.

Maine, Sir. Henry, *Early Law and Custom*, Ch. 8.

Hobson, J. A., *The Evolution of Modern Capitalism*.

Toynbee, Arnold, *The Industrial Revolution*.

Cunningham, W., *The Growth of English Industry and Commerce*.

Hammond, J. L., and B., *The Village Laborer. 1760—1832*.

Hutchins, B. L., & Harrison, A., *History of Factory Legislation in England*.

Innes, A. D., *England's Industrial Development*.

Prothero, R. E., *English Farming, Past and Present*.

Bogart, E. L., *Economic History of the United States*.

Coman, K., *The Industrial History of the United States*.

Jenks J. W., *The Trust Problem*.

Johnson, E. R., *American Railway Transportation*.

King. W. I., *The Wealth and Income of the People of the United States*.

Van Hise, C. R., *Concentration and Control: A Solution of the Trust Problem in the United States*.

Wright, C. D., *The Industrial Evolution of the United States*.

本章练习题

（一）生活是什么？宗教,政治,和教育,与生活有什么关系？

（二）人类求谋物质的满足是用哪两种方法为之？哪一种是比较好些？

（三）原人的经济生活大概是怎样的？

（四）从生产方面来说,人类的历史是经过哪五个时期？

从交换物品方面来说是经过哪四个时期？

从劳工方面来说是经过哪六个时期？

从经济组织方面来说是经过哪四个时期？

（五）上述哪些时期都可以用年代来代表它吗？

（六）人类的生活史和他们的政治史有什么关系呢？

（七）经济史和政治史的比较哪一种的力量比较大些？

（八）人类的生活到底是受政治的影响大抑或是受经济的影响大呢？

（九）奴隶制度有什么不好的地方？试述理由。

（十）试述中国历代的革命到底是有经济的背景没有。

（十一）经济史观是作何解释？唯物史观？

（十二）从经济方面看来野蛮和文明有什么区别？

（十三）试述狩猎和捕鱼的部落是有什么分别。

（十四）略述半开化的民族有什么特殊的情状。

（十五）游牧民族和狩猎民族有什么不同的地方？

（十六）文明程度和经济情状有什么关系？

（十七）职工和国际贸易有什么关系呢？

（十八）试述顺应职工和商业的需要而发生的制度有几种？

（十九）人类最初是怎样会畜养牲口呢？怎样会耕种呢？

（二十）自由劳工和奴仆劳工比较是哪种有经济利益？

（二十一）从道德方面来看奴仆劳工是比较自由劳工好吗？

（二十二）经济的变迁可以改变人类的思想吗？将来是怎样呢？

（二十三）试述工业时期的特殊情形是怎样。

（二十四）泰西现代的工业时期可分为几个小时期？

（二十五）现代的机器所用的力是有几种？

（二十六）试述家庭工业和工厂工业有什么区别。

（二十七）工金的制度是怎样发展的？

（二十八）市场愈大竞争愈利害吗？

（二十九）信用和交通于现代的工业制度有什么关系呢？

（三十）人类现在比从前的博爱思想发达吗？有什么理由呢？

（三十一）英国的工业革命是怎样起来的？

（三十二）试述资本和劳工为什么要冲突。

（三十三）保险制度是怎样发生的，它是靠着什么来维持呢？

（三十四）申述证券交易所在现代的工业制度上有什么作用。

（三十五）试述公司的特性和它对于现代工业的关系。

（三十六）行公会和现在的工会有什么区别呢？

（三十七）为什么中国的工业不发达？试述理由。

（三十八）中国的经济史亦经过几个时期吗？

卷三 消　　费

第六章　效用和财富

　　上面已经说过了人类是一种理智的动物,他们是有思想和欲望的,他们最低限度的需要是衣食住。此外还有艺术,知识,和恶习的嗜好,舒服和奢华的欲望,并且还要一切有用和有益的东西。他们要这些东西是因为他们以为这是对于他们有用的,这有用的观念就是经济学上的所谓效用。utility 不论什么东西能够满足人类欲望的就是有效用。凡有效用的东西亦就算是货财了。广义说起来,货财又可分为物质的货财,和人为或机器所作的事务。以出产的多少而论,货财又可分为经济的和非经济的。所谓经济的货财就是有效用而缺少的东西,因为他的来源缺乏,所以就有经济价值了。非经济货财也是一种有效用的物质,像空气或江河里的水便是。可是它虽然是有用,但是因它的出产过多,也就没有经济价值了。

　　效用可分为五类,第一类就是原质的效用,例如某种东西因为它含有某项原质,所以就算是有原质的效用了;第二类是形式的效用,因为某项东西含有某种形式因而有效用的;第三类是地方的效用,例如某种货物因为置在某地方而有效用的,所以就称为有地方的效用了;第四类是时间的效用,例如某种东西因为出于某一个时候而有效用于人的,像那夏天的冰就认为有时间的效用了;第五类是所有的效用,例如某项物品因为有了它就可以满足一种欲望,所以就叫作所有的效用了。人类满足他们的欲望就是享受这些效用。直接享受这些效用来满足人类的欲望是消费。由这样看来,货财又可分为易残的,和持久的;易残的货财经过一次满足人类的欲望就消灭了,但是持久的货财经过多次的满足还没有消灭。

　　效用是有限的,因为人类的欲望也是有限的,到了一定的程度他就不要了。这就叫作效用递减的定例。law of diminishing utility 好比那很饿的饥民一定要吃饭,头一碗饭是绝对有效用的,absolute utility 不吃就要饿死了;但是若果给他第二碗,它的效用就减少了,若果给他第三碗、第四碗,或第五碗,每碗的效用就按比例的渐次减少,而到了一定的程度,最后添的一碗饭就不能再有效用了。我们可以用一个图表来说明这道理。

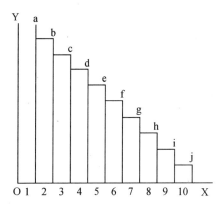

照上边图表,假定12345678910在OX横线上,每字都是代表饭一碗同样的大小,而OY的直线代表每碗饭的效用的程度;头一格由OY到a是代表吃第一碗饭的效用,而这一格的顶上还没有封口,因为他的效用是无限的,而能够救命的,到了第二碗的时候,它的效用就减少了,而到第十碗的时候,就几乎完全没有效用了。但是在这十碗饭之中,若果中途把它减少了,这最后所用那一碗就是叫作限度上的效用或盈余的效用。marginal utility 不论在什么时候,人们对于同样的货财,每增加一次他所有的,或所用的东西,这效用的限度就减低了。好比我们有一百块钱,头一块比较那第九十九的一块的效用大得多。这就是所谓效用的限度或盈余的定例。

人类因为有需要,然后物品才有效用。上边所说那享受效用来满足我们的欲望,就是消费。我们可以把消费分为两项,一是生产的消费,例如把煤烧了以制造别的东西;一是直接消耗的消费,好比一个人把一个东西吃了便是;这直接消费亦叫作最后的消费。

人类的消费是有一定的次序,他们是找那些效用大和代价相宜的东西来用。人类的需要也是照这定律而行的,好比一个人要买一件东西,他一定要选那效用大和代价相宜的,不然,假使他对于某一种东西虽然是有欲望,他也不能出资购买的,并且一种东西的需要还靠着买者的财富或购买能力来作最后的决定。总而言之,需要是由(1)效用的限度,(2)代价的适宜,和(3)购买的能力,所直接支配的。

谈到财富的定义,它是各项货财的集合名词,假使我们要把一切财富来度量一下是不容易的,因为世界上几千年来的实在物质和现在的都是差不多,不过近年来人类发明些方法将世界上的物质改变了形式,来适合人类的用途罢了。我们所住的房舍,从前不过是用些泥土或石子所做的;我们所穿的衣服,在没有制造以前,也许还是地球上动植物的一部分,现在因为我们用了法子来加上工作也就成为财富了。我们现在的所谓生产,不过是把物质的模样改变形式便是了。人类的生产程序并非产生新的东西,只是利用人类的智能来变更地球上的物质而已,例如我们将地球上的铁矿掘出来化炼为钢,而造成种种别的东西;这种程序于地球上的物质并没有增加,但是人类的富源已经是多添了。科学的进步将来能使人类的财富增加于无穷的境地。好比现在世界上的植物共有十四万多种,可是我们才应用到三百多种而已,其他的动物亦有千数种计,但是我们现在所利用的亦只有二百余种而已。

人类发展财富是从两条道上走,一是改变物质的环境,利用外界的物质来供给他们的需要;一是变更人类自己本身,如增加体力、知识和技术,使其能利用外界的一切物质。财富也是知识的产品。机器、书籍等,为文明社会的财富,但是野蛮民族对于这些东西是有什么用处呢?矿产之所以有价值者,也是因为人类会利用它来制造别的东西,而满足他们的需要而已。

类似财富还有一种东西叫作事业或服务。一件衣服,一本书,都算是财富,因为它能满足我们一种欲望,并且还可以保存和为人所有。简言之,它是一种物质。至于事业就不然了。什么是事业呢?好比一个医生的技术,律师的知识,或著者的文章,都是为人所有的,但是这些东西是无形的,于是不能算是物质。一般经济学家叫这种东西作事业或服务。这事业于人生也很有利益的,我们对于它所消费的财富也不少,例如火车和轮船的装载客货;警察,律师,和法官给我们的保护和指导;雇用工人给我们的帮忙;教师给我的学问,都是事业。我们若果要他们这些事业,就非要花钱酬报他们不可。所以事业和货财有时不容易分得清楚。我们平常所用的一切物质上的东西,一定要那制造物质的事业来帮助才可以制造成功,因为事业就是效用的制造者。

除事业之外,类似财富还有一样东西,就是人类本身的品质。这品质是人类个性中的一部分,例如饭为外界的物质,人类一旦将这饭吃了,就变成他自己内部的一部分,而成为体力了。这体力就可以作生产事业,而使人类增加他们的财富。生产和消费都是人类特有的现象。他们消耗一部分自己的体力来得到相当的酬报,他所造的东西就是财富;但是他自己的体力却不是财富只有几分类似财富罢了,例如医生的方子、我们的康健和知识,都是这一类的东西。知识虽然不是财富,但是由知识作出来的书籍,或其他的物质却是财富。

参 考 书

Fetter, F. A., *Principles of Economics*.

Patten, S. N., *The Consumption of Wealth*.

Cunyinghame, H. H., *Geometrical Political Economy*.

Devine, E. T., *Economics*, Ch. V.

Marshall, A., *Principles of Economics*, Bk. III.

本章练习题

（一）世界上的物质可以毁掉的吗？可以制造的吗？力呢？

（二）人们说某地产煤多少是怎个意思呢？

（三）试述火焚、消化和腐化的作用，于物质有什么关系？

（四）人类的需要和其他动物的需要是相同的吗？

（五）动物的需要是深切的抑或是广繁的呢？

（六）人类为什么要生产财富？

（七）请申述人类所需要的东西有共同的名称否？

（八）若果你是有十元钱你是要把它干什么呢？

（九）你将要买一件东西抑或要买几呢件？

（十）你只能买一件的时候你要买什么？

（十一）人类的欲望都是相同的吗？有天时、地利和年龄的区别没有呢？试举例说明之。

（十二）有用的东西包含有什么条件呢？

（十三）为什么野蛮人对于书籍没有用而文明人是有用的呢？

（十四）这是物质的区别吗？

（十五）有用是一种体质的抑或是对人的一种关系呢？

（十六）这种对人的关系是叫什么？

（十七）物质是什么东西？它是什么东西做的？

（十八）什么是效用？固有的效用？外加的效用？

（十九）什么是固有的价值和外加的价值？试举例说明之。

（二十）古玩是有价值的吗？固有的抑或是外加的呢？它的体质是固有的吗？

（二十一）颜色和风味是固有的体质吗？

（二十二）热度是一种固有的体质抑或是人类的感觉呢？

（二十三）夏天和冬天的冰是不同价值的，这是固有的抑或是外加的呢？

（二十四）唱戏亦是财富吗？演戏呢？教书呢？讲演呢？

（二十五）人类驯养狗来看家是财富吗？这是物质的财富抑或是非物质的呢？

（二十六）有一人能唱，这是财富吗？

（二十七）什么是事业？服务？

（二十八）食物是财富吗？吃了饭所得的体力亦是财富吗？医药呢？

（二十九）假若甲乙丙丁四人，甲费一年的工夫去开垦荒地，乙建造一个火车头，丙改良一种发明的器具，丁研究一种职业。这几人所做的事情，哪一种是生产财富的呢？

（三十）学问是财富吗？健康呢？力气呢？品性呢？身体和心灵呢？试说明之。

（三十一）所有的物质都是财富吗？

（三十二）事业和财富有什么区别呢？

（三十三）试解释原质的效用、形式的效用、地方的效用、时间的效用和所有的效用。试举例证明之。

（三十四）空气和太阳是经济的货财吗？

（三十五）什么是消费？农人把糠皮喂猪亦算是消费吗？工人把他的衣服穿破了亦算消费吗？这些人不是消费者吗？谁是呢？

（三十六）什么是货财？易残的货财？持久的货财？

（三十七）什么是限度上或盈余的效用？凡物都是有这种效用的吗？

（三十八）试用图表述明效用的意义？

第七章　需要和消费

因为效用是递减的,所以人们买或用东西总是要有秩序,以消耗最少的代价或东西而得到最大的效用为标准。简言之,这就是要物质的效用超过它的代价才肯费钱去购买它。经济学家叫这种现象作经济消费秩序的定律。

和这定律有关系的,还有其他的一定律,即代替,或中平,与均等限度酬报的定律。这定律的用意就是欲将各种消费使其有同等的效用,例如汽车和照相机的价格相差很远,人们若果没有很多的钱,他们可以不买而暂租用一架汽车,亦可以得到若干的满足,而把他的余款来买照相机。这种办法就可以把各种消费都得到均等的效用了。又例如某人有五十斤面粉,和三斤白糖,他一定要小心些来用那些白糖,以免缺乏;可是,若果这白糖用尽的时候,立刻就可以补充,而那些面粉,若果用完之后,还要等两三个月才可以补充,那么,他对于用面粉亦一定要很小心,以免受同样的缺乏了。这亦是使效用均等的一种办法。

德国著名的统计学家恩格尔氏,亦曾把家庭的消费定作下列的原则,他说,若果家庭的收入增加,那么(1) 食物的消费即按比例而递减;(2) 衣服柴火和屋租等消费的比例则仍旧;(3) 教育,卫生,和休养等消费,则按比例而增加了。

关于消费问题我们还应该注意两点,即现在消费和将来消费的均等,使其效用能给我们最大的满足。所谓将来的消费就是储蓄或积蓄,现在的消费便是使用。兹分段说明之。

将来和现在的消费亦顺着经济消费秩序的定律而进行。人们因为现在的消费不能得到效用超过代价的时候,他们即停止一部分的消费,以待将来求相当的效用了。可是,有些人因为现在的需要过于迫切,他们的经济能力又过于限制,就没有机会来调和这现在与将来的效用了;不过人们一旦有可富余的经济能力,他们必照上述那程序行事的。

人们是怎样储蓄的呢? 他们的方法不外两种,即储藏和投资便是。

储藏就是把货财收存起来,自己暂时不用,同时亦不借给别人使用。平常的乡民,和交通不便地方的居民,大概是不信任银行的,所以他们便把一切有价值的东西存在些秘密的地方,等到再用的时候才搬运出来。这种方法是很笨的,但却是比较那奢华的浪费是好得多,因为储藏金银是不会坏的,并且还可以得到将来的效用。

现在文明发达的地方,储藏金银的办法比较很少,因为近代的经济组织便利,人们有钱便可投于各种生产事业上,而得到相当的酬报,同时并不妨碍自己的使用。这种投资方法可分三类:(1)直接投资于商业上,或自置其他有利的产业;不过现代工业渐趋复杂化,人们若无相当知识就不容易经理;所以他们便愿意(2)间接的投资,将他们的储蓄借与商人或交付专家,托其代办,如买卖股票债票之类;再进一步的办法即(3)将自己的储蓄存在银行,完全由银行自由支配,而投于相当的生产事业上,自己只按期拿回若干的利息而已。投资的储蓄和储藏的不同之点,就是前者一面储蓄为将来的效用,而同时又参加生产事业上,而得回若干的酬报;至于后者则只待将来的效用而已。

在这里我们还应该明白积蓄的真正意义。所谓积蓄不过是延期的消费而已,假若某甲积蓄了五元现金,他不外要等到将来得到这数目的东西之代价而已,他的办法就是将款子存起来,或借给别人,不过这仍然不能算是社会的积蓄,因为社会的积蓄是指要使人们将来得到较大的享受利益而言;假若某甲把他那五元钱借与某乙,那人立刻即将它花了,某甲虽算是有积蓄,可是社会得到什么好处呢?可说是没有。反过来说,若果乙借了这五元钱去造了个机器来作生产事业,社会就得到相当的利益,而甲那五元钱亦就算作社会的积蓄了。以整个社会而论,人们积蓄不过为改良他们生产的便利而已,所以人们常说,我们要随便花钱使市面的金融流通,是不对的话,因为除非我们花钱为作生产事业,则社会不能得到相当的好处。

我们谈到现在的消费问题了。关于这问题亦有两点我们应该注意的:(1)合选的经济;(2)合用的经济。所谓合选的经济,就是知道物质最合时宜的用途;至于合用的经济,就是指知道物质怎样可以用到最得当的地方。我们且把这两点分开来说一下吧。

合选的经济是包含有些伦理的问题在内,因为它是谈及奢华问题的。以多数人的工作而供给少数人的奢华是违反合选的经济。人们应得其所,才算合理。至于经济的用途则亦应有节制。不过什么是奢华是一个难定的问题,因为它是有时间性的;从前王侯将相所用的东西,现在极普通的人都可以享受了;又如一人的奢华品实在是他人的需要品,如文盲的图书是没有用的,若果他有这些东西,这就算是他的奢华品了;可是书籍是学者的需要品,他们不可一日缺乏的。由此看来,奢华的原则是不容易定的,不过我们可以在这里把它略为谈一下罢了。我们可以说,奢华虽是无直接的损害于消费者,但是他所消耗的货财按比例上计算是不能酬报社会的损失的。简言之,奢华就是损失于社会的消耗。人们可以说,私有财产是法律所保障,既有保障,那么,他们亦可以随便支配它了。这话是不错,不过现在的法律观念将要改变了,人们的财产虽然是私有的,可是他们是应该负一种保管的责任,因为财产是含有社会性的,实在是全民努力的结果,不应由少数人任意作一种有损于社会的支配。不过在这里我们还有一点应该注意的,任意的浪费固然是不好,而过于鄙吝不是社会的利益,因为社会若要谋进步必须有合理的消费才行。

奢华的消费不一定是有直接的损害于这消费者,若有直接的损害即作损害的消费,而应受社会全体的制裁了。若果一个国家的人民消耗很多精神来制造有害的消耗品,这些工作不得算是经济生产工作,而应加以取缔的。中国各省种植鸦片烟苗就是个举例。设若中国没有这些东西,则人民的粮食一定是贱得多的。

在这里我们可以规定几条合理的经济原则:(1)集合的消费比较独占的消费经济,例如一切公共合作事业,加入者愈多消费愈少,又如办一学校,不论学生多少,每月的经常费都是差不多,所以学生愈多每人平均的消费愈少;(2)调和的消费比较单独的消费经济,例如以食物数种调和起来吃,比较单独一样一样的吃法经济,而更得到较大的满足;(3)繁杂的消费比较单纯的消费经济,例如各种食物都能用的人比较那些只能用一两样食物的人度日容易,因为他们购买食物时,若一种东西缺乏,他们可以购买别的以作代替,若只能用一两种东西的人,一旦遇着他们所用那一两样东西缺乏时,则生活就受很大的影响了。

关于合用的经济,我们在这里亦可以再谈论一下。人们常说,他们因为不会选择相当的用品,以致消耗过大的话。此外还有一点,即使他们能够选择相当的用品,他们因为不会用,或用的不得法,消耗亦是一样大的。这尤其是在家庭经济上应该要注意的。我们就把家庭间的食料问题而论吧。它的消耗过大是有下列这几种原因:(1)资养料过少;(2)不合口味;(3)不能尽用;(4)烹调不适宜;(5)火量失调。谈到衣服亦有不少的无为消耗,据一般对于这问题有研究者的声称,这一项的浪费每年平均总消耗普通家庭的收入十分之一,若果这话是对的,那么,我们一旦能够停止这一项的消耗,即可使我们每天的工作减少一小时,或增加十分之一的享用了。

参 考 书

Roscher, W., *Principles of Political Economy*, Vol. I. Ch. I.
Rowntree, B. S., *Poverty: a Study of Town Life*.
Ely, R. T., *Property and Contract*, Bk. I. Ch. VI.
Hamilton, J. H., *Savings and Savings Institutions*, pp. 31—38.
Patten, S. N., *Dynamic Economics*, pp. 39—49.

本章练习题

(一)效用怎样会递减的呢?
(二)水抑或是金的经济效用大?请申述理由。

（三）什么是经济消费秩序的定律？

（四）什么是代替或中平与平等限度酬报的定律？

（五）恩格尔氏的家庭消费原则是什么？

（六）试述人们平常对于衣食住是怎样分配他们的收入。

（七）随便花钱使市面上的金融流通的话是对的吗？

（八）人们是为什么要积蓄财富呢？

（九）他们是用什么方法去积蓄呢？

（十）积蓄是有一定的原则没有？

（十一）投资是怎样进行的？

（十二）什么是奢华？工人的鞋亦算是奢华品吗？

（十三）吸烟亦是奢华吗？

（十四）什么是有害的消费？试举例说明之。

（十五）奢华是有害的消费吗？

（十六）什么是合选的经济？合用的经济？

（十七）试述合选的经济有什么原则。

（十八）什么是集合的消费、调和的消费、繁杂的消费？

（十九）公园和图书馆是经济的吗？

（二十）人们说，积蓄就是消费，这话是对的吗？

（二十一）假使人们每月都把他们的收入完全花了，这于社会有什么影响？

（二十二）什么是社会的积蓄？

（二十三）穷汉亦可以积蓄的吗？

（二十四）人们教养小孩子的消费亦算是消耗抑或是积蓄呢？

（二十五）假使社会上的财富是均分的，人们是怎样办呢？

（二十六）家用消耗过大是什么原因？

（二十七）人们的衣服亦是浪费的吗？

第八章　欲望和生产

有些人把生产和消费程序的先后分不清楚,他们不知道先有需要才有供给,抑或先有供给然后才有需要;换一句话说,他们不知道先有欲望才有生产,抑或先有生产然后才有需要。照我看来除了简单衣食住为人所必需的东西之外,大概是先有供给然后有需要,因为我们若果对于世界上没有发明东西,和所未见闻的物品,是不容易发生需要的。普通人的欲望和需要的来源是由于发明的和供给而生的,但是那些有先见之明的人们是在例外的,因为他们的野心较大思想也活动些,并且富有创造性而发明和造出种种奇形八怪的东西出来,而鼓动一般普通人民的欲望。好比现在的汽车,无线电,和其他的新式物品,当它初造出来的时候,除了那发明者和专门研究者之外,一般普通的人们还不会用,假使他们买了一件也还要那卖主教他们怎样用才行,而他们买这些东西的动机又完全为那些制造者的鼓动——宣传、广告和其他种种方法的引诱所致。在我们现在的经济制度之下,我们要造出一个东西来也不行,非要同时制造需要的心理,使一般普通人要我们的东西不可。所以致富最后的原因,还是在人类超伦的智慧,使一般普通人能够采纳新造出的东西。好比那热带的野蛮民族,智慧不发达,除自然物产外,其他的物品概不会制造,假使有人能制造出一种奇怪的东西来,他们也不能用,而不会用。他们怎样会致富呢?

谈到欲望和需要的心理,它是逐渐发展的,例如南美洲极角的土民,因惯于风寒,即在极寒的天气晚上也不用铺盖,假使我们给他一个很厚的铺盖他也许不要,但是若果我们给他一个很薄的小被单子,他也许拿来应用,并且以后渐觉得舒服,而再要多些和厚些的被盖了。需要是造出来的,人类因为有了欲望和需要,也就各自努力去经营他自己的事业,以积蓄些财富来买别人所出的需要品,而满足他自己的欲望。所以欲望和满足也是互相并行的。

人类的欲望可分为两种,即(1)个己的,(2)社会的。这个己的就是衣食住,和一切关于保护个人身体的欲望。人类以外的动物也有这种欲望,不过有程度之差而已。除了衣食住之外,人类还有向上的志气和兴趣,文艺和科学的嗜好。这种欲望是与人类同始终的,亦为老者的安慰物、幼者的美德、荣幸的玩物、厄运的寄托、家庭的趣乐,和社会的补养。大概人类生存的一大部分工作就是在这里了。

关于社会的欲望又可分为利群的和不利群的。这利群的欲望就是为善的心理,使有这欲望的人们能够牺牲一己的所有,而换得社会的赞许。这种赞许是无价之宝,是以牺牲和财富换来的。不利群的欲望就是一种破坏和浪费经济的心理,例如有的人看见别人有些东西为自己所没有的,他们就想法子去破坏它,或把它抢了过来当为己有。这是不经济的。还有那些浪费经济的人们,他们专专张自己的所有,以得他人的赞许。这就是浪费的竞争,例如有些人对于衣食住问题略为解决之后,就无为的浪费金钱来讲究时式,秀雅,和排场,以使他人仰慕他。这种互赛排场是一种浪费,结果是各受其害,因为这些事体是浪费了社会的物品,而使旁人自觉惭愧,令他们也来浪费,以致社会上产生一种不安的现象。这实在是富人应负的责任。

参 考 书

Marshall, A., *Principles of Economics*, Bk. II, Ch. II.
Mayo-Smith, R., *Statistics and Economics*, Ch. III, IV. V.
Mill, J. S., *Principles of Political Economy*, Bk. I. Ch. I.

本章练习题

（一）先有生产然后才有需要抑或先有需要然后有生产呢？
（二）请申述人类为什么要努力去发明种种东西。
（三）试述人们为什么要买汽车和其他的新物品。
（四）人们怎样知道新发明的物品是有用的呢？
（五）人类致富的原因是在哪里？
（六）为什么热带居民的物质文明不很发达呢？他们是不愿意去作创造工作的吗？
（七）试述欲望和需要的心理是怎样发展的。
（八）为什么南美洲极角的土民不用被褥呢？假使我们给他们些褥子他们要不要呢？
（九）人类的欲望可分作几种？
（十）什么是个己的欲望？社会的欲望？
（十一）为什么人类是要爱护艺术和科学呢？
（十二）什么是利群的欲望？这是有什么好处？
（十三）为什么人们要浪费许多金钱呢？这也是利群的吗？
（十四）什么是浪费的竞争？
（十五）试述浪费的竞争于社会有什么益处。
（十六）为什么人类有惭愧的心理呢？

卷四 生　　产

第九章　生产的要素

在经济学上生产是一个很重要的部分。所谓生产就是制造效用,即将物品的形状改变,使其适合于人类的用途之谓。我们在这里还要明白一个要点,即生产并不是制造新物质,只是变更其形状而已,因为宇宙的物质其形状虽不一,而它的质量至今仍是相同。凡能制造经济效用于人类者就算是生产者,不论其人为农夫,为工人,为商贾。生产又可分作物质的生产,和事业的生产。凡致力于制造货品的即谓之物质的生产;凡致力于他人作有经济效用的服务,如教师、医师、工程师,或律师之类的事业,即为事业的生产。

生产的重要要素有四,即土地、劳工、资本、经理便是;前二者为原有或主要的,后二者为次要的,因为资本就是积蓄的劳工的关系,如没有土地和劳工就没有资本了。人们因为谋将来的幸福起见,就把他们的盈余积蓄起来而成立资本,至于土地和劳工这两要素,前者是处于被动的地位,而后者则是立于自动的。

我们在这里所用的土地名词是广义的,凡一切自然力量用于生产者,如风力,水力,吸力等,均包括在内。所以有些学者采用自然要素的名目以代替土地的名称。

土地对于生产有四项贡献,即(1)给予地位,如住宿和行走的地位,这一项尤其是在都市者为重要,观之大都市中的地价即可知之了;(2)使人利用地内的种种自然力量如水力等等;(3)土地含有化学的要素而利于农业,这一项就是所谓土地的肥沃;(4)地皮内含有种种富源,如煤、铁、金、银、煤油、煤气等类的东西。

劳工对于生产亦有四样贡献,即(1)积极改变自然的物体而使它适用于人类;(2)补助自然力量之不足;(3)增加人类的利益;(4)增加价值和财富。关于劳工还有些问题,容后我们再在工金和人口问题等章内讨论之。

资本对于生产亦很重要,若资本缺乏,则较大的生产事业就不能经营了。人们对于资本常有些误解,以为土地亦是资本,这是不尽然的,因为一般的经济学家之所谓资本乃是人力的产物,而非不经人力的自然产品如土地之类的东西。

再资本是指用于生产的积蓄而言,它是由于已往的劳工而积聚的财富。

资本亦算是一种货财——生产的货财,这种货财可分为三种:(1)人力的增加品,如房舍,机器,工具等;(2)未完工作的原料,如生铁,牛皮等类的东西,而可用以作生产者;(3)已完成的货品,而尚未售出于用户者。

资本的集成是经过三个阶段:(1)生产的富余,除日用之外,尚有余富可以积蓄的;(2)将这余富不消耗于无为的事情上,而把它积蓄起来;(3)将所积蓄的财富再用于生产的事业上,使其更加增添财富。这就是资本成立的三个阶段。

利用资本遂生出三种结果:(1)产品因而增加;(2)较便利的大规模事业可以成功,如铁路、火船、无线电等;(3)使产物的品质优良。

经济学家常把资本分作固定资本,和流动资本;前者系用以生产某一种物品的,若用一次即变为完成的产品,如原料和其他未完成的材料均是;固定资本系指生产的工具而言,如房屋、机器等便是。

还有些经济学家把资本分作特别资本,和自由资本;前者的用途只限于制造一种产品,或若干相类似的产品;而后者则可自由利用之,以制造任何产品均可,例如煤、铁、木料等,比较上可以自由利用之,而铁道、运河和其他特种机器等,则只可作特别用途而已。两者不同之点,就是在于前者之不容易改变,后者之自由运用。若一国的特别资本较自由资本过多是很危险的,一旦时势有些变动,若周转不灵,则经济恐慌即将发生了。

普通的经济学者只把生产的要素分作土地、劳工和资本,而欠缺经理一项。其实这是有一点不对,简单的个人生产或不需经理,而现代的资本化的大规模生产事业,是非要不可的。

所谓经理,就是经营和管理生产的意义。经理对于生产有下列七项贡献,即(1)征集资本,(2)雇用劳工,(3)租用土地,(4)计划生产程序,(5)负担损失,(6)管理其他一切生产要素,(7)执行产品的交易和分配。

此外灾祸的保险,和政府的保护,亦应列为生产间接附带的要素,这几项虽然是间接的,可是亦很重要,因为保险虽然不是绝对的要紧,而若无法保险,则水火和其他自然之灾必能使现代化的大规模生产停顿。至于政府的保护,则更加要紧,若地方不安宁,则生产无由进行,故经济学者应以此两项列为生产间接附带的要素。

上述那几项要素集合起来,各按他的需要和成分去进行,即可得到相当的产品;但是这些要素同时不属于一人的,所以那负在经理之责者必须集合之,而使其作最有效的工作,并按着规定的酬报率去支付他们应得的酬报才行。这些酬报每种在经济学上均有特别的名称,兹述之如下。

劳工的酬报叫作工资或工金。

土地的酬报叫作地租或租金。

资本的酬报叫作利息。

经理的酬报叫作赢利。

保险的酬报叫作保险费。

政府的酬报叫作租税或税捐。

兹再列表说明之。

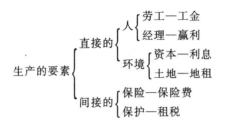

赢利这个名词是不很清楚的,有人谓除了资本、地租和利息之外,所余下来的就是赢利。有些人又谓他所卖出的东西除了资本之外都算是赢利。有些人又把他们自己的薪水也算在赢利里头。又有些人把一年中的买卖算个结束,若有富余的款子即作赢利。还有些人以为买价和卖价相差而余剩的利益就算是赢利。此外还有些人以为一切生产的劳工若不亏本的即算是有赢利的工作。这种赢利观念是与工资无甚分别的。

在现在的资本制度之下,专门制造一种产品而以之和他人交换别的东西,比较自己分身制造各种东西所得到的利益还多;所以在他们的眼光中赢利亦可算是工金的一部分。

现在有些经济学家以为工金和赢利应该分开的,工金只是劳工的酬报;而赢利则是经理者冒险的酬报,和责任的酬报,因为经理人负担一切经营的损失,所以他得这为酬报,一旦失败,则他不但无酬报,而且还要负担债务,所以这种赢利的酬报是他应得的代价。至于他所出的劳力则应从工金项下支付,而将赢利完全作负担责任和损失的酬报。关于这些问题我们将来再另章讨论。

参 考 书

Clark, J. B., *The Distribution of Wealth*, Ch. IX.

Commons, J. R., *The Distribution of Wealth*, Ch. III.

Fetter, F. A., *Principles of Economics*.

Marshall, A., *Principles of Economics*.

Seager, H. R., *Introdnction to Economics*.

Seligman, E. R. A., *Principles of Economics*.

Taussig, F. W., *Principes of Economics*.

本章练习题

（一）为什么土地要和资本分开呢？房舍是资本抑或是土地呢？肥料是土地抑或是资本呢？

（二）试区别自由和特别资本。

（三）什么是固定和流动资本？

（四）劳工是生产的最要紧的要素吗？资本不要紧吗？

（五）资本是自动的抑或是被动的呢？

（六）打球算是劳工抑或是消遣呢？

（七）行劫亦是劳工吗？

（八）人类真可以改变他们的环境吗？

（九）我们耕田要有什么东西才行呢？开银行呢？

（十）为什么我们要把钱积蓄起来？

（十一）为什么我们要借钱呢？租地呢？

（十二）机器对于生产有什么贡献？

（十三）资本于人有什么补助？于社会呢？

（十四）到底农产是由土地生产的抑或是由劳工生产的呢？资本没有关系吗？

（十五）工厂的工人是生产什么东西的呢？他人或他物对于他有补助没有呢？

（十六）一个工厂里的工程师、化学师、研究师、监工、记账员和经理人等，对于生产没有什么关系吗？

（十七）房舍是由什么人生产的？

（十八）工人的粮食是谁生产的呢？

（十九）粮食的价格是谁支付的？用什么给的呢？

（二十）为什么一个店主要雇人帮忙？

（二十一）为什么有些人不作别的事情而专帮他人忙呢？

（二十二）为什么一个店主愿意给他人利息呢？

（二十三）利息和地租是不是赢利？

（二十四）一个公司的股本的红利也是赢利吗？

（二十五）已消耗的薪金呢？

（二十六）工金也是赢利吗？

（二十七）土地是生产一切的吗？

（二十八）人是生产者吗？

（二十九）人类的生产动作是叫什么？

（三十）人类用以生产的东西是叫什么？这东西的酬报是叫什么？

（三十一）律师、牧师和教师等也是生产者吗？

（三十二）有一个农人，他的田地价值一千元，机器等件值一千元，雇一个工人每年给他三百元，另外自己也工作，一年中产出一千元的农产品，其中的工金、利息、地租和赢利，是应该怎样分配的呢？

（三十三）有一个木匠替他人包工规定一千元，他自己做了六个月工作，另外给了他人八百元的工金，这六个月中他的生活费是三百元，若果他替别人工作，则六个月中总可得工金四百元，在这当中他有什么赢利呢？

（三十四）什么是赢利？它是绝对的吗？

第十章　生产的组织

在生产的要素章内,我们已经略微谈过土地,劳工,资本,和经理等项对于生产的需要了,现在我们且把这些要素的组织来谈一下,看看他们是怎样合作起来,作生产的事业。

在近代化的工商业不发达的地方,生产的要素是不很容易看出来的,因为那经营生产的人,同时也是地主,劳工,和资本家,并且他所用的资本也是很少。泰西各国当一百五六十年前的时候,大体上的光景亦不过如此。所以我们现在之所谓生产的要素,只限于规模较大的生产事业而已。

自从工业革命之后,各国的工商事业才形成大规模的状态,而有复杂的组织。生产的要素就是在这种复杂组织中看出来了,例如一铁路,其中的股东和债权人给予资本,地主给地,劳工者出力,经理者出计,而成一种很大规模的组织;各部分所出的补助亦各得其酬报,如工人得工金,资本得利息,地主得地租,经理得赢利等。

这种复杂的组织就是由经理人一手所造成的。经理的任务就是集合其他的生产要素,而使其合作起来谋生产的发达。这经理的责任很大,因为这大规模的工业的成功和失败都是靠着他的,而他亦乐意负担成功失败的责任,使投资者不亏本,劳工者不白费力,地主有租收。所以人们便称这经理为工业的领袖。详细观察之,每一都市的繁荣莫不是靠着几个这样的领袖所促成的,一旦他们死了,那些都市的繁荣亦随之而崩溃了。因为经理的地位如此重要,一般大公司的组织便有了董事会,和些执行职员,分负各种责任,以免人存政兴,人亡政毁的弊病。这经理的事情并不是由一人担任的,其中亦很复杂,总须看什么样的组织才可以定他们的责任;下列就是这些组织的大概。

（一）单一经理制度,由一人借用资本、雇用劳工、商租地皮、指挥营业和负担一切损失的。

（二）合伙制度,由数人合作经营和指挥,责任和负担的轻重不等,他们是以自己个人的信用为经营基础,对于法律是负无限责任的。

（三）股份公司,在这种组织之下,经理的责任是分开的,即股东主持营业和负担一切损失,内部的执行事务则委给董事和其他职员。这种组织是最适合于大规模的生产事业。现在美国所出的产品,其中有九成以上都是由股份公司所制造的。

（四）合作事业,这种组织是由些意志相同,而欲共同图谋一种经济利益的人所组合的。它的损失是由它的合作份子分担,而它内部的经营则委托这些分子所推选的人们主持;至于其性质则类似股份公司。

上述是经理要素之大概,兹再就劳工的要素来说一下。

若果世界上每个人都能自给,而不致有什么物品可以和他人交换,那么,这种劳工是用不着组织的,不过这种现象现在是不多见,而我们所见者只有些合作和组织以谋共同生活而已。关于劳工的组织是有几点可以注意的,兹略述之于下。

（一）简单的协力工作。这就是二人以上共同抬些东西,或打铁之类的工作,若无他人帮助,一人即不容易举办了。

（二）分职。这就是人类各尽所能,选择一种职业以尽专责,如女子理家,男子经营于外等,就是最显著的现象了。

（三）分工。人类原来是分职的多而分工的较少。所谓分工不过近一二世纪才出现而已。分工的意义,就是在同一职业或工作内,每人只专管一小部分的极精细而专门的职务,其他的各部分则另有专人管理,如一个制造钟表的工厂,其中的工作分为三百多个部分,每个工人只制造一极小的部分而已;又如一个做皮鞋的工厂所做的鞋,亦有一百一十三部分的分工,而不如从前一人完全做成一双鞋的专工。就说制一针之微的机器,亦分为无数的细部工作,其中有机器切钢线的,有磨针的,有锥孔的等等,诸如此类的分工。这可见得近代工业的复杂性了。

我们为什么要分工到这么详细呢？一般经济学家说是有种种的利益,即(1)节省时间,因工人只管一小部分,而无顾此失彼的毛病,并且工人的手艺亦容易精练;(2)工人手艺精巧;(3)能使工人各得其宜,如大力的人可以作重的工作,气力小的人可以作较轻的工作,而无人才的废弃;(4)促进发明,因工人专责而手艺精明,故容易发明改良机器的方法;(5)可使资本尽量的利用,因工人每人只用一小部分的工具而不妨害他人工作,故资本因而得到尽量的利用。

至于分工亦有它的短处,兹略述之:(1)利用女工和童工,使成年男子无工作;(2)使工作不能独立和工人容易失业,如有一部分人罢工或因故停工,他部分亦即须停止,(3)机器时常改良,工人虽精通旧式机器,但新式一出即不谙其用法以致失业了,(4)分工使人失掉工作的兴趣,因工人每日只限作一小部分的工作,使其感觉单调而无精神;往日的不分工,一人可作全部的工作,而觉得有趣。

谈到资本的组织,大致上亦已如上述兹不多赘。

土地的组织亦是很要紧的。关于土地的问题有一点我们在这里可以注意的,这就是工业的就地化和地方的分工。所谓工业的就地化就是就着这工业之所在的地点而适合于这地方的情形,和利用这地方的原料并供给这地方的需要之谓。至于地方的分工就是某地方的工业应察其地方的情形,而专制造一种适合于这地方的产品,并以之和别的地方交换以资维持;如个人各专一职以分工而合作的办法相同,例如乡间的农民专注重农业,而把他们的农产品供给都市的居民,而与他们交换他项需要品。现在且有些农区专注重一两种农产者;而大规模的工厂亦然。其所制造者不过一两种物品而已。美国现在有些地方是专以制造手套著名,有些地方则是专以制造帽子,或地毯,或铁钢品,或屠宰牛羊,为唯一的工业。在这些地方的居民直接上或间接上差不多完全是以这种工作为职业。

关于地方分工的原因是有下列数种:(1) 原料的接近;(2) 市场的不遥远;(3) 水力的充足;(4) 气候的适宜;(5) 雇工的容易;(6) 投资的易集。凡此种种都是于地理上有很大的关系,而可总其名谓之土地要素的组织。将来交通愈便利,和各国的政治愈安定,世界的大市场亦必随之而愈发达,则地方的分工必更加发达了。

至于生产组织的取决条件亦须要注意。因为这些条件比上述那些要素还要紧,兹略述之如下。

(一) 人口的性质和密度。在一个人口很密的地方,需要必多,而物品亦必随之而增加,凡组织愈严密者则其所获的赢利必愈厚。所以分工的先决条件就是市场的大小。

(二) 资本的增加。这是一个很重要的条件,凡一切资本,如机器,和交通的工具等越多,则市场愈广,而生产的组织亦愈经济。

(三) 工业的性质。分工和组织是很要紧的,这是我们再三的说过了,这不过是以制造的工业上而论耳,若以农业而论,则就不然了,因为大规模的分工办法是不适合于农事工作的。

(四) 政治的性质。这也是很要紧的,因为政治的性质是因地而异,有些地方是实行资本主义的,可是有些是实行共产制度的。所以关于这一项,我们要注意下列数点,看这地方的政府对于它有什么保障没有,(1) 是否维持私有财产的制度;(2) 对于生命财产是否能保障;(3) 对于契约是否准其履行;(4) 对于工业是否有相当的协助;(5) 金融制度是否统一;(6) 度量衡是否划一;(7) 码头和交通的便利是否完备;(8) 外交是否独立和政治是否良善等,均须考究。

关于生产的组织,我们还要把大规模和小规模生产的利益来比较一下。一般经济学者谓大规模的生产是有下列的利益。(一) 制造的经济;(二) 销售的经济。

关于第一项的经济是因为:(1) 资本的节省;(2) 劳工的节省;(3) 机件的改良;(4) 管理的节省;(5) 废物的利用;(6) 且可以经营附带的营业,因为大规模的生产比较资本雄厚,对于上述那些事情亦容易办理。

关于销售的经济亦有数项:(1) 推销,如刊登广告等的经济;(2) 存货的经济,(因货物销路广,存货不多);(3)运输的经济,(因为大规模的工业四处均设有货仓,他们的货物可由最近的地方起运以速达而节省运费);(4)国外推销的经济,(因为资本雄厚,而不怕竞争和其他意外的损失)。

小规模的生产亦有它的利益:(1)有些生产事业的规模不能过大,否则将要亏本和费工;(2)电力的运用在一个较小规模的工业上比较有利;(3)较小规模的生产可以得到较为严密的管理;(4)小规模的生产家,因为他的切身关系,对于市场的需要特别的留意,而不致有任何浩大的损失;(5)小规模的生产者亦可以联合他的行家而谋机器的改良和废物的利用。

上述那些比较的利益只限于通常的小规模和大规模的生产而已。至于独占的生产事业,则他们的利益更加多些了;可是独占的生产同时亦未必是大规模的生产。

关于独占的生产事业之组织,人们常有各种主张,兹将他们的主张分四项述之如下。

(一)独占的生产应保存,因为经营这事业的人比较一般普通的人民明,一旦国家或社会对于它们加以干涉,将有不堪的结果了;独占的生产虽有些不良的地方,可是这是免不了的,最好是社会采取一种放任主义,而任其自然。这是资本主义者的主张。

(二)独占事业者是一种害,是一种非经济的贪污结果,它的大规模虽然是有些利益,可是它对于商业的道德和责任等是不如小规模的生产事业好,所以社会或国家应该取缔一切独占的组织而替社会除害。

(三)独占的组织是经济的,这是人们所共认,它的一切经营比较那些小规模的生产省事而经济,可是它有时亦有些短处,使人们不能谅解,为补救这问题起见,社会对于独占事业应加以严格的监督,务使其无越轨行动,才合民主政治的原则。

(四)独占组织是有利益的,可是若以严格监督不如把它完全收归公有,而由公家经营之。马克斯氏就是这一派的鼻祖,七十年前他就预看到独占的生产事业将来要实现了,所以他就提倡这种办法以补救之。赞成他这说者大不乏人。

综合以上四说大概是如下:(1)独占的组织是不可免的,和经济而有益的,若不受限制则其结果更佳;(2)独占的组织不是完全经济和有益的,所以应该完全解散之;(3)独占组织是不可免而有益的,可是有些危险性,所以务要严格的监督之,而谋民众的利益;(4)独占组织是不可免而经济的,并且将要普遍化,我们是不能监督它的,非要把它收归公有,或由公家经营之不可;不然,我们的民主政治将要失败了。

参 考 书

Ely, R. T., *Monopolies and Trusts*.
Haney, L. H., *Business Organization and Combination*.
Jenks, J. W., *The Trust Problem*.
Smith, Adam, *Wealth of Nations*.
Van Hise, C. R., *Concentration and Control: a Solution of the Trust Problem in the United States*.

本章练习题

（一）太古的生产组织是怎样进行的？现在还可以照这样办吗？
（二）试述经理者的责任。
（三）申述现代的生产组织有若干种。哪一种是比较好些呢？
（四）试述分职和分工的区别。
（五）什么是工业的就地化？
（六）大规模的生产是有什么利益？
（七）小规模的生产是有什么不经济的地方呢？小规模生产的利益比不上大规模的吗？
（八）农事工作亦可以实行分工制度吗？
（九）现代的经济组织和一般的商业学校有什么关系？
（十）试述现代工会发达的原因。
（十一）什么是股分公司？合作事业？
（十二）申述合伙制度的利弊。
（十三）试述分工的利益。
（十四）分工有什么短处呢？
（十五）什么是地方分工？试述它的理由。
（十六）什么是生产的取决条件？试申明之。
（十七）大规模的贸易亦有利益的吗？
（十八）什么是独占的生产组织？独占事业？
（十九）现在的大学专门教育亦是分工的吗？
（二十）分工对于工人的精神有什么关系？
（二十一）试参观一大工厂以观察它的分工制度。
（二十二）制钟表的工厂内部是怎样分工的呢？
（二十三）独占的生产组织有什么弊病，试述之。

（二十四）马克斯是什么人？他是主张什么的？

（二十五）独占事业为什么要收归国有？

（二十六）独占事业应该取缔的吗？

（二十七）社会可以监督得住那些独占霸王吗？

（二十八）主张对于独占事业应采放任主义者有什么理由呢？

第十一章　生产的代价

　　物理学给我们的教训谓，物力是顺着抵抗力最少的地方而进；猛急的流水是从地面最弱之点而夺得流通；铁链亦是在最弱之点而损坏；若两种物质相碰，其弱者必归失败。人类应付痛苦亦顺着这种原则而进，即选择痛苦最少的事而作；至于求快乐则务求其最大者而为；简言之，即向动机的抵抗力最少的地方进行。别一句话说，人类的动作是顺牺牲最少的地方而求进步。所以人们自己乐意作的事所得的成绩必比较大些，若勉强一人作一事，其必不愿作以致无成绩。即勉强使其作一坏事，结果亦不会坏的。

　　可是，这种情形不一定是表示人类的动作是自私的。世界上有好些人是不愿意为金钱作傀儡的。在商业上亦有人不愿意卖劣货而求利的，因为人类是情感的动物，往往是行不顾言，和言不顾心的。人类的动作是受两种势力所支配，即引诱和自制便是。有些人本来想要作坏事，而结果不作，就是因为受这样的势力所支配了；又如母对于子的牺牲极大，这是为什么呢？大概是忍不住看她的儿子受苦所致罢了；这就是若果她不牺牲自己而为子，恐怕她的痛苦还要更大哩。

　　从买卖方面来说，人类所卖出的东西是必不甚愿意保存的，而他所买进的又必觉得比他所付出的东西尤宝贵才肯干的。所以人们买东西必先择那些最需要的购之。我们平常说，这件帽子或这套衣服的代价是多少钱，然而这是不完备的句子；若果我们的银子是专为保存的，那么，它就没有价值了。我们的钱是为要来换东西的，若果我们不买那帽子或衣服，就要买别的东西了。我们把已经买的东西和那未买的比较起来，就知道我们所买的东西的代价是多少的了。

　　好比我们花一块钱买一件帽子，若果这帽子是用不了一块钱的，那么，我们更加愿意买它了。我们能够牺牲一块钱的代价来买这帽子，就可以表示我们对于这帽子的重视了。

　　若果我们有机会去看戏，和游公园，或赴郊外一行，我们宁愿去看戏，若不看戏或可赴公园，但始终不愿往郊外。以上三者而论，我们最重视的就是看戏，其次为游公园，而能牺牲最大者亦为之，其次为游公园。至于赴郊外，则牺牲最少或亦将不为。

　　又假若我们看见人家有一架自行车，而肯牺牲自己的洋车或手枪，甚至自己的最贵重品，去和他交换，这牺牲最贵重的东西，就可以表示我们需要这自行车的欲望的程度了。

若果我们愿出一个月的工资去买自行车或一套洋服,结果买了这自行车,那么,其中的代价并不是这月的工资而是一套洋服,因为我们买了自行车就不能买洋服了。

我们对于生产的代价平常说,某种东西需多少天的工夫,或多少工金,地租,和利息的代价,可是工金和利息的多少没有什么多大的关系,因为若果我们不把这些金钱用在这里便可用在别的地方。劳工亦处在同等的地位,若不用之以制造这东西便可用来作别的事,或制造别的东西。劳工自己的本身是没有价值的;实在说,金钱亦不能酬报劳工。随便劳动是没有用的。好比锯子的价值是在于它能够补助机器的生产而有的,田畴的价值是在于它能出五谷,牛的价值是在于它能耕种或出乳。所以劳工的价值亦在于他能补助生产的多少而定,无出产的劳工即无价值了。最后一句话说,雇主用钱雇人不是买劳工,而是购买劳工所出的物品。

人类之所以作生产是为着消耗而为的。劳工是制造价值的一种程序。一个人要劳动,是因为他要靠着这劳动而得到别的用品的。劳工不是效用的原因,而是它的结果;可是效用是价值的原因,这是因为物品的缺少而使人努力以图之。至于物品则就是努力的酬报。劳工之所以有价值乃指他所出的产品有价值而言。所以若要以劳工的价值而定物品的价值是不合经济原则的,劳工的价值应以产品的价值而断定才对。

在上面我们曾说过,一物的价值是由于他能否使人牺牲之以交换别的东西而断定的。生产的代价亦可以如此的说法。不论什么物品,它的代价就是牺牲制造他项物品的劳力的价值。

个人所作的生产工作,是顺着他的最适宜的机会而进行。有些人不愿意而且亦不能改变他们生产的方向,除非他们抱定极大的牺牲。可是,有些人是立在限度上的,于是他们随时可以改变。那不容易改变的人是因为他们所经营的产品的市价较高使他们不愿意改变的;而其余那些立在限度上的人,他们所经营的物品的市价是较低,若不改变即无法支持了,所以非改不可。一个生产者不独是一个劳动者,或劳工的雇用者,同时他或者还是一个借用资本和租用土地者,若果市价一跌,他的酬报不足以应付一切,他必须改行制造别的东西了。所以一旦价格一跌,那些较易改变者必先行退伍。这种人便叫作盈余或限度上的生产者。若一行劳工的工金一旦低跌,这行的劳工亦必有不少的退伍者。可是,若一行的赢利或工金一日高涨,这行的生产必然增加以图赢利,而改行经营这行生产者亦必不乏人。这种市价过高或过低的非常现象亦可以互相调剂,即经营生产的人们必放弃低价的事业而向高利的事业上去谋出路;至于高利的生产事业参加的人过多时,这行的价格又必供过于求而跌价,使市上得到一种折衷的价格。这种折衷的价格就是盈余或限度上的代价或牺牲。从这方面来说,盈余的生产代价即可规定市价。人们对于某物品比较的需要亦可以规定这物品的价值,并且还可以决定这物品的产量。好比半斤麦子可以换一件帽子,而且麦子是比较容易出产的,在这当中,麦子的产量一定要增加,或帽子的产量要减少,使市面上的价格得以平衡,不然,人们就要放弃制帽子这种职业,而去种麦子了。

我们在这里再可以解释清楚一点。一旦某行的价格低跌时,一个盈余的生产者立即就要退伍而改行制造别的东西了;这是因为若果他不改行,他即得不到赢利或将要亏本了,况且别一行的生产的赢利还比较高些,而得到相当的利益。一个人放弃一种生产事业而去就他种生产事业,不是因为第一种生产的代价是绝对过高的,只是比较的过高而已。这就是若果他仍继续旧业,则须牺牲他处的高贵价值了。其中的难题不是因为旧业的生产代价过低,实在是因他处的酬报较高而已。

凡作生产事业的人,每由一行事业改就他行时,必发生两种结果:一是当他放弃旧业时,那旧业之中即少了一个竞争者,于是那行的物价遂因而上涨;二是他所改的新行,因每多添一人即多加一个竞争者,于是这新行的物价亦因而低降了。原来当这人改行时,不过因市价之不调而已,可是结果就使果为因,而调剂原来的状况了。一切的经济问题都是含有这种现象。

物质科学可以给我们很多的举例,如水流到低处即行停止,活泼的火势一经烟尘即自行扑灭。在人事方面亦然,如战争因耗尽而自求和平,或劳动过度而自求休息等,都是很好的自然调剂的举例。

市价的变动,每由供给和需要这两种对抗的势力所支配,其初大概是由求过于供而起的。

参 考 书

Davenport, *Elementary Economics*, Chapter on Cost of Production,
Davenport, *Economics of Enterprise*.

本章练习题

(一)假若你有桃子和梨子各一,有友人问你要一个,结果你自己留下桃子,把梨子给了朋友,那么,这桃子的代价是有多少呢?

(二)若果有友人请你看戏,同时又有友人请你坐汽车,而你不看戏而坐汽车,那么,这坐汽车的代价是有多少呢?

(三)若果你的工作能出产两斗麦或一斗小米,你专种麦,那么,那些麦的代价是多少呢?

(四)如果一块钱可以买一本书或一把刀子,你把钱买了书,那书的代价是多少啊?

（五）为什么人们要做工？

（六）人们停止做工就表示他们不再要多些东西了吗？

（七）假若你要到郊外去采野果，你到了什么时候就不采摘呢？这是为什么？

（八）假若你是有现金一百元，你是要买一物或数物呢？

（九）假若你要买第二或第三项物品的时候，你就不再要买第一项的了吗？为什么不专买一样的东西呢？

（十）一个荒岛上的孤人一天的工作是有什么效用呢？

（十一）若果他不住在这荒岛上，他的工作的效用就不同了吗？

（十二）一人的工作能力的价值是由培养他自己的代价而定的吗？

（十三）为什么我们不学印度文呢？这是完全没有用的吗？

（十四）你希望做什么工作来维持生活呢？为什么不作别的事呢？

（十五）为什么在同一个区域里的农人不种同一样的东西呢？

（十六）为什么中国不种植树胶呢？

（十七）盈余的生产者抑或卖者的牺牲规定价格呢？盈余的买者的牺牲在这里有什么关系？

（十八）供给和需要对于价格有什么关系？这两者之间是哪一个较为重要呢？

（十九）为什么物价一跌就有些生产者退伍而改行了呢？

（二十）为什么有些不退伍的？

（二十一）一般生产家是靠着牺牲来规定他们的物价吗？

（二十二）有照价格而定生产的量度没有呢？

（二十三）工金是由供给和需要而决定的，抑或是由劳工的生产容量而决定的呢？

（二十四）每逢一个生产家改行的时候，物价将要受影响了吗？

（二十五）什么是盈余的生产者、限度上的生产者？

（二十六）什么是代价？

卷五 交 易

第十二章 价 值

我们租一块地,雇些工人,和借些资本来作些买卖,对于所租的地,所用的工人,和资本,均须给予相当的酬报。我们愿意出这些酬报,是因为我们希望所卖出去的东西足可以清付并且还能够剩些余款当作我们自己酬劳的。除了清付一切开销之外,而剩下来的余款就是我们自己的赢利。若果付了这些开销之外,一无所剩,那么,我们就算是白干了,就要改行去做别的生利事业了。我们之所以不作别的事情,就是因为现在的事情有相当的酬报的。

所以凡在一生产事业中,所有资本家,地主,工人,和经营这生产者,均要得到相当的酬报,可是每人或每份应该得多少呢?好比你是个经营家,你若果给他人太多了,你自己就没有赢利了,不过同时你亦不能给他们过少,不然,他们也就不干了;那么,你应该给他们多少才行呢?

我们能够给他人多少,完全是要看我们卖出去的东西可以赚多少钱回来而定的。所以我们在这里就要明白价格和价值怎样规定的才行了。

在各行生产事业上,大概一般经理人都预先知道他们的东西将来可以卖多少钱的。商店中陈列各种物品差不多都有定价,他们的价格虽然是随时有些变动,可是变得很慢和很少的;即使平常人大概亦知道一点物品的价值,例如一切农产,因为人们历年的观察,他们预早已经知道它的价值了。

我们观察现在的价格便可把将来的价格看出来了,因为对将来的价格有了些把握,人们才放心去经营各种事业和制造物品。等到他们的物品制造出来的时候,物价还是依然差不多才可以经营的。现在的价格常可作计算将来的价格的基础,所以人们制造东西时便知道这东西将来的卖价,而物品亦就照这预知的卖价而制造了;若果不是这样,人们对于将来的物价不能预料,那么,他们所制造的东西一定很少,因为每制造一件东西总要费些时日,若无把握即要赔钱了。所以一般制造家总是要预知应给原料多少价格、资本多少利息、地皮多少地租和工人多少工金的。若人们不能预知卖价,则不但无人制造物品,即地皮亦无人承租,工人亦无人雇用,资本亦无人借了。

人们制造东西是因为市上有需要的关系，他们为应这需要而希望得到酬报才去经营的。他们所得到的酬报是为着满足自己的需要而以所得的酬报去购买别的东西的。欲望和需要是生产的背景。这欲望或需要不一定是对方的，而是互相作用的，因为人们自己有些需要他们才肯努力去生产东西，和与他人交换自己的需要品，以满足自己的欲望，所以市价就是需要的表现。不过若要知道需要如何左右生产，我们须先知道价值和物价的程序是如何决定的才行。

　　一个很简单的现象，若果我们所卖的东西价格过高，所卖出的一定很少。若果桃子是一角钱一个，有好些人是不买的，若果桃子的价格减低，人们所买的便多了；可是桃子虽然是跌价，人们所买的亦有限，因为他们实在用不了那么些。我们常看见人们因水果的出产太多，而吃不完便让它腐烂了。在这种状况之下，这种东西是没有价值的了。即使把它送给别人，人家也许不要。又例如河水大半是没有价值的，这不是因为水不能满足人的欲望，乃是因为它的供给过多所致的。所以人类的欲望和需要不论在哪一个方向之下，都是有限的，一旦有相当的供给，这欲望就比较减轻了，好比人们饮水一样，头一杯比第二杯重要；若果不是这样，我们的工作就将没有用了；若饮水不能止渴，吃饭不能饱，财富将有何用呢？

　　我们亦可以把我们的日用来作个举例。世界上一定没有人将他所有的钱都买了食物，或租了房子。穿衣服的欲望比较吃饭的还大，好比一个人刚吃完了饭，他不能立刻又再吃了，可是衣服他还可以比较的穿多一两件，不过人们有了若干套衣服之后，他也就不多买了；这不是因为他没有需要衣服的欲望，实在是因为他还有其他比较欲望大的东西要购买的。人们买东西是顺着他的欲望的大小而定。他是以牺牲最少为原则而购买的。好比桃子是一角钱一只，若果他买了桃子，他就不能买别的欲望较大的东西了。所谓欲望较大的东西就是没有买过的东西。

　　就把采拾野果充饥的事情来谈一下罢。若果我们吃得野果太多一定会厌的，第一个果亦许肯费很多的心去采摘，等到吃了几个之后，除非是一个很大的果，我们就不费心去摘它了。在这不摘的平常野果，和所摘的大果两者之间，就算是效用的限度，可以摘亦可以不摘的。抵抗力最少的方向就是在这里变动了。

　　上述那些现象就是交易的例子。一个孤立的人在一个荒岛之上，虽然是无交易可作，但是他亦可以一物而易他物，例如他有时因狩猎的欲望比较捕鱼的欲望大，他必弃鱼而就猎，他时则又适与这相反。这就是以鱼易猎和以猎易鱼的一个例子。又例如一个家妇织了好些布，若果她要把布分做衣服、鞋和帽子等等，她必要计划一下，看看衣服要紧还是鞋或帽子要紧。这是看她当时的欲望和需要而定。若果她把布都做了衣服，她就不能做帽子和鞋了，若果都做了鞋和帽子，那么，她也就没有富余的布来做衣服了。

　　又例如某人有一斗豆子出售，他或者可以找到一个相当的顾主愿意出较高的价格向他购买；可是，若果他是有一百斗豆子，他就不容易一下找到一个顾客了；所以他就要把价钱低减下来，才容易全部卖出去了，不然恐怕就有一部分不能卖出去的。那么，他的价格应该减低多少呢，就是到了一个定点能够使他的东西全部都能卖出去才行的。

上述那些话，理论上是那么样说，不过有时在事实上还是办不到，因为人们不是那样精细的去考究一切，不过大概上是如此而已。这就是供给和需要互相作用而规定市价的现象。

又假若某人有一百斗豆子出售，头一个买者因为需要的关系或者给他一块钱一斗，若果那卖者再要卖他一斗，那买者或可给九角九分，第三斗给九角八分诸如此类的情形，若果那卖者每斗都要一块钱，那么，那买者就不要了。若果他们俩讲妥价钱任从买多少都是九角一斗，他或者买十一斗（即每斗递减一分直至第十斗为止）。可是，若果这卖主平均每斗都要九角五分，那买主又或者情愿牺牲五斗不买了，除非他非给九角五分之外，连一斗也买不到，他才肯给这价目的。可是，若果这些豆子是实价的，那么他就不再议价了，只买他目前所最需要的一两斗而已，等到他日再需要时然后再来了。但是若果那卖者忽然把价目减到八角一斗，那买者或者又改变方针而买二十斗了。这是因为价格相宜，他可以多买些留为他时用的。

若果这卖豆者不向一人出卖，而把他的豆子置于普通市上，他必按照他人的价格出售，不然他的东西就卖不出去了。所谓他人的价格就是市价，系由多数的卖者和买者互相商议的结果。在这市上即使他一人把价格提高或低减些，亦是差不了多少，而他所卖出去的东西亦不会很多，因为市上的竞争很多，若提高价格则无人问津，若低减价钱，则他人也低减，务使市价相差无几。所以价格就是由这供给和需要双方互相作用而定的了。

以上所说是普通情形，若果市上只有一家独占的卖者，如托剌斯之类，这卖主可以把一部分的东西毁坏或扣起来，使市面上的供给缺乏，而提高市价；不过在一个竞争的市场上，卖户不止一家，若一家自行毁坏他自己的东西，他是要失败的。

我们在这里再可以把市价规定的程序来说一下，例如市上的某种帽子的最高价是一块二角，最低价是一块，那么，实在的市价是多少呢？如果市上要买帽子者共有二十人，全体均愿出这最高价，那么，价钱就不会减的了，若果其中只有一人愿出这最高价，那么，价钱就要低些，不过若果价钱过低，那些卖者又不肯卖出了。这就是价钱过高买的少，价钱过低卖的少的现象。像刚才说，若二十人中只有一人愿出最高价，那些卖者虽全体愿意出卖亦只能卖出一件而已。若果市价是一块一角五分，愿意卖者还有二十家，而买者只有六人；若市价是一块零八分，愿意卖者有十八家，可是买者就有十三人了，若果市价跌到一块零五分，愿意卖者仍有十五家，而愿意买的则就有十六人了；若市价为一块零六分，则愿意卖者虽有十六人,而愿意买的,则只有十五人而已。所以市价的标准大概是在一块零五六分之间为最适宜,而所卖出的帽子亦有十五件了。

市上的价格就是如此的规定,就是一旦有变动就有些卖户不肯卖,或买主不肯买,以形成一种折衷的价格了。这些因价格过低而不肯卖的人就叫作立在限度上的卖者,那些因价格上涨而不肯买的就算作立在限度上的买者。由上面那办法看来,因价格的涨落,有些卖者和买者就可以从中得利了,因为有好些卖者本来低一点的价钱他也就肯卖了,可是因为大家把价格提高了,于是他也在这无意中照高价卖出而得到一种额外的赢利了。说到买者方面也是如此,有些东西他本来是要给高些价格购买的,但是因为有些人不愿意出高价的关系,以致价格跌落而买得便宜,这就是他在市上所赚的赢利了。这两种赢利就叫作卖者的赢利,和买者的赢利;而这立在限度上的卖者和买者互相买卖的东西,就叫作限度上的货财。

在这里还有些问题我们要注意的,这就是那立在限度上的买者不是因为某物的价格提高他就不要那东西,他还是想要的,不过因为高价他可以将金钱来买别的东西而已;假若他以高价买了这东西,同时他就要牺牲别的东西了。所以人们购买东西时总是要计划一下,哪一种是可以买的,哪些是不可以买的。平常的人,除非他是很有钱的,他若要买一件东西,同时总是要牺牲别的,不能两样可以同时得到手,因此价格过高他就不买了。

倘若有用之物是无限,那么,它就没有价值了。若一物有价值,它总要含有些抵抗性,使人们有顾此失彼之忧,简言之,物的价值是因为它是有用而缺少所致的,并且还要督率他物的能力才行。所以在市上每逢价格一变,即有人不卖或不买,而转买或卖他物了。这是因为他们要牺牲所致的。

又例如穷人不能买富人所买的东西,这不是因为穷人对于这东西无用,乃是因为他若买这东西,他就不能买别的更有用的东西了。好比富人买一斤肉,穷人也想买的,可是若果他买了肉,他就没有钱买粮食了,而富人则不算什么一回事,因为富人买了一斤肉同时他所牺牲者顶多不过一张戏票或些烟卷而已,而穷人则要牺牲粮食了,若果一人同时对于两种东西都有同等的欲望和需要,有一种是比较贵一点,他必不买那昂贵的。而转买那贱些的,除非他对于那贵的东西有特别用途他才肯购买的。这就算是一种限度上的牺牲。

生产亦是一种效用的交换,亦是一种牺牲,例如某人需要一袋面,他有几种方法可以得之,一是替卖主作几天工作,一是自己拿钱给他,一是拿着自己所做出的东西向他交换;可是这几种方法都不是直接生产,他不过拿自己的气力以作代价来和自然界交换而已。

世界上无论生产或需要东西,若有价值必具有牺牲,因为一人不能同时生产或需要两样东西,若他生产一样东西同时他就不能生产别的了,若他需要一样东西,同时他亦要牺牲别的才行。所以一切价值均含有牺牲,若无牺牲则将无价值了。

参 考 书

Clark, J. B., *The Distribution of Wealth*, Ch. XIX.
Jevons, W. S., *Theory of Political Economy*, Chs. III and IV.
Marshall, A., *Principles of Economics*, Bk. V. Ch. III.
Smart, W., *Introduction to the Theory of Value*.

本章练习题

（一）工人的工金是由他自己所造的东西内出的吗？

（二）工人的工金是要等到他所造的东西卖完之后才给的吗？

（三）若果工人要求工资超过他所造的东西的市价时，他的雇主将要怎样呢？

（四）若果工资利息和地租过高使雇主无赢利可得时，这雇主要怎样办呢？

（五）人们为什么按着市价的利率和工金率去雇工人和借用资本呢？

（六）劳工的本身是有价值的吗？什么事实可以令它有价值呢？

（七）资本和土地亦与劳工一样情形而有价值的吗？

（八）为什么市价一跌就有些生产家不制造东西哩呢？他们不再出东西是要怎样办呢？

（九）小店铺所卖的鸡蛋是怎样定价的？

（十）一个雇用工人、借用资本和租些地皮来作些生产事业的人，他怎样知道每项应该用多少呢？

（十一）为什么人们养猪而不养狐狸，种麦而不种稻？

（十二）工金、地租和利息的来源就是劳工的出产品，是怎样个说法呢？

（十三）到一个月底要发工金的时候，工金是要支付了，而雇主的产品还没有卖出去，到底雇主是得到什么好处？

（十四）有人说雇主是每天向工人买东西的，这是什么道理？

（十五）试考虑一下农人和卖鸡蛋的商人，与雇主和工人的关系相同否？

（十六）农人的酬报是由他的产品的价值所支付的吗？道是怎样个意思呢？

（十七）人们是靠他的产品的价值而生存的吗？这是怎样个意思呢？工人亦是如此的吗？

（十八）一个孤人在一个荒岛上亦受经济原则的支配吗？

（十九）这荒岛的孤人亦有交易之可言吗？

（二十）荒岛上的孤人他的需要是什么？哪一种是要紧的？那么，他应该怎样去找这些东西呢？

（二十一）荒岛上的孤人有时狩猎有时捕鱼是为什么？为什么他不同时做两种事情呢？

（二十二）人们为什么要做工？

（二十三）我们是为生存而食，或是为食而生存呢？

（二十四）我们是为生存而做工，抑或是为做工而生存呢？

（二十五）为什么酒的价格比水昂贵？金比铁贵？丝比线贵呢？

（二十六）一个卖糖果的人，在他的铺子里每天都吃很多糖果吗？为什么呢？

（二十七）为什么我们由乡间搬运很多燃料到都市去呢？这种搬运工作亦是生产吗？这是生产什么？这是把物品的价值增加吗？

（二十八）若果市上只有六件帽子，而要买帽子的人却是有十六个，其中有一人愿出一块钱买一件，其余有愿出九角五、九角四、八角七、八角二、七角八、六角、五角五、五角三、四角八、四角七、四角五、三角九、三角六、三角一、二角六等买价的，那实在的卖价将如何规定呢？若果市上的帽子是有十二件，要买的人仍旧，那么，它的价格是要怎样定的？若果有十五件帽子呢？

（二十九）若果市上有帽子七件，各家最低的卖价要三角六、三角五、三角三、三角一、三角、二角九、二角八等，而要买帽子的共有六人，其中愿意出最高价的为四角，其次为三角八、三角六、三角四、三角三、三角二等，那么，那市价将要怎样规定呢？

（三十）又市上有物品十件要卖的价为十九、十八、十七、十四、十二、七、六、五、四、三等，而要买的共有九人，其中愿出最高价的为九，其次为八、七、六、五、四、三、二、一等，那么，那市价将要怎样规定呢？

127

第十三章 货币和信用制度

货币是流通市面上清付账目的媒介物,它是有几种任务的。(1)做交易的媒介,凡做买卖的人都是以它来代替以物换物的不便利;(2)作价值的标准,因为以物换物各项物品的价值不均等,于是各以一种共同承认的物质来作各项价值的标准;这种标准物亦许是金、银、铜、铅或其他物质,但现时最普通的还是金和银,至于铜则亦仅用以作辅币而已;(3)作迁延支付的标准,即是作清理账目的标准,亦即所谓法定的货币;凡以这法定物交付债权人即作清账;(4)作价值的存蓄物,如人们将货币收存起来,多年后挪出来还可以一样的通用。

至于货币的质料,则务求坚固,而有永久性才行,古人曾用兽皮、茶叶、烟叶和其他等货财以作货币,但是不大适用的,故不久即放弃了。各国现在所流通的货币均有下列标准:(1)有货财的价值,(2)有固定的价值,(3)有一定的价值,(4)有齐一的价值,(5)有识别性,(6)有坚固性,(7)有轻便性,(8)有展薄性,(9)有纯一性。

人类最初所用的货币是没有一定形式的,譬如最初所用的金或银质,只是以分量而定其多寡而已。这是有些不方便的地方;后来就有些大商贾自行规定些标准,使其流通较为便利;及至物质文明日趋进步,则政府即执行造币的权,以铸造一定形式和一定标准的制钱,使其便利流通,而提高货币的价值。政府执行造币权并不是完全为自己铸造的;私人若有币质托政府代铸造亦行,政府只收回若干的代铸费而已;有时尚且免费而自由代铸。关于这一点,各国的办法尚不一致,但政府虽铸币,而却不是造币;政府铸币不过规定币制,使其统一,以便交易,而防止假冒和破坏其流通耳。假若政府不加以取缔的办法,则货币的形式和分量或虽有不同,而其流通则仍是一样的。

货币既为交易的标准,是则货币的单位一旦有变动,物价亦即随之而变更了;若物价上涨,则货币的购买力亦将减少,如从前现币一元可购买一石粮食,现在则非要数元不可,就是举例。所以货币的量额与物价亦有关系,因为物价高时,货币的需要必较多以资周转;但同时若货币的量额有增加时,物价亦将有直接的关系,因为货币较多时,则其每个流通的次数将比较的减少,而物价遂因而低跌了。

货币的价值与出产货币的代价亦有关系,若货币的价值较高时,则开矿采金的人亦必较多;至若币价低跌时,则采矿者因赢利过轻即停止工作,结果便能使货币的量额不致过剩。此外还有其他种种的要素可以影响于金额和市价的,例如采矿的易难,其他物品因产量的较多或少,亦均有相当的关系。

上述那些都是关于现币的情形;但除了这现币之外,尚有纸币和其他的信用工具,兹分别述之。

所谓纸币就是某银行或政府的一种支付单子,凭票即付的一种契据。人民把这种单子来流通是因为他们相信发行者的信用昭彰,凭票即付现款,而无他藉口;并且他人亦愿意接受,同时政府亦承认其为法定的货币,而使其可作捐纳租税,和清理其他一切政府账项的工具。不过这种工具的流通是完全靠着凭票即付现款的信义为它的后盾;不然则物价将要飞涨,纸币对于现币亦要贴水,而使现币的一部或全部驱逐出市面而流至国外,或被私人收藏了。近年来的奉票、晋钞和滇钞等,均有这种现象。低价的货币将高价的货币驱逐出市面的程序,在经济学上名为格拉沙姆氏 Gresham's Law 的定律。

这定律是由英国的财政专家格拉沙姆氏所发现的;其最显著的作用为在国际贸易上,因为劣币可以流通市上,人们便把那些优币扣起来以作别的用途,如清付外债,或以之交换外国货品等。这是很明显的现象,因为劣币可勉强流通国内,而外人却不愿意收受这种不兑现的东西,于是那些优币将逐渐流至国外,而使外国的物价上涨了。并且因为现币可以购买得较多的外国货,则人民可尽量的购买舶来品,而将他们的现金逐渐全数运出境;结果本国的物价因受外国高价的影响,亦更往上升涨,而本国又再须发行多些纸币,以应这高价的需要了。其补救之法不是再多发行纸币,而只有借外债将所发出的不兑现纸币或其他劣币收回以平市价而已。所以靠发行纸币而度日的政府或国家,总是站不住的。

至于其他的信用办法,则尚有信用的工具,和信用的机关。所谓信用的办法,就是先交易后结账之谓。这种办法包含有三项要素:(1) 时间的要素,(2) 信用的要素,如负债者的人格和经济能力,以及担保的充裕和安全等,(3) 证据的要素,如欠单等。这种证据亦是信用的工具。

信用的工具约有下列数项:(1) 支票,即由出票的私人或公司请银行凭票即付来人若干款项之谓。这种工具的时候要素很少,其作用不过代替现款的出纳,以便利储存而已;(2) 汇兑支票,draft(简名汇票),所谓汇兑支票就是银行家对同行者所出的支票;(3) 商人汇票,bill of exchange(亦简名汇票),是由某私人或公司向对方某私人或公司所出的支票,请其凭票付与某银行若干款子的工具;(4) 欠单,这种单据是由某私人或公司向银行或其他私人与公司所立的字据,将于某年某月某日交付若干款项,并加上若干利息的,这种欠单大别之亦可分作三种:(甲)私人和公司的定期欠据,(乙)银行家所发行的钞票,(丙)政府所发行的库券。钞票和库券都是为流通起见的,并且有一定的额数,如五元十元等。这种东西亦凭票即付的;至于出票人的信用则是无疑的;(5)记账,这种工具是在小商业上最流行的,如某人向某商店购得若干物品,当时不付款项,俟若干时日后再由店主向顾客开单,请其结付的;若果两家均是商人而有往来账目者,则于结账时只将尾数或差额付清即作了事,至于私人的信用交易,则是由购货人向卖主出一支票,或向银行买一汇兑支票请其到期向某银行领取款项;或由卖主向买主出一商人汇票交给某银行,请其到期向这买主收款。可是这种商人汇票,经银行家收到之后务须先持票向买主请求签字认可,然后才发生效力,否则其可以不负责任的;但这商人汇票一旦经对方签字认可之后,即可发生效力,届时持票人即可向其索取款项;若在未到期以前,持票人需用款项时他亦可自行向这票背后加签转移字据将这票转让给别人,届时由这第三者向原认可人索取款项;若这第三者于这票未到期以前需款,他亦可以照这转移手续向第四者 转让而提前用款。有时或须贴现,即打折扣方可提前向他人转移,因为这是有利息上的关系。

信用的机关是有两种:一是银行,二是清算所。银行是以经营信用为业务的。他们营业的三大范围是以折扣购买有期的商人汇票,和接受存款,以及抵押放款。他们所谓购买未到期的汇兑支票和商人汇票,不是以现款收买的,他们只以折扣将顾客的期票收下作存款,而便利他们的往来支付而已。关于收买汇票这一项,银行家所赚的就是贴现的数额。至于放款方面,则他们所赚的就是利息。银行是它的存户们的债务人,同时亦是它所放款者的债权人。银行平常对于它的存户给利息很低,而它放款所得的利息总比它所给存户者的高些。这两者相差的数额就是它的赢利。参考下列附表便可知银行业务的大概了。

上海商业储蓄银行储蓄处对照表
(1930年12月31日报告)

（此处为贷借对照表，列有负债方：合本、应付活期存款、定期未付存款、纯付益金、公积金、资本等项目；资产方：现金、商业抵押证券购置、收买放款、未收往来息款、备置等项目，并附各项金额数字）

证券购置表

证券名称	票面原币							金额								保管银行
	万	千	百	十	个	角	分	万	千	百	十	万	千	百	十	
一九〇八年中国善后公债 英金镑			一	六	〇	〇	〇			一	四	七	六	七		本行保管库
中国善后公债 英金		一	三	五	〇	〇	〇			一	二	四	六	五	四	G. T. Co. of N.Y. London
中国善后公债法发英英 有印公债金			二	八	〇	〇	〇				二	五	九	〇		G. T. Co. of N.Y. London
中法公债 美金	三	〇	八	三	〇	〇	〇		六	四	二	七	五	〇	六	浙江实业银行
中比公债 美金	五	三	七	〇	〇	〇	〇		一	八	八	六	三	四		浙江实业银行
整七年长期公债 国币	一	一	八	三	〇	〇	〇		一	九	三	五	〇			浙江实业银行
十七年金融短期公债 国币		一	五	〇	〇	〇	〇			一	四	九	五	〇		浙江实业银行
十九年关税公债 国币		三	〇	〇	〇	〇	〇			一	四	〇	〇	〇		本行保管库
合计								三	一	八	四	八	一	三		

说明

抵押放款分析如下：

本行存折及存单押款	洋 278236.04 元
有价证券押款	洋 362701.26 元
地房产押款	洋 5612574.63 元
合计	洋 6253511.93 元

照上表看来，银行虽是有资产，但是他亦有负债，如资本，公积金，和本期纯益等，是对股东的负债；定期存款，和活期存款，以及应付而未付的利息等，均是对他的储户的负债。他的资产总是与他的负债相对的。

有些银行如中国银行等，还是靠着发行纸币以作其基本的营业，因为他们所发出的钞票流通市面，只留若干成现款以作准备基金而已。这基金和他们所发行钞票的相差额，便是他们富余的流动款项，以作放款等等的用途了。

银行的类别亦是以他们的营业而定其性质，如发行（纸币）银行，商业银行，工业银行，农业银行，国际贸易银行，投资银行，储蓄银行，垦殖银行，信托银行等，不一而足。

至于清算所，则原为各银行的一般跑外的雇员每日为便利清算各行互相往来款项的尾数或差额的一种集合地点。这种清算所在一个都市中是很需要的，因为一般存户每以各银行往来的支票作存款，而托其往来的银行代收，于是各家的向外行走者遂想出这种清算办法，将每日所收入的支票等结束一次，而清付他们的余额。这种清算所每日清算的数目极大，在一九一二年美国全国各所共清算了 168506362000 元美金；在同一时期内，美国纽约市即曾清算 88699030679 元美金。在这期间内，美国全国只有 3648870651 元现金在国库内和在市面上流通，平均计算仅占清算的总数 4.42%，即信用往来较现款多 46 倍。由此可见得信用交易在现在的经济制度中的重要了。

若谈到信用的利益则有下列数项：（1）节省时间和劳力，因为支票可代现币行使任务，而节省转运和计算等；（2）节省资本，而使金质可做别的用途；（3）

使资本增加生产能力,如有积蓄而无经营才干的人可将他们的资本转借给银行,使之增加生产,而一般有能力而无资本者则可借用对方的资本,以谋社会和双方的利益;(4)增加资本的积蓄,如一般储蓄银行将社会上的小积蓄收集起来,而成大资本,但其利益则仍分散于民间,并且还同时奖励节俭。

至于信用的危险亦有数项:(1)鼓舞奢华,因为人们容易得到信用,常有浪费之虞;(2)奖励危险的投机,因为支配他人的储蓄者常利用之以谋意外的财富,结果使社会的经济陷于危险的地位。有些人说,生产的信用都是好的,而消费的信用都是趋向于浪费的;不过这亦不尽然,好比有些人为借债求学,卒能成为社会上有用之才;而那无经营才干的人得到信用,反将他人的资本亏损,而有害于社会。

信用制度还有一种极危险性,这就是所谓经济恐慌。所以一般储蓄银行,投资公司,保险公司等,不独是收集和分配投资,同时他们还负有保障信用制度的责任。所有放款和通融信用都是含有危险性的,万一不慎重,则其整个制度将要发生一种不可收拾的局势了。

所谓经济恐慌就是因信用制度过于扩张,一时不容易收缩,以致市面周转不灵,而发生一种临时破产的现象。凡在经济恐慌未暴发以前,人们的经济总是很活动,生产亦比较增多,人民的生活亦较为舒适,个人的积蓄亦不在少数,而市面上亦极形活动,以显出极繁荣的现象。可是福无专享,祸不单行,凡事乐极生悲,在这种繁荣之下,经济将要露出破产的现象了,盖这种繁荣均是建造于信用的借贷之上,至于过于扩张时,则不容易收缩而崩坏了。此乃当然之事。

在这种状况之下,其中的危险并不是因生产方面发生什么困难,而是因经济上有周转不灵之忧,盖信用过于扩张,货币遂感缺少,以致经营信用的人须设法收缩,但在收缩的程序之中,问题即将发生了。这时一般人或者还是处在最繁荣的时期中;其导火线只为某一方面略有些浪费,或某一行的生产略有过剩,或农业上收获较为差些,以致一时不能清偿他们所借来的款项;于是转向他们的债务人追款,结果那债务人又向他的债务人追款。此时市面上立即发生一种紧张的局势,而所谓信用亦立刻就消灭了,只有靠现币来清理账目而已;但现币又极形缺乏,况且那些存有现币的人亦不肯于此时放出,即使已经放出,亦要立刻追回;而一般经营信用的银行亦无法支持而倒闭或停付储款;最后则工厂关闭,工人失业,富者变穷而无法应付,以致社会上积聚的财富几全部被破坏,而将残余的部分重新分配,或一人得房子二所,或牲口三头,或机器若干件;其余的则任其破烂而已。其中的内幕,并不是财富完全消灭,而是缺乏信用,以使其周转不灵。所以当信用盛行的时候,营业极形发达,一旦有意外事体发生,则即时停顿了。英国人比较法国人多用信用,而得到较大的经营;但同时英国的经济恐慌亦比较法国为多。

至于其补救的方法,则有人主张多用现币而少用信用;不过现币怎样亦赶不上信用的用量和便利。我们不是曾经指出美国的信用工具比现币多六十四倍了吗？并且现币还有种种的不方便，我们亦已经详论了。所以将来的补救方法总是要计划一种极能伸缩的币制，使其于紧急时可以应付一切。至于专靠现币，则仍有不妥也。

参 考 书

Fisher, Irving, *The Purchasing Power of Money.*
Holdsworth, J. I., *Money and Banking.*
Johnson, J. F., *Money and Currency.*
Laughlin, J. L., *The Principles of Money.*
Bagehot, *Walter Lombart Street.*
Cannont J. G., *Clearing-houses.*
Conant, C. A. *History of Modern Banks of Issue.*
Dunbar, C. F., *The Theory and History of Banking.*
Scott, W. A., *Money and Banking.*

本章练习题

（一）为什么金的价值比较煤或铁的价值固定些？

（二）金的价值是由它的生产的牺牲而决定的吗？

（三）人们说钱是可以花的，这真是能花的吗？

（四）若果有人给你十元钞票，附带有一条件，只准你收存，而不准你向外使用，这与你有什么利益？

（五）假若有人给你一百元现金，这于世界的财富有增加否？你自己的财富有增加否？

（六）若果我们的货币立刻就加倍，这于世界的财富有增加否？个人的财富有增加了吗？这增加的财富，每元所买得的东西还和从前一样多的吗？

（七）若果世界上没有货币，人们将要怎样交易呢？以什么为标准？

（八）为什么我们不用铁、或铅、或牲口、或金刚石来作货币呢？

（九）金和银与上述哪几种东西有什么不同之点？

（十）金和银除了作货币之外还有什么用途？

（十一）试述合适货币应具的要素。各国的货币都是以这为标准的吗？

（十二）货币的任务是什么？试述之。

（十三）什么是自由造币？为什么政府不收造币费？

（十四）政府和货币有什么关系？货币的价值是由政府制造的吗？

（十五）货币的量额与它的价值有什么关系？于物价有什么影响？

（十六）试述纸币的利弊。不兑现的纸币有什么害处？

（十七）为什么金子比银子作货币较为适合？

（十八）什么是辅币？试述其种类。

（十九）试述无交易媒介的不便利。

（二十）借贷和清偿也是物品的交换吗？

（二十一）为什么我们现有的货币不足流通呢？

（二十二）受物价涨落损失最多的是什么人？

（二十三）物价下跌于金子的出产有什么关系？

（二十四）金子的出产增加于物价有什么关系？

（二十五）什么是信用、信用工具、信用制度？

（二十六）什么是支票、汇兑支票、商人汇票、钞票、债券、库券？

（二十七）试述信用的要素？

（二十八）信用与资本的生产能力有什么关系？于资本的积蓄有什么关系？

（二十九）信用有什么利益？

（三十）试述信用制度于社会和个人的危险。

（三十一）什么是银行？银行的任务是什么？

（三十二）试述银行的类别。

（三十三）银行是怎样赚它的赢利？

（三十四）什么是清算所？它的任务是什么？清算所每年清算的账目约有多少？

（三十五）试写一支票、一欠单、一汇兑支票、一商人汇票、一押据、一债券、一库券。

（三十六）若果一个银行的借贷减少，这于它的营业有什么关系？

（三十七）为什么银行的资本算是负债，而放款反算为资产呢？

（三十八）银行可以制造信用吗？

（三十九）银行发行钞票怎样可以得到赢利呢？

（四十）某商人说他到某银行去储存一千元款项，照你推想，他所存的都是现款，抑或是还有别的东西呢？

（四十一）若果银行发行钞票，每元要一元的准备金，那么它亦可以得到相当的赢利吗？

（四十二）假若你存在某银行一千元款项，你所存的都是天天保留着在它的金库里吗？

（四十三）你要结账时，你愿意付现款抑或是写张支票呢？哪一种办法较为便利些？为什么对方要相信你的支票？

（四十四）什么是格拉沙姆氏的定律？这与金融有什么关系？

（四十五）现金出口过多时于外国的物价有什么关系？

（四十六）要补救现金的出口有什么办法？发行多些纸币？提高关税？

（四十七）金和银的价值是因为政府把它铸成货币而有的吗？普通的金质和银质有什么价值没有？

（四十八）为什么有些现币亦要贴现的呢？

（四十九）在经济恐慌未暴发以前，社会上总是有些什么现象？那时的工金、物价和投机等事情是怎样的？

（五十）在经济恐慌未发生以前，人们对于信用和一切建设是具有什么样的态度？

（五十一）试述那时的生产和人民的积蓄是怎样的。

（五十二）经济恐慌是怎样发生的，其主要原因为什么？

（五十三）若果社会完全改用现币就可以解决这些恐慌的现象了吗？

（五十四）我们可以取缔或禁止信用的用途吗？

第十四章　国际贸易和关税制度

近代生产制度日趋发达，出品亦日遂繁多，于是各国不能孤立以图生存，其出品务求销路，以便交换其国民的需要品。平常之所谓国际贸易，亦是以个人与个人为单位，如国内贸易同一的现象，其中所有不同之点，即有关税等之限制而已。兹将国际贸易和关税的限制略述之于下。

各国人民互相交换物产的办法亦是像他们在国内作贸易一样，各将物品运送到指定地点；可是货物送达之后，因危险和其他不便利的关系，款子是不便互相送运的，于是有国际贸易的银行组织起来，以作他们付款的媒介，而免除这种障碍。这就是国际汇兑的办法。好比一个中国商人把货物运送给美国的买主，他们有两种办法可以把这笔账清算，一是中国的卖主对美国的买主写一个提款的单子，即作汇票，俟货到交款，或规定若干日交款的，然后把这汇票和提货单子一同卖给一个国际贸易的银行，而得到他的款子；然后银行挪着这提货单和汇票，至到期时向买主收款。其他的办法，就是由买主向银行购买一张汇票，寄给中国的卖主，请他就近在中国某国际贸易银行领款。照这样看来，他们的款子，就不一定是要直接送运了，因为同时美国亦有别的卖主向中国卖东西，而他们的收款法子亦是如此；于是银行便为他们的中间人，把这些汇票互相交换，以清账目；若两国间的贸易是相等的，那么，他们就不要直接运送款子以清账目了；若果两国的贸易不能相等，则他们还可以想出别的法子，务使现款的运送减少，而同时可以维持汇价的平衡。以上虽是指两国的贸易而言，若其中有三四国的关系，汇兑亦是如此进行的，因为各国的银行是互相通汇的，所以这种款子由英国方面代付，或美国方面代付均可，但现款是不用的，其中只以汇票互相交换而已。

银行作这种汇兑，同时亦要酬报。这酬报就是汇价的相差额，这相差额是靠着货物来往多少为转移的，若甲国运往乙国的货物较多，那么，乙国向甲国汇钱就要多给些汇费了，而甲国向乙国汇钱则汇价就低下而少付了；这是因为两国的账目不能互相平抵的关系。可是，若果往来的货物是相抵的，那么，双方的汇费亦就相等而互相平汇了。国内的汇兑亦是同一样的原则，好比有时天津汇上海是平汇，有时是每百元贴水五角的；上海方面亦是有同一样的情形。国际汇兑和国内汇兑不同之点，就是各国的币制不同，而有差别而已；例如中国的大洋若各地平汇时就每元合七钱二分四厘；至于汇往美国，则大洋一元平汇可得美金四角二分八厘九八；若不平汇时，则将互有出入了。

若两国的贸易相差太远,则汇费亦相差过甚,或将要运送现款以清账目;不过这种情形很少,除非在战争期内,若现款不运送,则无法清账之外,一般银行家总想法子将一面的汇费略微减低,而他方亦略微提高以免运送现款之虞;可是若再无办法时,则运现亦不能免的。到了要运现的价格时,这汇兑的价格便叫作运现点,或金点,因为国际汇兑大半是以金为单位的。以上是仅说关于两国的汇兑情形而已,若各国的汇兑都合共算起来,那就比较复杂些了,因为通汇的区域比较大些,各国的货物互相往来亦都有关系了。这些复杂问题不容易在这一短章内所能详论的,故仅从略而已。

还有一点可以使国际汇兑平汇,而不致运现的;这就是一种自动的稳平办法,如金价高时,中国汇往美国的汇费固然是高了,可是,同时因为汇费高的关系,中国人就比较买少些美货了,而美国人则因汇兑便宜,也就多买些中国货,或将到中国来游历了。这样经过若干时候之后,两国的汇兑就逐渐回复原状,而平汇了;不然则美国内部的物价必高飞,因为他们积累的现金太多,人们亦因为现款过多,而比较通融的用款,使其国内一切的东西求过于供;结果则他们的高价物品到中国来更卖不出去了。所以到了这种情形的时候,美国或其他的国家,总想把他们的余款放给中国,使中国人的生产增加,而回复他们的购买能力,以平稳汇兑。还有一点在这里我们应该注意的,就是一个国家不能永久卖出而不买入,若卖出过多,则其本国的情形就如上述了;若买得过多,则其国即渐穷,而不能再买了;结果甲国总要助乙国复兴,如借与外债等类的事情,令其恢复购买能力,而使国际汇兑得以平衡。

战时的汇兑就有些不同了,好比在欧洲大战的时候,联军各国都是全体动员,所有壮丁都向前方去了;于是他们的后方就没人作生产事业,而粮食遂发生很大的问题了;结果他们便想着找其他的中立国来帮助,而吸收他们的产物;可是,他们没有很多的款子来付给那些中立国,于是汇兑的价格大跌,后来英法联军除了运送些现金出口之外,便在美国借了一大宗的款子,才把汇兑的行市维持得住而使汇价略回原状。在欧战期间,世界的汇兑市场还有其他的变动,即从前各国因英国的商业和交通发达关系,所有清理国际债务均从伦敦方面匿兑之,及至大战期间,则英国商业大受影响,而英人亦无暇顾及这些问题,于是各国的汇兑大半遂从美国纽约方面举行了。

在这里还有些问题我们应该明白的,即国际贸易可自由举行,但货物与劳工的往来,和金融的移动,总不如在本国内的自由而方便;这是因为各地人民的知识和程度不齐,而互相猜忌所致的。国际投资亦因受这种障碍而不能有较大的进展,于是资本和劳工都是集中于各国的疆界之内,而不能超越其本国,以自由发展。结果只可各就其地的原料和劳工的便利而制造较相宜的物品,与他国交换而已。这限于制造相宜的物品的情形就是所谓比较代价的定律 Law of comparative cost,简言之,即以自己之便补人之烦;以人之便补自己之烦;或以自己之长补人之短是也。其结果乃使两国的贸易得以平衡,即甲国卖给乙国的东西,同时亦可促进甲国买乙国的东西,而使两国的需要得到一种平衡度。这就是国际间价值的规定法了。

至于国际贸易的利益,则并非一国专靠卖东西即可以致富的,其实在的利益,只有下列数项而已。

（一）使各国的人民能享受其本国所不出产的东西。

（二）使各国得到最大的满足,而消耗原料最少,和力势最微;简言之,即各以自己之长,补他人之短。

至于国际贸易的限制,就是指关税的征收而言,考其主张的理由大概有下列几种:(1)怕与外人交接;(2)藉以补助政费;(3)借以富国和取缔外货;(4)保护本国工业,使外货不得与其竞争;(5)令本国各项工业均得以自由的发展,而成为整个的国家,使战时不受外国的牵制;(6)使国货流通,而不受外国势力的影响;(7)使国货不出国门,而节省运费;(8)使农产销流于本国,而保存其废料于本国土上,以作肥料;(9)可使工人的工金提高。这是他们的论调。

至于反对保护政策者亦有数项理由,他们是主张征收关税和征收其他的租税一样,只以之作政治经费,由不靠其作保护本国工业的工具。至于所谓绝对自由贸易,而主张完全不征收关税者,则其人数极少。反对保护关税者,其理由如下。

（一）违反天赋人民自由的买卖权。

（二）不合法律的原则。

（三）保护关税亦不能使人民的意志团结。

（四）各项工业的发展在一个大国中,亦不需保护而达其目的,因为地大物博的地方,不怕外来的竞争。

（五）须要保护的工业是不应该存在的,因为他的生产代价过高,使能生产大量他项物品的劳工和资本消耗于这里,实在是减轻本国的生产能力,和减少本国的财富,例如不准热带国树胶进口,而在本国的温带培植树胶等类的事情,是代价过高的。故保护关税是不经济的。

（六）若无高税的限制,则人人可自由交易,而得到最大的利益;国家的劳工和资本,亦可因而自由发展,以作最有利的生产。

（七）受保护关税保障的工业,每至其可以自求发展时仍继续要求帮助,实在是不合理。

（八）高税亦不能保护劳工,因为劳工的对象是劳工,而不是物品;若要保护劳工,最好是不准外国的劳工进口,而用不着高税限制外国的货品。

（九）保护关税使政治贪污,因为在这种制度之下,野心者常贿赂官吏,而谋特殊的好处。

（十）若只征收行政费,则被抽的物品项别一定不多,而容易举办,并可节省征收的开销。

主张绝对自由贸易,而不征收任何关税者,亦有下列的理由:(1)关税的最后负担者仍是本国的人民;(2)这种税无法推到外国人的身上;(3)是一种弊坏政策,使人民信以为这税是由他人负担的;(4)这是一种间接税虽先由商人代付,然其最后必推到用户的身上,而受苦最大者则为一般穷人,(5)关税妨碍国际好感,而阻止世界和平。

总而言之,一国的关税政策是要靠着他的国情而定,例如英国的关税是很轻的,而英国则可以致富;但美国则实行保护政策。其结果亦不过相等而已。可是,英美两国的兴盛,和他们所施行的关税制度,到底有多少关系,尚属疑问。照最近各国的统计看来,关税制度,和一国的繁荣,实在没有什么很大的关系。迩来各国的进步实由于教育的日趋发达,人民的知识日高,技械学术的发达,和发明与发现的日多所致。以后各国的关税制度最好是常由专家加以相当的研究,然后改良之,以使其适合各该国的特殊情形,而代替官僚政客的是非观念,务使专家的知识得见于实行。

参　考　书

Garey, H. C., *Maunal of Social Science.*

Patten, S., *Economic Basis of Protection.*

Bastiat, F., *Sophisms of Protection.*

Perry, A. L., *Principles of Political Economy*, Ch. VI.

Sumner, W. G., *Protectionism.*

Taussig, F. W., *Principles of Political Economy, and Some Aspects of the Tariff Question.*

本章练习题

(一) 国际贸易有什么利益?

(二) 国际汇兑的市价是怎样规定的?

(三) 平汇是什么? 金点是什么?

(四) 为什么各国不直接运送现款以清他们的账呢?

(五) 国际贸易和各国间的货币分配有什么关系?

(六) 各国内部物品的价格和国际贸易有什么关系?

(七) 各国所卖出口的是什么东西?

(八) 什么是比较代价的定律?

(九) 国际贸易的价值是怎样规定的?

（十）什么是保护贸易政策？赞成它的人是持什么理由？

（十一）什么是自由贸易？赞成这说者有什么理由？

（十二）以关税当作普通租税办理行吗？

（十三）为什么中国人的工金低，而美国人的工金高？这和关税有关系没有？

（十四）反对保护贸易的人所持的是什么理由？

（十五）在国际汇兑间有些国的货币是不兑现的，那是应该怎样办呢？这种汇票是怎样规定的？

（十六）欧洲大战时国际汇兑曾受什么影响？

（十七）为什么国际间的劳工不容易迁移？

（十八）国际投资现在有什么障碍没有？

（十九）借外债是一种好事吗？

（二十）为什么美国不种植茶？中国不种植树胶呢？若是我们用一种保护贸易政策来扶助它行吗？这是经济的吗？

（二十一）关税和官僚政客的运动费有什么关系呢？

（二十二）为什么各国的政治均受关税的影响？

（二十三）你是赞成哪一种贸易政策的？试述理由。

（二十四）照现在中国情形来看，哪一种关税政策是比较适合的？

（二十五）改良关税是应该怎样进行的呢？

卷六 分　　配

第十五章　分配与租金

分配就是指生产要素每份应得的酬报之谓。凡参加生产事业者,都是替社会增加财富。所谓财富就是社会上人民所用的一切货财之总名称。社会的财富于满足人民的欲望时,即称之为社会进益,或社会的所得。简言之,社会进益的基础就是社会的财富,但其进益有因时因地而异,例如某两国的社会财富或是相等的,但因两国的人民运用之不同,遂有进益多寡之别。这种社会进益,社会中各份子均有权享受;某人所享受的部分,就是他的私人进益。在某时期内某人所得到的货币,就是他的货币的进益,或名称上的进益。平时货币不能作进益的标准,因为假若有两人,每人所得的月薪是同样的数目,可是,因为他们的用途不同,或因时因地的购买能力不同,于是他们的实在进益,遂有很大的差别了。货币不能作实在进益的标准就是因为这缘故了。又例如某人自己居住自己的房子,这虽并没有货币的进益,却是有实在的进益。私人进益是靠着私有财产和生产的分配为转移。这种私有财产,又是靠法律为背景,一旦法律对于私有财产有些变更,则这私人的进益亦就随之而变迁了;例如在实行社会主义的地方,社会进益的分配法重新修改,而拥有巨富的人们,就将要受影响不少了。

我们现在所讨论的分配法子,是根据现有财产制度和观念的办法而立论,就是谈论土地应得的租金,劳工应得的工金,资本应得的利息,经营家应得的赢利,和间接上政府应得的税金,与负担保险者应得的保险费等。这种分配法子,对与不对是另一问题,我们并不是辩护现有的制度是否合理,不过就实在的情形而论罢了。例如资本家应否得利息,和地主应否得租金,是不在本书内所讨论的,因为这是整个的制度问题,和法律问题。

我们就先谈论租金问题吧。

所谓租金就是指土地和土地上的自然要素的酬报而言。平常人对于房屋亦有租金的观念,这是不很对的。租金和房金是应该分开的,因为房屋是一种投资物,其酬报应为利息,而不是租金,况且有很多的地方,房主和地主是两人;地主出地,每年向房主收若干地租,而房主便把房屋租与他人,而得他的房金。人们常把这两项混为一体,大概是因为平时收房金和收租金的,都是同一人所致。

地租的价格是由两种要素而规定的,一是它的质量,一是它的地点。

地的量固然是很要紧,这是指它的足用而言。至于它的物质方面,则更加要紧,因为地是有好有坏的,所谓好坏就是指它的原有特质而言;例如某地因它的土质关系,可以培植一种很有价值的果木,而在它旁边的土地就差些,而培植不好了。此外属于物质方面的,我们还可以加上气候的关系,如两粤的土地,每年可收成三次,而北方关外的土地,则只可以收一次而已;并且两地的产品不同,其中的地价当然亦要有差别了。地皮有时亦受投资的影响,例如地上的设施,如房舍,围墙,树木,井沟等,均可使土地的价值变更。所以论经济者,常有把资本和土地合并讨论,而谓这两项实在不易分开的;假若要分开讨论,亦不过为便利起见而已。

至于土地所在的地点亦是很要紧,例如山上的地,和平原上的地,或有水和没有水的地,就不同了;又地的远近亦有关系,靠近的地当然价值高些,不过远些的地,若交通便利亦有相当的价值。所以交通工具的改良,常使地价上涨,如都市郊外的地价,就是因交通便利而上升的了。总而言之,土地的质量和地点这两项要素,并合为一而叫作合适。例如某人有两块地,一块每亩年可出十斗粮食,但每亩的产量需要两斗粮食的代价以作运费;其余的一块,每亩年可出十五斗,但其运费则需七斗的代价;那么,这两块地都可以算作合适,而它的价值亦应该相等的了。

关于租金的问题,我们可以分作两项来说,一是农地的租金,一是都市间的租金;兹略分段说明之。

当地广人稀的时候,土地原来是没有租的,后来因为人口增加,于是较好的地不足敷用,而有地租的发生了。原来各处的地皮是极不一律,有山地,高原,平原,沙漠,河滩等之分。在这些种类的土地之中,大概是以平原的为最优美,而这平原中的土地,亦不能一律。于是人民从事耕垦者,必先占领这种较优良的地皮;可是人口日多,良地无几,于是次等的地亦有人垦殖了,于此优等的地遂即发生价值,而有租金,因为那不愿意耕垦次等地者,仍可出金而租耕优等的地也。下列图表即可说明之。

土地等级的酬报表

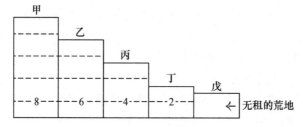

照上列图表看来，我们可把土地按其优劣分作甲乙丙丁戊等，当人口稀少之时，人们全体均可耕植甲等的地，而不付地租；后来人口增加，所有甲等的地均尽行开垦了，于是后起的人，便从事开垦乙等的地；嗣后人口再增加，则丙等丁等的地亦有人开垦了，但费同样的工夫和资本，丁等的地只可得到二元的酬报，丙等的地则可得四元的产物，乙等地可得六元，甲等可得八元；于是若要耕甲等地者，须出八元的租金；耕乙等者，可出六元租金，耕丙等者四元，丁等者二元，而戊等则仍可不用租金而自由垦耕也。以后土地的租金计算法亦均如此类推。发明这租金的理论者，便是一个英国的犹太人李克图氏。

此外还有一种原因，使农地发生租金，这就是报酬递减的定律。这是经济学上一个很重要的原则，因为一地的生产量有限，而多添劳工和资本亦不能增加很多的产品，一观下表即可知之甚详了。

面积	人工	资本	总产量	平均每元资本的产量	平均每人的产量
一亩	一人	五元	四十斗	八斗	四十斗
一亩	二人	十元	一百斗	十斗	五十斗
一亩	三人	十五元	一百六十五斗	十一斗	五十五斗
一亩	四人	二十元	二百斗	十斗	五十斗
一亩	五人	二十五元	二百二十五斗	九斗	四十五斗
一亩	六人	三十元	二百四十斗	八斗	四十斗
一亩	七人	三十五元	二百四十五斗	七斗	三十五斗

由此看来，若一亩地用五元的资本，和一人的劳工，每人可产四十斗的粮食，即每元的资本可出产八斗；再加一倍的资本和人工，则产量亦可以增加些；可是到了一定的产额后，虽多添资本和劳工，亦不能增加多少的产量，并且还逐渐递减下去。从这表看来，三人工作和十五元的资本为最合宜的生产，因为若在这人数和资本之间，平均的产量每人可产五十五斗，每元的资本可产十一斗；若在三人和十五元的资本以上或以下，则每人只可产五十斗，每元的资本亦只可产出十斗而已。所以这三人和十五元资本便是所谓报酬递减点。过了这点，生产就逐渐递减，于是有些人就不干了。可是，在人口过剩的地方如中国，或资本过剩的地方如美国，过了这递减点，还有人增加人力或资本去作种植，因为利息或工金尚有把握时，即有些立在限度上的人仍可经营之，直至利息和工金都不容易得到时，那些在限度上的人才不干的。

在这里还有些事情可以限制那在限度上的生产者的退留，这就是他们的产品的价格。若果他们的东西出得虽然很少，而却能卖得价格很高，那么，他们还可以继续耕植。所以报酬递减对于农业是有两种限制，一是产量递减的限制，一是价值酬报递减的限制；而价值的限制，则较产量的限制尤利害。

在这里还有两个要点，我们须附带的说明之。一是报酬递减点，因农业或其他生产方法的改良,可以向前推进,例如每亩地以十五元的资本和三人的劳工,每元的资本可产十一斗粮食,将来生产方法进步时或可产十五斗,或十六斗亦未可定;二是这定律的要点不只限于农地的生产,其他一切的生产事业,到了一定的产额后,即多加资本和劳工亦是没有什么效果,而不能再增加产量的。不过这定律在农业上是最显现的而已。所有生产事业在一个假定的区域和设施内,当初每多加若干资本和劳工,必可得到递高的酬报;可是过了这递减点,则酬报就要逐渐递减下去了。总而言之,报酬递减的定律,就是在某一地域或生产设施内,资本和劳工可添加至一定的额点,为了这额点,则其产量的酬报就递减了。

当人口稀少的时候,人们耕地大概系采用广耕法,当初只种植较好的土地;后来因为人口增加,好地缺乏,他们才进行第二步,即一面对于较好的土地采用精耕法,对于较次的土地则仍用广耕法。所谓广耕,就是指以极少的劳力而种极大的面积,如开垦新地之谓。至于精耕,则系对于某一地多加资本和劳工,而使一较狭小的地面,能够产生较多的物品,以免垦用较次的地之谓。每逢人口增加,则精广两耕并用,即一面对于较好的区域多用人工和资本,一面则仍继续开垦新地;及至人口愈多时,则精耕亦愈盛,直至地皮的产量递减到不能酬报那些多加资本和劳工时才停止,而再觅新地或图谋改良生产方法。

所以较好的农地,耕种到它的生产限度上,即须进行三事,即(1)改良生产方法,(2)开垦新地,(3)改行经营他项生产事业。人类由狩猎时代演化到游牧时代,及由游牧时代演化到农业,工业等时代,均是由地皮的产量受报酬递减所促成的。

若到了生产的限度上,人们仍没有法子改良,则靠这地过活的人必起而互相残杀,以争夺地皮,而那失败者则逃至远方,或悉数被淘汰,使那胜利者仍可继续其固有的生产方法而暂得安逸。这种现象,在中国历史上表演得最为明显。中国历史上平均每数十年一小乱,百年一大乱,或一朝代的更替,这都是一面由于人口增加,一面由于生产方法之不改良,使那过剩的人口流为兵匪,而互相残杀,以淘汰其一部分,使那些幸存者得继续其侥幸之生活。人类今后的问题还是一如往昔,若其生产方法的改良不能与人口的增加相平衡,则其继续互相残杀,而互相淘汰,可无疑也。关于人类生产程序的改变,在本书的头两章内已经说过了。至于人口问题,则将有另章讨论,兹不赘述。

都市间的租金与农地的租金有些不同的地方。都市租金是有下列特点。

(一)地点是很要紧的,因为都市的面积有限,人们的活动都是集中于一很小的区域内,一旦相离较远,则就成了交通上的问题了;并且某地有某地的特长,如靠近公园或市场等地,则其租金必较高。

(二)习尚亦是很要紧的,例如有些都市是划分多少区域的,如工业区,商业区,居留区等。有很多的人们常对于这种地方习以为常,住是非要在某区不可,不然就觉得不排场,而有失体面了;甚至买东西亦非要到某区域购买不可,即使价格较高亦不要紧,他们仍是乐意给付的。

(三)交通的繁杂和性质,对于都市的租金亦有很大的关系。靠近热闹街道上的租金照例是较高的;可是这亦不尽然,如穷人的居留区,人民来往的固然是较多,可是这地的租金亦不一定很高;而那交通萧条的富人住宅区,反为租金很高。所以关于这一点,繁和质方面,都要注意的。

至于地皮的价格则是靠它的租金而定,例如市面上的利息率是周息五厘,而这地每年所得到的租金有五元,那么,这地的价值就是一百元了。其中的意思是这样,若果地主要卖这地,他要一百元以上,就没有人过问了,因为这地每年的收入才有五元,若果买主花一百元以上才得到五元的租金,他就不买了,而把他的钱去作别的买卖,或放给别人去了;除非他看准这地现在虽只有五元的收入,明年或可有七元的了,那么,他或者会花一百二十元至一百四十元以下来购买这地。反过来说,若果这地现在每年可得五元的租金,明年将要跌价,或只可得四元而已,那么,这地的价值亦将要跌落,而只能卖得八十元之间而已。这是普通的地价估计法。

至于农地价值估计法,则就要看它所出的产品的价格而定了,因为它的租金是以物价为标准,而其价值则又靠租金为转移。农产价格一涨,则次等的土地亦有人开耕,而好地的租金亦必上升。这是因农产求过于供,而耕植次等地亩又较为困难,于是最好的地亦须增加资本和劳工,才可以供给这不断的需要了。这次等的地,本来是在耕植的限度上的,一旦农产跌价即无人种植,而任其生长草木了。这限度上的土地生产的代价是和它的产品的价值相等,因为需要多,农产的价值遂上涨,因为农产的价格高,而耕植这限度上的土地亦日增。所以租金亦和利息与工金一样,同是由产品的卖价上支付的。简言之,租金是市价的结果,而不是它的原因。市面上的需要越多,值格亦越高,价格愈高,则垦荒的人亦愈多,于是地价亦愈向上涨了。可是,这不是说低租可致低价,高租可致高价,其中只是因供给和需要的规定而已。

参 考 书

Ely, R. T., *Property and Contract in their Relation to the Distribution of Wealth*, 2 vols.

Clark, J. B., *Distribution of Wealth*.

Commons, J. R., *The Distribution of Wealth*.

George, Henry, *Progress and Poverty*, Bk. III, Ch. II.

Hobson, J. A., *The Econmics of Distribution*.

King, W. I., *The Wealth and Income of the People of the United States*, Ch. VII.

Walker, F. A., *Land and its Rent.*

本章练习题

（一）什么是分配？分配是要解决什么问题的？

（二）私有财产制度和分配有什么关系？

（三）分配和租金与利息有什么关系？

（四）假若某医生每年行医的收入是一千元，那么，他的金钱的进益是有多少？他的实在进益？还有什么人亦可享受他这进益的一部分呢？

（五）现在的分配法是公平的吗？

（六）什么是社会进益？它是怎样规定的？

（七）所有社会的进益都是要分配的吗？

（八）小孩子、乞丐、监犯、土匪、军阀、官僚、政客和盗贼等的进益是怎样得到的？

（九）租金是靠着什么作基础？为什么有些土地是没有租金的？

（十）什么是合适的土地？

（十一）什么是限度上的耕植？为什么有人要开垦荒山？

（十二）什么是广耕？精耕？什么情形可使广耕和精耕实行？

（十三）什么是酬报递减的定律？都市的地亦受这定律的限制吗？工厂的地皮呢？住宅的地皮亦是吗？

（十四）生产方法的改良于农业上有什么关系？

（十五）为什么农地租金要增加？都市的租金？

（十六）物价是由租金决定的吗？是否请申述理由。

（十七）土地的价值是怎样决定的？

（十八）为什么坏的地亦有人种植呢？

（十九）我们租房居住好抑或是自置房屋相宜呢？

（二十）租金高可以影响物价吗？

（二十一）试述私有地产制度的利弊。

（二十二）为什么土地的租金有些很高有些很低呢？

（二十三）若果所有的土地都归国有，那么，我们亦要给租金吗？

（二十四）有些地是立有永久长租的契约，在这种契约之下什么人得益最多呢？

（二十五）假若有一海岛，其中有甲乙丙丁戊己庚等七种地，每种有五千亩，人口每增加一百人的时候即须开垦五百亩，这岛现在有人口九百，那么，租金是应该纳多少呢？假若有一千五百人，应该纳多少呢？一千八百人？两千三百人？两千五百人？三千人？这是怎样计算的呢？

（二十六）假若这些地之中，那些较好的是靠近市场，坏的是离远些，那么，这地的租金是应该怎样规定的？若果较坏的地是近些，好的是远些呢？

（二十七）人口增加和租金有什么关系？

（二十八）假若我们把租金完全取消，这于人们的需要有什么关系？于物价和产量亦有关系吗？

（二十九）若果我们对于地租征收一种税，这于生产有什么关系？这税的真正负担者是谁呢？

（三十）若果租金要增加，那么，有些农人是要怎样办呢？

（三十一）假若我们现在又发现一个新大陆，这与中国的租金有什么关系？可以影响中国农业的产量吗？

（三十二）若果全世界的土地都是归一人或一公司所有，他可把租金提得很高吗？为什么所有地主都不大联合起来提高租金呢？

（三十三）为什么有些人把地丢荒而不耕植呢？这于租金有什么影响？

（三十四）若果政府把很多的地征收作公园，这于租金和农产有什么关系？

（三十五）价格的上升是因为农产的缺乏抑或是租金的上涨呢？若果物价跌落时一般的租户是要怎样办呢？

（三十六）假若你有百亩之田，你怎知道应该雇用几人来种植呢？用人是以什么为标准？

（三十七）你对于这些工人应该给多少酬报呢？

（三十八）限度上的土地之生产对于农人的工金有什么关系？他项生产事业的工金亦可以影响于农人的工金吗？

（三十九）农产需要的增加，对于土地之限度上的效用有什么关系？对于租金呢？农人的工金？价格？各行的工金？试述理由。

（四十）什么是不劳而获的增益？为什么都市间的租金日涨呢？

（四十一）租金和利息有什么分别？房金是利息抑或是租金？机器亦应该收租金的吗？

（四十二）交通和机器以及其他的科学进步对于租金有什么关系？

（四十三）物价的上升可使农产增加吗？为什么有时农产要跌价呢？

（四十四）农地的供给是有限的吗？它的产量呢？什么是报酬递减点？这递减点可以向前推进的吗？

第十六章 工　　金

　　生产最要紧的要素是劳工,即有资本和土地,而无劳工,亦是不能生产的。这两项要素不过为人所使用者而已。并且所有的生产都是应顺着人的需要和为他的利益而进行的。租金不是给土地,而是给地主的;利息亦非给资本,而是给它的主人。社会的进益亦并不是分给土地,资本,和机器,而是分给社会各份子的。有时或者因某种关系,地主或资本家所得的进益较多,但平均起来说,消费是以生产为标准的;平常人的消费差不多是等于他的生产。一般通常人以为工金是以生活程度为标准。这是错误的。生活程度是工金的结果,而不是它的原因。生活程度较高的人比较上或有良好的精神来作生产的工作,不过这不能算是工金的标准。一切工金都是以生产能力为标准;若劳工想要得报酬多些,或社会要多些的消费,他们唯一的办法就是增加生产。

　　平常人对于供给与需要的定律和劳工的关系是有些误解。普通物品的价值是由供给和需要而规定的,这是不错,可是劳工不能完全以人数为单位,实以生产能力为单位。劳工的酬报,是靠他所出的东西的价值而定的。若果一个农人只能出产一斗粮食,他是绝对不能得到两斗价值的工金;若果一个鞋匠每日只能造一双鞋,那么,他亦绝对不会得到价值两双鞋的工金。所以一国的人口若即时增加一倍,这国的工金亦不能立刻就减少或增加了一半的,除非他们因某种原因而使生产亦减低或者才有这种情形出现。不过各行的工金有时亦有些差别,因为顾主用人的目的是为图利,他不能给工人超过他所能生产的工金;有时他或者可以按照工人的产额而给工金,这是要看在他这行生产事业上竞争的人有多少而定了;若果他可以少给些他就少给了;并且工金亦受区域的影响。例如某项劳工在某国可得若干工金,在别的国家就减低了。这工金高的地方或者是因为竞争过烈的关系,使劳工求过于供;但这种差别乃非完全是产量的问题,而是各行的竞争过多的问题。在工金低的地方。雇主或者亦愿意出较高的工金,不过他可以不给多,他就不给了。这是因为他自己也想多赚些利益的关系。

　　分配的背景是生产,所以每项生产的要素若要得到较多的分配,他们总要有两种办法:(1) 全体生产多些;(2) 某项要素多占些便宜,而使他项吃亏。由此看来,关于生产方面劳资是一致的;至于分配则就发生问题了,因为每项都要分多些,而使他项吃亏;例如两人狩猎是一致的,至于分赃时则就因利害关系而发生问题了。合伙作买卖的人亦是有这种心理,劳资方面亦是如此。所以除了独占事业想把价值提高而限制生产者之外,所有其他的生产者,均愿意多加产量,而得到多些的分润。

至于个人自行经营的生产,有时或比较大规模的有效率。不通这亦不尽然,因为现代的工厂制度并不是强迫的,若果某人不愿意向他人求工作,他自行经营亦可以的,不过人是各有各的自行打算,有些人因不愿意和他人工作就自行经营些事业,而逐渐使其发达;但同时亦有些人不愿意自己经营,而乐意替他人做工的。总而言之,人类做事总是向利益最大和抵抗力最小的地方进行也。

经营家之所以能存在,亦是因为他有些特别利益和他人不同所致的,例如因自有或借得资本的便利,或具有经理的特才,或因生产方法的进步,使其消费节省,或利用低金劳工,而得到丰厚的利益等。社会上需要这种经营家,就是社会间接上需要他的生产品。我们可以说,他是社会需要的中间人,代表社会雇用劳工以出产价格相宜的物品;可是他的责任很大,若经营不得宜,则他自己就要失败了;例如某甲善于经理,能指挥工人作最有效的生产,并且对于信用、广告和购买等均有相当的特长,而他所用的工人亦酬报不大,至于他的卖价则虽仍是和旁人相等,但因为他有这种经营的特才,就得到很大的纯利了。和他竞争者还有某乙,对于用人和卖价都是与某甲相同,但因他的经理特才较差,而所赚得的利亦较少些了。同时某丙亦是一个竞争者,他一点才干都没有,若果他与甲或乙雇工还比较相宜,他的营业每日的收支差不多相等,若他人将价格略微减低些,那么,他就站不住,连自己的工金也拿不着,而要改行了。他就是限度上的经营家。若果这时某甲想谋多些销场,而将价格减低一点,那么,某丙不但是站不住,而且要退伍了。同时某丁原来是个有些积蓄的工人,见某丙退伍,于是他亦要来谋一试,而作这行的买卖;后来又有某戊,和某己,亦要加入,于是竞争就利害起来;甲乙二人的价格亦均须减低,以广招徕。这时某乙因受不住竞争而立在限度上,或将要退伍了;某甲的纯利亦大减,而价格则大跌;他们应付这种情形的办法,只有减低纯利,而不能减低工金,因为劳工亦有竞争的,一旦这一行把工金减低,这些劳工便立在限度上,而向他行求发展了。若果经营家还要维持纯利,而同时又不减低工金,则最妥善的办法,只有同行的合作,而将产量减少,使其价格仍旧,以维持较厚的利而已。

由上面看来,经营家因无特别的便利,就容易立在限度上而退伍了;同时有些工人因为有某种便利,亦可以改行做经营家。所以工人和经营家都是有立在限度上的,一旦营业不佳,或工金减低,即有改行做劳工或独立经营者的了,工金和纯利都是互相有关系的,不过名称上之不同而已;例如有时立在限度上的经营家所得到的纯利还不及劳工的工金多。经营家之所以站不住,是因为竞争过烈,那有特才者可减轻成本,而得利;那无才者即因为亏本而退伍。至于劳工的酬报则因同行或各行的经营家互相竞争,于是就得到平稳的分配,和较大的购买能力了。

关于劳工的酬报率,我们还可以分作两项来说:(1)普通的工金,(2)相对的工金。兹再略加说明之。

劳工的供给和需要于工金亦有相当的关系,上面曾说过,工金虽是以劳工的生产能力为标准,但是若劳工的人数缺少,则需要者的竞争必迫切,而愿酬之以高资。所以我们可以说,工金的最低额是由劳工的供给而决定的,它的最高额是由劳工产量的价值而定。工金即常在这最高和最低额中升降,而不能超越这范围,因为劳工的产量虽大,但他们的人数亦极多,于是竞争必利害,而减低工金。从反面来说,劳工的人数虽少,可是他的生产能力极低,于是亦得不到极高的工金。最高的工金可以由劳工供给的缺少,和他的产量的最高价值而定,但是工金总不能超过劳工者的生产能力。至于劳工人数的限制方面亦很要紧,我们将在人口问题章内再讨论之。

至于相对的工金,则是有些行的营业比较他行的工金高些,其中的原因或是因某行的需要较多,或工人磋商条件的能力较大,以及知识较高所致的;某行的习惯亦很有关系。所以一般无知无能的穷人,因为没有训练上的准备,亦可只向劳工供给最多的粗鲁职工方面去工作,生产多量的粗鲁产品,使其价值减得极低而已。结果他们的工金亦不能不随之而减低。兹又因工金过低他们的生活又更加困难,而无余资以作训练而使其图上进,于是贫者就愈贫了。

社会上工作的种类虽多,但归纳起来,亦不外下列四项而已:(1)机械的劳力;(2)负责的劳力;(3)机械的劳心;(4)负责的劳心。在这四项工作中的每一项和他项中的人竞争很少,这是因为训练和教育上的关系;若果一项和他项中的人有何竞争,亦须经过长期间后,俟那些略有积蓄的家长,将他们的孩子教练得某种工作技能,才可以实现的。从前因为阶级观念很深,在上的人总不想把民众授予相当的知识;可是近年来,这种观念大为改变,在上的人每同情于在下者,而有民众教育,职业教育,职业指导等的提倡,以促进民众的知识和幸福。所以近年的普通教育,对于民众的生产能力实在加益不少,而使作粗鲁工作的人减少;但同时因他们的工作能力提高,较高尚的工作遂因而有竞争,工金亦渐低,而逐渐使粗工和精工的酬报趋向于平衡了。

亚当·斯密氏曾谓工金的差别是因为有下列数项原因:(1)合意与否,(2)练习的难易,(3)工作的有恒,(4)工人信任的需要,(5)成功的可能性。斯氏这主张含有些真理,我们研究工金时,总可以挪来作参考。

至于工金的支付方法,平常都是以时刻计算者居多,但近来有些雇主和经济学家,又计划出下列五项工金的支付方法,兹述之如下。

(一)零工办法。这种办法不是以时间计算,而是以件数计算,如某人每日出若干件东西,他就照件数来领取工金。这种办法在有些工业上是很可以实行的,如排字工作等就是举例;可是,有些工业因分工过精,每人每日工作的实数是不容易计算,并且有些雇主故意把工作时间减少,或把每件的酬报减轻,使精明的工人仍得不到好处,而不愿意受这种办法的束缚。

（二）伸缩的分给法。这种办法是靠物品的卖价而定他们的工金;在铁钢工作和煤矿上最通行,不过有时亦有些毛病,因为雇主不将实价报告出来。

（三）劳资分利法。这种办法是准许工人参与分配工厂的纯利,每月除领取工金之外,到规定期间还可以分得若干的纯利。主张这办法的人说它有几种好处:(1)使工人对于机器和材料加以经济的使用;(2)使工人增加兴趣和效率;(3)使产量增加;(4)使工人得到较大的工金。不过它亦有些毛病,就是使工人亦须负担损失。有些工厂的资本亦许可工人投资,而使他们有权参加工厂的管理。从前反对这办法的人很多,但近年来又逐渐推行了。

（四）按工奖励法。这种办法是科学管理的一部分,所有厂内一切工作和组织,均雇用专家详细计划之,使工人只管做工而不需要自己计划,并且按工以领受奖金,如工厂指定某工作使其按时完工,若其能如期完工,则可得到若干较高的奖金,否则只可支取通常的额数而已。这种办法很值得我们的研究,不过劳工方面对于它仍有怀疑的地方。

（五）合作办法。近代的商业管理好像是有三种制度,一是单人独裁的办法,一是准许工人投资使其得以参加管理的一部分办法,至于第三项办法则为劳资合作,使人人自治,自制,和自行指挥,如民主政治然。这亦叫作工业上的民主政治。在这种制度之下,工人招集他们自己的资本,设立自己的工厂,和自行经营一切,并且一切损失亦共同负担,赢利亦均分。所谓生产的合作,推销的合作,和批发的合作就是它。

现在最盛的合作事业就是消费合作,由若干的消费者互相集资,组织一商号,雇用一经理,将自用的物品大宗的购买,分发各合作用户,同时亦向外销售,所得到的赢利除分配利息若干之外,尽行分给合作用户,外人向商号购买物品者亦得按其购量分与赢利。这种办法在英国非常有进步,在美国亦有相当的成功,但生产的合作是比较差些,而成功的较少。

关于合作的利益有下列数项:(1)劳资合作而无罢工之虞;(2)促进生产能力;(3)使工人勤俭,因劳资合为一,而不需要监督;(4)节省管理经费;(5)使合作者常得到商业上的训练。

至于它的弱点亦有数项:(1)意见不一致,使事业进行迟缓;(2)工人不明白雇用专家的利益;(3)事业一旦有成就,即有利害的冲突;(4)若得到厚利时,则经理者即谋改作股份公司,而忘却其合作的性质。

参 考 书

Ashley. W. J., *The Adjustment of Wages.*
Fay, C. F., *Cooperation at Home and Abroad.*

Gilman, N. P., *Profit-sharing.*
Moore, H. L., *Laws of Wages.*
Nearing, Scott, *Wages in the United States.*
Schloss, D. F., *Methods of Industrial Remuneration.*
Schoenhof, J., *The Economy of High Wages.*

本章练习题

（一）在生产程序中，机器要紧抑或是人工呢？

（二）工金可以生活程度为标准吗？生活程度高的人应该得多些工金吗？

（三）为什么美国的工金比中国的高呢？两国的土地有什么关系？

（四）一个雇主怎样可以知道一个工人应该得多少工金呢？

（五）若果某工人家中有十几口人吃饭，他就应该可以得多些工金了吗？

（六）女子的工金比男子的低，是因为女子愿意领受少些吗？为什么雇主不给他们多些呢？再给少些亦行吗？

（七）雇主对于女工所得的纯利较对于男工所得的多吗？

（八）若果世界的人口立刻就加倍，工人的生产就要应该多些，而工金亦应该提高，或减低了吗？

（九）人口的增加和生产有什么关系？农业是否亦受人口增加的影响？

（十）纯利减少是因为工金过高吗？工金和纯利有什么关系？

（十一）雇主亦有立在限度上的？

（十二）工金可以和雇主的纯利相等吗？这是应该的吗？

（十三）为什么各行的工金有差别呢？

（十四）各种劳工是没有互相竞争的吗？

（十五）工金的支付方法有几种？

（十六）什么是相对的工金？

（十七）工金差别有什么原因？

（十八）什么是滑比例尺的分给法？这法有什么毛病？

（十九）劳资分利是什么？试述它的利弊。

（二十）什么是按工奖励？什么是科学管理。

（二十一）什么是合作？它是有几种？

（二十二）试述合作制度的利弊。

（二十三）生产要素的代表人有什么法子可以得到较多的分配？

（二十四）什么是限度上的经营者？

（二十五）为什么社会容许一般经营家存在？他们对于社会有什么贡献？

（二十六）为什么工金不容易减低？

（二十七）为什么有些经营家容易立在限度上？

（二十八）工金的最高额和最低额是怎样规定的？

（二十九）为什么苦工所得的酬报最低？有什么法子可以使他们的工金增加呢？为什么医生的酬报较高？他们的工作自身的价值较高吗？教育有什么关系？

（三十）普及教育于劳工的竞争有什么关系呢？

（三十一）社会上的工作大略可以分作几种？

第十七章 利　　息

　　货币和财富都是没有固定效用的；它每是因时因地因人而异。所以青年人向他人借款以求学，而清还于他日；商人为顾全他的信用，和维持他的利益，或增加生产，亦借债以渡难关。这都是合理的借债。此外还有那浪费借债度日者，他的债务是不合理的。

　　大概多数商人的借债是为增加生产的，例如某农人以周息六厘借得一千元的款子来治水，工程一旦告成，则他的土地每年便可增加二百元的产品，即可得回二分息的酬报；除了给付债主六十元的利息之外，他便可以得一百四十元的纯利了。假若市上的周息是一分，那么，他还可以借款而得回一百元的纯利；即使利息涨至一分八厘，他亦还可以借的，因为除了一百八十元的利息之外，他还可以得回二十元的纯利。所以借款来作生产事业是有益的，若能善用款子来作生产事业，愈借得多愈好，借得时间愈长，纯利亦愈厚。资本之所以有利息者即在此也。

　　从来一般经济学家对于利息的主张不一，有谓利息是酬报资本的，有谓它是酬报财富的，有谓它是货财的价值之现在和将来的相差额的。所谓周息六厘，即是一年后的一百元现在可值一百零六元之谓；简言之，即把将来的货财提前使用之谓。可是，这相差额亦是按照供给和需要的定律而规定的，不过利息应该以多少才算合理，人们至今还没有一致的主张。自古以来即有人反对高利的债；但在生产落后的地方利息率平常是很高的，所以人们借款作生产者很少，其所借者只有为个人的用途而已。平常在市上的利息率亦是和其他的物价同一办法而规定的；若需要多则利息必高，若需要少则利息即将减低。关于利息率的规定，学者的主张亦不一致，兹分段说明之。

　　第一项的主张就是生产能力说。这说谓资本之所以有利息者是因为它能够生产所致的；至于利息的多寡，又须靠它的产量而定。由需要方面看来，这说是有些道理，所以近年来赞成这说的人很多。这说不过把效用的限度原则适用于分配上而已。

　　第二项是限度上的生产能力说。主张这说的人谓资本的效用与通常货财的效用不同，因为它是间接的而货财是直接的。我们用资本不是为吃或穿，而是为制造用品；所以若果资本愈多，它的生产能力将愈少了。这是有两种原因，一是资本虽然是增加，而其他的合作生产要素仍旧，则产品不能与资本按比例而增加；例如供给一百工人无限的工具，他们的产品不能与工具的增加作比例；二是假若产品增加，它的效用的限度亦将要减低了。一切产品都是由劳工与资本和其他的要素合作而产生的；资本的增加虽可以生产较多的货品，但这增加的产品的交易价值将要减轻了。所以我们可以说，资本的增加可使它的生产能力限度上的价值减低；这是他们所谓资本的定律。赞成这说的人以为资本所得的利息是等于它的生产能力的限度。这限度的生产能力说可以解释利息的发生，但是不能述明人们为什么一定要付利息。

第三项是节俭说。这派的人谓利息是节俭的酬报，可是若社会上对于资本无什么需要的时候，人们虽积蓄些东西，亦不能得到什么利息，并且有时还倒贴他人些酬报来代他们保管。所以利息是靠着社会的需要而存在的，而社会的需要又靠资本的生产而定。假若一个社会的内部生产很少，那么，这社会的需要资本一定亦很少；因需要资本少，则利息亦当然要很低，或至无利息之可言了。利息之所以增加亦是因有资本的需要较多，故人们肯出较高的利息以奖励积蓄，而成立新资本；不然有些人就不多储蓄了，因为积蓄总是有些节俭，而节俭即包含有些牺牲，将现在的东西留作后用。所以利息的定额，总是以限度上的投资者，和资本生产能力的限度来规定的，尤其是在资本的供给方面须有相当的酬报才可以使那些在限度上的储蓄者节俭起来以应之。

我们若以资本为具有生产能力的，不如说人工因用资本的扶助而得增加他们的生产能力为妙，因为资本所出的是别的东西，而不是资本的原形，例如机器所出的是书籍或鞋，而不是原形的机器。资本之所以有利息是因为它的总出产的价值较它本身的价值尤大。而这差别的价值就是利息。不过这还没有把利息的率额规定出来，并且对于为什么资本的总额比较它本身的价值尤高的问题答复。关于这一点，一般奥国的经济学家有所答复，兹把他们这一派的主张叙述之。

这奥国学派，亦叫作心理学派的经济学者，他们对于利息的主张通常叫作奥国学者的利息说，又名巴姆包围克氏 Bohm-Bawerk 的利息说，以巴氏为该派的领袖，故名之。他们说，资本之所以有利息是因为欲望是价值的基础，而人们对于近些的东西总比对远些东西的欲望较强。人类的经验满是这类的现象，例如一鸟在手总比两鸟在树上的价值大，将来的快乐总不如现在的快乐强。所以将来的货财总比现在的货财的价值较低。

关于将来和现在价值的强弱观念，这里有数点我们可以参考的：(1)文明程度的差别。大概文明人比较野蛮人有顾虑；野人几无将来的观念，若向其借贷，必索极高的利率才肯照办。(2)文明人自身的差别。有些文明人是和野蛮人同样的没有顾虑；可是有些则极有储蓄心，若向其借贷则给予极低的利息即可，假若无利息或倒贴利息出借亦有肯干的。(3)个人财富的差别。穷人对于现在的价值比较富人看得重，因为他们的物质仅能糊口，而谈不到积蓄以待将来的利益。所以照这说看来，积蓄或投资和生产能力都是因为人们对于资本的价值有现在和将来的差别观念，而利息即贴补这差别的金额。至于它的率额则等于储蓄者的限度上的差别，而决定限度上的储蓄，因为有利息才可以引起人们的好利心，而注重将来的价值，以节省现有的消费而图之。这就是此说的梗概。

以上这些派别每说都是有若干的真理，但是不能十分完全，若综合各派的主张则庶几乎可矣。综合各派的理论，我们可以说，利息的率额是由资本的供给和需要的关系而决定的，但这率额须能使供给和需要双方均得到相宜的利益才可以令其有最广的应用。至于资本的需要则是由它的生产能力限度而决定，但是它的供给则是由积蓄所受的牺牲之限度而决定的。从根本上说，供给和需要是由货财的现在价值与将来的价值之限度上的差别而决定的。至于利息的率额则等于这相差额的贴现也。

照上面看来，借贷对于利息有极大的关系。大概平常的借贷是有下列数项。

（一）维持或增加生产设备的借贷。这种借贷虽然是以款项为形式，但是左右这种借贷的市价并不是货币，而是生财的机械。所以若果人们能够借贷机械则更为经济了。

（二）货币本身的借贷。这种借贷于生产上没有什么多大的关系，因为它完全是以银业家库内的存数和外面的需要而决定它的利息，即使有人以生产的机械向银业家借贷，他们亦不能承受。除非这机械可以立刻变换得现款来周转才行的。所以银市上有时因各家的存数额之差别，利息率亦随之而升降。

（三）非生产资本的借贷的利息率亦受生产资本借贷的利率所支配。这两项的价值是相等的，因为若果生产资本的利率较高时，人们可以把他们的非生产资本变卖，而使它成为生产的。

利息率的升降亦有因时因地而异的，因为有些利息是包含两项要素在内，一是纯粹的利息，一是若干的保险损失费；前者为真利息，后者为保险费；二者合并即为总利息。所以在文明国内因治安保护周到，保险费即可免除，而利息于是亦减得很低了。再长期借贷亦比短期借贷的利息减少，因为它可以减少很多的手续费，和重投资费。利息率的低减亦可算是人们对于现在的需要不很迫切，而对于将来则多加考虑的好现象。

近二三十年来，各国的利息率亦有很大的上升，例如长期的公债票，三十年前只可得周息三厘，而今则大跌价使一般投资者每周可得到六厘的利息。这是因为近年各国所出的金货格外加多，使它的购买力减低，而促成物价的上升；结果二十年前所积蓄的金额到了现在反为不值得昔日的购买能力，于是非有高利的奖励以补其损失，则无人愿意积蓄；而一般经营家则又因需款迫切，于是亦极愿出很高的利率以借贷，故利息率即随之而增加了。以巴氏的利息说而论，则现在的价值比久远的价值更要加大，使一般供给和需要资本者，重新规定利息的率额。

至于重利的借贷,则各国均有明文禁止;但一般经济学家则均不赞成这办法,除非这法律只适用于私人消费的借贷而已。这种法律是很容易失效的,因为一旦有了限制,则那些守法的人们便不愿意放款,使市面上的金融更加紧张,而那不守法者则更因而有机可乘,以获巨利了。所以各国虽有这种法律,但商人因需款过切仍是不能遵守,并且还愿将自己所出的重利率保守秘密,以免债主的受累。这可见得法律不容易取缔经济原则的作用了。

参 考 书

Bohm-Bawerk, E. von, *Capital and Interest*.
Clark, J. B., *The Distribution of Wealth*, pp. 182—187.
All other standard works on Economics.

本章练习题

(一)人们积蓄是为什么的?

(二)为什么银行要给他们的储户些利息?为什么人们不倒贴银行为他们保存款子,而给保险公司若干的保险费以保存他们的别项财产?这两项不是一样的吗?

(三)若果银行存款要倒收保险费时人们亦还要储蓄吗?

(四)为什么人们要借款子呢?

(五)若果一个农人要借款种地,他最多可以给多少利息呢?六厘?一分?三分?

(六)一个饥馑的人可以给八分利息来借生活费吗?

(七)金钱的效用是一律的吗?

(八)人们借贷有什么利益?放款的有什么利益?

(九)交通工具和生产方法的改良于农业有什么关系?

(十)机械的改良于工人有什么好处?

(十一)工人做工为自己抑或是为他人呢?他的工金是为着谁来消费的?

(十二)机器是工人的助手抑或是他的竞争者?

(十三)为什么机器的改良常使工人失业呢?

(十四)机器是谁造的?他对于工人的购买能力有什么关系?

(十五)若果物品是很容易出产的,那么,工人的工金要受什么影响?到底有影响没有?

(十六)医士所乘的马亦是他的资本吗?

(十七)增加资本可使土地多添农产,亦可以使一牛多出牛奶吗?

（十八）增加资本于地价有什么关系？

（十九）假若我们现在的货币即时增加一倍，那么，我们的地价和其他一切物品的价格亦要加倍了吗？

（二十）利息亦受这增加货币的影响吗？

（二十一）资本和土地有什么类似和差别呢？

（二十二）什么是利息？什么是重利？

（二十三）试讨论和批评下列数派的利息说：（1）供给与需要说，（2）限度上的生产能力说，（3）节俭说，（4）奥国学派的主张。这些学说有互相冲突没有？

（二十四）试述一个总括的利息说。

（二十五）资本的代价就是节俭吗？

（二十六）什么是限度上的投资？小孩子和成人对于某项物品将来的价值和现在的价值比较是有同样的态度吗？野蛮人和文明人，穷人和富人呢？

（二十七）资本对于生产的贡献有什么？

（二十八）金市上的利息率是怎样规定的？房租亦是照这样规定的吗？

（二十九）平常的利息率是包含什么两项要素在内？

（三十）什么是纯利息？总利息？

（三十一）为什么文明国家内的利息是较低些呢？

（三十二）禁止重利的法律为什么常常失效呢？

（三十三）为什么长期借贷的利息要轻些？

（三十四）地租亦可以算作利息吗？

（三十五）为什么各地方的利息率不同呢？

（三十六）若果全世界的产物都是平均分配了，那么，人们的储蓄亦将要变更了吗？这于资本的生产和它将来的价值有什么关系？

（三十七）战争对于资本和投资与利息有什么关系呢？

第十八章 赢　　利

在生产的要素章内,我们曾把赢利附带的说过,现在可再作详细的讨论之。我们曾经说,关于赢利的范围,论者极不一致,有些人把所有的利息,工金,租金,都包含在里面;此外还有人把保险费和机器的修理费等,亦没减除,这是不对的。若要论纯粹的赢利,这些项别都是应该要减除的。赢利是有两种,一是营业的总利益,一是它的纯利。我们可以在这里作个区别,即一切的总收入可称为总利益,再由这总利益内除去一切利息,地租,工金,修理费,补充费,保险费,和意外的增益等后,才可以算作纯利,因为纯利只限于经营家经理生产事业所负担的冒险或损失的酬报而言,故不独利息等项应该减除,即使一切意外的增益或盈余亦须减去之,才可以符合这原则。

约言之,意外的增益亦有两种:(1) 独占的增益,或独占的纯利,系指独占了某行的生产事业而得到意外的增益之谓;(2) 奇遇的增益,系指由某千载一时的难得机会而得到的增益,如某地忽然发生战事或瘟疫,死人过多,于是卖棺材的铺子格外营业发达,而得到极大的增益等诸如此类的事情。不过有时这种增益亦可由聪明的经营家预料而得到的。若果这种增益是由经营者的眼光预为准备的,那么,它亦可以算作经营者的酬报而称作纯利。又例如某人预料都市中某部分将要特别发达,而购买得很多的地皮,以后果然如愿而致富,则他这种增益亦就算作纯利;若果他不但在某地购买地皮,并且还积极的宣传以谋这地方的发达,那么,他的酬报更可认为纯利了。

纯利系社会奖励生产者的一种酬报。通常的生产事业因为竞争很利害,所谓纯利极少;那些在限度上的企业家就得不着的了。那些能干的经营家,因为经理得宜,而他的效率又超过那些在限度上的经营家才可以得到这种纯利的。纯利几完全是一种相异的酬报,那些效率不及格的经营者就得不着了。所以纯利亦可说完全是才干的酬报,而与工资和独占的增益没有关系的。

我们在这里可以再列表说明总利益和纯利,以及其他各种酬报的关系。

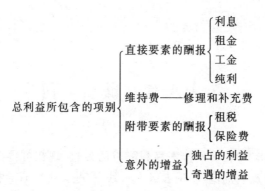

由上表看来，便可知道什么是总利益和纯利以及其他的要素的报酬和分配了。我们曾经说过，纯利是一种相异的个人酬报，只有那些能干的人才可以得着的；它的性质是有几分像地租，完全是以生产的差别而得到的。它亦是额外的酬报。所以有人便把纯利叫作个人的租金。我们在这里要明白，物价的高额，并不是因为能干的经营家所得的纯利过高，或良地的租金过高所致的，因为两者都是相异的而已。若果所有经营家都是能干的，和所有的土地都是肥沃或处在同一地点的，那么，纯利就没有了，土地的租金亦将要一律了，而物品的价格亦因之而低落了。不过地租和能干的经营家还有一点差别，就是良好的土地不能使坏的土地增加生产效率，而能干的经营家却因为他的种种改良纯利就因而日少，物价亦日趋低落，而使社会得益日多了。我们可以说，纯利是社会改进的引诱物。

若果纯利是专靠经营家一人的特殊才干而得的，一旦这人死了，那纯利亦随之而终了；若果纯利不是专靠一人的，那么，同等才干的人也就起来竞争，而把纯利消灭了，不过独占事业亦可以左右价格，并且因为它的独占性质，才干是没有什么关系的，因为独占家可以随便将物品定价，除独占价格的定律可以限制他之外，他是无所顾忌的。独占的增益和纯利还有一点区别，就是后者为高尚效率的盈余，而于社会有利益的；至于前者，则专靠势力和特权而得的，实有害于社会。晚近资本发达的国家，莫不受独占者的势力所影响，因为他们利用这独占的价格把社会上的财富垄断，而使贫富的不均；并且在竞争过烈的事业上那立在限度上的人因受独占者的压迫就逐渐退伍，而让一般独占者操纵一切了。所以我们研究纯利，须要发现它内部是否含有独占的增益，抑或完全是经营家由才干上所搏来的相异利益，才可决定其究竟。

论到独占的增益，我们还应该附带的讨论一下资本和资本的额数。所谓资本的额数是有三种意义：一是指公司股份和其他证券的原定价额。一是指这股份等的市价，例如某公司的股本原定价额为十万元。这是原来的定额，可是它的市价时有涨落，或越过十万或不及十万。至于第三种的意义，是指公司的营业估价而言，例如现在市面上的利息率是周息五厘，而这原额十万元资本的公司每年所赚的纯利是五万或等于周息五分，那么，他们便可把这十万元定额改作百万元使其每百元得利息五元，以符合市上的五厘利息率了；若市上的利息率改为四厘，那么，他们便可把这十万元的原额改作一百二十五万，使每百元只得利息四元，以掩饰人耳目，而假装营业之不佳了。这就是独占事业把资本额数提高，以蒙骗社会的办法。他们一旦这样把十万的资本提高至一百万元，则他们即白赚九十万元的市价了，若提至一百二十五万元，则他们所赚得更多，即有一百一十五万元；而后来购买他们的股份者便要照此新价额付款了。其中所享受利益最大者，即其原来的股东。他们这种办法，简言之，就是以公司的赚钱能力而定它的资本价值额数。资本主义者致富的秘诀，即在此也。

参 考 书

Ely, R. T., *Monopolies and Trusts*, Ch. III.
Jenks, J. W., *The Trust Problem*.
Taussig, F. W., *Principles of Political Economy*.
All standard works on economics.

本章练习题

（一）什么是总利益？什么是纯利？试述二者的区别。

（二）纯利是怎样规定的？它是包含什么东西？

（三）什么是补充费？保险费？

（四）什么是意外的增益？什么是奇遇的增益？试举例证明之。

（五）奇遇的增益是应该怎样估计的？

（六）纯利是一种租金吗？试述理由。

（七）为什么竞争可以减低纯利呢？

（八）为什么从外表看来，独占事业的纯利只等于市上的利息率呢？这于社会有什么影响？民众对于他们有什么意见？

（九）资本和资本额数有什么区别？

（十）试述独占者怎样把资本的原额提高。

（十一）利息率减低于独占事业的资本额数有什么关系？

（十二）教育普及和纯利有什么关系？职业教育和经济刊物对于纯利有什么关系？

（十三）纯利和工金有什么区别？

（十四）若果我们的工商业停止进步，这于纯利将有什么关系？

（十五）经济家的才干在生产事业上怎样可以看得出来呢？

（十六）若果善于经理和善于售货的经营家合作起来，他们的营业将要怎样呢？

（十七）什么是赢利？它是可以分作几种的？

第十九章 租　　税

古来立国者的目的即在于统治,而统治的目的即在于征税,征税的目的又在于巩固他们的统治势力;盖政治乃一种经济的程序,而立国即以完成这程序之谓也。泰西各国近数百年来因工商业之发达,而连带地促进教育的普及,遂形成一种民主政治的观念,民众乃持之以作抵抗一般统治者的工具,而唱言"不准予参政不得课税",以号召民众。嗣后民主政治日趋发达,而一般统治者亦顺应潮流而图存,并不敢以租税作他们胡为的工具。新租税的观念乃应运而生,如量入为出,减轻负担,量力而课,和发展国家利益等口号,遂风行一时。这是所讲现代化国家的现象。至于我们中国,则一般军阀仍以租税作巩固他们的统治势力的工具,而一般民众只敢怒而不敢言,结果,今日中国的军阀仍俨如中古以前欧洲的封建诸侯,以拥兵截税为己任。试观下列各国军费和教育经费的比较表,便可知中国现在的情状了。

中国与外国军用费百分率的比较

中国	1927—1928	87%
美国	1926—1927	33%
日本	1926—1927	27%
意大利	1926—1927	22%
大不列颠	1926—1927	14%
法国	1927—	13%
德国	1927—1928	8%

中国与世界列强中央政府教育费百分率分配的比较

日本	1927—1928	8.22%
大不列颠	1926—1927	7.00%
意大利	1926—1927	6.66%
法国	1927	5.49%
中国	1927	0.06% (按二十年度的预算为0.19%)

我们且谈论现代各国的租税原则吧。

现代各国(中国除外),虽渐趋向于民主政治,民众监督虽严,而课税的原则乃仍受拥有枪械者所左右。所以种种行贿贪污等现象,仍不断的表现于事实。

一般批评者常谓,若一国的课税办理得宜,则民众的负担必轻而无怨言。

现在民主政治之风虽盛,而国家的组织则仍视为一种强迫的合作制度,不管人民是愿意与否,凡生长于一国之内者,必须遵照这国的制度而付税,因为他们以为执政者虽不可将租税胡为,而课税则仍为国家生存的固有特权。所以除了一般主张无政府者之外,一般民众仍以为人民不可一日无政府,而政府又不可一日而不课税。

他们以为租税既然是由强迫而征来的,那么,它的用途是一定要合理才行,若无特别要紧的用途,租税应减到最低的限度,以免流弊。不管政府是发行公债,或直接征收税捐,到底是要由人民负担的。财富的基础来源是生产,而不是制造钞票或发行公债。官僚和军阀虽用这种奸巧的法子来掩饰人耳目,然而他们应酬的浪费、军费、战费、军衣、军粮、军械、军需等,无一不是出自民众者;又他们的一切贿赂,和正式的开支,如薪资等,亦无一不是出自人民者。试问他们所吃的饭、所穿的衣服、所住的房子,哪一样不是民脂民膏呢?人民之所以付税者,不外求保护,求安宁而已,若政府无力保护治安,或贿赂公行,则人民可不必付税,若人民不停止付税,则应组织严密的团体以监督政府,务使公家的金钱用于最有益的事业上,和保护民众至最周到的地方;简言之,务使一切贪官污吏无立足的余地。这些话固然是对的了。不过为维持政府的命脉起见,税是要抽的。

税既然是要抽的了,那么,是应该怎样抽才行呢?以人口而抽吗?抑或是以财富而抽,或是以所得或消费而抽呢?若是以财富而抽,是应该抽哪些财产呢?动产或不动产呢?工厂或房屋呢?

要规定一种办法能够适合各种情形的是不容易,好比两个人同是有些产业,其中有一人是有很大的家庭负担,有一人只是自己独身,若果这两人的税是相同的,那是有一点不平等了,因为那负担大的人是不容易给的,并且他养育儿女亦是为社会尽责任。还有可注意的地方,就是办慈善事业的财富,不应与那办奢华浪费事业,如娼寮等的财富,抽同等的税,学校,教堂,和庙宇,均有补助于社会亦不应抽的。我们应该想法子使这些不平等的现象消灭才行。所以下列数项原则是要注意的。

(一)收税的目的物和征收的方法须尚济经,务使所收入的款项不受征收的开支所影响。

(二)务使纳税的人无法漏税以影响税源,如严查商人假造账簿的弊病等。

(三)务使纳税的人自己负担责任以防备其将责任推给第三者,如征收印花税的意义,原来是要征收那卖零碎物品的商号,而今一般卖这类东西的人,遂先把款子付给政府,而后把物价提高,使那印花税完全变为那些用户的负担,如烟酒等类的东西便是。关于这一点各国的立法者常弄出很多的错误,他们本来要征收某种人的税,结果均归失败,因为那被征者把自己的责任推到第三者的身上了。防备推脱的原则是课税上最难施行的办法;例如征收工厂的生产税,结果那工厂便把物价提高,而使一般用户负担之;又如有些政府征收利息税,而负担利息的人则将物价提高,使用户负担之。其他一切关于征收资本等税,均有同样的结果。不管什么样的税,若果它能够影响于市价,就算是有推脱的毛病在里面了;唯有那些不影响供给和需要关系,和不扰乱市价者可作为合适的租税而已。

直接和间接的消费税有时亦有推脱的弊病,不过详细的分析之,所有课税都是消费税,我们只能看它可否推脱而已。若果政府只对于某种物品课以租税,人们可以不用那物品,结果那税的收入减少,而致失败。可是若政府对于独占事业课与相当的税是比较上不容易推脱的,因为它的价格已经很高,而它所得到的赢利亦很多了;于是对于它课与相当的税,是不大影响于市价的,不过其中亦有失败地方;我们在独占事业章内论之甚详,兹不多赘了。

耕地的税是比较稳当一点,因为地的面积有限,人们不能因为有税而不耕地,或减少和增加它的出产。主张地税最有力者为美人佐治氏 Henry George,他是单税论的发明者。孙中山先生的平均地权主张,就是采自佐氏的学说了。照氏的主张,地价的上升不是因为业主的劳力和投资,乃是因为人口的增加,和文化事业的繁杂所致。这种上升的盈利是一种不劳而逸的利益,于是应多课以重税。氏主张土地的重税不是以建筑物和其他的建设为主体,而是专以那不劳而逸的增加利益为目标。氏以为若政府专靠这一项的税亦足可以维持它的一切政费了。并且若果土地的重税一旦施行,则地价必因而低减,大地主的独占利益亦必因而被打倒。孙中山先生平均地权的简略叙述亦就是这样了。可是这里亦有一点毛病,即原来地价的上升虽然是不劳而逸的,但是现在的地价都是人们以积蓄的资本购买得来的,一旦地税过重,他们的积蓄不是受影响了吗?比较好一点的办法是将现在所有的土地先行按照市价实行登记一次,俟全体登记完毕之后,然后规定以后增加的价值作为新地税的标准。

对于利息课以负担亦有些毛病,因为债主可把它推到债务人的身上,而债务人又可把它推在消费的用户身上。这是很不公道的。有的时候,因为课利息税的关系,有些债务人受害不少,例如某人有五千元的不动产,可是他自己只有一千元,其余的四千元是借来的,那么,他是要纳五千元的产业税,同时还要纳四千元债务的利息税。这不是纳两重的税了吗?我们总要想些法子来矫正这种毛病才行哩。

若以利益的享受为课税标准亦是有毛病的,因为穷人享受政府的补助最多,而富人所享受的比较少;这样一来,一般穷人就比富人要纳税多了。中国现在就有这种毛病,有钱的人把他们的金钱弄到租界去,存在外国的银行,而一般贫苦的老百姓,则因种种的关系不能如愿,而负担很多的苛捐杂税。这是何等的不公平呢?各国的课税政策是反对这原则的。他们对于最穷的人,不独不征他们的税,并且还拿钱来救济他们哩。可是他们对于富人是要想法子征收的。

大体上他们的课税政策是以纳税者的负担能力为标准。可是,这种标准亦应该很加以考虑才行,如负担者的家庭状况,产业的性质等,均须注意,以免流弊。除这些点之外,大概比较上最为公平的就是这标准。这样一来,那有力者便可负担重些了。这种办法就是叫作所得税,将纳税者的收入而征之,并按其所得的多寡以比例定其税率。

此外还有些经济学者专主张消费税的。他们以为征收所得税不如征收消费税。他们主张积蓄的资本或生产的机器和消费,或个人的收入等。若未经直接消费者,不应征收之,因为他们还没有享受这收入的利益。他们以为若果这原则可以见于实行,则纳税者对于所得税的种种作弊,如假造收据等,便可消灭,因为人们的消费是不容易装假的,如房租、用具等,总可以估算出来。关于这一点我们亦应有考虑的地方,如对于最低限度的生活需要消费应准其免缴;若超过这最低限度的消费,即须一律征收;其消费愈大者,则其应缴的税率亦愈高。这样一来,那消费愈大者所缴纳的税额必愈多,而他们亦可以负担得起的。同时还有些不分贫富的奢华消费,如娼妓、烟酒之类的东西,亦可照样征收之。这种奢华的消费税有两种作用,一是为国家增加收入,一是为消极的取缔那些奢华品,人们若不愿意缴纳这税者,他们可自行节制,而不用这些奢华品。

遗产税亦是近来各国风行一时的新税则。主张这税者的理由谓死人将其产业遗留给一般不劳而逸的第三者,对于社会不但无若何补助,恐怕还要有妨碍,并且这种遗产的积聚是由社会而集成的。所以社会应课其一部分,而那被征者亦不觉得有什么负担,因为受这财产的人毫无努力而得之。不过这里亦有应注意的地方,即假若所规定的税率过高,则死者生前必先将财产赠送戚友,以避这税则;所以有些人主张若果遗产是给妻儿的,其税可递减,若赠与戚友者,则其税率可递高。这样便可使双方适宜了。

遗产税的理由很充足,并且可使社会得到很大的岁入。可是有些人反对这种税者谓:(1)妨碍积蓄的动机;(2)干涉财产的自由支配权;(3)倾向于阶级的立法等论调。

其他关于普通动产税,如车辆、用具等,各国的施行流弊很多,因为人们常不把真情实报,于是无从征收。所以有很多人反对继续施行这种税则。到了现在,大概各国的岁入大半仍以土地税为大宗。

关于征税的权限,大概比较妥善的办法,是所得税和生产税,如烟酒之类等,可由中央政府行之;其余关于遗产税土地税,和消费税,执照费等,须要就地调查者,可由地方政府施行之。兹再略将各国的岁收分类之如下以作结束。

(一)恒久的岁入

1. 正税。

(1)国有事业的收入。

(a)国有土地的收入。

(b)国营事业的收入。

（2）征抽的收入。

（a）杂费(如执照费,营业费等)。

（b）特别捐。

（c）租税。

（d）关税(在国际贸易章详之)。

2．杂项岁收。

（1）罚款。

（2）充公的财产。

（3）复归公有的财产。

（4）赠送产。

（5）赔偿等。

（二）临时的收入(债务项)

1．发行公债。

2．发行库券。

参 考 书

Adams, H. C., *The Science of Finance*.

Bastable, C. F., *Public Finance*.

Daniels, W. M., *The Elements of Public Finance*.

Fillebrown, C. B., *The ABC of Taxation*.

George, H., *Progress and Poverty*.

Plehn, C. C., *Introduction to public Finance*.

Seligman, E. R. A., *Essays in Taxation*; *Income Taxation*.

Shearman, Thomas G., *Natural Taxation*.

Urdahl, T. K., *The Fee System in the United States*.

本章练习题

（一）什么是统治者？什么是税？什么是课税？

（二）为什么要课税？它的目的是什么？

（三）中国的军阀是靠着手枪存在的抑或是靠税捐而存在的呢？那么,要打倒军阀是用什么方法呢？

（四）人民可以不纳税吗？有什么道理呢？

（五）古来的立国者的目的是什么？中国现在的情形是怎样？

（六）西洋的学者谓,课税和主权是分不开的,这话是对的吗？有什么理由呢？

（七）世界各国历史上的民众暴动平常是为什么而起的？中国也是这样的吗？试述美国革命的原因。

（八）政客和官僚所吃的饭是哪里来的？他们穿的衣服是谁给的？

（九）课税是以消费为目标吗？

（十）征税到底是征金钱抑或其他的东西呢？

（十一）为什么一般国民愿意纳税呢？这是一种投资吗？他得回什么酬报呢？

（十二）苛政猛于虎这话是对的吗？坏政府好抑或是无政府好呢？

（十三）试述政府施给人民的好处。穷人得到政府的好处多抑或是富人多呢？申明理由并讨论之。

（十四）为什么富人要比穷人纳税多呢？

（十五）课税是应该按着财富的比例来收吗？假若甲的财富是图书，乙的是市内的空地皮，丙的是押租，丁的是工厂，戊的是股票，己的是房屋，庚的是银行的存款；那么，这是应该怎样个比例法呢？

（十六）课税按着所得的比例来收行吗？假若有四个人，他们的收入都是相等的，不过其中有一人要养活十口家人，有一人无家庭的负担，有一人把他的收入全部捐作办慈善事业，其余的一人专把他的钱花在嫖赌上，那么，这几人的所得税是应该怎样征收的呢？按什么比例来征收呢？

（十七）为什么恶习和奢华的消费应该要课以重税呢？

（十八）生活费和生产费，如机器与存款等，亦可以课税的吗？试述你个人的意见。

（十九）征税的原则应以纳税者的担负能力为标准，抑或应得到利益最大为标准呢？试述你自己的意见。

（二十）一切货财、工厂、机器、押租、工金、所得、地租、利息、赢利和入口等税的最后负担者是什么人？

（二十一）什么是负担的推脱。

（二十二）直接的课税比较间接的，是哪一种好些？试述理由。

（二十三）学校、庙宇和祠堂等，亦应课税吗？

（二十四）通常都市的税是有哪几种？省税？国税？

（二十五）什么是苛捐杂税？

（二十六）你赞成遗产税吗？

（二十七）人们打官司为什么要给诉讼费呢，他们不是纳了税了吗？试述理由。

（二十八）试把粮食的开销和杂税的支出比较一下，看哪样多些。

（二十九）课税和抢劫有什么分别呢？试述理由。

（三十）为什么相信无政府的人反对纳税呢？

（三十一）课税是违反天赋人权的吗？

（三十二）纪念国庆日可以开支公款吗？那么，官僚给长官的送礼呢？

（三十三）政府应该把公款补助私立学校吗？

（三十四）假若某甲有一千元的积蓄，他把这千元借给某乙，并把乙的房契当抵押，那么，政府应该怎样征他的税呢？他可以把他的负担推给别人吗？

（三十五）某甲有一千元的存款在银行，政府应该征他的税吗？试述理由。

（三十六）某甲有些农地，价值五千元，当他买这地时，因款子不够而借下某乙四千元，那么，他的财富有多少呢？他应该按多少财产来纳税呢？一千元、五千元、八千元，抑或是九千元呢？

（三十七）所有纳税的人都是本国人吗？外国人住在本国的不要纳税吗？试述理由。

（三十八）为什么永久不打官司的人亦要纳税来维持法院呢？

（三十九）关于粮食一项，政府应对于麦征税，抑或是应对于面粉征税呢？

（四十）关税是什么样的税？是应该征收的吗？这关税是贫富一律的吗？到底是外国人给的抑或是本国人给的呢？

（四十一）烟酒税是为什么要征收的呢？

（四十二）所得税是公道的吗？什么人负担最重呢？

（四十三）假若我们要税则改良，对于富人只收所得税，对于贫富则一律收奢华和恶习等的消费税，你赞成吗？试述理由，假若我们再把土地税或地租税加上，你赞成吗？

（四十四）征收所得税应该是以入为标准好，抑或是以出为标准好些呢？

（四十五）有些地方征收所得税是以几项生活费的消耗，如房租、家具、雇用等，为标准的，你是赞成的吗？

（四十六）货物的运费到底是出自用户，抑或是出自生产者呢？

（四十七）投机者所赚的赢利到底是出自生产者抑或是出自用户呢？

（四十八）借款的冒险性的酬报到底是由债主抑或是由债务人负担呢？用户有关系没有呢？

（四十九）土地税的负担到底是地主的，抑或是租户的？用户对于这税有负担没有？地租税呢？他们是分担的吗？都市的房屋捐亦是这样的吗？

（五十）遗产税和独占事业的税是应该同一样的看待吗？

（五十一）什么是单税论？什么是平均地权？这都可以实行的吗？你对于平均地权有什么批评呢？

（五十二）试把各国的岁收分类之。

卷七　经济问题

第二十章　人口问题

19世纪的初期，英国曾有一种救济贫民条例。在这条例底下，一概的贫民都可以请求补助；所有懒做工和不顾廉耻的人们，莫不可以享受这权利。这种救济的款子是由一种地亩附捐得来的。这种附加捐是很重，有好些农民因负担不起，也就把农人的工金减低，或弃农而他就了。结果请求补助的人愈加多，并且这种补助费是按口分配的，人口愈多的家庭，所得到的补助费亦愈多；于是勤俭的人终日劳苦尚不足养家，而那些穷汉便得意洋洋，而愈加多生育其同类了。结果使英国的良民和农业大受影响，一般思虑时事者遂起而反对之。当时反对这条例最有效力的主张为马尔塞斯 Malthus 的人口论。马氏原来是一个牧师，又兼东印度公司所主办的某学校历史和经济学教授。

马氏不独反对无限制的生育孩儿，他并且提出两种原理以证明其理由的充足，一是农业上报酬递减的定律，即食物的需要愈多，其供给亦愈困难；所以人口过剩和贫穷是互为因果的；其二是人类将有人口过剩之虞，故非设法以限制之不可。氏谓人口增加系顺着几何级数而增进，如二、四、八、十六、三十二等；至于食物，则极其量，亦不过顺着算术级数如二、四、六、八、十等，以增进而已。所以若无相当的限制，则人类将要闹饥荒了。

至于限制人口的方法则有两种：一是积极的，一是消极的。积极的方法就是人口死亡率的增加，如瘟疫、纵欲、自杀、同类相食和战争等；这种方法是由自然而发生的，不是天灾就是人祸。至于消极的方法，则是使生育的减低，这是由于纵欲过度，使人民缺乏生育能力，或人民自己慎重的限制，如晚婚或不婚等。凡自量不能负担家庭者，即可行之。将来人口愈多，生活愈困难，人民结婚将愈减少；凡结婚的年龄愈高，将来所出生的孩童亦将愈少。氏又谓凡不能负担家庭生活者不应结婚。照氏的主张看来，人类的前途是非常悲观的。不过马氏亦有想不到的地方，譬如近数十年来因工商业的发达，人民生活的日趋舒适，全世界的人口亦增加较缓，而生育率则亦日见减低。这种现象不独见于上层阶级，即现在各国的民众阶级亦日见其实现。这实在是马氏预想不到的事也。

在这还有可注之点,即以一国而论,人口的增加是不只生育率的超愈,若一国的生殖率虽降低,而他的死亡率比生育率更低时,则这国的人口仍可增加。由反面言之,若一国的生育率虽高,而他的死亡率则较之尤高,是则这地方之人口的增加亦无几而已。此外若一地的经济事业发达,他地的人口亦可由外迁入而增加之。晚近各国的移植率是非常之高的。

不管马氏的预料如何,人口的增加总与社会有极大的关系;第一项应该注意的,就是报酬递减的定律。在一个人口稀少的地方,生产事业极少,而文化亦无由发展。在经济史的发展章内,我们曾看得很清楚了。人类因生齿日繁,遂往往向外移植,和向内发展,使各地互相通商,而交换物品;结果彼此的文化亦互相通达。单纯的狩猎,和游牧,或农业社会,有极少的进步。这是因人口过少的关系所致;可是一旦人口增加,则局势就不同了。好比在一个农区里面,若人口增加,则每人的产量就递减了;在一个国家里头亦有同样的现象,一旦人口过剩——一地的生产不足以维持这地的人民生活,或不足以应付其生产的消耗,则这地每人平均的产量就递减,结果工金亦随之而受影响了。这就是中国今日的现象。

照马氏和有些经济学家的见解看来,人类由人口的增加总有达到饥荒的日子,除非我们要另外想法子来谋补救。综观世界上的生物,莫不有这种现象。我们可以先看植物的竞争生存,总是弱者先灭,强者后亡;凡有生存的余地,即有植物的繁殖,直至无生存的余地才停止。但植物是靠无机物以生存的,故其繁殖亦较为容易;至于动物则又靠植物而存在;一旦植物缺少,或同类生齿日繁,则竞争遂因而日切,以致弱肉强食了。人类亦以动植矿等物的给养为其生存的标准。人口亦可增加至这种物质之给养的界限为止,不过这种界限到了现在还没有达到,并且将来能否达到尚属疑问,因为人口虽然是逐渐增加,但报酬递减的定律除在农业方面有切实的效力外,它对于其余的机械生产虽亦有效力,但总是仍有办法的,例如大规模的生产组织极为完备,每多加资本和劳工,即可多出大量的产品,并且其规模愈大,则其分工愈精,而出产亦愈多。其余关于交通,运输,和分销等项,亦顺着这原则而推广。可见得除农业而外,其他的大规模生产事业有时实有报酬递增的现象。所以将来农业的酬报虽递减,而工商业的酬报或可递增;使人类由他们的工业上所得的利益来交换其食品。故人口的增加实在没有什么多大的危险。人类对于食料虽要多费精力和时间去生产,但因他项生产事业费时很少,他们可以将那余时来求食料的增加;并且人类的机械将来还有无穷的发展。所以人类的前途当不如马氏等所预料的悲观也。著者曾在社会学杂志三卷十号发表一篇短论名为"人口过剩恐慌的神经过敏"。其中的内容与本章有关系者很多;兹再转录之以作参考。

晚近之论人口者往往发生一种恐慌,以为世界上之可耕面积有限,而人口增加无已。再过一二百年后吾人将无立足之余地。彼等之言曰,世界上若使一对夫妇,男子二十而娶女子十五而嫁,任其自由繁殖而不加以限制,则两千年后,此一对夫妇之子孙将与全世界现在之人口相等。此种论调作书本上之空论也可，而作事实论也不可，盖据地质学，生物学，人类学，及考古学，所供给吾人之考据，人类出现于此地球之上足有五十万年以上，然则地球何以不早已有此过剩之现象发生？就以中国而论，汉族开化至今已四千余年，前曾因地广人稀，恐人口之不繁衍，遂有"不孝有三无后为大"及风水之说，出而济世。此说之出现至今又数千年矣，然则何以全世界不早为中华民族之占领地，此不无因也，盖人为生物之一，其繁衍亦与他生物受同一之限制，即受竞争生存，内婚，杂婚，及适应性等之限制是也。兹略说明之。

所谓竞争生存者，即生物之繁衍无已，如晚近论人口者之言然，于是生齿日繁，种类亦复杂，但为求同类或个己之生存起见，遂有互相残杀，互相吞食之现象。人类既为生物之一，因不能免除被杀被食之忧，遂谋死里逃生之道；其后经过数十万年之奋斗方得以征服其他一切动物而繁衍其子孙以成地球之主宰。近数千年来又因人口之繁殖而有工商业之发达及国家社会之组织，以避免残杀吞食之虞；但人为有智慧之动物，不独求生存则已，尚须求舒适之生存，故其谋生之进行往往顺抵抗力最少之点而求之；其有因不得已者方肯从千辛万苦之中而营其死里逃生之生活也。但因生齿日繁，舒适之生活遂不可得，互相残杀与互相吞食之举动亦所不免，于是人类数千年来之历史谓系一本血史，亦非言之过当也。欧洲近一千年间竟有五百年以上有战事之发生。中国则自秦统一宇内至今亦竟有一大半时间有内乱之动作。其作乱之起因虽是复杂，但其响应及继承乱局者则决为下级社会之过剩人口。中国两千年来之史册所教训吾人者为平均每三十年一小乱、百年一大乱、二百年一新朝代之更始。所有乱事之发生或响应乃因社会有过剩之闲人所致；及其终也必经年或数十年之人为淘汰，将英雄好汉一杀而尽之，力得回复太平之景象。此种程序，乃人口维持其平衡度方式之又一种。今后情景将为之一变，水旱之灾因交通之便利或可减少，但地震与战争仍为不可免之事，再加上妇女之逐渐变更其生活，则生齿当自然减少，正如斯宾塞尔氏之所谓"个己之发展与生殖之相对"说相同。氏曾谓世界人口无过剩之虞，因妇女今后之生活渐次改变，由家庭而进工厂学校，与男子立于同等竞争之地位。据氏生物学之见解，个己愈发展，生殖愈减少。所谓个己之愈发展者，即凡用心过度以求个人之发展或个人之庆乐者，其体格不能得到相当之发育，其生殖力亦于是顺此而递减，盖凡生育繁盛之女子，其肉体必丰而强也。

内婚与杂婚亦可使人口生殖不蕃。所谓内婚者即兄妹结婚，或其他血统过近者之通婚之谓也。所谓杂婚者系指与异族之人互相通婚之谓。杂婚可强种，但同时亦可以减少生殖。此两种现象均可限制人口之繁殖。

适应性亦可限制人口。所谓适应性者亦与竞争生存之道相差不远。竞争生存系指生物与生物之互相竞争以图存，而适应性则指生物与自然界谋适合以图存之谓。地球上一切生物与其自然环境经过无数万年之互相调适遂各与其环境适合而得存在；其有不能与之适宜者则尽归淘汰。人类因系生物之一，亦逃不出此范围以外而图生存也。居霞雾盖天地土严寒之欧洲西北民族，若移至青天白日雨水不断之热带区域，则不及五年之间即归淘汰。历居湿热区域之非洲黑色人种，若移植至阴天严寒之欧洲西北，则其结果亦相类似；除非其与土著通婚，而取得若干适应性方可避免此种苛辣之淘汰。所以全世界人口将超过其平衡度之说乃不可靠者也。

晚近生育节制之习风行，欧美先进之邦已受其可惊之影响，长此以往，愈推愈广，为生活所逼，人口将减至无已时。盖人口之不死于疆场者必死于自杀，生育节制亦系自杀之一途也。所以若有自然与人为淘汰之作用，人口无有过剩之可能，只有一部分常被牺牲而已。

参 考 书

Malthus, T. R., *Essays on Population*.
All standard works on economics and sociology.

本章练习题

（一）马尔塞斯是什么人？
（二）人口的密度和地租与工金有什么关系？
（三）什么是竞争生存？弱肉强食？近代的人类仍有这种现象吗？
（四）下等动物有生活的标准没有？人类呢？
（五）为什么近五十年来世界各国的都市特别发达？
（六）人类集中于都市间是干什么的？
（七）农业的改良可使都市的人口增加吗？
（八）世界各国的农民近五十年来是增加的抑或是减少的？这是为什么？
（九）现在的都市将要继续的发达吗？
（十）交通和机械的改良于都市有什么关系？
（十一）都市的四郊交通和人口的密度有什么关系？
（十二）世界工业的原料将有断绝之虞吗？
（十三）据马尔塞斯的主张，人口的增加是受着什么的限制？
（十四）生活的标准于人口的增加有什么关系？
（十五）孩儿的夭亡于劳工问题有什么关系？
（十六）人类为什么要互相残杀？
（十七）斯宾塞尔氏对于人口论有什么见解？
（十八）什么是死里逃生？

（十九）为什么中国历史上平均三十年有一小乱、百年有一大乱呢？

（二十）什么是内婚？这于人口的繁殖有什么关系？

（二十一）什么是杂婚？这与民族生存亦有关系吗？

（二十二）什么是适应性？这与竞争生存有什么关系？

（二十三）为什么欧洲西北的民族不能久居非洲呢？

（二十四）什么是生育节制？这于人口过剩亦有关系吗？

第二十一章　劳工结合和劳工问题

不论那一行的生产事业,若果能限制作生产者的人数,他们所出的东西一定少,价格必高,而工金亦随之而增加。若果劳工的结合能够把他们的人数限制,如工会不收新会员,或设法使他人不得加入他们这一行的生产,那么他们所得到的工金亦一定很高;不过这是不合经济原则的,因为若果他们是这样作法,就等于垄断劳工,而与其他的独占事业受同一的批评了,并且若要产品良好,还要有知识的工人才行,若少数人为之包办,则工人的知识必受影响,而反为有害于他们自身的利益。不过劳工的结合或不是完全为限制劳工人数的。此外他们还可以作些共同教育和共同保险的事业,以提高他们的地位,并且他们亦常互相合作,以免受雇主的压迫,而得到比较合理的待遇。这是很可嘉的。

谈到他们的工金增加,和工作时间的减少,亦是不容易办到的;因为生产要素的酬报是靠着产量而决定,若生产不增加,只图工金的提高,就要使物价上涨,而将这增加的工金推到用户的身上,由他们负担了;并且因为同行生产者的竞争关系,要一家或一行单独提高工金也是不行的;一旦价格上涨,所卖出的东西一定是很少,一般雇主也就维持不住而改行了。若果他们改了行,这些工人就有好些失业的了。除非生产方法的改变,或独占事业上的工作可以略微实行这提高工金的原则之外,别的生产事业是不能适用的。可是若过分的提高工金,或过分的减少工作时间,那独占者的销场亦受影响而致销路减少,以使其站不住。在这里还有应注意之点,就是倘若一行的工金一旦提高,或工作时间减少,则别行的工人亦要求同样的待遇,而使物价高涨,或改到这行来工作,而使工价仍旧的低落去,也是没有好结果的。

至于酌量的减少工作时间,在特别情形之下或亦可以办到,但这是要研究的,例如工作时间过长,所出的物品加多无几,而质的方面则太差了,那么,我们可以研究到底每日应作几小时才可以使出品的质美而量又不大减。若果十小时最适合,则每日作十小时可也;或八小时最适合,则八小时亦未免不可;而六小时亦可以的。这是一种研究和适应的问题。

此外还有那些吸受工人血汗的不合理制度,我们亦可以在这里谈论一下。在这种制度之下,一般工人是在一种不合卫生和不合人道的包工小店里做工;他们所得到的工金很少,实不足以维持生活,而工作时间又长,所处的地方又坏,同事的人又或多患疾病的。他们的工作既然是不好,那么,他们所出产的东西,亦不能卖得高价,只适合于贱卖的场所而已。这种工人既处境不好,又缺乏知识,实不能作其他的工作;其中有些或想找些好一点的地方工作,而又没有这种本事,即使找到亦或不能应付。要解决他们的问题,专靠取缔雇主,而不许其雇用他们亦是不行的,因为除了这样的工作之外,他们即无事可做,而将致失业了。向他们放赈亦是不行的,因为没有这么多的款子来散放给他们。比较好的办法还是短期的义务教育,使他们自觉而求自救。

妇女和幼童的劳工问题,亦可以在这里谈论一下。童工是有害于儿童身心的发展,而误了他们的前途;并且他们将为一种特殊的阶级,因为他们不学无术,将来长大所出的孩子,亦变为童工,而循环不已了。所以取缔童工是很要紧的,西洋各国并且还有法律取缔为父母者的权限,若父母无能力保养孩子,则法院可委派一人代其执行父母的职务,或将孩童送往公养院,至成年而后已。可是这种取缔办法,应该按着情形的轻重而通融办理,务求得到最良善的效果为止。

妇女向外工作对于她们的身体和家庭职务或有些不便的地方,可是这并不是违反经济学上的原则。妇女应否往外工作,最好是由她们自己或她们的家人自行决定,因为有些妇女非往外工作,是不足以过活的。国家对于女工只可监视雇主方面,使其给予合卫生和温度充足,面有光亮与安全的地点以做工而已。这种事情是不能放任雇主自由规定的,因为他们的目的是为求利,实无心顾及工人的卫生也。

近来有些积极反对雇用女工的人谓其减低男工的工金,使其所得以妇女相等。这是不尽然的,因为劳工的酬报是靠着产量的价值而定的,若果女工能够增加生产的价值,那么,她们亦应该得到相当酬报的;并且有很多的工作妇女是不能干的,于是和男子的竞争亦不见得怎样多;即使其能使一部分的工金减少,于社会亦无多大的妨碍,因为女工虽或过多,使生产增加以致产品的价值递减,而影响于工金,但一般用户对于物产的效用还是一样而没有变更的。

工金的来源就是产物的价值;雇主之所以能够给予较高的工金是因为他的东西可以卖得较高的价格所致。女工的酬报亦是一样,妇女因为力气不及男工,智力或亦有差点,而加上无长久工作的决心,或使其产品较次,以致价值低落;那么她们所得到的工金不能较高,是理所当然的;不过为补救这缺点起见,她们可以选择对于她们最适合和竞争比较少些的工作来干,使其产品在市上得到较高的价值,那么,她们的工金亦就随之而增加了。好比妇女多半是替人作针缝和做衣服等工作的,而社会上做同样工作的人已经过多了,她们一定不能得到较高的工金,因为她们的工金是靠着每件衣服售出的价值而定的;可是衣服的价值又不能过高了,否则一定无人问津的。价值过低,于是价格亦低了,而工金的减少则乃当然之事也。若果要补救这弊病,只有两条路走,一是减少做衣服的人,一是想法子劝人给予高价;不过这高价办法亦是不行的,因高价则衣服的出产又更加多了。所以只有一条路走,将做衣服的人减少而已。

晚近二三十年来，因生产组织的日趋严密，一般工人觉得劳工结合更加要紧，务使团体代替个人磋商工作条件，而得到相当的利益。

晚近的劳工组织约言之，可分作三种，一是某行精巧工友的结合，与英国最初的劳工组织相类似；二是劳工的大结合，而不分精粗等的职工；三是以行为单位的组织。近三十年来各国参加劳工组织的人数日有增加，其中虽有时因受时局的影响而有些消长，但从大体上言之，其人数实有加无已。全世界现在参加这种组织的人总有一千万以上。

劳工团体对付一般雇主常用三种手段：一是同盟罢工，一是同盟抵制，一是同盟怠工。同盟罢工是一般有组织的工人对于雇主要求待遇条件不遂时即宣告全体罢工，以要挟雇主，而使他们的营业不发达的方法。这种办法成功的占一大半，因为每经一次的罢工，雇主方面所受的损失极大。罢工的手段是像雇主同盟宣告休业以对付工人的手段同一性质的。

同盟抵制是指在罢工期间，或于其他争执未解决以前，一般工人联合对于待遇工人不佳的工厂所出的产品一概不买或不卖的行为之谓；其目的是要使雇主受致命伤而顺从工人的要求。有时他们不独对于他们的雇主加以抵制，即使他人购买雇主的东西者，亦同在抵制之列。在这种情形之下，一般雇主则利用法院出一种禁令，以阻止他们的活动。

至于怠工则亦是工人要挟雇主的一种方法，多半是在未罢工以前，或复工以后行之；其办法是以工作为名，其实所做的事很少，并且有时还故意将雇主的财物毁坏，以压迫对方，而使他们答应工人的要求。

关于团结等事，雇主方面亦有相当的组织而对付工人，如同盟宣告休业，以及和工人磋商工作的待遇，如工金、工作时间和工作情况等。其他于必要时，如时局不佳或雇主将要停业时，则他们还可以鼓动工人罢工，而乘机休业，以节省营业费。

劳资纷争成为当代各国的很重要问题。从表面上看来似乎只有两方面的争执，其实全体社会都受他们的影响，如火车或轮船的工人罢工，则全国将要受牵动了。所以近来各国的民众亦极关心一切的工潮，而组织一种所谓用户的联盟；其目的在于监督雇主对于工人的待遇；凡履行他们所主张的条件则可贴上该会的标签，以示遵从而资招徕。工人方面亦常利用这种标签，凡遵从他们的条件者，均可贴上，以资号召。近来各国的民众对于劳资的争执还要求双方把他们的互争点公于社会，使民众公开的讨论之，以促他们的解决。

除了上述诸事外，晚近的劳工结合还有下列的好处：（1）提倡节欲，如有特别嗜好者不许其入会；（2）交换知识，如讨论种种社会，政治等问题；（3）提高生活标准，使工人自行节制，而不致有劳工或人口过剩之虞；（4）互相救济，如救济失业，死亡，疾病，残老，和其他一切的意外等事。

至于晚近劳工的组织亦有些短处，除已谈论者之外，尚有下列数项：（1）限制个人的活动,并且不招收新会员,以限制本行的人数过剩,而操纵工作的人数;(2) 限制机械的改良,因为他们怕机械的改良将使他们失业,所以他们常不赞成机器的改进,并且不愿意使用新机器,即使肯用亦须附带有条件的;(3) 私利观念过重,而忘却社会的利益,所以他们对于政治和其他的社会问题,均不大留意;(4) 组织趋向于腐化,举凡一切事情均照官样文章办理,往往把个人和大众的利益都牺牲于章程上。

参 考 书

Garleton, F. T., *History and Problem of Organized Labor.*
Clark, L. D., *The Law of the Employment of Labor.*
Commons and Andrews, *Principles of Labor Legislation.*
Groat, G. G., *An Introduction to the Study of Organized Labor in America*
Reeves, W. P., *State Experiments in Australia and New Zealand.*
Siegfried, Andre, *Democracy in New Zealand.*
Taylor, F. W., *Principles of Scientific Management.*
Webb, Sidney and Beatrice, *The Case for the Factory Acts.*

本章练习题

（一）劳工与雇主的利益相同之点在什么地方？相异之点又在哪里？

（二）劳工的争执是专对资本的吗？他们的目的是要减低利息吗？

（三）劳工结合可否能够减低地租？

（四）劳工因争执的胜利于利息和纯利有什么关系？

（五）纯利是由工人的血汗搏来的吗？

（六）混充货品和雇用女工与童工于纯利有什么关系？

（七）混充货品对于劳工亦有害的吗？那么,工会对于这种事情应该怎样办呢？

（八）假若工金因劳工结合而提高,他们所出的货品成本一定较高了,那么,他们的东西亦还容易卖出去吗？

（九）劳工结合操纵一行工作的人数,那些被排出去的失业者应该怎样办呢？

（十）粗鲁工作的人亦可以结合起来,而谋增高他们的工金,和对抗雇主的压迫吗？

（十一）试问雇主们觉得劳工结合于他们的营业有什么影响,有利的抑或是有害的？

（十二）雇主的结合以限制工金亦行的吗？

（十三）试述罢工的成功和失败的原因。

（十四）国营事业和在社会主义制度下的工金是将要怎样的？

（十五）劳工结合操纵工作人数要用什么方法？这种事情是好的吗？

（十六）工作时间加长或减短于工金有什么关系？

（十七）在一种工金很低的生产事业上亦有人竞争的吗？

（十八）若果只管增加工金而不增加价格，工人和雇主将要受什么影响呢？

（十九）晚近的劳工组织有哪三种？请述他们的性质。

（二十）什么是罢工？同盟抵制？什么是同盟宣告休业？什么是怠工？什么是禁令？

（二十一）试述女工和童工的利弊。

（二十二）现代各国的民众对于劳工争执有什么主张？

（二十三）为什么女工比男工的酬报低些？有什么补救的法子呢？

（二十四）劳工结合的短处是在什么地方？

（二十五）工会亦有趋向于腐化的吗？

（二十六）试述晚近劳工结合的好处。

（二十七）女工对于男工有妨碍的吗？

（二十八）为什么各国近来均主张取缔童工呢？

（二十九）失业与劳工结合有什么关系？

（三十）试述劳工结合应否向政府备案？政府应准其成立吗？

（三十一）你赞成劳工仲裁的吗？

第二十二章　投机和垄断

　　我们在价值章内已略为说过,人类的欲望是递减而有限度的,人们不能因饮水而愈饮愈渴,或吃饭而愈吃愈饥。世界上的物产有时亦有过剩的,若一物的产量过多,它的价格一定要减低,以使其全部销罄,不然则必有一部分剩存了。我们常看见都市间有些水果因为供过于求,而无人问津,以致全部腐烂。这就是表现人们的欲望是有限的,一旦满足到相当的程度后,即不取价亦无人过问了。物品之所以有价值,是含有些缺乏性,若一物有无限的供给,则其价值立刻就消灭了。所以价值是不能作幸福的衡度,亦不能作效用的标准;其所指示者,不过因物品的缺乏而限制效用而已。

　　人类所最需要的东西,如粮食燃料等,是最容易以低价得着的,不然人类就要灭迹了。金刚钻虽因缺乏而有很高的价值,可是普通人是不用它的。人类所最需要的东西还有空气和水等,但它因供过于求而无价值的。可是若果水泉干了,或因他故使供给缺乏,它亦将有价值了。在干燥的地方,我们或者可以掘井,但这是不好的现象。

　　世界上有很多的东西,如粮食等,它的用量不会过多,但亦不能减少。这种需要是不大伸缩的。我们知道有些东西一旦供给略有增加,它的价格就要大减了;可是若因缺乏而使价格上升,则人们对于它的需要亦有同样的递减,如书籍,旅行,和首饰类等东西便是。这种东西的需要是有伸缩的。有伸缩需要的东西,它的供给或增加虽然有时是很快,可是它的跌价是较慢的。所以一旦供给少了些,亦不怎样觉得它的价格往上升。至于那些无伸缩需要的粮食,它的价格上升比供给的减少尤快,它的跌价亦有同样的现象。

　　这伸缩的现象,亦可解释地租变迁的特殊情形。人口一旦增加,较坏的地亦有人开垦了;可是,这种坏地出产不多,一旦好地因耕法改良而出产略有增加时,则那些坏地又被放弃了,因为那些坏地是立在耕垦的限度上的。

　　我们要知道粮食的出产是按季的,所以它的价格亦就按季而涨落。因为它有这种现象,人们对于它的投机亦格外的多了。一般通常人以为粮食的涨价每每是由那些投机分子操纵所致的。这是不尽然,因为物品的供给缺乏一定会使它涨价,不管投机不投机。一般投机分子的职业是专研究物品的缺乏,而提前利用时机以从中取利罢了;若社会上无投机者,一旦有些物品的来源缺乏,这物品亦是要涨价的;投机分子在其中的作用,不过使这涨价的现象提前实现而已。

照这样看来,他的目的虽然是为私利,可是,同时因为他投机的关系,一般人亦就知道某物品将要缺乏而需节俭了,他不过先行多存些这种物品,而调剂将来的缺乏而已。这并不算是一种坏事,而反为有益于人哩。

投机分子对于生产亦有相当的利益,可是一般普通的农民因不明投机者的作用,亦常骂他,以为他是没有出产,而只管买空卖空,将未出产的东西先行预卖给别人,到时候还不实行交货,只将卖价和时价一比,而将相差的数目互相支付而已;例如每斗麦的预卖价是一元二角,交货时的时价是一元,到交货时这卖主仍不交货,只将每斗的超过数目——二角交给买者即作了事;若果交货时的市价是二角低过预卖的价格,那预卖者就每斗赚二角了。这就是投机者赚钱的方法。

一般农民以为这种买空卖空的办法是把市价压低而不利于他们;至于一般普通的用户则又以为这种办法把物价提高,而有害于他们。其实这种假定的交易,于用户和生产者均没有什么妨碍;他们不过把市价略为规定一下而已。可是,那些不但是买空卖空,而且还真的把货存起来,等到人民真要用的时候才卖出去,他对于用户和生产者双方还有很大的贡献,因为当农产上市的时候,农人要钱结账,而他的东西一下又不能卖出去,一般普通的用户则不乐意或无能力来预买一年的东西,即使卖者把价格弄到极低的限度亦不容易办到;而一般的投机者就将他的东西一下收买以待来日。这不是有益于他们了吗?在这里我们要明白投机和垄断的区别。

投机的意义已如上述,它对于经济上没有什么多大的害处,并且还可以增加物品的用途。至于垄断,那就坏了;若果有人把物品垄断了,它的价格立刻就涨起来,因为这些东西被扣存起来,市面上就表现一种缺乏的现象,而那垄断者就乘机把他的存货推出来而享受厚利了。外人不明真象,亦来投机一下,而买空卖空,结果亦受了这垄断者的亏不少。例如某投机者不知道市面上有人垄断,而作些卖空,到时候他便要交货,但市面上的货早已被人操纵了,而无法应付,于是亦遭失败而受损失。所以一般垄断者不但由存货而得赢利,他操纵了市面上的东西之后,还作些买空的事情,而收买别的投机者的卖空,及至到期则那些投机者无货可交,而复得他们的利。

参 考 书

Emery, H. C., *Speculation on the Stock and Produce Exchanges of the United States*.

本章练习题

(一) 什么是投机?

（二）世界上的物品亦有过剩的时候吗？
（三）为什么有些需要品的价格很低呢？
（四）价值可以作幸福的衡度吗？
（五）人类所最需要的是什么？为什么水和空气没有价值呢？
（六）什么是有伸缩的需要？无伸缩的需要？
（七）为什么粮食的价格不容易减低？
（八）为什么人们要开垦或放弃荒地呢？
（九）投机分子的职业是什么？他是干什么的？
（十）投机分子于社会有什么益处或害处呢？
（十一）投机分子可以调剂市面吗？
（十二）什么是买空卖空？
（十三）投机分子的账是怎样清算的？
（十四）投机事业于农业有什么关系？
（十五）什么是垄断？它和投机有什么分别？
（十六）垄断的坏处在哪里？
（十七）垄断者怎样可以赚钱？
（十八）投机分子亦吃垄断者的亏吗？怎样？
（十九）垄断是绝对坏的吗？
（二十）我们对于投机和垄断应该有什么补救的方法？

第二十三章 独占事业

在生产的组织章内和其他的地方,我们曾经把独占事业略微谈过了。现在我们在这里再把它详论一下。所谓独占事业,就是一人或数人在一行生产事业上采取一致行动,以谋操纵价格之谓。关于它的内容,一般学者曾作种种的分类;兹为便利研究起见,我们在这里亦可作个分类,不过这分类只述及它的渊源,以使一般读者明白它的意义而已。兹叙之如下。

(一)社会的独占事业

1. 关于公益的专利。

(1)发明家的专利。

(2)版权的专利。

(3)商标专利。

(4)公共消费专利。

(5)财政专利。

2. 特许的专利。

(1)公家特许的。

(2)私人特许的。

(二)自然的独占事业

1. 由原料缺乏而形成的。

2. 由营业的特性而形成的。

3. 由营业的秘密而形成的。

所谓社会的独占事业,就是指那些专卖事业,由政府许可,或由它的自身与自然独占事业有关,而成为独占性质者之谓。在君王之风盛行时代,君主常赐许某人某种专营特权,为他人所不许沾染的。现在这种风气虽废除,而因奖励学术和提倡发明起见,各国仍许予著作家和发明家有些专利权,使其享受若干年的利益。类似版权的还有商标,给予商人,为分别他们的营业广告作用。这种商标的利益亦极大,有令人注目的商标,每年总可获巨利。所谓公共消费的专利是指政府特许某人经营某种事业以便利其取缔之谓,如有些地方把鸦片包给商人公卖,以便利当局的取缔,就是个举例;可是若政府特许某人经营某事是为筹款起见的,那么,这就算是财政上的专利事业了,如广东等地方的赌博捐,由政府包给私人办理,以便收捐,就是个例子。至于公家的特许。则是指由政府特许某人作某种独占事业之谓。这是与君王时代的办法有些相同之点。谈到私人的特许，就是指那些独占事业由私人团体许予的而言，如在火车上的包卖饭食等类的事情，便是由铁路公司特许的专利了。

所谓自然的独占事业，乃指营业的性质自然含有独占的现象而言。这不是由社会认可的，例如公路、运河、码头、桥梁、渡船、河道、海港、灯塔、铁路、电话、电报、电灯、邮政、自来水、公共电车等，便是。这种独占的特性就是因它的营业占有特别的地点，或供给某种物品，为人人所必须用的，而一般经营这事业的人又一致团结以获到极大的利益者之谓。

近来有些经济学家谓，有些事业不论其地点为如何，若资本雄厚必可达到独占的目的，所以他们谓，一切独占事业都是资本的，而非自然的；不过照我们的观察，若一种事业无其他的特别优点，而只靠资本的雄厚是不容易成功的，因为无这种优点，一旦营业获利过大，即有竞争者起而对抗之。我们在这里可以说，有些营业因竞争过烈，根本上就不会有独占出现的；有些营业则是因人民的监督不严而使其趋向于独占化，一旦人民的知识提高，那种独占行为亦站不住了。此外还有一类营业，若其中无自然的独占现象，亦不会成为社会的独占事业。

独占事业对于经济最大的影响就是价格，那么，独占的价格是怎样规定的呢？最简单地说，独占的价值亦是由供给和需要而定的，而他的需要又是由限度上的效用而决定。至于它的供给则并非如竞争的价格而由代价的限度而决定的，它是以得到最高的纯利而断定的；简言之，独占者是没有他人和他竞争，他只有需要者一方面来应付而已，于是他可以随便把供给操纵起来，以便得到最多的纯利。这可说是由供给方面观察独占价格的定律，因为要打算得到最高的纯利起见，他自己便可自行决定他要供给多少出来以达到这最高纯利的目的。所以他是常顺着下列几项原则去进行，以期达到他的目的。

（一）他常想着，若果他把所供给的物品增多，则这物品的效用限度一定减低，结果这东西的价格亦要随之而减低了；可是，若果他把一部分的物品扣起来，那物品的效用限度一定上升，而结果它的价格亦即随之而提高了。

（二）关于生产的消费，有些物品是按着比例而增减的，若出产多，则消费亦较大，若生产少，则其消费亦递减。这就叫做变易的消费。

（三）可是有些生产的消费并不按着比例而增减，这就叫做固定的消费；它是包含工厂的设备，经理的酬报，利息等。我们在这里应该注意一点，就是那些所谓变易的消费只以生产的总数而言，若只以件数计算，每件的消费大概都是差不多而不变的。至于那所谓固定的消费，则它只限于生产的总数；若以件数计算，则其消费即有变易了。例如在消费总数内的利息是固定的，而列为固定的消费，可是若果生产很多，每件生产的消费就按它的产量而逐件减少了。

以上述的原则而论，一般独占者因只谋其最大的纯利，他们对于固定的消费是不大计较的，而只注意变易的消费和他们的物品的销路而已。

我们可以用下列这表来作个举例的研究。

每件卖价	卖出总数	总收入	每件的变易消费	总变易消费	固定消费	总消费	纯利
1 角	6000	600	3 分	180	500	680	损 80
9 分	8000	720	3 分	240	500	740	损 20
8 分	12000	960	3 分	360	500	860	益 100
7 分	18000	1260	3 分	540	500	1040	益 220
6 分	25000	1500	3 分	750	500	1250	益 250
5 分	35000	1750	3 分	1050	500	1550	益 200
4 分	50000	2000	3 分	1500	500	2000	无利

照上表看来，独占的卖价每件将为六分，因为每件六分则可得纯利最多；反之，若卖价过高，则售出必减，若卖价较低，则所卖出须多，而纯利亦递减。可是若果有竞争将独占打破，则每件售价四分仍有人继续生产的，因为售四分虽无纯利，而通常的代价和利息等，总可以靠得住的。所以六分便为独占的价格，而四分则为在竞争之下的价格了。竞争的价格通常是由效用的限度和生产代价的限度双方平衡而决定的。在这种竞争状况之下，那规模小和效率少的生产者，只可得利息和通常的生产代价而已；至那较大规模的生产，则因其效率较高，或可得多一点酬报也。可是，在独占之下，生产是由独占者操纵的，若果在六分的价格之下，他只能卖出二万五千件，那么，他亦不再加多生产了，而只将六分作为暂时的定价了。但独占者是怀有野心的，于是他或者有时还想把价格提至七分或八分；可是，他一旦把市价提高，人们就买少些了，而结果他虽卖七分或八分，但他所得到的纯利仍不如卖六分所得的多。所以他卖出的价格总在六分上下。还有一点在这里我们应该注意的，就是一旦他的售量减少，他的生产亦随之而减少以免存货底，可是生产的消费亦同时按比例而增加以致纯利更加减少了。

照上述原则看来，若政府课以若干的税以资取缔是不成功的，因为税是固定的，于他的纯利影响很少；可是，若果政府是按件来课他的税，每件征洋一份，那么，他又可以把价格提高，将这税的负担推到买户的身上；而结果政府所得到的税还不及民众从高价中买他的东西所花出的金钱多，于是政府欲取缔他而反为有益于他。简言之，固定的税虽然是不可推脱的，但亦不能取缔他；而生产的营业税，不独不能取缔他，而反被他推到买户的身上，而有益于他。

上述那些是由供给方面论独占的价格。我们在这里再可以从需要方面来论它。

供给方面固然可以由独占者操纵而谋最多的纯利，可是在别的情形之下，需要方面亦有相当的势力来决定独占的价格。我们在这里可以简单地把需要对于独占价格的关系叙述出来以作一定律。这定律就是如下，"凡一独占物品的用途愈多而可以加福于人愈大者，则其销路愈广其卖价亦愈高，而其所得到的纯利亦愈厚"。由此看来，独占者因人民的需要迫切，他对于社会虽毫无贡献，亦可以从中取得极大的纯利。尤其是在一个购买能力大的国家内，这独占者更可得到丰厚的利益。

上述种种关于独占者的心理，和他的定价，都是假定的，恐怕在实在状况之下，不会有这种事实，不过或有这种可能性而已。最好是遇着有这种独占的事情时，把它单独的分析一下以明真象。

因为独占是厚利的，所以经营类似独占事业的人，一旦有机会即行合组图之，在其未合组以前，间或是互相竞争者，但其结果必由争而合；一旦组合成功，则价格亦必随之而受影响了。处这种情形之下，社会和政府应采取何种态度以应付之？一般关心这问题的人，以为这种组织应受法律相当的限制，政府并且应保留一种以相当代价而收为公有的特权。至于主张收归公有者是有下述几种理由，兹略论之。

（一）增加和散布公共的繁荣。他们说，现在资本主义国中的财富，都是集中于几个人的手上。这些人之所以得到这种利益，是由经营独占事业而来的，一旦把他们的事业收归公有，则价格即可递减，而赢利亦可挪作减低租税之用，以消除人民的痛苦。

（二）经济和效率。一般独占事业者在他们未结合以前，总是竞争得很厉害，于是浪费得社会很多的财富。据一般有研究的人说，美国当建筑铁路之风盛行的时候，私人因建筑铁路所浪费的富源，足可以够建造那时全国人民的住宅。谈到经营方面，若由公家行之，则较为经济；如都市中的自来水和电灯等，本可合并经营，以求效率。至于改良方面，公家经营本不是因为图利，于是亦有较多的新设备。

（三）肃清贪污。独占事业的腐败很多，若政府欲施行约束它，则其必出多金贿赂官吏，以助其作弊，而掩饰人耳目；如立案等的手续费，亦不外一种美名的贿赂而已。此外在一般的资本主义国家里面，其他关于独占事业的行贿事实不胜枚举。若这独占事业完全收归公有，则一切毛病都可以完全铲除了。

（四）推翻有害的社会独占事业。在社会的独占项内，版权和发明家的专利权是有利于社会而应保存的。谈到商标专利以及消费和财政等的专利是无存在之必要；至于公家和私人的特许，则更加要取缔而示公平了。

英人遮文氏Jevons对于政府经营独占事业有相当的研究；他说，政府若要经营独占事业，必须合乎下列几项原则才行：(1) 务须有单纯而括概的制度，以作有效率的工作；(2) 务须是例行的性质，如邮政之类的东西；(3) 务须可以时常公开，而任社会审查和监督；(4) 事业规模虽大，可是需要资本要比较的微薄。照遮氏这种原则看来，政府要经营的事业务须简单，否则就容易失败，因为他大体上是从经理方面着想的。

政府经营独占事业固然是有他的好处，可是一旦实现，那些奸猾的份子恐怕就弃商而从政了;结果还是他们操纵一切。中国有很多事业,如铁路之类的东西,由官办亦腐败不堪。此外还加上军阀扣车等的无意识动作,则更加不堪设想了。这些事情因不在本题之内,故不多赘了。我们可以在社会主义章内再谈之。总而言之,世界上没有事情是绝对好的,或绝对坏的。我们应付一切问题,总是以时代和社会的眼光来作评判的标准才对(余论请参照生产的组织章)。

参 考 书

Bemis, E. W., *Municipal Monopolies*.

Brown, W. J., *The prevention and Control of Monopolies*.

Ely, R. T., *Monopolies and Trusts*.

Hobson, J. A., *Evolution of Modern Capitalism*.

Jenks, J. W., *The Trust Problem*.

Jevons, W. Stanley, *Methods of Social Reform*.

本章练习题

(一) 什么是独占事业?

(二) 什么是社会的独占事业? 自然的独占事业?

(三) 什么是专利? 专利和独占有什么分别?

(四) 版权和商标有什么分别? 这两种东西都是专利吗? 独占吗?

(五) 什么是特许的专利? 公家的特许? 私人的特许?

(六) 自然的独占事业是怎样形成的?

(七) 什么是公共消费的专利? 财政的专利?

(八) 政府抽赌博捐和鸦片捐是什么用意呢?

(九) 资本雄厚的营业就算是独占事业了吗? 这话是对的吗?

(十) 独占事业对于经济有什么影响?

(十一) 独占的价格是怎样规定的? 为什么不把价格提到极高呢?

(十二) 竞争的价格和独占的价格是不同方法规定的吗?

(十三) 独占者亦怕人竞争吗?

(十四) 独占者的目的是什么?

(十五) 独占者是怎样把供给操纵起来? 有什么用意?

(十六) 什么是生产的消费? 变易的消费?

(十七) 生产的消费是怎样增加的?

(十八) 什么是固定的消费? 它是不变的吗? 有变的时候没有?

(十九) 独占者不计较固定的消费吗?

（二十）政府对于独占事业课以重大的税以资取缔行吗？

（二十一）按件数课税好抑或是固定的课税好呢？

（二十二）这种税亦可以推脱的吗？

（二十三）需要方面对于独占的价格有什么关系？它亦有定律的吗？

（二十四）独占者的唯一目的就是谋纯利而不顾名誉的吗？

（二十五）为什么经营类似独占事业的人要组合起来呢？

（二十六）独占事业应收归公有么？有什么好处呢？

（二十七）政府对于独占事业应采什么态度？

（二十八）独占事业有什么弊病？

（二十九）国营或私营独占事业的弊病是哪种多些呢？

（三十）独占事业收归公有可以肃清贪污吗？

（三十一）什么是有害的独占事业？这是应该取缔的吗？

（三十二）英人遮文氏对于国营事业有什么主张？

（三十三）邮政亦是独占事业吗？为什么各国还办得不错呢？

（三十四）中国的军阀不断地把火车扣起来私自运兵，这亦是一种经济行为吗？

（三十五）军阀对于社会经济有什么害处？

（三十六）我们应付一切社会经济问题是用什么作标准呢？

（三十七）世界上的事情有绝对好坏的没有？

第二十四章 社会主义

现在的经济制度是竞争的,人们各自图利,以遂他们的私欲;不过这种竞争乃非冲突的,他们只自谋利益而已;同时这种竞争还是合作,因为他们是把各有的东西来互相交换,甲以己之所有,而补乙之所无;其竞争之点,不过在这交易上和再分配上各拟争夺多一点利益而已。

我们现在的经济制度是法定的,所有关于交易,财产的转移,和社会进益的分配等,都是根据法律的规定而进行。各国的法律虽是有些差别,但总是大同而小异的。我们在这书内所讨论的问题,都是以这观念为基础;但一般社会主义者则否认现在的制度之完善,而别有所主张。若果我们要实行他们的计划,那么,现在的整个制度将要被推翻了;不过其中最注意之点是关于分配方面的,所以在本章内我们亦就专论这一点。

由经济方面说起来,所谓社会主义就是强迫的合作。他们主张所有独占和大规模的生产事业应收归公有;其属于国家性质者,应由国家经营之;那属于地方性质者,则由地方经营之。他们要设立一个工业的民主政治国家,其政府则不独专限于政治工作,而且兼营经济事业。在这制度之下,一概大规模的产业都是集中于政府的手上,并且所有其他的生产事业,若未经集中者,亦要全体集中起来。

纯粹的社会主义有四个特点:(1)生产事业的公有;(2)生产事业的公营;(3)产品的公分;(4)进益的私有。社会主义者并不反对资本主义,他们所反对者只是私人的资本主义而已。他们所要者是社会或国家的资本主义,使人人为资本家,而共同管理资本。为贯彻这主张起见,他们说,一切的财富都是由劳工产生的,资本和土地虽有相当的关系,但这两项要素只是消极的而已,所以它们的所有人不应该领受酬报,而应将这酬报作为公有。

社会主义的中心点就是正义的分配。他们不但是要较有效率的组织和方法,并且还要公平的分配,这是最要紧的。关于什么是正义的分配法,他们的主张是不一致;有些人说,正义就是公平;有些人说,分配应以个人的真实需要为标准,使人人得到相当的经济能力以发展他们的身心;此外还有第三派人主张分配应以努力和贡献的大小为标准,而这努力又须是本人的,而不是他祖先的,以免遗产的弊病。

差不多现在各国的邮政、电政、路政都是国营的,并且有些国家还经营航政、林政。河道、垦殖和其他的事业。所以现在各国的政府对于经济事业已经有下列五项的办法了:(1)保障个人的身体和他的产业;(2)创设和保护经济特权;(3)取缔契约和竞争的办法;(4)以关税,租税,和补助费等作工商事业;(5)自行经营些事业,如道路、公园、灯塔、电报、电话和铸造货币等。纯粹的社会主义不过是由此推而广之,使政府自行经营种植,制造物品,执行交易,和管理一切生产事业而已。除此以外,极小的营业,如自耕三数亩地,或小本的印刷等,仍可由私人办理。

在这里有些点我们还要弄清楚,这就是现在的政府有很多的活动不能算是社会主义的行为。以严格而论,只有取缔私人的生产事业才算是社会主义行为,否则就不是了。政府还有很多的行为亦非社会主义的,而是反社会主义的;例如取缔教育和学校等,都是反社会主义的。又照一般普通人的见解,以为公共电灯和公管自来水等,为公共所必需的事业,就算是社会主义了;这是不然,因为社会主义的目的不但是经营,而且还要强迫改组现有的生产事业,和推行正义的分配产品;所以要合乎这原则才算是社会主义,否则就不是了。

若有反对社会主义的人说,假使我们把所有社会的进益均分起来,每人平均所得的是有限;而一般的社会主义者则谓,现在我们的进益本来是很少,因为各行的经营者互相竞争,消耗过大,而无余资以分配;例如公共汽车,本来由一机关经营就行了,而现在每个都市中却是有好几家经营的,这是一种浪费;又例如卖菜的营业,经营的人亦很多,本来由一机关每日像邮政局送信似的分送就行了,而用不着这许多零卖的人;又例如其他一切批发和零卖的营业都莫不有人满之患;并且每行每年还浪费多少千万无为的广告费;若果在社会主义支配之下,这种毛病就可以铲除,无为的经费亦可以节省了。此外现在那些贫富的虚度光阴者,在社会主义的国家里面亦不能存在的。他们的话是这样说的了,不过有些问题他们还没有解释清楚:(1)除了社会主义之外,我们现在的一切消费和虚闲就没有法子取缔了吗?(2)现在的竞争制度是绝对坏的吗?(3)社会主义的本身就没有毛病了吗?这都是要详细答复的。

谈到公平的分配问题,现在的制度固然是有很多的毛病,使有些虚度光阴的人们得到很多的不义之财,而演成一种贫富不均的现象;不过在社会主义之下,这种毛病一定可以铲除了吗?除了社会主义之外还有别的法子没有呢?这亦是应该考虑的。

至于交易和消费。在社会主义之下,亦将要有很大的变动了,因为在这种制度之下,信用将完全代替现在的币制,而交易的价值亦只以实在的劳工和牺牲的代价作比例而已。又因分配的公平,人民所消费货物的性质亦将有变更,使产品的类别亦除之而有差异了。

关于社会主义的实施亦有些困难问题:(1)无个人利益的鼓舞,人们不肯努力向前进展;(2)组织和经理不容易统一,有些例行的工业固然是很容易经营的,但生产事业之如农业者,则过于琐碎而不易集中;(3)工作的类别和舒适的程度不一,使一般当局不容易分配工作,而民众亦不愿就其不惯做的事情,结果将使这制度自行推翻;(4)个人的自由过于受限制,使人民敢怒而不敢言,结果有演成改变之虞;(5)容易受少数人的操纵,使一般垄断商业的生产领袖改行从政,而继续他们的私图;(6)以单一的原则来立国是危险的,史学家常给我们一种教训,谓人类已往文明的倾覆是由于单一的原则所致,故比较适宜的办法,还是公私制度同时存在,使双方将他们的优点表现出来;不过在这里说社会主义的不行,是等于他们说它的容易成功的同一的没有把握。我们总希望现在的经济制度有些改良,但是怎样才可以实现我们的理想,是不容易预料的。

虽然社会主义不一定立刻可以实现,可是它对于我们的贡献亦不少,因为它提醒我们对于社会种种问题的注意,并且使我们留心社会上大多数人民的幸福,和政府对于生产事业的密切关系。

通常的人对于社会主义的名词有些误解,以为社会主义就是无政府主义,这是完全错误的,因为这两种主张是完全相反的。社会主义是要强有力的政府以执行一切,而限制个人的活动;至于无政府主义,则是要完全取消政府,使人人得到最大的自由,而不受任何限制的。可是,有些无政府主义者,以为若一切政府都被推翻,则人民将有自动的组织,而共同经营一切的生产事业了。所以他们自己亦有一点弄不清楚。

共产主义亦是近来很流行的一种名词。这主义大概是指极端的社会主义而言,并且共产主义是主张激烈革命的。我们可以说,左派的社会主义,就是所谓共产主义。共产的名称实在可以不用的。至于集产主义亦是常见的名词,大概他也就是一种社会主义,利用这名词以掩饰人耳目罢了,因为他们用这名词可以减少人们对于他们的反感。

社会主义不独是一种主张,并且还是一种政策;其中还有好些的派别。他们的进行方法亦不一,例如基督教的社会主义是靠口头和文字来实现的,他们是以基督的福音为基础。此外英国的费边社会主义派,是主张参加政治运动的,不论哪一党或哪一派,若意气相投的,即可与之合作,而实现他们的主义。其余的社会主义者,则主张自行设立独立的党部。

晚近三十年来,社会主义的政治运动可分为两派,一为马克斯派,根据马氏的主张,以为资本集中于少数私人的手上使一般贫穷的劳工无以生活,是应该推翻的;况且劳工乃一切价值的制造者,于是务将现在的资本制度推翻,而建立一种社会主义的国家。苏俄的革命就是根据马氏的学说而实现的了。其他的一派就是所谓修正派的社会主义,不赞成马氏的主张,而参加各种和平政治工作,并拟从立法方面着手,将现有的法律修改,以增进工人的幸福。这两派人的主张虽有些出入,但他们常仍立在一党之下,而互相合作。

反对上述两派的社会主义者,还有一种所谓工团主义。主张这说的人以为所有政党都是贪污的,于是不足恃,而最有效的方法,则为阶级的争斗,和总罢工;务使各行的生产事业尽归各行的工人直接管理,以推翻现有的制度。这种主张始创在法国,后传播得很广,在美国的势力亦不少。

迩来各国的当道为谋阻止这种所谓过激主义的传播和发展起见,又创造出两种新的主义以抵御之。这两种主义就是国家主义,和帝国主义。他们的目的不过利用这两种口号,来鼓动所谓爱国的思想,而阻止社会主义的发展而已。

近二十年来,社会主义的运动更加进步,尤其是在欧战以后。其最显著的为俄国的劳农革命;其次则为德国的进步;其余意大利、法国、美国、澳大利亚,等各国均发达得甚速,将有不可收拾之势。现在各国之中,有些人虽不是社会主义的信徒,但因为他们不满意现有的制度和状况,亦投赞成社会主义的选举票。这可见得这主义的运动进步之速了。

参 考 书

Brooks, J. G., *The Social Unrest.*

Ely, R. T., *Socialism and Social Roform.*

Enson, E. C. K. *Modern Socialism.*

Kirkup, E., *Inquiry into Socialism, and History of Socialism.*

Marx, Karl, *Capital.*

Morley, H., *Ideal Commonwealths.*

Rae, J., *Contemporary Socialism.*

Spargo. John,: *Karl Marx, his Life and Work*; and other books.

Walling, W. E., *Socialism as It Is*; *Progressivism and After*; *Socialism of To-day.*

All standard works on economics.

本章练习题

(一)我们现在的经济制度是怎样的?

(二)我们现在的经济制度有什么毛病?

(三)什么是社会主义?

(四)社会主义的政府是怎样的?

(五)纯粹的社会主义有什么特点?

(六)社会主义是反对资本主义的吗?

(七)一切财富都是由劳工产生的吗?

(八)社会主义的中心点是什么?

（九）什么是正义的分配？
（十）正义的分配应以什么为标准？
（十一）现在各国的政府对于经济事业已经有什么办法？
（十二）现在各国的政府所经营的是什么经济事业？
（十三）在社会主义制度之下所有私人的经济事业都要取缔的吗？
（十四）什么是非社会主义和反社会主义？
（十五）市营的电灯和自来水都是社会主义的办法吗？
（十六）反对社会主义的人有什么理由？
（十七）辩护社会主义的人有什么理由？
（十八）卖菜亦可以照邮政的办法办理吗？
（十九）社会上哪些是虚度光阴的人？在社会主义制度下就没有了吗？
（二十）在社会主义制度下的消费是怎样个办法？
（二十一）在社会主义制度之下还要用货币否？
（二十二）实施社会主义有什么困难？
（二十三）社会主义的国家不怕被少数人操纵吗？
（二十四）以单一的原则立国是行的吗？
（二十五）社会主义对于我们有什么贡献？
（二十六）社会主义和共产主义有什么分别？是一样的吗？
（二十七）什么是共产主义？集产主义？
（二十八）什么是基督教的社会主义？
（二十九）什么是费边派的社会主义？
（三十）马克思主义是什么？
（三十一）马克思是什么人？
（三十二）苏俄现在所奉行的是什么主义？
（三十三）修正派的社会主义是什么？他们所主张的是什么？
（三十四）什么是工团主义？他们要实行什么政策？
（三十五）一切政党都是贪污的吗？
（二十六）什么是帝国主义？国家主义？
（三十七）试述二十年来世界各国的社会主义运动。
（三十八）社会主义是不要私产的吗？
（三十九）社会主义和人口的增加有什么关系？
（四十）正义和慈善有什么关系？
（四十一）社会主义对于发明和一切学术有什么影响？
（四十二）人类的酬报可以一律平等的吗？
（四十三）征收遗产税亦是社会主义的主张吗？

卷八 结　　论

第二十五章　我们的将来

近百余年来,科学进步有一日千里之势。每年人类所发明和发现的物质原理不知凡几,以致工商业日趋完备。这种现象使人们相信人类的进步是无穷的。可是从人类的习惯和处世的思想上看来。则他们仍是没有什么多大进展的,因为人类是受着礼教、风俗、习惯、迷信,和法律等东西所束缚的。所以有些人对于进步这个名词是怀着狐疑的态度。这些人以为宇宙间一切的事情都是由天数定的,一旦把它改变就不了了。这种人是乐观的,他们是有信仰和快乐的。

另一派人是相信自然法则的,他们以为宇宙间一切事情都是顺着一定的法则而动作,若要违反这种法则是不高明的。他们说,太阳朝升夕降,星宿小而亮,地球自动地周转,潮水自动的趋流,风云莫测,昼夜不变,人类奈何呢?人类与宇宙相比,不过是其中的一小动物而已;以科学眼光而论,人类亦不过是环境的产品,若想要违反宇宙的法则,他们只能自欺而作些无为的动作而已。宇宙间的一切,对与不对,是另一问题,但不能用人力去改变的。所以最好的法子是任其自然,而自作旁观者而已。

此外还有第三派人,他们以为人类是有作为的,因为他们已经很有进步,而能把宇宙间的自然力量来为己任用了;他们曾经掘山洞、开矿山、修河道、平丘陵、伐树林,和作出很多其他等类的工作,并且还能把汽力、吸力、风力、水力等来作他们的工具。不论宇宙间的如何困难问题,人类都不怕解决的,只怕他们自己的品格问题不容易解决而已。人类自己本身有很多问题他们不能作主的,并且亦没有办法,例如他们不能把自己的体格提高,或把他们自己的品性更改就是明证了。

上述那三派人的主张都是有些道理,不过人类在他们的环境内总算是一种自然的能力,不论他们是否系环境的产物,他们多少总可以支配环境的。若谓人类是完全不能进步的,是不对的话;若谓人类是个旁观者,那么,为什么他们要研究,和要竞争呢,到底我们要科学是干什么的呢?

这第三派人比较清楚些。照他们看来,人类的努力不是完全无望的,不过人类自身的品格成为问题而已。可是,这品格问题亦不是完全对的,因为人们均能自觉他们自己内部是有些能力使他们改进的,这也许是一种自欺的心理;不过此外人类还有一种能力,即一人可以支配他人的能力,而这他人便是环境的一部分,所以因为一人能支配他人,这人便可以支配环境的一部分了。由此看来,个人在社会上作好坏事的能力也很大。这是我们不能否认的。我们研究现在的经济制度,对于这一点,亦应该认清楚。

我们既然承认人类的进步是无穷的了,那么,我们的前途将来是怎样呢?我们可以在这里讨论一下。

人类因知识的增加,他们的新需要,和新欲望,亦随之而繁多,并且这种新欲望,必随时超过他们的物质进步,以使其不断的向前进展。所以人类将来的生产比他们的消费是不会过剩的。工厂的产品总是有它的销场,若一行的销路不旺,他们可以改行;若旧的不行,他们可以作新的;其中的失败者不过因个人的估计错误而已。所以机器亦必更日新而月异了。人类每多生育一人,即增加市场上一人的需要,而同时亦增加社会上一部分的生产能力。人类的生产或因经营者的估计错误,而有局部的过剩;可是这局部的过剩,亦没有什么坏处,因为物品过剩,则价格跌落,用户即受其益。若谓这类生产过剩的结果必使市面上的经济形成恐慌的现象,以致工厂倒闭,工人失业,而需要救济,是不对的话,因为这种恐慌是一种缺乏的现象,而并非真过剩也。若果一个人或国家的生存是靠物质的需要,但他的毛病又是贫穷,而不能满足这需要,那么,其中的问题就是生产不及,而并非生产过剩了。工金过低亦不过是生产之不足额而已。

若谓因生产过剩后起的青年将不容易找事作了的话,亦是不对的;这是不明白现代社会的情形,和误解现代生活的机会者所发的论调。现代的谋生机会不独不减少,而且还逐年增加,需要亦日多,酬报亦日丰。我们常听见人家说,现在各种职业都有人满之患,买卖亦过为了;某某机关登报征求月薪十五元的录事二人,竟有三百多人应征,诸如此类的话。这种情形没有什么特别的意义,因为人们每每是不走活路而走死路的;社会上最不需要的事情他们偏要去作的;至于那些最需要而待作的,则就没有人过问了;例如通常的大学生,多半是学法政,其次为教育,或其他的社会科学,而不研究别的东西,则这几行的人数一定会过多,而供过于求,使后起者不容易立足。这理是很明显的。即以经商一行而论,若卖货的人比较买货的多,或卖手比货多,则这行的买卖一定是站不住的。

我们对于这种现象不要失望,而不奋斗;优秀的份子是到处需要的,不过这种需要到底是有限的而已,若每个高中或大学的毕业生都想要做官去,那么,他们的前途是非糟糕不可。可是若果我们肯牺牲虚荣的念头,而向社会所需要的方面走,那是一定有机会的。凡有志愿和才干的青年,若肯牺牲虚荣心,不怕没有出路的。社会上满目都是可以做的事情。经济学对于我们的补助,就是在这里。

经济学对于我们的经济生活,虽然是有不少的补助,但是我们的生活是不只限于经济一方面的。此外还有政治,法律,社会,道德,和宗教等各方面,均宜有相等的注意,因为人生的价值,目的,和成功,不能以交易作标准。人生最宝贵的东西不是可以在市上买得着的。成功亦不是死后留下的资产。财富只是一种宝贵的东西,而不是最宝贵的,有时还因财而致害。若以财富作个人地位的标准,则社会的进步就没有意义了。凡一地的人民,若以拜金为信条,则其政治必贪污,盖政治乃若辈的生财之道,一旦得势,亦即可致富矣。这种毛病常使社会趋向于不安,因为以金钱为人生观者,则可将大局牺牲而为个己的私图了。这实在是中国目前最大的毛病。

人生的快乐,社会的安宁,和民族的生存,亦不常以财富为基础。物质进步的好处,是因为他能够扶助人类更求向上的目的,而不是以它的本身为目的。用孔老先生的话来说便是我们以财发身,并不是以身发财。我们若果把这目的忘记了,就像那行路的人,到了半途遇见有个很好的小店,便永久投住这店里,而忘却回家去,有同样的情形。求财只为人生的途径,而不是他的目的;若果人类只以求财为目的,那么,学术一定不能发达,而生活亦一定是痛苦的。

至于图谋高位,亦不应为人生的目的,因为社会所需要的领袖极少,若领袖过多,则又谁作被领导者呢?千万兵士之中,才有一将领;千万工人之中才有一工业首领。无权者以为有权的人即可快乐,有权的人则就觉得其责任的苦衷了。若果全世界只是富首领者才可以快乐,那么,我们的世界一定是要很苦的了。中国现在就有些人犯了这个毛病。

我们办教育的目的亦不是教授学生致富的方法,亦不是准备他们居高位和作万能的事,不过引导青年向作人的途径上走而已。所以若果我们完全靠着在学校里学得的功课来致富,是不容易的。受过教育的人并不是什么事情都可以作的,亦并不是非要当领袖,或受社会的特别待遇不可的。学校方面亦应该令学生知道,他们所授者,不是非常的教育,而是平凡的东西;所以他们出了校门后,不应与社会为难,遇事不必过于悲观;平凡的工作亦可以努力,使其成就。这样才可以使人各尽其才,国家设教之目的才可以实现;无作为和无生产的受过教育者不如不受教育还好些,因为这无作为的受过教育者,就是社会上的捣乱分子,和国家的叛徒。若果教育只能培养这样的人,那么,他的目的是完全失败了。

我们在这里并不是整个反对教育,世界的进步是靠教育的,不过它的施行有些腐化,和失当而已。中国已往的教育目的以为只有治人者才可以受高深的教育,以致现在一般受过教育的人,都是以治人为己任,而失却教育的普遍性。这是完全错误的。教育应该平凡化,所有工人、农人、商人、军人,都应该受相当的教育,务使他们自助、自救、自立、自强,而不依赖社会为其设法,才可以富国而强种。再有进者,教育既是以引导青年为目的,那么它远应该教授青年用财道,务使他们用财得当,而得到人生真正的快乐。最后一句话说,教育还应该引起青年人对于种种自然和社会现象发生兴趣,而有质疑和批评的态度,以享受人生极乐的幸福。

本章练习题

（一）人类的进步是无穷的吗？

（二）人类是受着什么东西所束缚的？

（三）什么是天数？天数可以支配人类的吗？

（四）什么是自然法则？人类在宇宙间是不中用的吗？

（五）人类对于自然界应该采什么态度？

（六）人类本身的最大问题是什么？他们可以支配环境的吗？

（七）我们的努力是一种自欺行为吗？

（八）生产有过剩的可能性否？

（九）为什么有些人作营业是失败的？

（十）人口增加于我们的经济前途有什么关系？

（十一）经济恐慌是一种好现象吗？

（十二）为什么有些职业的工金是很低的？有什么法子可以补救？

（十三）我们的青年人将不容易找出路了吗？

（十四）从经济观点上来看,什么是活路？什么是死路？

（十五）为什么大半的大学生都是学法政等科的呢？

（十六）所有大学毕业生都应该要做官的吗？

（十七）我们现在的青年人是有什么毛病？

（十八）人生最宝贵的是什么东西？

（十九）人生的目的是求金钱的吗？

（二十）为什么中国的政治是脏污的？

（二十一）中国人现在最大的毛病是什么？

（二十二）民族的生存是以经济为基础的吗？

（二十三）什么是以身发财？

（二十四）我们的高等教育是准备学生居高位的吗？

（二十五）中国教育的弊病在什么地方？

（二十六）作领袖的人很快乐的吗？

（二十七）教育是否可以致富？

（二十八）试述大学毕业生是否应该受社会的优待。

（二十九）受过高等教育的人应该做什么事呢？

（三十）什么是平凡的工作？

（三十一）为什么有些受过高等教育的人成了社会上的捣乱分子呢？

（三十二）中国现在教育上的毛病是目的错误抑或是制度的腐败呢？

（三十三）为什么我们要提倡民众教育？

（三十四）社会应替青年谋出路，抑或是青年应替社会谋出路呢？

（三十五）我们的教育应该教人有生财之道吗？

（三十六）现在有好些青年人是怀着悲观态度的，这是什么缘故？是谁的过错？教育的？社会的？青年人自己的？

附录一 经济学研究题目

(一)列传
亚当·斯密　Adam Smith
欧文　Robert Owen
佛兰克林　Benjamin Franklin
马克思　Karl Marx
佐治　Henry George
李克图　Ricardo
李斯特　List
马沙尔　Marshal

(二)劳工问题
中国历代的经济状况和农民暴动
中国的奴仆制度
中国农村的苦力生活
中国都市的苦力生活
中国的女工生活
中国的童工生活
中国的学徒生活
中国的盗贼生活
中国的兵匪生活
中国的僧侣生活
中国的犯人生活
中国的工金制度
中国的劳资合作事业
中国的消费合作事业
中国工人的生活费
中国或各国的养老金制度
中国的工会组织
中国的劳工运动史
中国或各国的劳工仲裁方法

中国或各国的工人保险制度
中国或各国的职业教育
各国的职业指导事业
各国的赔偿工人损失制度
各国对于最低工金的立法状况
各国的劳工迁移问题
中国或各国的失业问题
各国的罢工和雇主的同盟罢业问题
各国的劳工商标问题
中国或各国的工厂制度
中国或各国工厂的工作卫生问题

(三) 土地和农业问题

土地价格问题
农地租金问题
中国或各国的农作方法
中国农地的容量
中国的农产营业问题
中国的农产运输问题
中国农地的典押问题
中国农人的组织问题
中国的佃户生活问题
中国的造林业
中国的垦荒问题
中国的水利事业
中国的农村生活
中国的粮食问题

(四) 银行和货币

各国的币制
各国的金银本位问题
现代纸币的利弊
各国的银行制度
邮政储金制度
各国的清算所制度
各国现代的信用制度
各国的重利问题和重利法
现代的经济恐慌

各国的农业信用制度

(五) 商业和运输

中国及各国的航海事业

各国补助航海事业的办法

各国的证券交易所制度

各国的投机事业

各国的独占事业

各国的操纵事业

各国的公用事业

广告的经济和浪费

各国的交通制度

各国的公路制度

各国的铁路组织法

各国的河港管理法

各国铁路运价的规定法

各国的铁路估价法

各国公用事业的公私营业制度

各国的河道交通

(六) 国营事业和社会问题

各国的国营事业

各国的社会政策实施方案

各国的社会主义运动和社会党

社会主义和帝国主义

各国的言论自由

各国的奢华现象

各国都市中的穷人生活

各国都市中的女工生活

贫穷的原因

慈善事业的失策

各国的移民问题

各国的劳工问题

(七) 赋税

亚当·斯密氏的赋税论

各国人民推脱租税的方法

各国的租税制度

各国的关税制度

各国的保护或自由贸易政策
各国的所得税
各国的遗产税
各国的互惠条约
各国租税的标准
经济学者对于地税的主张
(八) 经济理论和其他
各家的价值论
马尔塞斯的人口论
各家的工金论
各家的劳工论
人类欲望的研究
各家的竞争取缔论
各家的经济定律论
各家的价格论
各家的分工论
各家对于奢华品的浪费论
各国战费的研究
各国饥荒的研究
有毒消耗品的研究（如鸦片金丹红丸之类的东西）

附录二　汉文经济学参考书

（一）经济学总论

《经济学》	刘秉麟著
《国家经济学》	王开化译
《经济学》	萧纯锦编
《经济学原理》	刘秉麟编
《经济概要》	胡祖同编
《经济学概论》	熊崇煦译
《经济科学概论》	周佛海译
《基特经济学》	王建祖译
《国民经济原论》	马凌甫译

（二）经济史及经济学史

《经济史观》	陈石孚译
《商业史》（二册）	赵玉森编
《近世商业史》	赵文锐编
《中国商业史》	陈家锟编
《中国商业史》	陈　灿编
《经济学史》	王建祖译
《经济学史概论》	周佛海译
《经济思想史》	臧启芳译
《德国实业发达史》	吴之椿译
《近世欧洲经济发达史》	李光忠译
《近代欧洲经济学说》	赵兰坪编
《经济思潮小史》	李泽彰译
《美国工商发达史》	叶建柏编
《先秦经济思想史》	甘乃光编
《资本主义经济学之史的发展》	林植夫译

（三）商业经济

| 《商业政策》 | 陈家瓒译 |
| 《股份公司经济论》 | 周沉刚译 |

《商业经济学概论》	周佛海译
《商业学概论》	陈国桢编
《最新商业学》	王言纶编
《保险学》	王效文编
《商业经济》	柳准编
《商业》	刘大绅编

（四）金融与财政

《中国币制问题》	金国宝著
《中华银行论》	马寅初著
《都市财政论》	金国珍编
《信托及信托公司》	资耀华译
《财政总论》	何崧龄译
《财政学》	寿景伟编
《银行学》	陈其鹿编
《货币论》	王效文编
《滙兑论》	俞希稷编
《金融经济概论》	周佛海译
《中国国外汇兑》	马寅初著
《银行学原理》	王建祖译
《银行论》	陈震异译
《银行制度论》	谢霖编
《银行经营论》	谢霖编
《财政学大纲》	刘秉麟译
《货币膨胀及各国公债略史》	吴东初译
《内国①公债史》	徐沧水编
《中国财政史略》	徐式庄著
《民国财政史》	贾士毅著
《民国财政论》	杨汝梅著
《财政学总论》	陈启修著
《欧战财政纪要》	陈灿著
《租税总论》	萨孟武译
《公债论》	陈与年译
《中国盐政小史》	欧宗佑著

---

① 原文就是"内国"，疑为误。

《比较预算制度论》　　　　　　　　　　吴　琼编
《英国所得税论》　　　　　　　　　　　金国宝著
《中国关税制度论》　　　　　　　　　　李　达译
《中国陆路关税史》　　　　　　　　　　童蒙正著
《中国关税问题》　　　　　　　　　　　马寅初著
《中国厘金问题》　　　　　　　　　　　王振先著
《货币论》　　　　　　　　　　　　　　王效文编
《货币学》　　　　　　　　　　　　　　王怡柯编
《伦敦货币市场概要》　　　　　　　　　金国宝译
《银行新论》　　　　　　　　　　　　　汪廷襄编
《美国联合准备银行制述要》　　　　　　吴宗焘编
《外国汇兑》　　　　　　　　　　　　　吴宗焘编
《外国汇兑原理》　　　　　　　　　　　刘浚川译

（五）经济制度与经济问题

《国际经济政策》　　　　　　　　　　　何思源著
《中国经济问题》　　　　　　　　　　　中国经济学社编
《国际经济问题》　　　　　　　　　　　陈家瓒译
《美国现今的经济革命》　　　　　　　　陈长蘅译
《经济改造中之中国工业问题》　　　　　陈铭勋编
《商业政策》　　　　　　　　　　　　　陈家瓒译
《国际劳动组织》　　　　　　　　　　　韦　荣译
《国际经济总论》　　　　　　　　　　　王首春译
《国际商业政策》　　　　　　　　　　　周佛海译
《工业政策》　　　　　　　　　　　　　马凌甫译
《工业劳资纠纷统计编辑法》　　　　　　莫若强译
《社会主义史》　　　　　　　　　　　　赵兰坪述
《社会主义哲学史要》　　　　　　　　　潘大道译
《国际劳工机关概要》　　　　　　　　　王治焘编
《科学的工厂管理法》　　　　　　　　　张廷金译
《各国社会运动史》　　　　　　　　　　刘秉麟著
《马尔萨斯人口论》　　　　　　　　　　林　骙著
《人口问题》　　　　　　　　　　　　　武堉干译
《中国人口论》　　　　　　　　　　　　陈长蘅著
《劳苦世界》　　　　　　　　　　　　　伍光建译
《农业政策纲要》　　　　　　　　　　　黄　通译
《救贫丛谈》　　　　　　　　　　　　　杨山木译

《失业人及平民救济政策》	马君武著
《妇女问题》	张佩芬编
《劳动法》	孙韶康著
《劳动之世界》	胡善恒译
《英国劳动组合论》	胡善恒译
《劳动立法原理》	樊　弘著
《土地与劳工》	郎醒石译
《劳动组合》	黄兆升译
《合作论》	徐渭津译
《消费协社》	楼桐孙　于熊模　译
《消费合作运动》	林　骙译
《合作银行通论》	吴颂皋译
《社会主义与社会改良》	何飞雄译
《社会主义之思潮及运动》	李　季译
《各国社会思潮》	邵振青编
《近世社会主义论》	黄尊三译
《资本主义与社会主义》	岑德彰译

附录三　英文参考书

APPENDIX

Ⅰ. ECONOMIC HISTORY 经济史

Group 1

Ashley, W. J., *Introduction to English Economic History and Theory*, 2. vols.

Cheyney, E. P., *Industrial and Social History of England*.

Beard, C., *The Industrial Revolution*.

Ely, R. T., *Evolution of Industrial Society*.

Coman, Katharine, *The Industrial History of the United States*.

Hewins, W. A. S., *English Trade and Finance*.

Price, L. L., *History of English Commerce and Industry*.

Warner, T., *Landmarks of English Industriat History*.

Group 2

Bücher. *Carl Industrial Evolution*. (Translation)

Hobson. J. A., *The Evolution of Modern Capitalism*.

Toynbee, Arnold, *The ladustrial Revolution*.

Wright, C. D., *Industrial Evolution of the United States*.

Johnson, E. R., and others, *History of Domsetic and Foreign Commerce of the United States*.

Rand, B., *Selections illustrating Economic History since 1763*.

Gibbins, H. de B., *Industry in England*.

Cunningham, W., *Growth of English Industry and Commerce*, 3 vols.

Rogers, J. E. T., *Six Centuries of Work and Wages*.

Rogers, J. E. T., *A History of Agriculture and Prices in England*.

Smart, W., *Economic Annals of the Ninteenth Century*.

Ingram, J. K., *History of Slavery*.

Ⅱ. HISTORY OF POLITICAL ECONOMY 经济学史

Group 1

Price, L L., *A Short History of Political Economy in England*,

Haney, L. H., *History of Economic Thought.*
Group 2
lngram, J. K., *History of PolitiCal Eeonomy.* (New Edition by Scott.)
Ashley, W, J., (editor,) *Economic Classics.*
Gide, C., and Rist, C., *A History of Economic Doctrines.* (Translation.)

III. RENT AND LAND ECONOMICS 地租及土地经济
Group 1
George, Henry, *Progress and Poverty.*
Walker, F. A., *Land and Its Rent.*
Fillebrown, C. B., *The ABC of Taxation.*

IV. GENERAL REFERENCE TREATISES 普通科本
Bullock, C. J., *Introduction to the Study of Economics.*
Devine, E. T., *Economics.*
Ely, R. T., *Outlines of Economics*, (revised new edition).
Davenport, H. J., *Elementary Economics.*
Davenport, H. J., *The Economics of Enterprise.*
Fisher, I., *Elementary Principles of Economics.*
Fetter, F. A., *Principles of Economics.*
Gide, C., *Principles of Political Economy.* (Translation)
Hadley, A. T., *Economics.*
Marshall, A., *Principles of Economics.*
Marshall, A. and E., *The Economics of Industry.*
Nicholson, J. S., *Principles of Political Economy.*
Roscher, W., *Political Economy.* (Translation)
Seager, H. R., *Introduction to Economics.*
Seligman, E. R. A., *Principles of Economics.*
Sidgwick, H., *Principles of Political Economy.*
Taussig, F. W., *Principles of Economics.*
Walker, F. A., *Political Economy.* (Advanced Course)

V. DICTIONARIES 字典,词典类
Cyclopedia of American Government, edited by A. C. Mc Laughlin and A. B. Hart.

Cyclopedia of Political Science and Political Economy, edited by J. J. Lalor.

Cyclopedla of Social Reform, edited by W. D. P. Bliss.

Dictionary of Political Economy, edited by R. H. Inglis Palgrave.

VI. PERIODICALS AND JOURNALS 定期刊物

Publications of the American Economic Association.

The American Economic Review.

The Quarterly Journal of Economics.

The Journal of Political Economy.

Political Science Quarterly.

The Yale Review.

Annals of the American Academy of Political and Social Science.

Municipal Affairs.

The Survey.

Commercial and Financial Chronicle.

Bradstreet's.

Dun's Review.

The Bankers' Magazine.

The Magazine of Wall Street.

The Annalist of the New York Times.

附录四 中英文经济学名词对照表

A

Ability 才干,天资
Abstinence 节俭
Account 账目
Accountant 会计
Adaptation 适应
Adulteration of goods 混充货品,冒充货财
Agricultural stage 农业时期
Agriculture 农业
American Federation of Labor 美国劳工同盟(工党名)
Amortization fund 债券还本付息基金
Anarchism 无政府主义
Apprentice system 学徒制度
Arbitration, industrial 劳工仲裁
Assessment 定税额
Assets 资产
Audit 查账
Auditor 查账员
Austrian theory of interest 奥国经济学家的利息说
Average 平均

B

Balance of trade 均等贸易,国际贸易平衡
Bank 银行
Banking 银行事业
Bank statement 银行对照表
Barter 交换
Bequest 遗赠物,遗赠
Bill of exchange 汇票

Bimetallism 复本位制,双本位制,变本位主义(以金银两物作本位制)

Birth rate 生殖率,出生率

Bohm-Bawerk theory of interest 波姆保韦克氏的利息说(与奥国经济学家的利息说相同)

Bond 契约,债券,债票

Bonus system 奖红制度,奖额制度,额外奖励制度

Book credit 信用账,记账,簿账

Boycott 抵制

Brassage 造币费

Broker 经纪

Business 商业,事业

Buyer's option 买者的特权(取消订货之特权)

Buyer's profit 买者的赢利(由议价而得到的利益)

C

Cannibalism 人类相食主义,食人主义

Capital 资本

Capitalism 资本主义

Capitalist 资本家

Capitalist society 资本社会

Capitalization 资本的额数,资本的估额

Captain of industry 工业领袖

Census 户口调查

Charter 许可状,特许状,执照

Check 支票

Child labor 童工

Christian socialism 基督教社会主义

Circulating capital 流动资本

City 都市

Civilization 文明

Civilization, material 物质文明

Clearing house 清算所,票据交换所

Climate 气候

Close corporation 不公开的公司

Closed shop　　不公开的商号或工厂
Coal　煤
Coinage　　铸造货币.造币
Coins　　制钱,钱币
Collateral　　附带担保品
Collectivism　　集产主义
Combination　　组合
Commerce　　商业
Commercial crisis　　商务危机,商业恐慌
Commercialism　　商务主义
Commercial paper　　票据
Commission　　佣金
Commodity　　货物,货财
Common stock　　普通股份
Communism　　共产主义
Company　　公司
Competition　　竞争
Competitive price　　竞争的价格
Competitive system　　竞争制度
Competitive waste　　竞赛的浪费
Compound interest　　复息,复利
Concentration of capital　集中资本
Conciliation　　和解
Conjunctural gains　　奇遇的赢利
Contsant capital　　固定资本
Consumption　　消费
Consumption, productive,　生产的消费
Contract　　契约
Convertible bonds　　可变卖的债券
Co-operation　　合作
Co-operation, distributive　　分配合作
Co-operation, productive　　生产合作
Copyright　　版权
Corner　　垄断,囤积
Corporation　　公司
Correspondence, law of　相应的定律(即适应的定律)

Cost of production 生产的代价
Cotton industry 棉业
Credit 信用
Credit banks 信用银行
Credit currency 信用货币
Credit institution 信用机关
Creditor 债主
Credit system 信用制度
Crisis 危机,恐慌
Cultivation 耕植
Cultivation, extensive 广耕
Cultivation, intensive 精耕
Cultivation, margins of 耕植的限度
Cumulative interest 复加利息
Currency 货币
Current Assets 现有资产
Current liability 现负债务
Customs tariff 关税

D

Death rate 死亡率
Debenture 债券
Debts 债务
Decreasing returns 酬报递减
Deed 契据
Default 不履行
Demand 需要
Denomination 单位名称
Depreciation 损坏,跌价
Desire 欲望
Development 发展
Differential character of rent 地租的相异性
Diminishing returns 酬报递减
Diminishing utility 递减的效用
Discount 贴现,打折扣
Distribution 分配

Distributive co-operation　分配的合作

Dividend　股息,红利

Division of labor　分工

Division of occupation　分业

Domestic market　国内市场

Drafts　汇票

Dumping　大贱卖

Duties　关税

E

Economic activity　经济活动

Economic change　经济变迁

Economic history　经济史

Economic legislation　经济立法

Economic motive　经济的动机

Economic movement　经济运动

Economic order　经济顺序,经济系统

Economics　经济学

Economic struggle　经济竞争

Economic system　经济制度

Economic waste　经济浪费

Economy　经济

Education　教育

Eight hour day system　每月八小时工作制度

Eminent domain　收归公用权

Employer　雇主

Employer's association　雇主的联合会

Engel's law of consumption　英格尔氏的家庭消费定律

English industrial revolution　英国的工业革命

Entrepreneur　企业家,经营家

Entrepreneur's profit　经营家的赢利,企业家的赢利

Entrepreneur system　企业制度,经营制度

Environment　环境

Equi-marginal return, law of　均等报酬限度的定律

Equipment bonds　设施债券

Equity　　公平
Evolution　　演化
Evolution of the economic system　　经济制度的演化
Exchange　　交易
Exchange system　　交易制度
Exchange value　　交易的价值
Excise taxes　　国产税
Expenditure　　消费
Export of capital　　资本的出口
Exports　　出口货
Extensive cultivation　　广耕
Fabian socialism　　费边社会主义派
Face value　　票面价值
Factors of production　　生产要素
Factory　　工厂
Factory laws　　工厂法
Faculty theory　　课税以负担者的能力为标准的理论
Fashion　　习尚,时尚
Fees　　杂费
Feudalism　　封建主义,封建制度
Finance　　财政
Fines　　罚款
Fiscal year　　会计年度
Fishing tribes　　捕鱼的部落
Fixed charges　　固定开支
Floating debt　　无定期债券
Food consumption　　食物的消费
Foreign exchange　　国外汇兑
Foreign Market　　国外市场
Founder's shares　　创办人的红股
Franchise　　特许权,营业特许权
Free coinage　　无限制的造币
Free lands　　无租的土地
Free silver　　无限制的采用银币
Free trade　　自由贸易

Freedom　自由

G

General strike　总罢工
Gilds　行会
Gluts　充斥,供过于求
Gold　金
Gold standard　金本位
Goods　货财
Good will　商人信用
Government　政府
Greenbacks　美国的绿背纸币
Gresham's law　葛李沙姆氏的定律(坏货币将好货币驱逐流通的定律)
Gross earning　总收入
Gross profit　总赢利
Ground rents　地租
Guarantee　担保
Guaranteed bonds　有保证的债券
Guaranteed stock　有保证的股份

H

Handicraft Stage　手工业时期
History of economics　经济史
Holding company　支持公司,母公司
Housekeeping　管家
Hunting and fishing stage　渔猎时期
Hunting tribes　狩猎部落
Hypothecation　抵押,典质

I

Immigration　移民入境
Import duty　入口税
Imports　入口货
Imprenditor　企业家,经营家
Inclosure　围地(一种整理土地的方法)

Income　进益,所得,入息,
Income account　所得账目
Income basis　进益的基础
Income, private　私进益
Income, social　社会进益
Income tax　所得税,进益税
Increasing returns　酬报的增加
Indifference, law of　中平的定律
Individual wealth　个人的财富
Industrial arbitration　劳工仲裁
Industrial bonds　工业债券
Industrial commission　工业委员会
Industrial democracy　工业的民生政治制
Industrial development　工业发展
Industrial evolution　工业演化
Industrialism　工业主义
Industrial revolution　工业革命
Industrial stage　大工业时期
Industrial unrest　工业上的扰乱,劳工界之不安
Industrial workers of the world　世界劳工同盟(美国工党)
Industry　工业
Inheritance tax　遗产税
Inflation　滥发纸币
Injunction　禁令
Inspection of factories　工厂检验
Insurance　保俭
Intellectual capital　知识的资本
Intelligence in production　生产上的知识
Intensive production　极量生产
Interest　利息
Interest bearing　生利的
Interest rate　利息率
Interim certificate　临时证书
Internal revenue　国家岁入,国税
International balance of trade　国际贸易均等,国际贸易的平衡
International banking　国际银行事业

International division of labor   国际分工

International payments   国际支付

International trade   国际贸易

Invention   发明

Investment   投资

Iron industry   铁工业

Irredeemable bond   不还本的债券

Irrigation bond   水利债券

Issue price   发行价格

J

Joint account   联合账目

Joint bond   联合债券

K

Key industry   主要工业

King's law   京氏的物品缺乏和价格关系论

L

Labor   劳工

Labor commission   劳工委员会

Labor education   劳工教育

Labor legislation   劳工立法

Labor organization   劳工组织

Labor standard of living   劳工的生活程度，劳工的生活标准

Labor supply   劳工的供给

Labor union   劳工同盟

Laissez-faire policy   放任政策

Land   土地

Land rent   地租

Land tax   土地税

Land value   土地价值

Large scale production   大规模的生产

Lawful money   法定货币

Law of correspondence   相应的定律

Law of diminishing returns　报酬递减的定律
Law of equi-marginal return　均等限度酬报的定律
Law of increasing return　酬报递增的定律
Law of indifference　中平的定律
Law of substitution　代替的定律
Legal investment　合法的投资
Legal tender　法定货币
Legislation　立法
Liability　责任,负债
Liberty　自由
License　许可
License tax　许可税,执照费
Lien　留置权
Loan　贷金;借贷
Loan company　贷金公司
Loan market　贷金市
Lockouts　雇主宣告闭厂罢业
Luxury　奢华

M

Machinery　机器
Maintenance　维持
Malthusian theory of population　马尔塞斯人口论
Management　经理
Manipulation　操纵
Manufacture　制造
Margin　限度,界限,准备金,买空卖空的保证金
Marginal doctrines　限度主义
Marginal expenses　限度的消费
Marginal return　限度上的酬报
Marginal utility　限度上的效用,效用的限度
Margin of cultivation　耕植的限度,限度上的耕植
Market　市场
Marketing　销路,推销
Market value　市上价值,市价
Marxian socialism　马克斯社会主义

Marxian theory of capital　马克斯资本论
Material civilization　物质文明
Maturity　债券到期
Merger　并合
Metals　金属，五金
Mixed loan　杂项借贷
Monetary standard　货币本位
Money　货币
Money broker　货币经纪
Money fluctuations　币价的升降
Money market　金市，币市
Money rates　币率
Monometallism　单本位制，单本位主义
Monopolies　独占事业
Monopoly price　独占价格
Morality　道德
Mortality　死亡
Mortality rate　死亡率
Mortality table　死亡表
Mortgagee　被抵押人
Mortgages　不动产的抵押
Mortgagor　抵押人
Motive in economics　经济学上的动机论
Municipal bond　市政债券，市政债票

N

National debts　国债
National defence　国防
Natural agents　自然的要素
Natural rights　自然权利
Natural treasures　自然的财富
Nature's share in production　自然界对于生产的助力
Negotiable instrument　流通券
Negotiate　磋商
Net earning　纯粹收入，纯入

Net income 纯粹所得,纯益
Net profit 纯利
Net return 纯粹酬报
Net surplus 纯盈余
Non-cumulative 不复加的
Non-interestb earing 不生利息的
Non-negotiable 不流通的
Notes 钞票

O

Obligation 责任
Old age pension 养老金
Open shop 公开的工厂
Operating company 执行公司
Operating expenses 执行生产的消费
OPtion 特权
Optional bond 有特权的债券
Ordinary stock 普通股
Organization of capital 资本的组织
Organization of exchange 交易的组织
Organization of labor 劳工的组织
Organization of land 土地的组织
Organization of production 生产的组织
Ostentation 虚饰,夸张
Outstanding debt 负债,未偿还之债
Over-capitalized 资本过额
Overproduction 生产过剩
Ownership 所有

P

Panics 经济恐慌
Paper money 纸币
Par 照票面价
Parent company 母公司
Par of exchange 平汇
Participating bond 参加赢利的债券

Partnership 合伙
Par value 原价,票面上原来的价值
Pastoral stage 游牧时期
Patents 专卖特许
Pension 年金,恩俸
Personal liberty 个人自由
Personal service 个人的服务
Piecework 零工,散工
Political economy 政治经济(经济学的旧名称)
Political liberty 政治自由
Politics 政治
Poll tax 人丁税
Pool 合资经营
Population 人口
Population growth 人口的增加
Poverty 贫穷
Power of attorney 代理权
Preferred bond 优先债券
Preferred stock 优先股
Premium 溢价,贴水,保险费
Price 价格
Price determination 价格的决定
Principal 本金
Private enterprise 私营事业
Private income 私人进益,私人所得
Private property 私产
Privileges 特权,持许
Production 生产
Productive consumption 生产的消费
Productive co-operation 生产的合作
Productivity theory of interest 生产能力
Profit determination 赢利的决定
Profits 赢利
Profit sharing 劳资分利
Profit tendencies 赢利的倾向,有损益的可能性
Progress 进步

Proletariat　无产阶级
Promoter　创办人
Property　资产
Property tax　资产税
Prospectus　计划书
Protection　保护
Protectionism　保护贸易主义
Protection of labor　劳工保护
Protective tariff　保护关税
Proxy　委托书,代理权,代理人
Public expenditure　公家岁出,国家岁出
Public finance　财政
Public loans　公债
Public ownership　公有
Public property　公产
Public revenue　国税,国家岁入
Public Schools　公立学校
Public service commission　公务委员会
Public service corporation　公务事业公司
Public utilities　公用事业
Purchasing Power　购买能力
Purchasing receipt　购物收据
Put　投置

Q

Quantity theory of money　货币的量额说
Quasi-rent　类似租金(卖者与买者的相异赢利)
Quck assets　活动资产

R

Radicalism　过激主义
Readjustment　整理
Reial estate　实业
Receiver's certificate　破产管理人的执照
Redeemable bond　可以赎回的债券
Refunding bond　偿还券,发行新债券

Registered bond　登记债券

Rent　租金

Rent of land　地租

Rent of urban lands　都市间的地租

Reorganization　改组

Reorganization committee　改组委员会

Representative goods　代表的货财（如钞票，公债，押据等）

Repudiation　取消

Requisition　征收

Resources　富源

Returns　酬报，所得

Returns, diminishing　报酬递减

Returns, increasing　报酬增加

Revenue　岁入，税则

Revenue system　税制

Revolution　革命

Ricardo's theory of rent　李克图的租金说

Rights　权

Risk　危险性

Rolling stock　车辆

S

Sabotage　怠工

Sacrifice　牺牲

Salaries　薪金

Satisfied　满足

Savings　储蓄

Savings bank　储蓄银行

Scarcity of economic goods　经济货财的缺少

Scientific management　科学管理

Scientific socialism　科学的社会主义

Scrip　券据

Scrip interest　凭据取息

Second mortgage　第二次复押，重押

Secured notes　有保证券

Securities company　证券公司
Selfishness　自私,自利
Seller's option　卖者的特权
Seller's profit　卖者的赢利
Services　服务,业务
Settlement　清理
Silver　银
Silver standard　银本位
Single tax　单税
Sinking fund　减息基金
Slavery　奴仆制
Sliding scale　滑尺,伸缩尺,伸缩制度
Social income　社会的进益
Socialism　社会主义
Socialist party　社会党
Social justice　社会正义,社会公理
Social sciences　社会科学
Social wealth　社会的财富
Special assessment　特捐,特定税额
Specific and advalorem duties　按值抽取税
Speculation　投机
Spending　消费
Standard of deferred payment　迁延支付的标准
Standard of living　生活程度
State actviities　国家的活动
State business　国家事业
State coinage　国家造币
State economy　国家经济
State efficiency　国家的效率
State enterprise　国家事业
State finance　国家财政
State management of industries　国理事业
State monopolies　国家独占事业
State organization of production　国家组织的生产
State ownership　国有

Statistics　统计

Steam engine　蒸机

Stock companies　股份公司

strike　罢工

Strike fund　罢工储金

Strike insurance　罢工保险

Subsidiary company　支公司,分公司

Subsidy　辅助费,津贴

Substitution, law of　代替的定律

Succession tax　继承税

Supply　供给

Supply of capital　资本的供给

Supply of labor　劳工的供给

Surety bond　保单

Surety company　担保公司

Surplus　盈余,过剩

Surplus value　盈余的价值

Sweating system　血汗制

Syndicalism　工团主义

Syndicate　企业组合

T

Tariff　关税

Tax　租税

Taxation　课税

Trade　贸易

Trade apprentice　职工学徒

Trade fluctuation　贸易的升降

Trademark　商标

Trade union　职工联盟

Trade union label　工会商标

Trades　职工

Trading　交易

Traffic　交通

Traffic density　交通密度

Transaction 交易
Transfer 移转
Transfer of goods 交换货财,转移货财
Transportation 运输
Treasury notes 库券
Trust 信托
Trust company 信托公司
Trust deed 信托据
Trustee 信托人,董事
Trusts 企业联合,托辣斯

U

Under-consumption 消费不足
Undertaker 经营家(旧名),承办人
Underwriter 包销有价证券人
Underwriting 包销
Undivided profit 未分余利
Unearned increment 不劳而获的增益
Unions 结合,同盟
Urban lands 市地,都市间的土地
Usury interest 高利率,重利
Utility 效用

V

Valuation 估计
Value 价值
Value determination 价值决定
Variable capital 变异资本
Voting trust 投选举票的信托
Voting trust certificate 投选举票的信托证

W

Wages 工金
Wage system 工金制度
War expenses 战费

Warrant certificate　保证书
Wastes, economic　经济的浪费
Wealth　财富
Wealth, individual　个人的财富
Wealth, social　社会的财富
Working capital　工作资本,执行工作的资本

Y

Yield　出息

世界联邦政府

——从国际困惑到世界联合

注:此文为余天休先生的英文遗著,写于20世纪60年代初,现由杨巨帅、李昌海、朱亚坤、陈舟、陆丹、潘乐文翻译,杨巨帅统校。

前　言

现在,尽管人类在科学技术方面取得了前所未有的进步,我们发展了核技术并征服了外太空,但是我们面临的最重大的问题仍然在于我们自身——不论是个体意义还是群体意义上的"人"的问题。因此,虽然人类或出于好奇或出于心理上的逃避现实而在征服太空上牛刀小试、游刃有余,却始终无法战胜自身以安宁平和地生活于我们这个世界。

时至今日,我们仍未能在我们的星球上消弭人与人之间的相互杀戮。一国之内,我们仍饱受犯罪、群体暴力、骚乱事件、罢工的侵袭;各国之间,则仍时常爆发无休的战乱,尽管有时可能是兵不血刃的冷战。所以,现在的我们显然还是生活在一个普世皆野蛮的时代。这个年代里,恃强凌弱、以大欺小仍然盛行无惮,善良和纯真依旧遭受着狡黠和奸险那无情地打压。假使这样的状况继续持存,最终将没有人能够逃脱上述种种罪恶的戕害。

为了治愈我们时代的这些创伤,本书的作者试图引介一种全球性的法治政府系统来取代现行的政体,以期消解无休的战争和道德沦丧。循着这样的思路,笔者将向人们澄明:人类战乱的历史可远溯至人类尚未进化完全之时;而国家这一建构,即可被看作战争之产物,又可被作为战争之工具;还有,目前的国际法准则已经无法有效地维持国际和平。接着,笔者将分析以新的法律系统为基础的全球性政府是如何得以建立,并逐渐消解战争和现行的国际法体系。而当新的全球性法治政府建立后,人们便会转以法律而不是武力来解决争端,从而使普遍的和平得以成功,人类将会把更多的精力和资源投向人类福祉的创造上而非苦难的生产上。这,便是笔者准备出版此书的原因!

余天休

1964 年于美国旧金山

卷一 作为战争之产物和机器的国家

第一章 国家的历史进程

一、在战争中萌芽的国家

对食物的需求,对财富的渴望,对攻击和伤害的恐惧以及对安全和生存的迫切追求,使得每一个人都成为一只随时准备战斗的野兽。早在人类进化完成之前,我们便已在这个星球上打得你死我活。并且,为了个人的生存而展开的争斗促使人们聚成群落,进而结成部族。而当部族的权力日益把持在少数首领手中时,原始的专政统治内核便孕育完成了。尔后,随着不断的攻伐与征战,一个个封建邦领也不可逆转地建立起来了。战争的阴霾此时却依旧挥之不去,它继续地将一个个不同的人推向统治者的宝座,使他们君临天下,掌握生杀予夺的无边大权。尽管这些统治者曾经暴虐地对待过他们的敌人,甚至他们的臣民和友朋,但是在成王败寇的原则下,他们现在已成为了神圣的代言人、德行的化身和无边权力的拥有者。他们的言语即成了律法。天下无法,唯有王法;天下无权,唯有王权;普天之下,莫非王土。然而,正因为君王们拥有了无限的权力,他们也因此常常会误用权力、滥用权力;而他们的言出即法又常常会导致法令的朝立夕改。所以,如此的国家事实上只是战争之后的暂时结局,只是君王维持统治的工具,本国兵事或兴或息只在君王的一念好恶之间。因此,这样的国家既可被视为战争的产物,又可被看作发动战争之工具。

二、宪政国家的发展

然而,最近的两百多年以来,这种专制独裁的状况却有了一个大改观,一项新的政体被创造了出来,并被一些新兴的现代国家所践行。这便是立宪政体。这一政体反映了一些具有公共精神的人们对于削弱专制君主权力的要求。通过他们的勇敢要求和公开抗争,残暴的君主们被迫与人民议会签署文件,将自己和后嗣的权力行使限定在宪法所规定的范围之内。

由于宪法是如此的庄严神圣和不容置疑,它便成了一个国家的最高律法,无论个人或集体都必须服从宪法,宣誓让渡部分权力的君王和由宪法授予权力的官员们自然也不能例外。这一要素,无疑是一个现代国家的根本特质。

现代国家,又被称作宪政国家或法治国家。称之为法治国家,是因为在这样一个国家里无论帝王将相还是贩夫走卒在法律面前一律平等。反之,在传统的专制或封建国家里,权力便意味着特权,那里的法律针对各个特定等级的人而制定。如此便意味着:不同的法律适用于不同的人群,或是法律只针对普通大众,而位高权重的人往往是超然于法律之外。这样的法律体制显然是以"刑不上大夫"为原则的,却也容易激怒普通百姓。更为严重的是,特权过处必有滥权,这些特权阶级极易误用手中职权,从而引发新的不平和怨恨,结果,夺权阴谋、社会动荡、政变和革命便会接踵而来。这一现象是可以自证的:受压迫者时刻计划着复仇活动或是颠覆活动,而追逐权力的人则会乘机迅速地参与共谋。

另外,两种政体下的立法程序也是大相径庭的。在封建体制下,法律只是君王个人的旨意,君王的言语、命令即与律法无异。君王治下芸芸苍生的生死尽在君王的一念之间。封建君主政体下根本不存在所谓宪法或议会,即便有名义上的宪法,君王的旨意也是高于其上的,而那名义宪法的修订及存废更是完全取决于君王。然而,君王的旨意往往是出于一时便利或仅是权宜之计,它随时有可能应君王之判断而再次变更,这便是封建律法往往无法提供持续的行为依据的原因。平头百姓无不因此而战战兢兢、如履薄冰,因为无从捉摸的君王旨意随时可能会使之招致一场横祸。

而在现代国家所践行的立宪政体下却是另一番局面。在那里国家权力不再是由君主独揽,而是被分解为立法权、行政权和司法权三部分,由不同的机构掌握。三权分立及相互间的制衡、监督的体制使得戕害无辜百姓的情况大大地减少了。

三、盎格鲁-美利坚宪政的特质

英国是立宪政体的创始国。该政体的创立可远溯至1215年无地王约翰[①]签署《大宪章》(Magna Charta)[②]之时。彼时以降,所有的继任英王皆要服从《大宪章》中所陈立的准则。时至今日,君主立宪的观念已深深地植根于每一位英国

---

① 约翰 英文名 John(1166年或1167年12月24日—1216年10月18日或19日),英格兰国王,1199年到1216年在位。亨利二世第四子。长兄和三兄早亡。父王把在法国的领地全部授予几位兄长,由于已经没有领地可以封给约翰,所以被称为无地王。他在任内被迫签署保障贵族及骑士,以及保护公民与自由民利益的自由大宪章,但是却无意遵守,不过罗马教廷却支持他,宣布《大宪章》无效,随后内战爆发,约翰在内战中死去,由其子亨利三世继位。——译者注

② 《大宪章》(拉丁文 Magna Carter,英文 Great Charter)是英国于1215年订立的宪法,用来限制英国国王(主要是当时的约翰)的绝对权力。订立《大宪章》的主要原因是因为教皇、英王约翰及封建贵族对皇室权力出现不同的意见。《大宪章》要求皇室放弃部分权力,及尊重司法过程,接受王权受法律的限制。《大宪章》是英国在建立宪法政治这长远历史过程的开始。——译者注

人的心中。

在这种体制下,议会(Parliament)成了国家的最高立法机关,负责制定所有的法律。英国的议会分为上下两院,上院即贵族院,下院则是平民院。下院负责所有法律的制定,上院则仅仅行使对法律的审查权。下院的代表是由各个选区的选民选出。而上院的成员资格则来自于贵族的身份特权。他们或是由于自身功勋卓著或是承祖上荫庇而被授予贵族身份。此时的世袭贵族身份多是由于其先祖在剥夺无地王约翰的专制王权、捍卫议会制度时因功受封而继承所得。

美国的政体则是脱胎于英国,它萌发于美国独立战争时期。这一政体的框架是著名的《独立宣言》。从某种意义上来看,《独立宣言》可被视为对《大宪章》原则的再现。独立战争胜利之后,美国之父们又经过长达数十年的修订、严谨的思考、倾注心力的规划而制定了现在的宪法,其中便包含了统称为《权利法案》(Bill of Rights)①的 10 条修正案。现在美国政府的运作仍是基于这部宪法及对其进行补充的修正案。

英美政体是基于其各自不同的国情而逐渐建立并完善的,因而它们之间还是存在着几许差异。但是,它们中的任何一个都可算是其他期望建立宪政的国家可以效仿的典范。如若将二者的优点相综合,我们还可将其视为未来世界联邦政府可依凭的蓝本。

四、盎格鲁-美利坚宪政的分权体系

在这种盎格鲁-美利坚宪政体制下,立法权是国家的最高权力,它是国家主权的保障,由议会或国会掌握。这样的设置有助于保证各项法律的制定不与宪法的精神相左。准此,所有关乎主权纠纷、条约签订或授予外籍人士以公民权等等问题的处理都必须经过议会或国会的批准。

行政权的主体在英国是由首相领导的内阁担任,在美国则换成了国家总统。但是,看似行使执政大权的内阁或总统实则仅是议会或国会的一个分支,重大的执政行动或条约的谈判都必须由这些立法机关来裁定、批准。

司法部门则是立法和行政部门的监督者。它负责解释法律,研究法条是否有悖于宪法精神,同时也负责监督行政部门在执行公务时不得违反宪法以及相关的法律。

---

① 《权利法案》指的是美国宪法中第一至第十条宪法修正案。当美国宪法草案提交各州立法机构批准时,有些人提出了宪法无法保障人民基本权利的疑虑。对此,支持宪法草案的联邦党人向美国人民保证,将会在第一届国会会期时在宪法中加入权利法案。在宪法获批准后第一届国会开会。大多数议员支持权利法案应该被提出,而有关的权利也应该在宪法中受到保护。起草权利法案的任务就落到了詹姆斯·麦迪逊的身上。麦迪逊在《弗吉尼亚权利法案》的基础上开始着手进行权利法案的起草工作。人们也同意,权利法案将会以宪法修正案的形式被加入到宪法中去,以避免直接修改宪法而需要再次进行冗长的宪法批准过程。——译者注

五、法治国家的演进

以上的篇幅中,我们只是对国家的历史进程做了一个概观的考察。最初的国家是崇尚暴力而漫无法纪的,政权在阴谋、强力、革命和战争中更迭不休。尔后,国家体制渐渐发展成为立宪政体,当然也是推行法制的,这样,阴谋、暴力、革命的事件随之愈来愈少并将可能最终消弭。

但是,在国际关系的处理上国与国之间却仍然没有完善的法律体系可供参照,因此国际政治中仍然充斥着阴谋、威胁、强权和战争。结果,各个国家之间依然是势如水火,彼此枕戈待旦。

第二章　国家的主权和法权

一、国家的军事特质及其要义

国家是一个由特定区域内的个人或群体为着维护共同的追求而建立起来的军事组织,通常它由一个政府来运行。根据上述定义,一个国家的维存必须符合以下的一些条件:

1. 在自己的领土范围内拥有足够的军事力量以维护自己的权益。
2. 拥有一群遵守本国法律并按律膺服兵役、保家卫国的人——人民。
3. 在一定的区域内有权遴选官员组成机构以便贯彻国家意志,也有权建立法庭,全权处理接到的有争议的事件。
4. 拥有一部众民皆知且恒久的宪法,使得政府在其规定范围内行使统治。
5. 拥有一个由宪法指导建立的政府来行使主权,使得领土范围内保持和平、稳定,并能与友邦建立并保持良好关系。

通常,国际性的法律只适用于主权国家,而为了维护主权,国家往往需要足够的常备军事力量来使自己免于侵略,保障民众的共同利益。这是主权国家最为重要的一个特质。而从这样一个观察视角来看,我们显然还生存在一个武力至上的时代,发动战争或时刻准备参加战争的动机仍然普遍地存在于现行的国际关系之中。

二、国家的法权

除了发动侵略性或防御性战争、与他国保持自由交往的职能之外,主权还体现在国家可以授予相应部门或组织以执行和捍卫法律、裁决领土内人身财产纠纷的权力。这种体现了国家主权的一门分支权力即是一国的司法权。换言之,一国之主权即是国家在其领土范围内贯彻意志的最广泛、最至上的权力,它也是使得在国与国之间宣称和维护本国利益成为可能的根本基础;而司法权则只是国家主权的一个组成部分,它专指国家在其领土范围内执行法律、实施审判、维护正义的能力。

完整的司法权包含人口以及领土两种客体。所有居住于一国境内的人口皆是该国司法权的实施对象,同样,所有的境内的国土资源也是一国司法权的客体。总之,所有发生在一国之内的诉讼或非诉讼争端都是一国司法权的客体。

1. 属人司法权(Personal Jurisdiction)

对于属人的司法权来说,它的对象涵盖了一国之内的所有居民,包括一国境内的外籍人士。而针对外籍人士和本国公民法律地位上差别的讨论将被分为以下几个部分:

(1) 忠诚与国籍。

(2) 放弃国籍与加入国籍。

(3) 移民与定居①。

(4) 外籍人士。

(5) 引渡。

国籍即是一国的公民资格,它是依血统、出生地或主动加入等方式而确定的。国籍的界定方式是一个具有相当政治敏感性的国家政策问题。英美两国推行的界定方式是出生地主义(the territorial rule),即一人的国籍是由他的出生地所决定。所有出生于美国境内的人即可拥有美国的国籍,但是那些父母为美籍公民而出生于境外的孩子们(依一定的规则)同样可以申报美国国籍。

而在那些推行血统主义(the descent theory)国籍界定方式的国家里,出生地主义原则却并不适用。因此,当那些由外籍夫妇生下的孩子想要在这些国家里取得国籍时,他要么在成年之时递交一份正式的入籍意愿声明,要么选择加入国籍这种方式。

A. 忠诚与国籍

忠诚理念是国籍理论中的重要因素。由于国家仍是战争的主体,任何一个政府都不无自私地控制自己的国民,使其不要加入别国国籍。人们都被假设忠于自己的国家。而忠诚的理念则是来源于封建社会的早期历史中,当时的国家被组织起来应对常年的战事,在那里,成年的男性成员常常要为自己的领主或君王服兵役,因此无论是战争还是和平时期他们都必须保证效忠自己的王上。

通常,这种表示忠诚的方式是参加一场庄严的宣誓仪式。如今,在大部分的国家里封建制已经垮台,而由于现代国家依然要时刻应对战争,这种"效忠仪式"却仍然被保存下来,作为对公民的一种要求。

a. 国籍理论。

由于存在出生地主义和血统主义两种国籍界定理论,奉行不同原则的国家间便会产生一些冲突。于是,一种调和的做法便应运而生,那便是双重国籍理论。即一个人可以拥有两种国籍,其一是出生地国籍,其二则是其先辈的国籍。当他身处出生地时,他必须作为一名出生地的公民尽其职责,而当他回到他的故土时,他则被要求履行当地公民的忠诚义务。

---

① 原文是 comicile,疑应是 domicile 之误。——译者注

b. 放弃国籍。

近些年来,一些现代国家纷纷逐渐放宽了自己严格的国籍制度。这些国家已慢慢趋向于允许本国国民放弃国籍,即主动放弃自己原有的国籍并在一个新的国家获得国籍。许多国家就此也出台了一项新的法案——入籍法。依照这项法律,人们可以主动放弃原来的居住权和国籍去申请其他国家的国籍,一旦符合要求即可获得新的国籍,取得公民资格。现在,一些奉行不同的国籍界定原则的国家也已加入了这项公约,以便自己的公民能够自主选择国籍。

根据现行的美国国籍法的规定,出生于美国的婴儿可自动取得美国国籍,而境外人士在提出入籍申请并满足相关规定的要求后也可获得美国公民权。境外出生的美籍公民的子女如若期望保留其国籍,则必须在特定年龄之前返回本土接受美国教育。已取得国籍的公民如若在境外居留超过一定年限,则会失去其公民资格。参与他国选举,加入他国政党活在他国政府中担任只限该国公民担任的政治性职务的美国公民亦会失去其公民资格。

居留境外的公民通常仍受制于其本国的法律,如必须继续遵守国内有关个人职位、财产、税收和兵役方面的规定。有的国家甚至保留了对公民海外犯罪的审判权。但是,依据英美的法律,国家对在其境内发生的所有犯罪活动有司法权,且该权力被严格地限定在其领土范围之内。因此,在其境内的犯事者必须按当地的法律进行惩治,除非这罪行是在位于该处的外籍船只上犯下的,通常外籍船只的司法权是由其母国享有的。

在海外居留的侨民亦享有本国政府的保护。一旦其在当地遭到不公正待遇,其本国政府便会出面援助。但如若没有发生类似事件,则本国政府无权干涉。因此,当个人感到自己正遭受不公正待遇时,他可以大胆地向当地法庭进行申诉。当然,当地法庭不会因此在判决时有意偏袒改名苦主。而依照一般的惯例,一国政府不会(随意)因其侨民的经济需求而向当地政府施压。1907年海牙和平会议(The Hague Conference)①制定了一条规则:当出现任何涉及财产、经济利益的纠纷时,当事各方首先应该采取调停的方式解决争端。如若任意一方拒绝调停或调停最终失败,其他的解决方式才能被进一步采用。

B. 移民入境和加入国籍

千百年来,世界范围内的移民活动经久不衰。在最近的几百年间,随着新大陆的发现,广阔的土地尽情地召唤着探索者们前来开发,大量的外籍劳工因此便

---

① 1899年和1907年在荷兰海牙召开的两次国际和平会议。又称海牙会议。19世纪末,帝国主义国家为重新瓜分殖民地、争夺欧洲和世界霸权,展开了军备竞赛,其中尤以英、德两国之间的竞争最为激烈。第二次海牙和平会议(1907年6月15日—10月18日)44个国家参加,除第1次与会国(因挪威已与瑞典分立,共27国)外,还有17个中南美国家。会议议程与第1次会议基本相同。关于限制军备问题的讨论无进展。重新审定了1899年的3个公约,通过了有关中立问题、海战法规等10项新公约。——译者注

源源不断地涌入美洲。尔后,由于这片国土渐渐成长成熟,它对于劳动力的需求逐渐降低,为了保障本国经济的健康发展,新的移民法案颁布了。这一法案主要是为了限制从那些人口过剩地区的人口输入活动。然而,这种对于人口输入的管制性律法首先必须是公平的,虽然它能够出于本国立场而拒绝罪犯、乞丐及患有特殊疾病的人群入境,但它不能对某些种族或持有异教信仰的人群实行不平等政策。当然,绝对的限制人口入境是不可能的,因为任何一个国家的持续发展都离不开"新鲜血液"的输入。

除了依照相应的法律入境的移民之外,入境人士中还有一部分是依照有关各国间的双边或多边协议而进入的。如外交使团或领事人员、贸易人员、游客、留学生及交流学者等等。这些人不被归入移民范畴,因为他们在完成自身任务或行程之后便会自动出境。

所有这些移民和短期居留人士都享有与当地人平等的法律权益,当他们期望纠正所遭受的不平等待遇时他们可以自由地向当地法庭提出申诉。他们也被准许置办房产,签订契约或进行商业投资。而如果他们的行为破坏了当地社区的和平与安宁时,他们则会被要求离开甚或是驱逐出境。当然,在那之前他们被准许有足够的时间去清理完自己的必要事务。

C. 治外管辖权(或领事裁判权)(Extra-territoriality)

众所周知,一地居民不论其国籍如何、肤色如何、种族如何,均须受当地法律管辖并服从当地法庭判决,这一原则是国际法的一般原则。但是,在18、19世纪,由于欧洲列强的国力日益强盛,它们往往在与其他落后国家往来时强制推行治外管辖权。依据这一特权,它们声称自己的侨民不受该落后国家当地的法律管辖,并且,有关这些侨民的案件只能交由本国法庭实行审判。然而,随着一战和二战结束,这种不平等的制度已经在这些非西方国家的内部革命中被渐次推翻。

D. 引渡

国际法领域中的另一则属人法权便是引渡。依据盛行的主权理论,一国司法机关有权处理境内所有案件,而当案件发生在领土之外时则该国机关便无权过问。然而,当一名犯案者在一国境内犯案后逃逸他国,则其主国或案件发生国将可以启动引渡条例将其捉拿归国接受审判。当然,引渡必须遵照相应的引渡条例进行。引渡条例对于不同的犯罪类型具有不同的适用性,同样,如若两国家没有签署引渡条例,则引渡亦不能进行。而在引渡不能进行时,该名犯案者将有可能继续在境外逍遥法外。尽管在引渡条例指导下可以进行引渡行动,但是几乎所有的轻微犯罪、军事犯罪、宗教犯罪和政治犯罪均不接受引渡。

政治犯罪之所以不接受引渡,主要是因为这种犯罪并非出于恶谋或恶意,而只是因为在建国过程中持有不同政见。而像谋杀或暗杀这样的蓄意行为则常常是适用引渡条例的。

E. 牛津手册①（The Oxford Rules）

牛津手册是国际法协会②（Institute of International Law）在1880年的牛津会议上颁布的，随后，在1892年的日内瓦会议中又被进一步修订。在这部手册中明确规定了关于引渡的一系列原则。

根据该手册第13条款，因为纯粹的政治性抗争而被治罪的情况往往不接受引渡，而一旦抗争表现为蓄谋已久的惨烈战事则犯案者必被引渡。内战或起义中的斗争若没有升级为战争法中禁止的惨无人道、野蛮凶残的罪行，肇事者同样不接受引渡。

在第14条款中则规定，只针对某一具体国家或某一特定政府的政治行为可被界定为政治性抗争而不适用引渡。如果该行为反对所有形式的政府及社会则应被界定为犯罪并适用引渡。第15条款则指出，某罪行如若兼有政治性和犯罪性则不适用引渡条款。

尽管对于引渡的限制条件如此之多，提供庇护对于相关国家来说仍只能是出于道义而非是一种国家权力。一国政府并无义务为在逃政治犯提供庇护。然而，一国是否为在逃政治犯提供庇护却只取决于行政部门的决定。在一些紧急的情况下，公共船只、大使馆甚至领事馆也可以相机为外籍政治犯提供临时庇护。

2. 领土权

（1）领土是国家构建的重要部分。

领土是国家建立过程中的核心因素之一。对于领土权的讨论涉及以下几个部分：领陆、领空、领水和外海等。而一国的领土主权的获得方式则可能包含以下几种：

（a）先占；开发、收编无主地；许多欧洲国家在美洲的殖民地便是这样取得的。

（b）征服；通过战争掠取。

（c）通过条约割受；通常是以军事力量及高压政治迫使对方签订条约。

（d）购买。

（e）通过租借条约取得；通常又是以武力逼迫为手段而取得。

（f）以武力逼迫使之成为保护国。

（g）添附；如由地震、冲蚀等自然力造成的领土增加。

---

① 牛津手册是国际法协会出于使战时国际法法典化的目的而做成的文书、因在牛津会议上最终被采纳而得此名。——译者注

② 1873年10月在布鲁塞尔成立。两年后，改名为国际法协会（International Law Association）。国际法协会总部设在伦敦，现在包括50个国家分支机构和1个执行理事。国际法协会的宗旨是研究、诠释和促进国际公法和国际私法；研究比较法律；提出解决法律冲突的办法；统一法律并促进国际理解和善意。——译者注

(2) 领水。

除了领陆、领空之外,毗邻海岸线 3 海里(约合 5.556 公里)之内的海域也被视为一国的领土,称为领海。之所以以 3 海里为界是因为在这一规则被确立的 18 世纪之时,岸边的火炮最长攻击距离为 3 海里。而近些年来,许多国家纷纷表示要扩展领海的范围,但这一要求尚未得到所有国家的一致认可。

内海(即海湾宽度)不超过 6 英里(约合 9.656 公里)的海域,近年来更改为 10 英里(约合 16.093 公里)以内,和宽度不超过 6 英里的河流均被视为毗邻国家的领水。除了享有无害通过权的船只以外,任何外国的船只不得在领水内游弋。领水主国还可以让本国公民优先享有沿海的贸易权。

一般而言,一国的内陆水域不对国际航船开放,除非有相关的条约规定可以如此。而在作为国土分野的界河之内,相关国家的船只可共同利用该航道。流经数国的国际河流,则需要流经国之间共同协商、并以条约的形式规定其航道的使用权。

(3) 外海。

外海即超出一国海基线 3 海里之外的海域。在外海上,任何一国都不能对他国船只享有司法权,除非有证据显示该船只为海盗船或涉嫌逃避税务,或是受毗邻国度保护的渔船。有时,一些毗邻国度也会以签订条约的形式保护相关国家在某片外海海域的特权。而在有战事爆发的时候,各交战国则会强调自己在毗邻外海上搜查商用船只是否装载禁运物品的特权。

第三章　国家的显著特质

一、影响人类命运的因素

纵观人类历史,有三个重要的因素一直在影响着人类的命运,那便是:时间、嬗变和死亡。以人类目前的科技水平,我们尚未发现让时间倒流的"魔法",同样,我们也无法制止嬗变,更别说发明能够战胜死亡的药物了。随着时间的推移,嬗变在你身上带来疾病、让你渐渐老迈,最终,便无可避的死亡一声令下,生命从此便进入了另一种"形式"。同样,时间和嬗变也主宰着人世间财富的盈丰和亏散、政权的兴盛和崩坏。虽然我们避讳"死亡"之类的词,更倾向于接受"命数"或"轮回"之类的说法,但无论如何,我们尚未征服它,死亡或早或晚总会降临。然而,如若人类社会中不存在死亡及嬗变,那么我们的历史又将会是怎样的单调与重复啊?(在这三个因素的作用下)生命不断地终结亦不断地萌生,政权不断地建立又不断地更迭,财富不断地积聚又不断地散佚。曾经荣耀煊赫的古巴比伦王国、亚述王国、希腊、罗马帝国以及千百个其他的王国、帝国,如今都只剩下历史教科书中记述这些灿烂文明的数点墨痕。一个国家愈是灿烂辉煌,它便愈容易在历史的星空中陨落。

二、国家的生成

所有的国家无一例外都是以武力建立起来的。一国的独立往往是以武力摆脱其宗主国的束缚或同样地以武力抵御外侮的入侵而取得的。独立运动发动者们首先想从他们的宗主国或其他国家那获得的身份是交战团体①(belligerent group)。一旦这一身份得以承认(recognition),在国际法的框架下它便拥有武力争取独立的自由。承认作为一种外交活动,主要作用便是规定了交战团体及承认国在军事行动中特定的权利和义务。同样,宗主国在交战团体获得承认后必须对其傀儡政府和交战团体之间的军事行动保持中立,除非这一承认活动中另有阴谋。

三、交战团体和建国活动

从另一方面来看,宗主国也可以通过承认属国内的交战团体来迫使一些相

---

① 指一个国家内从事武装斗争,控制部分地区,并得到外国承认的集团。交战团体享有与交战国同等的权利,承担同等的义务。——译者注

关国家保持中立态度。而一旦这些交战团体的地位被承认,宗主国便无需为与其属国相关的国际事务承担责任,当然也就不必为其属国内的事务,尤其是独立战争所引发的各种后果承担责任。

由于交战团体的承认对于属国、宗主国及其他相关国家都有着深远的意义,因此规定给予承认的条件显得异常必要。同样值得注意的是,承认一经给予便能使交战团体的身份一直持续至战事完结,除非各方又达成了新的协议。

给予国际承认并非是对各国的一种义务限定,它只是处于战事周边国家的一种应机性外交行动,因此当一国决定给予交战某一方以交战团体身份的承认时,它必须明确地表示自己的承认意图,并以照会或声明的形式明确执行中立国立场的时间。

一旦取得交战团体的身份,起义一方便可以继续战斗直到最终胜负的出现。如果起义者胜利了,则一个新的国家便诞生了。而如果他们失败了,他们自己将被斫杀,他们的财产将被褫夺,他们的战友亦将遭到迫害。因此,归根结底战争永远是可怖的!

事实上的国家和法律上的国家

在建立国家的过程中,起义者完成了交战团体的身份的取得后便须在其控制区内建立一些机构来行使管辖。该机构必须能对其辖下所有人员和财产全权负责。而当这一步也顺利迈出后,他们便会追求下一个目标——建立事实上的国家(de facto status),即一个真正能够统辖领土内的战和事务、维持治下秩序的有力政府。接下来进一步需要谋求的则是宗主国及其他国家对该政府合法性的承认。一旦其合法性得到国际承认,则一个新生国家便最终完满建立了,这个新兴的合法政府即是法律上的国家(de jury),即唯一的合法的政府。然而,由于一些政治原因有的"事实上的国家"可能建成许久之后都没有得到其他国家承认,从而无法成为"法律上的国家"。今天的共产党中国便是一个例子,她已经建国十多年并解放了整个中国大陆,却依然无法得到一些国家的承认。

另一方面,一个法律上的国家可能早已丧失了自己的土地甚或国民,却依然被一些国家承认为是其过去领土及民众的合法政府。出逃福摩萨(Formosa,即台湾)的中华民国政府即是一例。

尽管如此,事实上的国家仍然是所有国家的基础。一旦失去这一地位,即使一些国家仍会依凭一些情感因素对该政府表示"承认",但是这样的"承认"终究不会太长久。而一国如若想真正地立于世界之林,则必须同时拥有事实上的国家和法律上的国家两种身份。

四、国家的权利与义务①

国际法的基础即是假定国家如同一个个体一样拥有一定的权利并承担一定的义务。依照这样的理念,国家便是一个独立的存在,并拥有财产权,而且它有权持续维存并保持自身的独立。关于国家独立权利的规定,我们可以参照以下的条款来探看:

1. 一国有权选择适合自身的政权组织形式。

2. 一国有权在本国内采取任何措施来实现本国的繁荣富强。

3. 一国有权以占有无主土地和(在该区人民同意下)兼并一些行政区的方式开疆拓土。

因此,一个独立的国家充分享有以下的自由:建立特定的机构分配福利、制定经济和商业政策、在领土内建造防御工事、招募国家财力可承受范围内任意规模的常备军、以合乎国际法的方式开拓疆土以及对领土居民行使司法权等等。但是,在享有权利的同时,国家还必须承担自己的义务:必须避免干涉他国内政。

五、不可预测的危害因素

理论上来看,每个国家似乎都能够自主地运作自己的政府并选择自己的社会生活方式,他国不得对这些事务进行干涉。但是,在现实中却并非如是。几乎每个国家都时刻可能遭受来自邻邦及其他国家的四种侵略:文化上的、经济上的、政治上的以及军事上的。

1. 文化侵略。

首先到来的便是文化侵略。一些不请自来的"布道者"或出自真心或另有他图地确信本国的许多准则或理念(政治方面的、社会方面的、宗教方面的或经济方面的)远比邻国要先进。因此他们便天然地有一种要宣扬本国理念以使得他国"同胞"从此"开化"的使命感。在这样的"信念"驱使下,他们或是巧施伎俩蒙混入关,或是绞尽脑汁暗度陈仓地渗透进他们的邻国进行"布道"。就这样,外族文化悄无声息地杀了本国文化一个措手不及。而一些文化根基不深的本国小人也加入了这场文化侵略,成为他们的吹鼓手。如此,该国的国家建制、文化传统及生活方式日益消解,该国的政权也随之沦亡了。这种侵略的结果便是导致对抗:在一国之内会铸成革命,多国之间则演变为战争。

2. 经济侵略。

经济侵略亦可给一个国家带来灾难性的后果。一开始,这种侵略表现为发达国家对于落后国家的商品倾销。落后国家民众们的部分储蓄被外国资本轻易

---

① 原文为第 5 点,疑是余先生笔误,下文依次。——译者注

刮去。而这些发达国家又以赚得的银钱从这些落后国家购取更多的原材料。接着，更多的倾销商品接踵而至，这也意味着更多的银钱和原料被再次席卷而走。久而久之，这些商品输入国便沦为商品输出国的经济附庸。其后，社会动荡随之爆发，政治动乱更是紧随其后。政府被斥为罪魁祸首而岌岌可危。当是之时，各色"政治救亡良方"层出不穷，甚至外国专家亦被延请而来，为本国问题诊断开方。待各种改良方法均告失败之后，政府威信扫地、轰然垮台。事态进一步陷入混乱。尔后，各种专权独断的残酷高压手段被用来打压反对者，又这样过了许久，混乱总算得以平息，而依附性经济得到了加强。真正的和平安宁依然是遥遥无期。

3. 政治侵略。

一个国家亦时刻遭受着他国政治入侵的威胁。通常这种侵略会打着某种"主义"的幌子，诸如国际共产主义、法西斯主义、种族主义以及其附属的颠覆性思想。它的进行直接受惠于文化侵略所打下的基础以及经济侵略所造成的混乱环境。政治侵略会搅乱民众之思想，致使各种机构瘫痪，挑战执政集团的合法性。它的破坏几乎无孔不入。对于政治侵略的抗击可能会有多种结果，可能会在短期内取得胜利，也可能会陷入僵局，亦可能会以失败告终。正如我们深陷其中的冷战（cold war）那样。到底我们要怎么做才能创造国际间的和平局面呢？

4. 军事侵略。

一国所遭受的第四种侵略方式即是军事侵略。仅从上述盛行的三种侵略方式来考量，每个国家都已经必须为本国配备最好的军事防御力量了，甚至有时这些军费还会超出本国的经济能力。任何国家如果不具备足够的警惕性以及足够的武装力量，便会很容易在战场上被击败。现代战争的诱发因素如此之多，任何一个国家随时都有可能遭受"珍珠港事件式"①的袭击。

六、国家的终结

现在，我们可以仰仗通往光明未来的唯一道路便是继续有效地扩展联合国的功能，并通过建立一套详尽的法律体系来取代武力去维护世界的和平稳定，以使联合国逐渐进化为一个世界联邦政府。否则，任何国家都将继续时刻遭受突袭的威胁，甚至有可能在侵略中灭亡。

一个国家将会有多少种遭受灭亡的方式？它们可以被大致罗列如下：

1. 战争和征服；通过这种方式一个国家可能会被另一个或几个国家所吞并。

2. 腐化和堕落；这样会导致政变或革命的爆发，旧的国度被推翻，新的政府

---

① 即没有任何征兆的突袭。——译者注

建立。

3. 式微和衰败；外国势力施以高压政治便会让其并入自己的版图。

分裂、兼并以及加入联邦等方式宣告了先前的那个主权国家已经灭亡。现在，胜利的一方便会毫无顾忌的承担起被吞并国家的代言人：不论在内政上还是在外交上，不论是先前国家的权利还是先前国家所负的责任。这其中，当然也包括统辖所有原领土内的所有居民。

而革命或政变的结果则是改变一国原有的政体。新晋的政府仍需继承被推翻政府在内政和外交上的权利和义务，除非新政府宣布废除以往所签订的一些国际条约。

在这种以革命为代表的内部式终结的情况中，新生的政府必须得到民众和国际间的一致承认后才能获得"合法的政府"的地位。而国际间的承认通常有正式声明、条约、互驻外交使节或是准许本国人民与该国通商等形式，其目的都是对该新政府的合法地位予以承认。

一个独立的国家在国际交往中享有充分的主动权。但是，这一主动权有可能被该国所签订的一些国际条约所限制。尽管如此，一国的独立性是不会受到条约的影响的。在条约未规定的领域内，条约签署国还是享有自由行动的权利的。而那些将自己置身于一个联邦或邦联政府中、或委身于某个保护国或宗主国的国家在外交上没有独立权的。

如果一个社区期望从它的国家中分离出来并建立独立政府，那么它必须在达到这个目的之前时刻保持警惕。甚至在其已经建立独立政府后，它仍无法确知自己是否能保持长久的独立。依照国际法，在未取得长久稳定之独立的情况下，一个共同体仍将无法在国际上获得一个独立政治体的地位。我们仍然尚未走出要以武力维持群体长期独立存在的时代。

卷二 战争与和平中的国际关系

第四章 罗马帝国与中国治理下的和平

一、战争，一种非必要的罪恶

在人类历史过程中，长期以来，由于对自身及环境的不适应，人类彼此之间不断发生战争。今天，他们依然在组织化的群体中互相虎视。在将来他们会继续进行战争，除非或直到我们能够找到某些方法把他们的努力转移到对人类福利有裨益的渠道上来，或者建立某种有效的司法系统使战争成为非法的，或者强迫他们遵从其规范或接受人类理智，至此，武力才可能被抛弃。

在远古时期，为了实现群体的生存，战争也许是一个不可避免的手段。但是，在人类历史过程中，这一手段却被某些野心勃勃的个体用作获取个人权力、政治与经济财富，或建立个人统治与家族王朝的手段。因此，战争作为一种捍卫群体持存的制度已经失去了其意义。甚至直到今天，除了强迫性的服从于虚假的群体忠诚，人们依然受害于这种残酷的制度，被其奴役和不因为自身的原因而被屠杀。但是这种所谓的忠诚仅仅是表现对特定人群忠实的一种政治姿态，而这些特定人群，大多为精神变态者，并且这些碰巧成为独裁者或统治者的人和他们的同谋者所操纵的一切都是为了他们自身的利益。因此，战争作为一种制度，现在已经变成陈旧的和非必要的罪恶。人类会继续甘愿服从于这样一种罪恶，受这些精神变态者的统治与管理多久？这将成为将来一个严肃的问题。

当前，各自国家的国内政治依然被精神变态者和掌握复合权力的人所主导，我们的国际关系依然处在间谍活动、阴谋、共谋、压力、武力、战争威胁和战争本身的指导之下。结果，当然就是世界范围内的混乱和秩序。面对现存的此种情景，将不会看到真正的和平。

二、充满阴谋诡计的国际关系时代

这种充满阴谋的和暴力的国际关系体系已经被欧洲国家实践长达五个世纪。这一历史始于1492年克里斯托弗-哥伦布发现美洲后开辟的新航线，随着军国主义、殖民主义、帝国主义和对边远人民与资源的剥削得到发展,直到19世纪后半叶,达到其繁荣光辉的全盛期。然而从20世纪初开始,由于西方国家内部的瓦解和被奴役人民的反抗,这一时代已经快速的奔向了它的终点。我们现在正生活于这一腐朽时代之中,混乱和秩序仍然横行于世。这一时代的历史将不只是作为科学进步的时代,原子弹的时代,或空间征服的时代而被记住,而且是作为一个西方国家以武力霸权主导世界政治的时代。

这一时代政治与经济命运的起伏像任何以前的历史时代一样,由于新战术或武器的发明,和新策略的应用,或特殊情况的发展,从而使得他们有利的政党(团体)由于其独特的处境能够制服其反对者并破坏他们的财富。对于国际权力政治博弈并没有一个明确的规则,同样也还没有有效的法律原则来管理强势国家的行为。无论何时,主导群体在一个给定的时代由于彼此之间的争吵而错误的估计了正在变迁的环境,就像西方在过去的五十年中所作的那样,他们的光辉与尊严将不可避免地走到终点。所有主要的政治辉煌都是在战场上建立和在战场上终结。今天,我们正在见证人类历史上这些伟大政治辉煌其中之一的消失。

正如大势所趋,我们当前正生活于这一时代的最后时期,建立在这一时代的废墟之上,一个新的秩序即将来临。但是在一种新的秩序实际形成之前,旧的不平申诉不需得到重新调整。由于还没有一种有效的司法系统来决定这种重新调整,每一场新的运动都可能会产生新的秩序,并且每一场新的秩序会同样产生另一场秩序,依此类推形成一个恶性循环,直到这种新秩序形成,或者一种有效的法律准则发展起来更彻底的调节事物。

三、达成世界和谐与法律及道德规范

然而,如果我们致力于达成世界和谐,并且,最终实现世界大同,为了实现这一目标,法律与道德规范两者应该结合起来发挥作用。在朝向这一目标的法律系统建立起来之前,至少某种伦理概念、道德实践、或抑制战争的规范应当被研究、应用和鼓励。

作者通过比较中国人和盎格鲁美国人的法律概念作了另一种处理,发现尽管中国人没有发展出令人羡慕的,并被其他民族效法的司法系统,但他们至少发展出了出色的伦理准则或社会风俗来管理人际关系。依此,个人能够以道德准则来约束个人行为。当前,在西方领导下的国际关系领域中,整整五个世纪我们既没有能够发展出有效的国际司法体系,也没有形成指导我们国际行为的世界道德准则,尽管西方诸国在其国内的司法系统整饬上取得了巨大了进步。

四、中国人的道德规范与国际关系

但是,另一方面中国在国际关系处理中以他们的道德准则为基础发展出了

一些受人尊敬的实践策略。这些实践策略源自"（君子）成人之美"的理论①，而这来源于儒家学说中有关"仁"或"善"的原则。这种善的行为基础是自尊慎独、朋友间的诚信、对手间的妥协、人前的体面、对不幸者的仁慈和对战败者的宽宏大量。

认为善行倚重自尊是因为人们相信，拥有自尊的人在犯错的过程中具有更大的道德风险。当一个人拥有可以轻易伤人的权力却克制不去这样做，这确然可归功于他高度的自尊感。自尊作为人类行为的道德基础而言是一种最高秩序的道德概念，而这只有中国人自己能够理解。在英语语言中，能够用来最恰当地揭示这种理论的惯用语，是"绝不占失败者的便宜"。这在国际关系领域中或在征服者与被征服者之间的关系中尤其如此。这一行为的逻辑在于，既然你是一个胜利者，你就应当为你自己感到自豪。如果你自豪，就不值得你犯错，因为有尊严的人犯错是可耻的和不得体的。

五、中国对外国智慧兼收并蓄

成人之美不仅仅是一个理论或政策，而且是为自身赢得支持和忠诚的策略。所以，所有人，即使是被击败的敌人在这种理论和实践下也能够被中国很好地对待。穿越中国边界而入的人们，不管他们的国籍和种族血统如何都会受到欢迎。古犹太人、远海阿拉伯人、边界穆斯林、鞑靼人、土耳其人、蒙古人、或任何其他民族的人，都会受到没有歧视的接待。他们中的有些人甚至被委任为政府的高级官员。

在战国时期（公元前403—221）的国际政治舞台上，将才谋士们"货艺于天下"。拥有非凡才华的食客们从这个国家游历到另一个国家，把他们的服务提供给当时处在战争中的国君或当权者。高质量的政治家被从国外招募来填充进入行政等级职务中，包括办事处或主要部门，以及国家的高级顾问。

就连那统一中国并建造万里长城的秦始皇，其最高层级的智囊成员都是从他的敌对国家里招募的。当时因巧舌合纵、共抗强秦而闻名天下并传唱千古的谋士苏秦便是"佩六国之帅印"而游于六国。

在唐代（公元618—907年）许多边界部落首长担任着在中国朝廷中主要大臣的职务。13世纪，忽必烈执掌中国王权，马可-波罗在回到欧洲之前便在元朝朝廷高级行政职位上任职数年的时间。自从明代以来，耶稣会长老也同样受欢迎，并且外国专家常被聘为中国政府的顾问。

17世纪，当大规模的鞑靼人（土尔扈特部）在俄国束手无策时，康熙皇帝大开中国的门户让其东归；并且当他们抵达时，皇帝在热河（Jehol）建立了著名的

---

① 原文"bestowing grace to strangers"用《论语》，"颜渊篇第十二"中，"子曰：'君子成人之美，不成人之恶。小人反是。'"一句中的"君子成人之美"来对译较为贴切。——译者注

普陀宗乘之庙(Potola palace)①宫殿来纪念这一事件。

在我们的时代,当苏维埃政权在俄国建立起来时,成千上万的白俄罗斯人跨越边境逃到中国,他们所有人都被允许进入,没有受到任何限制。这些白俄罗斯人对于中国人的好客充满感激。

六、国际关系中罗马帝国治理下的和平与中国治理下的和平

中国人在处理与作为政治实体的邻邦国家的关系时,也发展出了一种安抚政策,以用恰当的方式来安排事情。对西方人的心理来说,安抚的观念传达了一个坏的名声,而对于中国人,这不仅是一种明智的政策,而且是达到持久和平的稳妥策略。

对于中国人,安抚意味着为了达到和平的目的而相互让步。但是在西方人的心中,这意味着在强迫下向潜在敌人的让步,等同于投降。西方人观念中出现这种差异的原因,是由于西方人常常依靠武力来作为解决他们所遇到的国际问题的重要手段。在他们解决国际分歧的过程中只有和平或战争、胜利或失败、反抗或投降——罗马帝国统治下的和平理论的延续,此外便别无选择。因此,尽管在欧洲语言中有一个像"安抚"这样的词汇,但是除非强迫,这个词很少在他们的国际会议中采用。

另一方面,对于中国人,安抚早已成为一种策略,一种稳妥的策略,武力的使用仅仅是最后的选择,不到万不得已的地步不会使用。中国人早就将处理国际问题看作是赢得一场游戏,武力仅仅是赢得游戏的众多手段中的一种。中国人早就致力于不战而胜的原则和政策。对于他们来说安抚并不是目的本身,而总是作为达到目的的手段。他们持有这样一种观念的历史超过四千年。这就是中国统治下的和平理论——安抚或妥协的和平。

七、安抚观念的历史背景

安抚观念的首次提出是在"尧典"②中。这部文献歌颂了古代帝王尧(公元前2356—前2255年),他因为践行了礼仪和谦让的伟大品德而赢得崇高的荣誉。里面写道"他已经彻底地领会了这些崇高的品德,并应用它们施爱于九代

---

① Potola palace "普陀宗乘"是藏语"布达拉宫"的汉译,即"普陀洛伽",意为观世音菩萨的道场。普陀宗乘之庙的建筑形式与布局为仿照西藏拉萨布达拉宫所建,故俗称小布达拉宫。始建于1767年,1771年完成,占地面积220000平方米,是外八庙中规模最大的一座庙宇。1771年,西藏及蒙古各部的王公、贵族等少数民族首领聚集避暑山庄,参加乾隆皇帝的六十寿辰和皇太后八十寿辰的庆典,乾隆皇帝命兴建了普陀宗乘之庙以示纪念。

此庙建成之时,从伏尔加河流域率众返回祖国的土尔扈特蒙古族首领渥巴锡参加了落成典礼,为纪念土尔扈特蒙古回归祖国的英雄壮举,乾隆皇帝御笔题写《土尔扈特全部归顺记》和《优恤土尔扈特部众记》两篇碑记,勒碑于庙内。——译者注

② 尧典,《尚书》篇目之一,记载了唐尧的功德、言行,是研究上古帝王唐尧的重要资料。——译者注

以内的所有同族人。当这些同族的人变得忠实与宁静,他用同样的精神来启发这些人。当他的人们受到启蒙,他继续去安抚所有的邦国,从而他们各自的民族从邪恶变得高洁,并且和平相处"①。

"尧典"是《尚书》的一部分,《尚书》则是"五经"的其中之一。"五经"代表了中华文化的圭臬,由五本书构成,即《诗经》(关于诗赋的书),《尚书》(有关历史的书),《易经》(有关流变的书),《礼记》(有关礼仪的书),和《春秋》(春秋编年史)。前四本书是从远古时代流传下来的,并且后来被孔子修订。《春秋》则是孔子自己写的。因此,"尧典"可以回溯至43个世纪以前的事件。

八、安抚作为一种建构中国国际依附体系的策略

通过阅读以上的历史回溯,我们能够看到这一安抚观念已经深深扎根于中国人的心中,他们巧妙地将之应用在帝国建构过程中并取得了惊人的成就。从这里我们还能够看到,中国是第一个在与其他国家的关系中发展依附体系的国家。中国人称他们自己为"中央之国",或像许多西方作者使用术语"中间王国(middle kingdom)"来指称他们在国际关系中所处的位置。中国人认为他们的国家是地球的中心,中华文化向外传播到蛮荒或野蛮人的土地以教化他们,或者将他们转移到中国人的政治轨道。通过这种方式,中国成为世界国家,并且它的邻邦也被纳入到附属国臣属于中国皇帝。这种臣属的行为仅仅是中国和各自的邦国或有关国家之间亲密关系的一种确认。这种确认通常是派使节,每隔一年或更频繁携带供品进贡给中国皇帝。作为回报,中国皇帝通过使者回赠大量的礼物用来表示中国与上述附属国建立的友好关系。除了交换使者或用宣称他们之间的友好氛围之外,没有任何其他条约性规定。

这一附属国关系的认知系统是如何建立起来的?这是通过一个和平过程实现的,或者通过软硬兼施的道德规劝直到这一目标得到实现。起初,中国可能会派一位使者访问邻邦君王或王子,或者两国的边界戍卫可能相互接触,或者邻国自愿派使者携带贡品到中国朝廷获得中国皇帝的接见。有时可能是中国的皇帝率军御驾亲征,使得当地的君王或当权者,通过接受各自与中国皇帝的约定或委任,进而建立友好的宗主权关系,使得战争和平收场。

九、中国安抚策略的有效性

友好关系建立起来以后,有才能的人被不分国别地自由招募,加入到中华帝国的行政事务中,由此相互的同化与融合持续发生,直到完成各个民族之间更大

---

① 《尚书》中"虞书—尧典"的原文第二段为:"曰若稽古帝尧,曰放勋,钦、明、文、思、安安,允恭克让,光被四表,格于上下。克明俊德,以亲九族。九族既睦,平章百姓。百姓昭明,协和万邦。黎民于变时雍。"——译者注

的融合。这种形式的国际国内民族关系对我们试图重新调整当前在西方主导下的国际混乱与秩序也许是有效和有帮助的。

但是当我们今天的国际关系既不是通过有效的法律系统也不是通过任何道德准则来运作,争端各方依然利用罗马帝国统治下的和平的方法来获得他们的利益。这就是为什么一些民族随便的在战争中被屠杀或毁灭,像在我们的现代城市中的无辜者被恣意地袭击,以及被残忍的土匪和不法分子秘密谋杀。因此,目前的国际法还是不能在现实世界中最有效地处理国与国之间交流问题、约束国家的个体行为。

现在让我们来对这些一般原则即我们所称的国际法来做一个一般的考查,并且来看其在不同主权国家之间协调沟通方面是如何有效发挥作用的。

第五章 国 际 法

一、国内法与国际法之间的区分

国际法,或国家法,就像有时所称的,指的是管理所谓独立的或完全主权国家之间关系的特定规则。这种法确实适用于国际间,它是有关国家通过他们彼此之间的沟通协调,而形成的风俗、习惯、条约、或惯例的集合体。

法律在内政的意义上是由统治权威强制执行的行为规则。但是在国际关系中,涉及的个体却是主权国家,要么是主权者自身,要么是其代理。当他们在国内,他们将不会遵从他们自己的法律,当他们旅行或居住在国外,他们按外交豁免处理,因此超越了国内法的界限,尽管条约提供了有关个人或其财产权利在特定的法庭的强制性。

考虑到没有它们的同意,主权国家既不可能被国内法起诉也不可能被惩罚,而它们的代理在国外旅行时都拥有外交豁免权,因此它们将仅仅服从于暴力权威。如果一个国家坚持声称反对另一个国家,不管这种宣称正当与否,它不得不通过谈判、调解、仲裁、或报复性惩罚,比如查封和没收其财产,中止其谈判权力,禁运或查封其船只,或派遣本国武装力量以惩罚所谓的冒犯国家。最后的行动,当然就是战争,不管有没有敌对宣言。

由于国际法与国际权利只能够以这种方式强制执行,强大的国家正在利用其物质力量和权力反对弱小国家,宣称其不公正的主张,从而产生了普遍的无情的军国主义、殖民主义、帝国主义、和无法无天的情景,这使得战争不可避免,这也使得武力成为国际公正和国家生存的决定性力量。所以,尽管我们今天科技进步,我们仍然生活在没有和平的时代,而是国际野蛮的时代,在这里以强压弱,以大欺小。

如果我们还不能够找到在我们的国际关系和解决国际争端中武力的替代者,国家的生存就会持续被恣意的袭击和被无情的国际强盗或政治变态者所发动的有预谋的战争所危害。

国际法一般来说被分为两类,国际私法和国际公法。

二、国际私法

国际私法,有时也被认为是冲突法,它处理的是类似于个体当事者住房或财产发生争端时,所涉及的私人权利的案件的法庭权限问题。事实上这类问题是由于当事者各方居住地或财产所在地不同国家的法律变化引起的。因此,当一部案件被双方当事人在不同的国家提起诉讼,立刻两种法律与权限就成为一个问题。当这类问题确实产生时,订立契约地、或行为发生地、或民事侵权行为发生地、或房地产所在地的法律将会支配案件的审理,并且事件发生地的法庭将拥有审判案件的权限。尽管除非双方对沿用另外一地的法律来审判案件能够达成一致,否则案件必须按照事件发生或财产争议发生地的法律来审理。

所以我们可以将国际私法或冲突法定义为"各个国家在审判其领域内涉及跨国的个人或群体诉讼案件时,由于不同国家的法律变化而必须认可和遵循的一组原则"。

由于国际私法目前并不在我们讨论的范围内,我们到此为止,并继续我们关于国际公法的主要话题。

三、国际公法

国际公法处理的是各主权国家自愿承认并在他们之间有约束的国际沟通惯例。相对而言,只有那些被相关主权国家同意或认可的规则才具有约束性。那些不同意这些规则的国家没有义务遵从。所以严格的意义上说,国际公法并不是法律,而只是各主权国家为了国际沟通的方便而相互认可和采纳的惯例。

另一方面,法律在真实的意义上是一种法院强制执行的强迫性行为规则。现在,国际法除了一小部分处理私人的权利能够通过法院强制执行之外,只能通过国际压力或战争被强制执行。

所以,国际公法可以被定义为"在和平和战争中为了方便它们之间的相互关系,各主权国家认可的一组惯例"。

通过上面给出的描述与定义判断,国际公法在本质上还不具有彻底的合法性。这是由于存在两个事实:

1. 国际法的条款只有被有关国家认可时才具有有效性。

2. 即使当这些法律观点得到认可,它们也不可能像国内法那样通过司法程序强制实施,而只能通过外交渠道、或调解、仲裁、报复行为、暴力性报复或战争。

四、国际法的起源

国际法主要来源于各主权国家彼此之间交往的惯例。当国际惯例持续很长一段时间,就开始要求有关国家形成一种约束力量。这种约束性规则而后便成为应用于国际关系实践的一整套规范,即国际法的重要原则。这种原则和规范在以下的各类形式下,在国际社会通过长期的宣言、实践和应用被累积起来:

1. 国际承认和条约。有时这种规范和原则通过国际声明、公告、和政府文件被正式承认。

2. 国际裁决。从 20 世纪初开始,国际仲裁委员会的裁定和海牙国际法庭的裁决就是例子。

3. 各有关国家国内法庭涉及国际关系原则的裁决。

4. 国际关系和国际法领域中国际法专家、法官、教授和学者的作品。

五、国内法庭对国际法的管理

既然国际公法与国际私法都和国内法有密切的关联,因此由国家间法律冲突引发的问题和那些有关公民权、国籍、和侨民保护的问题也可以同时通过国内法庭和外交渠道的谈判来裁定。

美国的宪法甚至赋予了国会"认定和惩罚冒犯国际法的行为"的权力。这种国家将国际法看作其国内法的一部分是为了其自身的利益,因为国际友好关系是相互的。当一个国家把特定的规则看作是其处理与其他国家的原则时,那么,其他国家也会有同样的做法作为回报。这就是某些国际法的规范得以建立起来的方式。因此,国际法的学者们通常也会在研究中将相当大一部分精力讨论国内法。现在,一个有关国际法的论述为了信服,必须包括以下几个部分:

1. 在政治上被国际社会承认的国际法定准则。

2. 还没有被国际社会彻底承认的国际惯例或惯用法。

3. 各主权国家有关国际关系的国内政策。

4. 这些国际法定准则被各个国家的国内法庭所认可和强制实施。

国际法的主要内容将会通过以下六章来展现,它们的标题为:外交、国际条约、国际争端与和解、作为合法解决国际争端的战争、战争与和平中的中立性、战争封锁与禁运。

第六章 外　交

一、国际谋略与国际关系

在我们当前的国际关系体系中,国家彼此之间或者处于战争或者处于和平之中。当国家没有战争时,所有的国际关系被认为是正常的。所有正常的国际关系运作都是由国内的外交部制定并通过境外的外交官实行的。这些官员们办理的任何事情都被认为是热情和友好的。表面上看来是如此,但实际上,所有国家都彼此视对方为潜在对手。除了使用武力或压力来相互压制,它们暗中监视对方、试图相互残杀、或者使用高压手段来迫使对手屈服。这显示了我们没有生活在一个和平的世界。

二、外交

在这样的情景下,国际关系并不是正常事务的存在,而是真正不正常的——充满压力与欺诈的双重过程。于是,国际关系发展成为一门被称为外交的艺术。

"外交"一词就像韦伯斯特学院词典所定义的那样,是(1)就像写上条约的那样,是指导国家间谈判的艺术与实践;(2)不引起敌意而获取利益的巧妙安排;(3)演讲或机智。而外交官一词被定义为"精于或善于应对国际关系的人",因此,简而言之,外交成为一门处理外国事务、外国民族、外国政府或本国与其他国家间关系的艺术。

现在,在更宽泛的意义上,外交甚至被扩展到更广泛的领域,包括在不使用武力的情况下,野心勃勃的国家完成其贪婪图谋的任何狡猾的策略。因此,外交可以包括的活动如谍报、宣传、破坏、渗透、对抗邻国的颠覆活动、资助和指挥游击活动、暴徒袭击潜在或实际的敌对国家,而这些可以由位于国外的大使馆或公使来操纵。

主权国家的国际关系事务一般来说由外交事务部门或外交部来负责。在美国他们接受国务院的管理。外交部是由一批官员、雇员或政府代理来管理,用以指导对外交流或处理对外事务。这些官员、雇员或代理被分成了以下三个类别。

三、外事人员分类

1. 负责国内外事部门日常工作的政府行政与管理官员。
2. 外交官员,常驻外国的主权国家的政治代表。这些官员包括大使、特使、特命全权大使、常驻公使、事务主管、特殊专员和联合国或国际会议全权代表。

外交官员根据级别或国家间的外交实践的职责分配而进行分类。大使拥有最高的级别，并且可以直接会见委任其的政府首脑。大使与特使的区别仅仅在于级别不同。公使是通过外交部任命的处理与外国的经济事务的官员。大多数国家间的现代公共事务都是由外交部门的公使负责处理的。即使一国已派出驻外大使，也依然会再继续派驻公使用以协助大使。事务主管是临时委任的外交官，在大使和公使缺席的情况下，负责代表国家向外国表达其关心的利益。使馆秘书或总领事一般来说被雇佣承担这一职位。

3. 领事官员，是常驻国外的，保护和发展国家的商业和工业利益的经济代表。

派遣和接收外交代表的权利是完全主权国家的一个部分。部分主权国家，如作为美利坚合众国的组成成员，美国各州政府、殖民地或某些欧洲国家受保护的领土，则被剥夺了这种代表权。当然也有例外，如英帝国的一些属国，它们是自我管理的殖民地，并且拥有国际法下面的独立地位。

在从其他国家接收外交或领事代表时，一个国家可以以某人为不受欢迎的人（non grata）为由拒绝其入驻。所以当一个国家选择某人作为派驻他国外交代表的人选时，被派驻国家的政府就应该被提前通知，看是否对此次委派有任何异议。如果一个人已经被指派，但由于其行为不受被派驻国的政府欢迎，也可以通过其国内政府要求其离开。但是这种反对个人的理由应该合乎情理并必须通知其国内政府。这样一种行为并不意味着不友好的姿态，而仅仅是单纯的个人问题。

四、外交官的功能与豁免权

外交官的功能是代表其国家利益，包括条约谈判、同胞保护、为本国政府的收集信息和与其职位相符合的这种其他的类似行为。

外交官员或代理作为他们政府的海外代表，一般而言被授予当地法律的完全豁免权。这种豁免权延伸至他们的职员成员，例如领事、参赞及他们的家庭和仆人。外交豁免权包括以下的特权：

1. 个人的神圣不可侵犯，免受身体侵袭的安全性。
2. 外交使馆区享有治外法权，神圣不可侵犯，禁止搜查或闯入。
3. 刑事与民事司法豁免权，不得进行刑事审判或接受被派驻国的法庭的起诉。
4. 免除个税。

外交豁免权也被授予政府代表，包括国际会议代表、联合国大会代表、和海牙国际法庭或国际司法最高法院的法官。但是领事官员一般来说并不享受这些豁免权，除非他们的职务成绩被认为是神圣的，并赋予了特定程度的保护而根据条约享有某种特权。根据条约赋予的特权中除了免于严肃的冒犯之外,主要是个人直接税(如所得税)的免除、免除作证的义务和逮捕。

五、领事官员的功能

领事官员也要遵循他们派驻国的可接受原则。在他们承担起他们必须接受的职责之前,被派驻国对其的认可是通过一个被称为领事许可证的方法表明。

领事官员的功能一般来说按以下分类:

1. 以个人形式服务于各自国家,包括关注不动产和未成年人、作为法庭上缺席侨民的代表,和为受到不公正对待时同胞的利益进行交涉。

2. 公证服务,包括举行婚礼仪式,签名、契约、文件的认证;写下宣誓证词和宣誓作证,发出有关法律和司法案件的证明书。

3. 行政服务,包括在法庭上代表政府、逮捕叛逃者、与引渡案例有关的行动、签发护照、移民与隔离法的执行、对出口到本国的货物清单证明、保护对他们侨民在各自领事地区的纪录,并且收集信息和向其国内政府制作报告。

4. 海事服务,包括关心他们同胞的船运与船员,管理他们同胞船舶与人员的文件。

5. 领事裁判权,主要指的是二战以前的司法,当时西方国家的领事履行了所有案件的管辖权,不论是刑事的还是民事的,只要影响到其同胞。在中国,这些西方国家甚至建立了正常法庭以减轻领事的额外负担。当时美国在中国就是一个突出的例子。但是二战以后,所有这些就被取消了,这些被篡夺的司法权重新回到了当地司法机关手中。

第七章 国际条约

一、主权国家只受约束于自己的承诺

在当前的政治思维体系下面,主权国家都是相互独立的。一个独立的国家,就像其名称所指的那样,并不遵从于任何外在的权威。它可以自由而不受任何外部干涉地执行自己的内部和外部政策,并且没有任何他国应该为没有约定可行的任何行为负责。使一个主权国家对任何行为或事件负责的唯一方法就是当这种行为或事件发生时,引导对其认可的责任做出承诺。

由此看来,外交艺术在国际关系领域中是非常重要的,因为它处理的是引导其他国家走向一致,对某种特定的思维和行为方式做出他们自己的承诺,从而当某些事件在将来发生时,他们将会或多或少的以相同的态度对待。那么这一做出承诺的过程是如何实现的?当然是通过条约或协定。

当一个国家与其他国家加入到一个条约或协定之中,它就已经对其他国家做出了承诺或让步,并且同意遵守这一承诺的约束。一个国家与其他国家加入的条约越多,那么就会给予我们对他们更多的权利,当然,通过做出承诺,各国也获取了某种利益,因为所有的条约在本质上都被认为是相互的。但由于疏忽,一个国家有时也会达成不利的协议,使其在条约中得不偿失。

二、不平等条约的正当性

进一步说,尽管我们反对战争,战争依然还是国际公正的决定因素。因此,如果一个国家在战争中被打败,将会被强加上一个不平等条约。在任何国家的民法中,在强迫或恐吓下达成的协议是无效和无用的,但在战争和武力是公正的决定力量的国际法中,在强迫或战争威胁或由于战败签订的条约却是有效力的,直到另一场战争或战争威胁强迫以往的胜利者放弃它的战利品。国家可以做出任何承诺或强迫其他国家做出承诺执行任何条例,只要不被国际惯例所禁止,或避免任何被国际关系惯例所禁止的条例。现在,战争依然是一个合法的国际惯例,任何不平等条约或联盟条约或导致战争的条约依然是一个合法的手段。

三、条约和公约

国际承诺有两种,条约和公约。条约是两个协约国家为了明确的目的正式形成、采纳和批准的国际协定。公约也是一个为了明确目的的国际协定,不过是被多于两个国家的契约方产生、采纳和批准的。条约和公约可以包括以下类别：

(1) 公告或立法条约；(2) 政治条约；(3) 经济或社会和文化条约。

1. 所谓立法条约，指的是国家同意认可某些国际法的原则作为他们相互间关系的约束。这些条约是在某一国会或有关国家的协调会议之后，被高度磋商的契约方同意公布的原则，并在他们的宣言或条约中宣布。这种条约的例子是1780年至1783年俄国和八个欧洲其他国家达成的"武装中立同盟"[①]；1815年有关外交官的等级、国际河道航运准则的维也纳大会；1856年有关海战规则、中立船舶装载的敌对货物、废除私掠船巡逻的《巴黎海战宣言》；1864年国际红十字会的日内瓦公约；1885年有关中非自由贸易和抑制中部非洲奴隶贸易的柏林大会；被海牙国际会议所采纳的各种公约，和在二战期间及战后被各个国家达成的其他重要协定。

2. 政治条约。政治条约是涉及或包括以下种类的国际协定：

(1) 联盟条约。

(2) 有关共同防务的军事协定。

(3) 有关国际贷款、援助和减免的条约。

(4) 保证条约，由此对另一独立国家的长期中立性受到保证或保护。

(5) 有关国际决定和让步、国际边界决定和有关契约国家边界以外，涉及国际河道航运的通行权和使用权的条约。

3. 商业条约、或社会与文化关系条约。这种条约提供的内容通常包括有关商品的进出口、港口设施、货物运输、航运、领事裁判权、居住于各个国家的同胞的权利、逃脱司法者的引渡、一个国家在另一国家领土上的判决执行、或文化与宗教活动的交换。有时在各自国家领土上关于领事功能的领事惯例是各自决定的。

四、签订有效条约的必要条件

1. 条约当事人的地位。为了签订有约束力的条约，条约当事人的地位是最重要的。只有完全主权国家才能签订有效条约。有些联邦的成员或联邦国家的州，如许多美国的州政府，由于其签订条约的权利已让渡给联邦政府，所以不能签订有效条约。

[①] 武装中立同盟：北美殖民地进行反英独立战争期间，俄国联合丹麦、瑞典结成以武装保护中立船只在交战国海岸自由航行进行贸易的同盟。1778年2月法国同美国签订同盟条约，次年法国又同西班牙缔结联盟，共同反对英国。英国在同3国(后增加荷兰)作战时，实行海上封锁，拦截中立国船只。1780年2月，俄国为保护战时与交战国进行贸易，宣布下列原则：中立国船舶可以自由地在交战国港口之间及其沿岸航行。除战时禁运物资如武器、弹药、造船器材等外，交战国不得夺取中立国船舶上的货物。后来，欧洲列强除英国外都加入了武装中立同盟，英国孤立之势形成，客观上有利于美国人民争取独立的斗争。

2. 条约签订代理的地位。对外关系的工作在一个主权国家一般来说委托给对于达成有约束性的国家协定有全权的特定个人，例如外交部长、大使或全权公使，或战争时期在前线的主管，就有关国际关系的特定方面或执行战争的指挥官。

3. 自主同意。自主同意是达成条约的核心要素，除非是和平条约，一个国家被另一个国家打败，因而失去了接受胜利者的条款的自由。任何在强迫下签订的条约都是无效的，这也等同于在国内法下签订的契约。甚至签订的和平条约的条款过于苛刻，也必将在将来被要求修订。这就是为什么我们还没有生活于一个和平的世界。

4. 目的的合法性。任何条约的目的为了合法，如果有任何合法性可言，在我们今天的国际安排中，必须与法律和人类理性相一致。一个通过强迫签订的条约，将一个国家的主权交给另一个是无效的，除非这是由公民自由投票决定的。那些在19世纪由所谓帝国主义国家与欠发达国家通过强迫签订的许多不平等条约都属于这一类别。

5. 条约签订的正式性。在条约签订中没有绝对的正式性，但是一个条约为了保持有效性必须被恰当地书写，并且由契约方恰当的授权代表签字。国际契约一般来说是用两个名称，即，条约和公约，就像上面所论述的。在平常的习惯中，条约一般涵盖非常广泛的领域，像和平条约、或商业条约、或联盟条约；但是公约这一词仅仅用来指较狭窄的话题如领事功能、邮政安排等等。有时一个条约仅仅被看作是一个政府的宣言或是对另一个条约的答复，或契约方代表签订的联合宣言；甚至，国家间外交文件的交换都可以成为一个有约束性的协定。

五、条约的批准

国际协定，除非是通过君主或握有唯一的条约签订权力的人形成和签字之外，一般来说都不得不经过一个批准过程，这一过程或者是通过君主个人，或者是通过代表国家统治权力的国会。有时由于国内政治的原因或政府任期的改变，以及由此形成的对外政策变化会拒绝批准。当然，对于签约国批准条约是一种道义的责任，而不管其国内政治如何变迁。但是国际政治一般来说行权宜之计，道义只不过是圆滑的外交修饰。这就是为什么在条约被批准以后，国家也不遵守其承诺。对于拒绝批准条约的相对正当的理由是全权公使越权签字，包括新的条约与先前的承诺向冲突、条约与国家宪法不相容、国内和国际环境的突然变化、在条约中发现了错误，这种错误应当阻止起初的签字。

批准一般是通过条约双方相互交换同样形式的书面陈述，并且由被授予最高条约签订权的个人签字。在批准的过程中，提供的条约可能不会照原文叙述，但至少，条约的标题、导言、日期、全权公使的名字和条约的核心要点必须要陈述，以展示它们就是正在被讨论的条约。批准过程直到含有契约方批准的文书交换完成才被认为结束,并且从当日起,条约开始生效。除非特殊情况,一个条约有时可以追溯到签字的时间,而不是批准的时间,尤其是当涉及被割让领土的公民权问题时。

六、条约的解释

条约的诠释和解释规则是最重要的。它们指的是契约方的真实意图和他们使用的词语的意义。所以法律学家已经发展出了特定的关于不确定的措辞的解释规则。大多数普遍接受的诠释规则如下:

1. 如果措辞含有明确的意义,那种意义就应当遵循;除非它在国际条约中有习惯性的意义,否则采纳其技术意义。但是某些词的意义,如果采纳将会导致谬误或与条约的主要原文不一致,那么这种意义就不应该采纳。

2. 如果在两个签约国家中使用的术语有不同的意义,合乎一个国家所作的解释的意义应当被采纳;如果两个国家使用的术语有不明确的意义,那么最合情合理的意义应当被采纳。

3. 当使用的一个词语没有传达明确清楚的意义,他就应当按以下方式之一来解释:

（1）对原文中语句结构延伸出来的模糊性或含糊性,追索条约的一般精神。

（2）在原文中发生冲突时,采纳词语的合理意义而不是字面意义。

（3）可以简单地认为,一个国家不可能把其主权或部分主权交给外国,如果在任何条款中涉及这类问题,必须以清晰、明显的方式加以陈述,否则其效力就是可怀疑的。

4. 在国内法中,私人之间达成的协定为了使其具有效力,必须有与受益价值相等的回报。现在国际协定中,为了使条约具有效力,它必须是在非强迫的条件下签订,并且所获得的每一利益必须有为这种利益相应的交换,否则就有对这种协定批判的余地。当然,许多国际条约是在强迫下签订的,尤其是在国际战争之后强加在战败国头上的条约。这类条约,尽管被胜利者宣称为有效,却总是被所谓受压制的国家提供了谴责和批判的基础,只要有该国家有任何重新计划和计算的时机。

5. 当在条约的不同条款之间存在冲突时,一般的或特殊地强制性条款优先于一般的许可;但是特殊许可优先于一般条款。

6. 当对不遵守协议的惩罚连接着两个禁止条款时,优先选择能够更好地维护协议的条款;但是,如果没有关联任何惩罚条款,具有更高操作精确性的条款优先于不能够精确操作的条款。

7. 当两个条款在本质上相同时,并且没有任何一个有优先权,更重要的条款优先于次重要的条款,除非有一个允许自由选择次重要条款的约定。

8. 当两个相同国家在不同时期签订的两个条约发生冲突时,执行最新签订的条约;但是当两个不同时期签订的条约发生冲突时,早期的条约是高级当局签订的,后期的条约是由次级的主管当局签订的,则优先选择早期条约。

9. 两个不同国家在不同时期签订的两个条约,当后期的条约不能损坏先前的条约承诺时,按先前的条约执行。

七、条约的效力

条约通常在被签约当事人批准时发挥效力,并且一直持续到条约期限的届满为止,或直到其目标达成,或者当条约的目的具有重复性和包含某种重复行为时条约将会产生不确定性,或者直到作为条约规定的永久性国际组织的建立。

国际条约是国家之间的契约,只要是合法缔结的,并且不是损害其他国家的国际共谋,其他国家没有权力干涉。然而,自我防御的国际协定却并不被看作是非法的。它们将持续具有法律效力,只要反常的国际形势持续威胁签约国的安全。

八、无效条约

仍然存在使国际条约变得无效的情形,使条约失效的情形如下:

1. 通过签约方达成共识,比如决定用新的条约来代替,或者决定用后续的条约来代替前者。
2. 通过受益于所谓条约内容的当事方宣布放弃,或者通过保有废止权力方的弃约声明,如商业或联盟条约,或邮政公约。
3. 当条约项目的执行变得不可能,如在联盟条约中,各方由于公开的相互敌对而变成敌人。
4. 当条约签订的情境不复存在时,从而这种条约的目标不再继续保证其效力。
5. 当条约的条款被其中的一个契约方破坏,从而很自然的,其他的契约方则不再有遵守所谓条约条款的任何义务。

九、条约执行的保证

在现代国际组织的出现之前,个体国家总是留心于自身的国家利益。甚至在国家之间有签订的条约时,各个国家依然感到不安全。所以即使条约被签订,也必须采取步骤保证条约的条款的遵循。这样的步骤通常有三步:

1. 交换重要个人作为人质抵押以保证条约条款的遵循。
2. 敌对方占领领土直到条约的条款被执行,比如国际债务偿付的安全。这一实践类似于国内法中房地产抵押,如果债务人在债务偿付过程中不负责任,债权人则有全权处理占有领土。
3. 独立的第三方国家保证条约。主权国家应对自己的行为负责。当局的行为受条约约束。但是,当某些国家的外在行为被能够对其主权施加某种影响的权力所控制和缩减时,它们的主权是不完全的。在这些案例中,它们不被看作完全主权国家,所以,这些国家签订的条约需要能够影响其主权行使的国家来保证。

十、最惠国条款

在商业条约中通常有一个最惠国条款,即此前已经授予或此后即将被授予"最惠国"的当事国相互授予对方所有的权利、特权和利益。当这样一种条款被放在商业条约中,参与这一条约的国家将会要求享有同样的权利和特权,只要这样一种权利或特权被授予任何签约国。但是美国总是声称,这一条款意味着互惠待遇;只有那些给予美国互惠权利和特权的国家,才可以享有最惠国条款的权利和特权。

十一、条约的续签

对于这些条款的期限,条约可能像原始条款规定的那样会自动续签,或通过相互认可的当事国的默许或得到当事国当条款期满后依然会辩论指出遵循这些条约条款的目的。

十二、战争在条约中的作用

一旦宣战或出于任何理由的战争状态成为事实,交战国的正常关系即行停止直到战争结束。所有的条约关系仍会发挥如下作用:

1. 所有性质上属政治性条约,像联盟条约,被战争废除。
2. 有关国家边界的条约或保证国家中立性的条约,除非另行规定,会继续发挥效力。
3. 有关国际合作项目的管理的条约,像邮政服务、引渡、专利保护、或商业管理在战争时期则被中断,战后可能会恢复或再审。

第八章　国际争端及其和平解决

一、国际索赔及申诉

我们时代的这些野心勃勃的国家,正如其他任何时代一样,时时刻刻都醉心于扩大他们的影响力,他们从来都是诡计多端、蛊惑人心的,不论正当与否,对他们的邻国或者想象中的敌人都一样贪求无厌,图谋不轨。这样,当然从他们的受害者当中产生了反欲求,反图谋以及抵抗。结果是,无穷无尽的索赔和诉求交替出现,有些是合理的,有些是不合理的,而且,因为现代环境的复杂性,个人也会产生那些既需要法律也需要自由决定来解决的问题。

一般来说,国际索赔有两种,一种是由本国的公民或者军事服务人员对上述所言的其他国家造成损害的行为引起的;另一种是产生于特定的环境当中,其间个人在外国无法通过合适公正的渠道来获得赔偿。

然而,国家一般不对其公民的行为负责任,一个国家只能给予外国常住居民像本国公民一样的保护。除非一个国家否认了对其外国常住居民的公平待遇,否则就不会有抱怨的理由。但是一个国家要对平时发生的暴力行为负责,除非它能够证实一起暴行已经开始,而且这起暴行无法控制了。

国际索赔一般经由外交渠道来解决,在涉及的所有国家当中,是不能随意拿主权来说事,但是如果主权国家对一个外国居民采取了行动,则该名受害者可以针对它提出反索赔;然而,针对外国政府提出索赔的事情必须通过本国外交机构办事处来处理。在这样的情况下,公民可以填写一份请愿书,递交给他自己国家的外事机构,陈述索赔数额及其相关证明。外事机构审查这些案件,如果认定其索赔是正当的,它就会通过外交渠道要求外国政府予以关注,相反,则要求正当权威或者个人来调整他们的索赔要求。如果案件仅仅是一种普通的商业条约索赔,外事机构就不会如此热心地交涉,因为提出这样索赔的人一般早已知道卷入其中的风险。

二、国际争端和平解决的途径

现在,尽管我们努力寻求国际和平,增加国际组织的数量以抑制战争,国际争端却仍然在不断增加。当国家间产生争端,它可以通过下面的任何一种方法来解决,而不诉诸战争:

1. 通过相关国家的直接谈判。

2. 通过第三国家的调解。

3. 通过仲裁。

当两个国家把争端提交仲裁,仲裁的范围和条件须符合相关国家先前的一致协议方可提交给仲裁者。如果利益相关的当事者尚未有仲裁的共识时,那么仲裁者应该根据当地法律条例进行裁决,并安排自己的程序,而且如果仲裁者是由许多人组成的话,那么他们的决定就应该由其中大多数人的意见决定。

当组成仲裁法庭的时候,有关国家要么选择一个外国君主或者元首作为核心的仲裁者,要么选择一个或更多的个人来担任其职,要么全权委托给特定的国家来组成仲裁法庭,并选择其仲裁者,其中仲裁者的数目应为奇数,以防出现平均的得票结果。当一个国家元首被选为核心的仲裁者后,他可能委派特定的一些人作为代表来制定决议,并以其名义来发布。由核心仲裁者或者仲裁法庭商定的决议必须义不容辞地施行,并依决议约束当事者。

仲裁进程将终止于以下情况:仲裁者的死亡,除非已制定了产生新的仲裁人的规定的情况;或者双方由于原仲裁者的死亡、辞职,或者免职,为产生一个新的仲裁者所达成的新协议的时候。

三、国际争端的非战争解决途径

除了调解和仲裁的途径外,还有两个非常普遍的措施,允许一个国家采用以避免邻国做出侵犯其国家利益的行为。这就是反报复和暴力性报复。

1. 反报复。反报复是由受打击的国家针对另一国家的国民或者民族,以同样或相反的方式进行挑衅的一种报复行为。比如 A 国对 B 国课以重税,B 国也可以对来自 A 国的进口施以类似的重税。反报复,在当今的时代背景下施行,尽管是不友善的,但当一个国家用于对付不友好的邻国或者潜在敌人时,确实是一个国家的权利。

2. 暴力性报复。暴力性报复是指一个国家大规模抢夺另一国家的财产或人员,用来补偿或者满足后者对它造成的损害。暴力性报复可以通过下列的任何一种方法完成,或者在下列条件中实现:

(1) 因受损失,对制造侵略的国家或者其国民的财产进行等值没收。

(2) 为了迫使该国家匡正罪恶,对其国民或者民族施行的暴力行动负责,而没收其财产。

(3) 因一个国家对另一个国家的严重冒犯而中止条约。

(4) 报复国对停泊在其港口的侵略国的船只实行禁运。

(5) 搜捕公海上来自侵略国家的船只,当这些船只受到禁运或者捕获,它们仅仅是被拘留,除非是战争爆发,可以没收这些船只,否则就应该在达到目的后放行这些船只。

(6) 对作恶国家实行和平封锁,或者除战争外的压制方法。这通常是由许多国家对一个国家采取的联合行动,尽管他们还和平相处。这是通过封锁作恶国家的海港口或者某段海岸线来完成,以达到迫使其接受处理国际问题的某些条款。

四、依据联合国宪章和平解决争端

现如今,自1945年成立联合国以来,国际争端的调解和仲裁都已发生了变化,现在是由安理会和联合国大会处理争端。为了更清晰地理解联合国和平解决国际争端的程序,我们需要在此引介《联合国宪章》第六章关于和平解决争端的规定,摘要概述如下:

任何争端之当事国,于争端之继续存在,足以危及国际和平与安全之维持时,应尽先以谈判、调查、调停、和解、公断、司法解决,区域机关或区域办法之利用,或各该国自行选择之其他和平方法,求得解决。安全理事会认为必要时,应促请各当事国以此项方法,解决其争端,并得在国际法庭宣判之前调查任何争端或可能引起国际摩擦或惹起争端之任何情势,以断定该项争端或情势之继续存在,是否足以危及国际和平与安全之维持。

联合国大会也会充分考虑引起其关注的事项,并提议联合国安理会进行调解,非联合国成员国也可以把他们的争端移交给安理会和联合国大会,以便和平解决或调解。在这种情况下,安理会和联合国大会应该紧密合作。无论什么地区出现影响国际和平的危险时,联合国大会会要求安理会予以关注,但是除非安理会要求,否则联合国大会不必提议。联合国大会休会期间,安理会通报联合国成员国,在事情没有进一步发展时,安理会应该停止处理此类事务。

五、对威胁和平和侵略行径的防范

在联合国的有关规定中,安理会也被授权采取除战争外的激进措施,来防止对和平的威胁,对和平的破坏,或者侵略行径。《宪章》第七章第39条到54条就是关于联合国处理此类事务的主题。有关这一章的内容概述如下。

当发生任何威胁和平或者破坏和平,或者侵略的行动,安理会可以采取除动用军事力量外的任何应对措施,但是当这些措施像在1950年的朝鲜事件,1961年的刚果事件那样不足以应对形势时,届时可动用陆海空的力量来维持或重建国际的和平与安全。

安理会采取这种行动时,联合国成员国有义务为实现和平而采取的联合行动提供装备,或者捐助,或者提供军事力量。一旦采取这样的联合军事行动,就应该产生一个军事顾问委员会,在安理会的授权之下,指导或指挥他们的军事行动。这种行动可以由联合国的所有成员国或者一部分成员国来参与。

如若遭受到一个国家的侵略,成员国可单独或联合采取相对应的行动来自卫,直到安理会采取必要的手段。但是这种自卫行动必须及时汇报到安理会以便更进一步地采取行动。

  为了维护和平,除了经由安理会和联合国大会直接干预,寻求和平解决国际争端的努力外,区域性国际组织在遵循联合国宪章的前提下建立并服务于同样的目标。安理会也会支持和鼓励这样的区域性国际组织作为维持国际和平的手段。但未经安理会授权,这样的地域性组织机构无权采取军事行动。地域性组织或机构,必须始终如一地向安理会汇报其为维持国际和平与安全所采取的一切行动和方案。

  自联合国建立以来,许多为维持国际和平的机构都成立起来。但局部战争仍在蔓延。目前的东西方冷战随时都有可能导致另一场世界大战。因而,战争仍然是人类的疾病,而且仍然无法避免。所以有必要在现有环境下研究战争规律。

第九章　作为解决国际争端合法手段的战争

一、战争作为自我毁灭的手段

纵观人类历史,国家、王国、帝国、王朝和政权都是兴于战场又都毁败于战场。在建立一个帝国的进程中,无数生命为之牺牲。战争,无论正义与否,都是残酷和暴虐的。战争作为一种达成国际正义的手段应该受到谴责。应该有一种规定或者一种法律,使战争变得不合法,使发动战争的人受到严惩。在过去的五十年中,富有远见的政治家和国际法专家都在思考这一问题。结果是,国际联盟(The League of Nations)组建起来了,尽管它现在消失了,但是它们为现在的联合国组织的建立奠定了基础。可是,虽然联合国成立了起来,战争作为侵略和声张民族权利的手段却依然盛行,这真是不幸之至。

既然战争作为一种合法手段尚未被废除,那么当国家间的矛盾不能和平解决时,它们就会意识到发动战争是不可避免的。当一方采取某种暴力行动而另一方认定这是破坏和平时,或者双方同时付诸于武力时,战争就会发生。战争是一种有规律的暴力,或是一种被认可的影响国际协议的手段。直到战争的一方以失败告终并且愿意接受由另一方强加的和平时,战争才会结束。

如今,尽管我们有各种各样的为和平而建的国际组织,战争仍然无法避免,因为这样的一些组织依然缺乏管理的和司法的权力去强化他们的命令,结果使得有关国家受侵害时,也只能由他们自己去算计补偿。

二、战争的定义

如果我们试图去制定一个法律规则来控制战争,那么我们就应该清楚地界定战争的要素有哪些,以便对该补救的方面提出补救,这样的一个法律规则要包括以下诸点:

1. 为侵略和战争下定义。
2. 提供制止此类侵犯的手段。
3. 提供包括使用武力等手段来惩罚战争罪人,尤其是建立一套国际警察系统来执行这个任务。

但是如果在这样一个法律规则制定之前,所有维持和平的手段都失效、战争已无法避免的情况下,每一交战国也许仍然受到现有的关于战争的国际法律法则的约束,这些法则包括下文将提到的几点。

三、战争的基本准则

1. 战争状态始于一个交战国向另一个交战国下战书的时候,此即表明对抗行为开始了。如果没有这样的时间限定,一般认为就是第一次对抗行动发生的时候。

2. 战争开始之际,双方的合法地位都是一致的,都享有平等的权利。

3. 战争一旦开始,无论是宣战还是没有宣战的,双方的命运都危如累卵,因此,双方都将无视对方的独立权利。

对抗行为的目的是摧毁敌人的抵抗力,因此抓获战俘就等同于夺取敌国的部分资源,来摧毁其抵抗。

战争状态一旦出现,交战国马上就拥有以军事力量来防御和抵抗的权利。军事行动可在陆地上、海面上和空中展开。

4. 理论上讲,交战国的所有居民都会被敌国视为敌人,现如今,根据一项罪罚减轻原则,交战国的平民不再被视为实际上的敌人,他们仅仅是在偶然中成为敌人。但是他们被分为参战人员和非战人员。非战人员是一个国家的民众,是不准许敌国故意残杀和虐待的。

但是军队成员是参战人员,他们会被杀戮或者俘虏,而且一旦被俘虏,他们会受到严格监视,而那些不是军队成员的人,会被当作是非战人员。然而,当一个交战国军队侵入敌国领土,它会将所有居民当作是参战人员,因为在敌国领土上,被侵犯国家的居民受爱国之念,任何时候,都有可能发生群体抵抗行动,因此这样的人群都将被视为参战人员,尽管他们不是在正规部队里面。但是一般而言,为了达到统一认定战士资格,这些被设想的参战人员必须有以下特征:

(1) 经国家授权。

(2) 具有正规战士的特定的外在特征。

纵观人类历史,为使战争成为主权国家唯一的权利,在战争中,任何个人行动都仅被视为代表他的国家而行动。尽管在战争开始之际,政府通常作一声明,鼓励它的所有公民拿起武器反抗共同的敌人,但是为了避免出现不规范的征兵,以及那些对其祖国的危害甚于其对敌国危害的亡命之徒和暴民,只有那些遵照政府明确命令的人才被认为是规范的参战人员。

四、参战部队和游击战

近年来,由于游击战术的发展,对战争规则进行了一定修正。因此,如果一个战斗群体有以下特征,那么它的成员可当做战士:

1. 该群体有一定的规模。
2. 该群体是被充分组织起来的。
3. 该群体有一位通晓事理的指挥官。

4. 该群体采用统一和可识别的标志供其成员使用。

1899年和1907年的海牙会议,相继地公认民兵和志愿兵如果能满足以下条件,也可以被视为参战群体:

(1)由一个领导发号施令,这个领导对其下属所作所为负责
(2)拥有固定并且可辨别的集会场所
(3)公开携带军事武器
(4)正在采取一些与有关战争的习俗和规定相一致的行动

在海牙会议的规定之下,发生外国侵略,民众没有充分时间有效组织,而是自发组织起来抵抗侵略时,如果他们公开拿起武器,并遵循战争规则和惯例,他们会被看作是参战人员。

五、战俘

参战者由于受到战争法则的约束,他们现役期间,可能会被俘获或杀戮。但是,当他们因受伤而丧失战斗能力或者愿意投降时,他们就不应该受到虐待或者杀戮。当他们生病时,交战国甚至要像照顾自己国家的伤病员一样照顾敌国的伤病员。这一原则在1864年的日内瓦公约中明确规定,现在这一规定已受到普遍遵守。

在这一公约下,必须收养和治疗伤病员。当他们在战场上或者军事医院里或者转移中的医院船上,应该把他们看作是中立的。当他们恢复健康,但不适合继续军队服役时,尽管还在敌国手中,也必须允许他们回到他们自己的国家。

有伤病员留住疗养的战地和军事医院是战争中的中立方。

为战俘自己的安全看护起见,战俘遵行这样的规定,受其严格管制,实有必要。他们可被拘留在兵营、堡垒或者露营里,但不是被监禁,除非他们试图逃跑。在逃逸中,如果重新被俘,他们或许会受到十分严厉的管制,以防他们进一步的逃跑,但不是监禁。投降并不意味着永久监禁。为维持秩序和纪律,对战俘进行某种程度的惩罚是准许的。

战俘由监禁他们的国家供养,他们有时会被雇佣,会收到金钱形式的补助来支付供养他们的部分开销。

这样的战俘会被准许自由地生活在一定的限制性区域内,会被释放,会在凭誓获释下被送回其祖国,或者他们自己庄严宣誓不会越过指定的疆界,在一定期间内或战争中不会对俘获他们的国家做不义之事。一个自愿接受释放他条件或者凭誓获释的战俘,如果在战争结束之前(在战场上)被敌人再次俘虏,可以被处以死刑。

六、陆空海的常规战

陆地上的战争一般是由正规军队展开。这样的军队是参战者长期组织起来

的有机体,他们的成员身穿制服,并佩带标示身份的勋章,在开展军事行动时遵循已有的战争法则。

空中的战争是由空军展开,空军也是一个国家正规军事力量的一部分,但可独立作战,或者辅助陆军或海军作战。

海上的战争一般是由一个国家的海军展开。但是,以前的武装民船也用于海军的军事行动。武装民船是私人船只,战争中,船长经授权可以执行海军军事行动,这是战争法则所准许的。船员穿着跟海军一样的制服,并经短期授权,但不能组成正规海军的一部分。

武装民船之所以被允许使用,是因为一个交战国有权使用所有的武力反抗它的敌人。但是在战争中使用包括武装民船在内的对抗敌人的任何武力方式,有着一些不能逾越的原则:

1. 必须禁止使用有毒武器。致命的或造成没有必要痛苦的武器,像用钉子或者烙铁装塞枪支,是受禁止的。

2. 无论是非定点自动地雷还是定时地雷,除非这些地雷经过一段特定的时间后,或者引线一旦被拆除后变得无害,才能投设。

3. 鱼雷必须确保在没有击中目标的时候不会产生危害时,才能使用。

4. 在敌国海岸外的投设的自动鱼雷,如若唯一的目的是阻碍运输和商业,则不得使用。

七、间谍

在战争中使用间谍是准许的。但是成为一个间谍是件不光荣的事业,因为获取情报的手段经常是卑劣的,这种手段不会为绅士所用。间谍是指为获取军事情报提供给雇用他的军事首脑使用,而秘密渗透进敌军阵营或者潜入敌国,或者伪装在敌国工作的人。身穿制服的人不可能是间谍,他们甚至在给他们自己的军队送情报的路上,可能会迷路或者误入敌军疆界。所有的间谍都是混入平民中,秘密进行工作的。

八、军事占领

在战争期间,如果一个交战国占领了它对手的领土,它就有权治理这块被占领地,作为这样的领土的占领者和统治者,交战国有以下责任:

1. 维持公共秩序和安全。

2. 要尊重占领地的大部分法律,除非是军事需要,可以另有所为。

3. 要尊重当地居民的生活、自由、财产和信仰,除非是军事需要,可以另有所为。

4. 征税仅以当地政府已有的税率原则为根据。

5. 在必要的情况下,为维持军事占领而苛捐,但是除非是由当地人集体犯错,否则集体惩罚是禁用的。

6. 在必要情况下,可以通过军方征用来维持占领,但必须用现金或者收据,以便随后的结算,或者可以在和平协议上注明事项。

7. 占领军征税、苛捐、征用的权力仅限于政府和占领军的局部需要。

九、没收敌军财产

当占领军的军队进入敌国领土,如何没收敌国财产要根据以下原则:

1. 没收任何可动的公共资产,尤其是用于传递新闻信息的工具或设备。

2. 用于通讯和运输的私人工具或设备也应当被没收,但是在战后,必须安排给其赔偿或支付。

3. 占领军有权使用或聚收不动的公共资产所产生的利润或收益,但无权处置它们。

4. 所有的公共行政组织机构,像邮政局、民用工厂、法庭或者其他政府办公室,必须继续运作,除非是绝对的军事需要可以要求暂时中止运作。

5. 除非在绝对必要情况下,否则通过中立国家领土的海底电缆不应被没收或者破坏。

6. 敌国在海上的资产,如船只可被没收或者出售,在必要时也可被毁坏掉。但这种没收的合法性必须取决于处置前的评估法庭的评估。

被俘获船只上的船员,以前是战争犯,但是现在根据海牙会议的原则,只要他们不会继续参与战争,他们就可以被释放。

7. 敌国船只上的敌国物品应被没收,但是中立国船只上运输的敌国物品,或者敌国船只上的中立国物品,应当被免除没收,除非是战争的禁运品。但为了宣称免除特权,这样物品的特征必须经明确证实,因为在海运过程中这类产品的名称可能被更改。

8. 船只的所有权是通过其悬挂飘扬的国旗表示出来的,在战争中转换所有权或者出现前述的对抗行为,就会有试图躲避捕获的嫌疑,船只仍然也会被没收。

十、毁坏敌国财产

毁坏的确也是战争之下的一个问题。但是,它可以在以下范围内谈论:

1. 为巩固防御地位或者加速进攻敌军据点,破坏房子或者建筑物是允许的。

2. 如果不是为了军事目的而去破坏资产是非法的并且是受到禁止的,对没有防御性的住处、乡村或者城镇,这一原则也是一样适用的。当毁坏一座城市或者一个城镇的时候,交战国必须尽力不去破坏学校、教堂、博物馆、纪念碑和医院,这些是给伤病员治病疗伤的地方,但是这类建筑物应当有可见的特殊标志,而且要事先和围攻者沟通协调好。

3. 当绝对需要为防御和保存力量,毁坏财产是允许的。

在战争规则和惯例中,允许以欺骗手段反对敌人,比如打击敌人之前误导敌人,诱使其投降,骗其撤出其控制领地,使用其徽章动用军队行动或逃离其控制,但是使用敌军制服时候,还必须在制服上做一明显标志,以便在遭受打击之前被识别出来,当船只使用敌国国旗时,发动攻击之前也应该挂起他本国的国旗。如果没有遵循这些原则,会被视为没有荣誉感。此外,国家与国家之间,即使在战争中,必要时也应该通过特定标志或特征彼此继续保持联系,但这些特征不应该是滥用于欺骗敌国。

十一、战争结束与和平条约

战争是一种令人极其讨厌的状态,迟早肯定会结束的。它也许在发生以下条件之一时结束:

1. 一个交战国征服它的对手。
2. 交战双方互相妥协。
3. 达成停战协议或和平条约。

战争尽管在出现上述任何条件时也许会停止,但是直到和平条约的签订和批准时,才算是合法停战。如果一项和平条约尚未达成,交战国之间形式上仍然是处于战争状态,任何时候对抗都可能重新开始。

然而一旦缔结了和平条约,所有的对抗必须结束,不再有苛捐、征用或者来自被占领敌国领土的捐助,征税的欠款或者来自被占领敌国领土的捐助也都必须立即停止。但是在没有制定出释放战犯的程序之前,所有战犯或许不能立即释放,以便预防出现个别战犯依然行凶的情况。

一项和平条约无疑对发生战争之前的行为有以下影响:

1. 它解决引发战争的原因,为从前是交战的双方,建立未来关系的新秩序。
2. 它使交战国之间所有其他因战争而中断的条约盟誓重新生效。
3. 它使所有个人权利和义务重新生效,并恢复各种曾被中断的包括对个人权利的补偿,但那些在战争中或战争前已被废止的除外。
4. 战争中的所作所为都会影响和平最终达致或者斗争结束的时间,尽管这些作为是那么地无视和平的存在,如今都已变得毫无意义,一切都已落定于现状。任何从那时开始造成的伤害必须由罪犯自己或者他们的政府对其补偿,但是无视和平的对抗行为并没有使战犯有犯罪的责任。然而,占领的领土必须交还,由毁坏造成的损失必须予以补偿,俘获的船只必须归还。

第十章　平时中立和战时中立

我们仍然生活在一个国际性的野蛮时代,其间所有国家都是依靠武力建立和维持的,野心勃勃的集团或国家很容易卷入战争,除非它们的统治者有足够的敏锐和警觉性,避免卷入战争。不卷入战争的方法之一就是保持中立。因此在国际法中发展出两类中立原则,一类是永久中立,另一类是战时中立。

一、和平时中立

1. 国家的永久中立。

永久中立是由较强大国家通过条约协定的,旨在防止在特定区域内(像跨国河流或者跨洋运河)发生特定的国际摩擦,并由此可能会引发战争等情况的出现,同时为了保护特定的一些国家,经常是弱小国家在此类国际摩擦和战争中受到强大国家的破坏。因而,瑞士于1815年永久中立,比利时于1831年永久中立,卢森堡于1867年永久中立。在1885年的柏林法案中,刚果地域可以在任何时候中立,只要地方当权者可以宣告这样做,向他们承诺的国家也将尊重这样的中立。

在永久中立的条约中,签署者通常承诺他们自己会确保中立国家的独立性。他们也会将一些义务强加在中立国家身上:不做反对任何其他国家的事情,或者不做任何与其对所有其他国家中立立场相违背的行为,这些行为包括政治结盟,或者卷入与其他政府的任何有利的政治合作,甚至加入与其他国家的关税联盟。除了这样的保留外,一个中立国家仍然保持着完整的国家主权。但是在受到攻击情况下,中立国家可以保卫本国。在这样完整的国家主权和自卫权利的基础上,中立国家可以建设防御工事,保持军事装备,来保卫他们的领土,维护他们的独立。为了防止出现受到攻击的情况,一个中立国家可以引用中立条约,并要求签约国家予以援助。因此对一个中立国家而言,这样的中立条约等同于防卫条约。但是这样的中立条约只是对签约国有着文件上的约束。当只有一个国家签订这样的条约时,它仅仅是约束这个国家在中立国受到攻击时,对其予以防卫。任何签订这样一个中立他国条约的国家,都要保证那个国家的中立性,为了防止出现受到来自其他地方甚或签约国的攻击或者以武力威胁该国放弃其中立,担保的国家都必须去阻止这种压力或者攻击。

2. 跨洋运河的中立。

所谓的跨洋运河的中立,意味着所有国家在任何时候可以自由使用运河,无论是商业的还是交战国的船只,都可自由通行,而这样的运河入口处或者近处不允许发生敌对行为的话。在这一基础上,苏伊士运河成为中立跨洋运河是由1888年的《君士坦丁堡公约》①所规定的,这份公约由九个国家联合签署。公约的基本原则后来在1902年《海约翰-庞斯福特条约》②中得到阐述并写入其中,使得巴拿马运河得以中立。这一新条约的主要特点包括以下要点:

(1)运河应该由所有国家自由使用,无论是商船还是军船只要缴付标准的通行费都可自由使用。

(2)运河不得被封锁,运河区内也不该有任何对抗行为发生,除非实在有必要,船只的通行应该受制于规定的最少滞留时间。战利品的运输应该受制于跟战船所受制的同样规定。

(3)不允许任何一个交战国在运河区域内装载军队,装卸军需品和战争物资,除非是在运输中碰到意外障碍,即使如此,这样的运输也要继续而不能耽搁。

(4)这一条约的规定应该应用于运河所有临近水域以及每一河尾的三海里以内。所有交战国的战船在这样的水域内的停留时间不得超过二十四小时,除非是危难的情况,但也要尽快继续航行;但是一个交战国的战船不能在另一个交战国的战船出发后的二十四小时内出发。

(5)无论是在和平时期还是在战争期间,建设、维护或者运转运河所必须的所有设施、设备、建筑物或者机件,应该完全不受交战国攻击、损坏或削弱运河使用行径的危害。

虽然这一条约刚开始是由美国和英国签订的,美国政府为了加强运河的中立性而决定对它进行设防。但是当美国成为战争的其中一方时,无论如何,美国政府当然不会允许它的敌人来使用运河。

二、战时中立

当一场有两个或更多国家参与的战争爆发后,那些不是战争成员的国家变成了中立的国家。这意味着他们是这场战争的非参与者。中立国务必要避免协助交战国的任何一方,也务必要避免损害交战国的任何一方。中立国是与战争

---

① 《君士坦丁堡公约》是一部关于苏伊士运河自由通航的国际条约。1888年10月29日德、法、意、西、荷、俄、土[奥斯曼帝国]和奥匈帝国在土耳其的君士坦丁堡签订。英国于1904年加入。1869年苏伊士运河正式通航后,一直由英法两国所控制。各国签订此约的目的在于保证一切国家在任何时候都可以使用该运河。——译者注

② 正式名称为《美国和英国关于促进建造通航运河的条约》,1900年由美国国务卿约翰·海和英国特命驻美全权大臣庞斯福特代表各自政府在华盛顿签订,1902年正式生效。条约规定了巴拿马运河的中立化。——译者注

中的双方都是和平共处的,同样地,也必须对他们履行和平的职责。

主权国家对其领域内发生的一切行为拥有唯一的权限。但是它并没有义务去受理发生在其疆界之外的事情,也不对其国民在本国领土之外的所作所为负责。中立国有权管辖本国船只,但是这些船只在公海上的所作所为超出了它的控制范围,它仅仅对那些特殊的船只的所作所为负责,这些船只也可能被捕获。尽管某些特定行动可能会发生于中立国的海岸,但是一旦这样的船只或者个人超出了中立国的疆界,中立国就无须对他们的行为负责,而只有那些相关的船只或者个人对他们自己的作为负责。

1. 中立原则的历史发展。

在中立法则的早期发展中,美国的作用是最大的。当时美国联邦政府建立,欧洲却经常是战事不断,因此这个新成立的国家就表明它的中立态度。在1794年通过了中立法案,1818年进行了修正。这一法案有以下一些基本点:

(1)禁止美国公民接受或者行使服务于任何一交战国的使命。

(2)禁止在美国领土内征募士兵或水兵、滞留征募人员、为交战国装配或者武装船只、发行此类船只的委任状以及军队扩充和远征筹备。

在美国内战期间,美利坚联盟国①在英国集结了一些船只旨在干扰美国在公海的商业往来,美国政府要求英国政府对此负责,但是英政府拒绝负责,最后双方达成仲裁,解决问题所运用的原则就是美国中立法案所表述的原则。著名的"阿拉巴马号索赔案"就是根据华盛顿条约原则得到解决的。华盛顿条约体现了美国中立理论精神,并作为权威推行。

2. 中立原则的盛行。

如今,在国际法中与中立有关的有三个主要原则:

(1)中立国家对交战国的责任。

国际法中的中立原则或多或少参照了在1794年中立法案得到阐述的美国模式,并于1907年的海牙会议上编成了法典。在这些会议精神下,中立国务必要避免在其领土范围内对战争中的交战国做出以下行为:

a. 准许军队征募新兵;

b. 允许其港口和水域作为海军训练的基地;

c. 提供战舰、军需品或者任何战争物资;

d. 允许装配或武装船只,并且有理由相信这些船只是蓄意针对另一个交战国的敌对行动;

---

① 美利坚联盟国(英文:the Confederate States of America),又称邦联州、CSA、邦联,是自1861年至1865年美国内战期间,由美利坚合众国分裂而出的国家。它由今天美国南部的一部分地域组成。在其短暂的时期内,一直为着自身存亡与合众国作战,故联盟国并无确切的北部边界。其南部边界与墨西哥北界一致,东西边界则是墨西哥湾和大西洋。——译者注

e. 直接或间接地做出增强任何一交战国的军事力量的行为；在战争后期，进入其领土内任何交战国的军事力量必须被拘留或者限制军事行动

中立港口必须对交战国双方公平开放。不允许任一交战国的战船在中立港口停留时间超过二十四小时，除非是天气恶劣或者船只损坏，但无论如何，必须解除这样的船只的武装。任何一交战国不得有超过三只以上的战船同时停泊在中立港口。如果属于交战双方的战船或者商船同时停泊在中立港口，其中一方船只的离港与另一方船只的离港时间应该相隔在二十四小时以上，以防中立港口被用于非中立行动。除了补给航海所必须的煤或食物外，中立港口不得装载战略物资。没有按中立法公认的规定离开港口的船只，在战争期间，交由中立国拘留。一旦当地规则得到执行，它们必须平等施用于交战的双方。战利品不应该运进中立港口，除非是不适于航海的物品，受到天气的影响，或者因为燃料的匮乏。

（2）交战国对中立国的责任。

应用于中立的第二个原则包括交战国的责任不是在损害对手的情况下为它的支持者提供便利。这些责任包括以下要点：

  a. 中立国的领土不能受到交战国的侵犯，也不能被交战国用于谋取私利。

  b. 交战国的军队不准进入中立国的疆界。

  c. 中立国的海域内不准用于攻击敌人或捕获船只。

  d. 用来定罪敌方船只的捕获法庭不应该建立在中立国领土上，也不应该设立在中立国水域的船只上。

  e. 不允许交战国在中立国的领土范围内或者中立港口和水域内建立电报机，无线电，或者广播电台，用来联络武装力量。

如果交战国侵犯了中立国家的中立，后者有权采取任何必要手段来获得其中造成的损害的补偿。另一方面，如果中立国在损害交战国一方的情况下，直接或间接地为交战国另一方提供援助，那么中立国就要对交战国一方由此造成的损失负责。

三、交战国干涉中立商业往来的权利

设若中立国家对交战国双方都是公正对待的话，那么中立国与交战国之间的商业往来，就不应该受到干涉或者附加任何责任。不过，也有一些特定的事情是中立国对交战国任何一方都不能做的，那就是提供战争贷款或者配备战略物资。但是，中立国不对其本国公民向交战国任何一方提供资金或者战略物资的行为负责，如果公民做这样的事情，得他们自己承担风险，而且这样的战略物资在公海域内运输的话，是受查收和禁止的。

第十一章 战争封锁和禁运

一、封锁原则

封锁是交战国其中一方为了阻止贸易往来以摧毁敌军抵抗,采取使敌方领土的某特定部分或某海港丧失自主性的一种军事措施。但是,军事封锁的有效性必须通过使用充足的海军力量来防止船只靠近敌方海岸。只要维持充足的海军力量,以使进入封锁领域的船只处于危险境地,这种封锁被看作是有效的。

封锁为了达到对中立方产生约束作用,必须以正式的声明来达到这种效果,而且要通报所有的中立方。封锁开始有效的日期,封锁的地理限制,以及允许中立船只通航的时间都要公布。地方当局和在港口的外国领事也都要通知到位。封锁经过如此声明和通知后,进出封锁港口的任何船只都要对冒犯封锁线负责。但是,除非是直接闯入封锁港口,否则中立船只是不可能被捕获。

二、对敌方在公海上的物资的没收

战争时期对往敌方港口方向的领域封锁和中立物品的查收,其目的就是前述所言的摧毁敌军的抵抗。因此如有中立船只用于运输敌方部队或个人、以任何方式进行物资协助或提供其他非中立服务去帮助战争中的一方,便会受到另一交战国的捕获。

关于对公海上禁运产品的捕获,依据所谓的连续航程原则①,怀疑禁运物品通过转运最终到达敌国的话,甚至也可以捕获驶往中立港口方向的中立船只。当然,这是个有争议的话题,但是通过1908—1909的伦敦海军会议(这个会议把物品分类为绝对禁运品,相对禁运品和非禁运品),以及现在所遵循的《伦敦宣言》的框架,关于捕获这个问题变得简单多了。

三、《伦敦宣言》

《伦敦宣言》在建立一套与影响中立国家的海战有关的制度方面,迈出了伟大的一步。这一宣言被看作是1908年12月到1909年2月之间在伦敦举行的海军会议的一个成果。召开这次会议的缘由是1907年的海牙会议,达成了建立国际捕获法庭的协议。为了平稳操作法庭,有关这样的事项如封锁、违禁和战利

---

① "连续航程",即运载船只先到中立国港口再开往敌国港口。

品的特定的规则应该建立起来。这一会议非常成功,详细阐述了这样一套普遍规则,平衡了当时所流行的涉及这些主题所有相冲突的观点。因此《伦敦宣言》是关于违禁和中立服务的最具有权威性的论述,就像海牙公约在关于国际战争普遍规则的地位一样。

1. 绝对禁运品。

根据《伦敦宣言》的第二十二条,下列各项被列为绝对禁运品而不需另行通告:

(1) 各种武器(包括狩猎用武器)及其重要部件;

(2) 各种炮弹、炸药和子弹,及其重要部件;

(3) 专供战争使用的火药及炸药;

(4) 炮架、弹药车、曳引车、军用货车、战地冶炼装置及其重要配件;

(5) 具有明显军事性质的衣物和器材;

(6) 具有明显军事性质的各种马具;

(7) 可供战争用的马鞍、辔畜和驮畜;

(8) 扎营用物品及其重要的配件;

(9) 装甲板;

(10) 军舰(船只也包括在内)及舰艇上专用的重要配件;

(11) 专为制造军火、生产或修理武器或陆上、海上军需材料用的器具和器械。

2. 有条件禁运品。

根据同一宣言的第24条款,以下事项被声明为有条件禁运品:

(1) 粮食;

(2) 喂牲口用的饲料和谷类;

(3) 军用衣物、衣料和鞋靴;

(4) 金币、银币;金条、银条;纸币;

(5) 军用车辆及其零部件;

(6) 各种船只,汽艇和小船;浮动船坞,船坞的部件及其组成部分;

(7) 铁路上的固定器材和车辆,以及电报、无线电报和电话器材;

(8) 气球、飞行器及其重要的部件,以及被认定为供气球、飞行器使用的附件和器材;

(9) 燃料和润滑油;

(10) 非专供战争使用的火药及炸药;

(11) 有刺铁丝以及装设或截断上述铁丝的工具;

(12) 马蹄铁及蹄铁材料,马具及马鞍;

(13) 双筒望远镜、望远镜、精密计时器及各种航海器具。

3. 通知情况下的有条件禁运品。

所开列的物品以外的在战时以及平时均可使用的物品,可发布宣言,附加在有条件的禁运品表中。甚至食品在提前通知下,也会被规定成为有条件禁运品,但是英国拒绝接受这一理论。

根据《伦敦宣言》第28条款,没有被列为禁运品的有:
(1)原棉、羊毛、丝、黄麻、亚麻、大麻和其他纺织业所用原料及纱线;
(2)油籽和坚果及椰子仁干;
(3)橡胶、松脂、树胶、虫胶及蛇麻草;
(4)生牛皮、角骨及象牙;
(5)天然和人造肥料,包括农业用的硝酸盐和磷酸盐;
(6)矿石;
(7)泥土、黏土、石灰、白垩、石头,包括大理石、石板和砖瓦;
(8)瓷器及玻璃;
(9)纸及造纸材料;
(10)肥皂、油漆、颜料(包括专供制造颜料用的物品)及清漆;
(11)漂白粉、纯碱、苛性钠、芒硝、氨、硫酸铵及硫酸铜;
(12)农业、矿业、纺织及印刷机械;
(13)宝石、次等宝石、珍珠、珍珠母及珊瑚;
(14)钟表(精密计时器除外);
(15)时装式样及奢侈商品;
(16)各种羽毛、毛发、鬃毛;
(17)各种家具、装饰品、办公家具及附属物。

四、公海上被捕获的船只

触犯封锁或者装载禁运物品的中立船只一旦在公海上被捕获,必须移至港口,交由捕获法庭审查其合法性。在极其特殊的情况下,捕获的船只会被捕获者毁于公海。发生此类情形,捕获者必须向法庭证明毁坏船只的必要性,否则船主或者有关个人有权利获取关于船只和物品的赔偿。

公海上船只被捕获的原因有以下方面:
1. 试图进入或者驶出封锁港口而触犯封锁。
2. 装载禁运物品超过它所装载的总物品的二分之一以上。
3. 被敌国政府租赁或者控制以用于运输目的。
4. 从事帮助一方交战国而削弱另一方交战国的非中立服务。
5. 在战争,航行中或者在封锁港口内,将船只所有权从敌国转至中立国。

在所有这样转让物资的情况下,善意原则是评断的关键,如果说转让并非基于善意原则的话,那么它就是无效和非法的。

五、捕获法庭及其运作

检查捕获或者所有权转让的合法性的地方是在捕获法庭。交战的国家一般都会设立他们自己的捕获法庭来裁决此类案件。在美国中,此类案件交由联邦地方法院处理。由交战国家设立这样的捕获法庭也许会有支持他们自己的利益的偏见,但是如果他们的裁决不公正,有关的中立国家可以抗议,或者对交战国施加压力迫使其纠正这一不公平。正因为这样的抗议,许多此类案件得求助于国际仲裁,这些案件会受到国际仲裁委员会的重新审查。

考虑到需要建立一个独立和公正的捕获法庭的必要性,1907年的海牙会议达成了建立国际捕获法庭的协议。这个法庭由15位法官组成,每个海上强国都有一个永久成员资格,弱国是轮流当代表。这个法庭的主要功能是听取和判决那些由交战国国内捕获法庭判决,但被认为不是根据国际法进行判决的案件。美国的高级法院,因为它受到宪法约束,是不会接受国家捕获法庭重新审理美国联邦法庭的判决的。因此美国政府在交由国家捕获法庭审理案件方面是有所保留的,这些案件的受理不能被当作是上诉,而仅仅是审判。

六、国际法的可疑效果

现在,只要我们仍然生活在一个国际关系是由武力而不是法律统治、战争仍然是国际争端最强大也是最终的仲裁者的时代,国际法规和惯例的效果就依然值得怀疑。在第一次世界大战和第二次世界大战期间,几乎所有的战争法规和中立都受到了侵犯,这就是为什么武力作为世界和平的仲裁者必须受到约束、战争作为争取和平的制度必须废除的原因所在。正是为着这一目标,世界上所有的伟大政治家在共同奋斗着。国际联盟的消亡和现在联合国的组建也是在期许这一目标的实现。

卷三 国际合作与国际组织

第十二章 国际合作的早期形式

一、人类思想的同一性

人性是相同的,文化也是普适的。在相似的情形下,所有人类都会根据相同的心理模式去做出反应。尽管不同的气候和地理环境造就的不同适应方式会产生他们独特的地方文化,然而,当处于相同的条件下时,风俗或者习惯却是以同样的方式形成并且只在一个逻辑的基础上达到。因此,所有形式的艺术、文学、音乐、科学、技术和哲学,都是相互模仿、可传递的和能被所有群体、种族与民族所适应的。

在国际关系的领域,人类的感觉和思维也是一致的,而不因气候、地理位置和种族起源的不同而不同。刚开始,人类群体由于为食物和战略地理位置斗争而被既要防守又要进攻的目的组织起来。这些群体彼此敌视。他们处于永久的战争状态。到最后他们要不就是死亡要不就是只能在战场上幸存一段时间。但是由于人口增加的压力、教育的普及、科学的进步、通讯和交通技术的创新,导致世界上所有民族和种族生活所有方面活动范围的扩展,商品交换的必须,每个群体都逐渐意识到对自己的邻居老是持有敌视的态度是不明智的,因而一个新的睦邻式的和合作式的行为模式,被群体之间处理相互关系所采用,群体和国家所关心的国际问题也有可能被一致的行动所处理和解决。进而导致国际会议和国际合作的出现。国际关系演进接下来的阶段就是,国际联盟和联合国的成立以试图解决我们当今世界的问题。

二、国际会议

在明确的国际组织比如国际联盟或者联合国出现之前,国际大会和会议(congresses and Conference)是所有形式或者国际合作和国际组织的先驱。通过早期的外交实践,具有重要意义的国际聚会叫做大会(congresses),意义较小的国际聚会叫做会议(conferences),但是两者的划分不太明晰,并且它们现在经常彼此交换使用。起初,大会是由君主或者他们指派的代表,为了决定重大的国际问题而聚集在一起。第一个重要的国际大会是教皇乌尔班八世(Pope Urban Ⅷ)①在1636年为了结束三十年战争②而召开的。维也纳会议是在拿破仑战败之后为重新划分欧洲版图而召开的。一战之后,为了解决这次大战带来的一系列问题而召开了巴黎和会。当特殊的政治形势发展可能影响有关利益国家的时候,其他一些较小的国际会议则时不时召开。其中的一些会议可能会涉及非常广泛的领域,而其他一些则只是针对特定情况下,一些国际联盟之间的基本合作。1945年联合国的建立,是在这个目的基础上召开的一系列国际会议的结果。由于联合国的存在,联合国所属的联合国大会和安全理事会正在取代很多类似的会议,很多世界范围内有重大影响的事务也被这个庞大的世界组织和它众多的附属机构所处理。

在所有之前的国际会议中,每个参与国都由指定全权代表,代表各自政府签署条约或者参与为确定目标将各方的力量聚集在一起的选举。在这样的会议中,每一个参与国拥有一票,对于所有考虑的议案除非获得全体一致的支持,否则不能采取行动。每个会议的结果通常是条约的签署,或者敦促每个参与政府批准的声明。但是,当只有一个解决方案被通过以表达会议的意见,而对各方政府却没有任何约束力量时,这种解决方案一般不需要各方政府的批准。

三、国际联合体

随着15世纪美洲新大陆的发现,海路日益开放,民族与民族之间、国家与国家之间的联系越来越多。在长达几个世纪的进程中,很多小的民族国家被毁灭、人民被奴役。但是随着联系频次的不断增多和强度的不断增强,不同种族和国籍的群体越来越多的相互了解,尤其是19世纪新的生产过程和快捷的通讯与交通体系的出现,对于国际组织的需求更加迫切了。由之而来的是,特定国际管理联盟的形成。这些联盟是为了孕育更好的国与国关系和通过参与国实现信息共享的国际组织的最初形态。在一战之后的国际联盟成立之前这些国际联合体便纷纷被成立起来。

在这些组织中,每个成员国都保持有自己独立的行动,但是总的来说,在这些组织的管理下,所有国家都乐意进行相互合作。主要的国际联合体都存在于

---

① 教皇乌尔班八世,又译乌尔巴诺八世、伍朋八世(1568年4月—1644年7月29日),原名Maffeo Barberini,1623年8月6日—1644年7月29日在位。——译者注

② 17世纪上半叶,以德意志为主要战场的一次席卷欧洲的战争。战争基本上是以德意志新教诸侯和丹麦、瑞典、法国为一方,并得到荷兰、英国、俄国的支持;神圣罗马帝国皇帝、德意志天主教诸侯和西班牙为另一方,并得到教皇和波兰的支持。三十年战争及战后签订了《威斯特伐利亚和约》削弱了哈布斯堡王朝的统治地位,加深了德意志境内分裂割据的局面;为法国称霸欧洲准备了条件;瑞典的力量大增,成为北欧强国。——译者注

一战之前,除非它们被专门的机构或者联合国的机构所取代,其中的一些现在依然存在:

万国邮联(The Universal Postal Union)

国际电报联盟(The Telegraph Union)

国际铁路货运联盟(The International Union for railway Freight Transportation)

公制联盟(The Metric Union)

工业与文化产权保护联盟(The Union for the Protection of Industrial and Literary Property)

劳工保护国际联盟(The International Union for the Protection of labor)

糖业协会(The Sugar Convention)

世界农业协会(The International Institute of Agriculture)

卫生联盟(The Sanitary Union)

国际监狱会议(The International Prison Conference)

反白人奴隶贸易联盟(The Union for the Repression of the White Slave Trade)

泛美同盟(The Pan-American Union)

以上的这些条目仅仅包括民族国家政府是其成员或者对其运作起直接作用的最重要的组织。除了这些条目以外,也还有很多国际组织,其成员包括个人,他们各自所在的政府也可以参与。

以上这些国际联合体通常是由一个永久的管理机构进行管理,这个管理机构负责处理组织的通信和管理程序并同时进行记录。这些联盟中的一些会议有管理上的委托授权去负责重要功能,它们的运作范围比单纯的管理机构更为广泛。针对组织内部事务出现争议的情况所制定的规章,使其中的一些组织甚至拥有仲裁权。每个组织的规章是由包括所有参与国家召开的国际会议所制定的,这些会员国可能定期召开会议或者在有需要时召集特别会议。在会议中制定的规章及其修正须由利益不同的各个政府来批准。

第十三章 国际联盟

两次世界大战结束以来,国际法领域里取得的巨大进展,大部分是通过试图建立维持和平的世界性组织而获得的,第一个真正意义上的世界性组织就是一战后建立的国际联盟,尽管它已经消亡,但它留下的一些基本原则,依然为我们建立的下一个世界性组织——联合国提供了基础。

一、目标

国际联盟是一战后和平协定的内在部分。国际联盟的构想是由美国总统伍德洛·威尔逊(Woodrow Wilson)于1918年首先提出,并在1919年的凡尔赛和谈上付诸实现。国际联盟的第一次会议于1920年11月15日在日内瓦召开,有41个国家参加。这个组织的创造者在其盟约(Convenant or Covenant)中希望能够建立一个永久性的国际组织以实现一下目标:

(1) 国际争端的和平解决
(2) 防止国家与国家之间争端的出现

国际联盟的盟约包括26条。第10条规定签字各方保证自己"尊重和保护国际联盟各成员抵御外来侵略以保持领土完整和现有政权的独立"。尽管美国是国际联盟创始国之一,但由于它反对第10条中保护弱小国家领土完整的提议,也由于它反对大不列颠王国拥有6个投票席位而自己只有1个投票席位的规定,导致美国最终没有加入国际联盟。

国际联盟的创立者并不想使它成为一个超越国家的实体(superstate),而仅仅只是希望将之塑造成一个促进共同利益和为了相互利益而达成行为准则的一致,并在特定方向上限制各方自由行动的国际组织。

二、成员资格

国际联盟中有两类成员资格,创始国和非创始国(original and non-original)。在国际联盟的宪章中承认的创始国有42个。而非创始国成员则包括由国际联盟大会成员三分之二多数通过所承认的国家、地区或者殖民地。因此后来国际联盟成员总数增加到61个,但后来一些成员退出,因而数量又减少到57个。所有的非创始国成员加入时必须对其所负有的国际义务给予充分保证,并接受国际联盟根据其陆军、海军和空军军备情况所制定的规定的约束。但创始国成员对于关系他们的国际义务和军备问题上却没有被强制规定去做出有效承诺。

国际联盟的成员在表达自己退出意愿两年后,并在退出之时完成自己所负的义务之后,可以放弃自己的成员资格。对所负义务的质疑由理事会或者国际联盟会议决定,国际法庭也可能被征询建议。

国际联盟大会的决定或者对于宪章的修正不约束持反对意见的成员,因之不遵守这些决议的行为也不会受到惩罚,除非理事会和国际联盟的所有其他成员的代表同时投票决定,持反对意见的成员才有可能被宣布取消成员资格。

三、组织

国际联盟的内部组织划分为三个部分:国际联盟大会,理事会,秘书处和宪章所规定的一个永久的国际法庭。在联盟大会上,每个成员国都有平等的代表权,即每个国家拥有一票,并且出席代表不得超过三名,只有在理事会上超级大国才能提出异议。

1. 秘书处。

秘书处是国际联盟的管理机构。它直接由秘书长进行领导,秘书长负责准备由理事会会长批准的联盟大会和理事会所有会议的议程。除非特殊情况,联盟大会才能在议程中加入被一个委员会提出四天之后的新的议题,这个也需要联盟会议三分之二以上的代表投票通过。

同时,秘书处必须保存联盟的所有记录,为联盟会议和理事会的召开做好所有准备,并传达所有国际联盟的文件并报告给成员国。当一个成员国需要国际联盟的服务时,它必须先向秘书长告知自己的要求,秘书长则将它传送给相应的负责机构。秘书处拥有的职员超过500人,代表所有的国家执行联盟的决定,同时也研究国际形势并给联盟会议和理事会提供解决建议。

2. 联盟大会。

联盟大会的管理工作大部分都是在一个部门所属的各种委员会完成的。这个部门是由一个主席、十二个副主席(其中六个是特别选举的)和以下机构的主席组成的:

(1) 宪法事务委员会(The Committee on Constitutional Questions)。

(2) 技术组织委员会(The Committee on Technical Organizations)。

(3) 军备裁减委员会(The Committee on the Reduction of Armaments)。

(4) 预算与财政事务委员会(The Committee on Budget and Financial Questions)。

(5) 社会与综合事务委员会(The Committee on Social and General Questions)。

(6) 政治事务委员会(The Committee on Political Questions)。

所有重要的问题都先在与之相关的委员会进行讨论,然后在全体成员出席的联盟大会上进行最终的辩论和投票表决。

理事会和联盟大会所使用的官方语言都是法语和英语。以其中一种语言发表的演说会被立刻翻译成另外一种语言。

联盟大会拥有以下权力和功能：

（1）选举权（Electional）——投票决定新的成员是否能够加入国际联盟、选举理事会的非永久性理事并参与国际法庭法官的选举。

（2）宪章修订权（Constitutional）——对联盟盟约的研究与建议。

（3）商议功能（Deliberation）——讨论和辩论所有国际联盟中存在的国际争端。

为了避免联盟大会的过分集权，建立了下述技术性的组织，并让联盟大会和理事会利用它们去处理各自相关的事务。

（1）国际劳工组织。

（2）通讯与运输组织。

（3）经济与金融组织。

（4）卫生组织。

这些组织通过它们的专家代表与联盟的成员国进行直接接触。前面三个组织举行定期会议并起草条约，以便相关的成员国批准通过，但在任何建议提供给联盟成员之前，都必须事先通知理事会和联盟会议。

这些组织的内部事务是独立的，它们的会议不是由外交官或者政治代表参加，而是由它们各自领域内的专家参与。

正如前所述，国际联盟不是一个超级国家，而仅仅是一个国际组织，因此尽管联盟会议对于国际立法和国际法的发展有着不可低估的影响，但在下列规则下所有成员却依然可以有力地保护自己的独立和主权完整：

（1）没有会议出席代表的一致投票通过，联盟会议不能做出任何决议。

（2）联盟大会上的所有代表都代表着各自政府而不是国际联盟，他们根据各自国家政府的指示行动。

（3）没有成员国的正式批准，联盟一切机构签署的协议对任何成员国是没有约束力的。联盟签署的所有国际文件只能呈交给相关成员国代表签字，并进一步递交给其所属国家政府等待批准。因此国际联盟仅仅只是一个协调国际意见和提出关于国际法意见的讨论集合体。

3. 理事会。

关于理事会这个组织，它包含下列三类成员：

（1）常任会员，包括大不列颠、法国、意大利和日本，也可以在联盟会议的批准之下，添加其他的永久性会员，比如德国和俄罗斯就是这样成为常任会员的。

（2）非常任会员，盟约中规定，联盟大会可以不时选举四个非常任成员进入理事会，另外联盟大会可以根据自己的判断选举额外的非常任理事。1922年9

月,在其第三届年度会议上,选举了额外的两个非常任理事,使非常任理事的总数增加到六个,使得联盟大会通过它的大多数代表权在理事会中占据了优势地位。

(3) 特别会员,特别会员也是由盟约所规定的。任何在理事会没有代表权的成员国均可以派遣一个代表参加理事会所讨论的涉及本国利益的任何事务。

四、财政

既然国际联盟不是一个超级国家,它没有征税权,只能靠成员国的会费支持运作。根据最初的盟约,秘书处的费用由各国在世界机构国际邮政联盟中所占的比重分担。这种国际联盟费用支出的办法相当合理,因此遇到的阻力也很小,并在如下的修正条款下所采用:

"国际联盟的费用应该由成员国按联盟会议所决定的比例分担。"

1924年8月这个修正案很快就被批准并生效。

根据这个议案,国际联盟的费用以单位计算,每个单位相当于5850.00美元。各成员国所负担的单位由每个国家1913年的税收和1919年的人口按比例分担。由此,大不列颠负担88个单位,法国负担78个单位,日本负担61个单位,西班牙负担40个单位,中国负担50个单位。一些小的国家可能只负担一个单位的会费。那些在战争中遭受侵略的国家比如法国和意大利,或者遭受地震和其他自然灾害的国家比如日本,都能获得一定份额的会费减免以表达国际联盟的援助和同情。

国际联盟头五年的平均年度预算在四百万到五百万之间。秘书处所使用的费用比例略超二分之一,国际劳工办公室的费用比例大约为三分之一,国际法庭的费用比例大概为十分之一。

如前所述,根据国际联盟的盟约,联盟会议的约束性规定必须得到出席会议的所有成员一致投票通过和相关成员国的批准。但是在国际联盟的实际工作处理中,一致通过这个障碍往往被多数投票赞成通过的体系所取代了。因而,国际法庭在案件裁决中采用多数原则,国际劳工大会也在建议采用上使用多数原则,并在草拟协定上采用三分之二多数原则,在联盟会议和理事会的会议中,所有事务的处理程序以及在被联盟会议或者理事会所管制的指定委员会调查国际争端时,都是采用出席会议成员的多数通过原则。这种投票的变化过程,达到了以下目标:

1. 大国与小国在联盟会议和理事会中,力量和影响上的区别逐渐缩小了。
2. 无论是在联盟会议上还是在理事会中,一个单一的成员国不再成为国际上普遍关注的事务的商讨的障碍。
3. 国际联盟内部组织的相关事务不再需要一致通过。
4. 尽管除非获得相关会议的一致通过,条约才能被递交给成员国等待批准,每个国家都有是否批准的自由,单一一个国家的拒绝批准不再妨碍该条约对其他批准了条约的国家的约束力。因而,没有国家能够利用它的批准自由权去阻止其他愿意接受相关国际义务的国家的合作。

5. 当一个决议没有在理事会或者联盟会议上获得一致通过,但是获得了多数赞成时,这个决议依然是对愿意批准它的国家的一个建议议案。

五、国际联盟的瓦解

1. 日本对满洲的侵占。

国际联盟的瓦解开始日本军队对满洲的侵略,1931 年日本使用武力侵占了该地。满洲是中华民国的一部分,面积相当于德国和法国两国的总面积。这次侵略迫使中国执政者根据联盟盟约第 11 章向国际联盟求助。1931 年 12 月 10 日,在一个由李顿伯爵领导下的委员会被联盟会议指派去调查这一事件。最终,李顿报告于 1932 年 10 月 2 日发布,该报告主要内容如下:

对于满洲的武力占领违背了该地区大多数居民的意愿。

仅仅实现满洲地位的恢复并非解决方案。

日本军国主义者在满洲制造的独立事件,深刻地改变了 1922 年"九国公约"的施用,此次事件的性质只能由国际联盟进行调查。

对满洲的日本傀儡政权的承认可能会违背中国的利益,也可能会违背日本的利益,因为这一领土从中国的分裂可能会导致严重的民族统一主义问题,这会激起中国人强烈的敌对情绪。

对于此次事件,委员会建议采取下列解决方案:

(1)日本和中国应在国际联盟的主持下开展直接协商,以便在该地区建立一个特别政权。

(2)中国对于允许该地区扩大自治权的保证。

(3)应签署一个特别条约以解决中日争端。

(4)外国顾问指导下的国际控制的特定方法。

(5)满洲地区逐渐去军事化。

但是日本对该报告的发表予以否认,采取了一种毫不妥协的态度,并在一份声明的结尾表示"不可能接受这个无理的意见"。同时,在 1933 年 2 月 24 日的国际联盟会议上,联盟会议通过了李顿报告中提出的对满洲问题争端的解决方案的建议,而日本代表团是唯一投反对票的一方,在经过了长时间和曲折的辩论后,日本代表团成员离开了联盟会议的大厅。紧接着的 1933 年 3 月 27 日,日本枢密院一致通过了对国际联盟的照会,即宣布日本退出该组织。但是根据联盟盟约第 1 条第 3 款,只有在正式宣布退出组织两年之后,实际的退出才能生效。因此在这两年的时期内,日本代表团依然参加了国际联盟主持的其他各种会议。

2. 墨索里尼对埃塞俄比亚的侵略。

当国际联盟不能强制日本撤出满洲的时候,它在主持国际正义的重要性上已经彻底被证实无效了。现在,意大利的墨索里尼看到日本对满洲的大肆掠夺而不受任何惩罚时,也盘算着轮到自己在其他地方抢夺一番了。因此,1935年10月3日,墨索里尼命令他的军队开进了埃塞俄比亚。埃塞俄比亚向国际联盟求助。大不列颠和法国的代表们提出了一些没有任何实际效果的建议,国际联盟也实施了经济制裁,但并没有得到有效的执行,因此没有达到任何目标。墨索里尼的军队继续推进,随后占领了埃塞俄比亚首都阿的斯亚贝巴,意大利国王伊曼纽尔三世于1936年5月9日加冕成为埃塞俄比亚皇帝。

3. 第二次世界大战的爆发。

1939年第二次世界大战爆发之后,联盟下属的联盟会议和理事会曾进行过商讨,但无疾而终。由于二战正在进行中,国联的一些机构转移到了美国,其他的机构依然留在日内瓦。在二战结束和联合国总部在纽约建立之后,国际联盟的成员于1946年4月8日召开了最后一次会议,并制定了将其所有档案和职能移交位于纽约的联合国的决议。

国际联盟,尽管在试图建立新的国际秩序上有所建树,如为奥地利、匈牙利和希腊建立了健全的金融基础,改善世界交通和卫生,打击贩卖毒品和妇女,减少使用童工,避免了几次小规模战争等,但由于它在阻止强权国家侵略上的无力,最终导致了它作为一个维护世界和平的机构的瓦解。

第十四章 联 合 国

一、起源

联合国是替代国际联盟的一个产物。在维护世界和平上这个组织比它的前任前进了一步。在 1941 年 8 月,美国总统罗斯福和英国首相丘吉尔发表的联合声明《大西洋宪章》第一次阐明了联合国的基本原则。在美国加入第二次世界大战之后的 1942 年 1 月 1 日,26 个在属于反法西斯联盟的国家代表在华盛顿特区召开会议,正式签署了大西洋宪章所阐明的原则文件,并发布了名为"联合国家宣言"的声明。这是"联合国"这个单词的第一次使用。《大西洋宪章》的内容如下:

二、《大西洋宪章》

"美利坚合众国总统与代表大不列颠联合王国政府的丘吉尔首相,相聚于此联合声明,坚信彰显各自国家政策之普遍原则的正义性,并以此为基础希冀人类世界的美好未来。"

"第一,他们的国家不寻求扩张,领土的或者其他形式的";

"第二,领土的变更不应该与相关居民自由表达的意愿相抵触";

"第三,他们尊重所有民族选择他们愿意生活于其下的政府形式之权利;他们希望看到曾经被武力剥夺其主权及自治权的民族,重新获得主权与自治";

"第四,他们努力肩负各自的现存义务,扩大所有国家的福祉,无论大国抑或小国、战胜国抑或战败国,在平等条件之下,促进贸易和各自所需之原材料交易,以实现经济繁荣";

"第五,他们追求经济领域内所有国家之间的全面合作并致力于经济安全,改善劳工生存标准、经济调整和社会保障";

"第六,在最终推翻纳粹暴政之后,希冀建立一种和平机制以保障所有国家在其领土范围内的安全,并确保所有地区的一切人民能自由选择其生活方式而远离恐怖和强制";

"第七,这样一种和平也保障所有人不受阻碍的穿越公海";

"第八,他们坚信,世界上所有民族国家,为了现实的和精神上的理据,一定要放弃使用武力。如果陆、海、空军备继续被某些国家利用来威胁,或可能威胁和侵略其他国家,那么未来和平就无法保证,所以他们坚信,只要一个广泛而持久的总体安全体系还未建立,这些国家的裁军就是必要的。同样,他们会协助和鼓励一切其他可行的措施,来减轻爱好和平的人民在军备上的沉重负担"。

三、预备会议

随后在由美、英、苏、中于1942年10月30日签署的《莫斯科宣言》中,建立联合国这个永久性的国际组织的详细计划得到了详细的阐明。这些计划被设计出来后,这四国的代表又于1944年在美国华盛顿的敦巴顿橡树园(Dumbarton Oaks)召开会议,并于1944年10月9日宣布了具体的提议,形成了联合国宪章的基础。

次年的4月25日,上述四国又在美国旧金山召开会议,起草了该组织的宪章。在长达两个月的会议之后,这份宪章终于完成并于1945年6月25日获得一致通过,其后由安理会的五个常任理事国政府和大多数其他普通成员国批准之后,在1945年10月24日正式生效。

在旧金山的会议上,联盟的基本原则(包括在敦巴顿橡树园会议上批准的提议、建立国际法院[①]的规约)以及被各国代表团提交给会议的超过1200条修正议案都被包含进了宪章。

就在各国代表1945年相聚于旧金山为联合国的诞生而起草宪章之前的华盛顿会议上,44个国家的法官组成的委员会汇编了国际法院建立的规约。

四、预备委员会

在联合国宪章的制定工作结束之前,旧金山会议成立了一个由每一个签字国派遣的一个代表组成的预备委员会来负责联合国各机构运作之前的必须准备。因而,从6月27日到12月23日,联合国主要机构的运作和未来会议安排的所有计划都已完成。

在联合国各个机构在其永久性总部安顿之前的几年时间,联合国大会及其辅助机构都在纽约一个临时场所举行。现在,联合国总部坐落于纽约市易斯特河(East River)东边、第一大街西边、第四十二街南边和第二十八街北边为界的这个地方。

五、国际联盟和联合国的组织方式

联合国的组织方式与已经消失的国际联盟组织方式十分相似。国际联盟下

---

① 国际法院(International Court of Justice)是联合国的司法裁决机构,根据《国际法院规约》于1946年2月成立。国际法院的主要功能是对各国所提交的案件做出仲裁,或在联合国大会及联合国安理会的请求下提供咨询性司法意见。它还可以审理涉嫌违反国际法的案件。

属包括一个联盟大会、一个理事会和一个秘书处。联盟大会是国际联盟的立法团体,除了需要全体出席的联盟会议,在联盟大会直接领导下的一个办公署还下涉组织了各种各样的委员会。这些委员会是分别处理宪法事务、技术事务、军备裁减、预算与财政事务、社会与综合事务以及政治事务等的六个委员会。

同时,国际联盟里还有四个独立的技术组织,它们被赋予自己召开会议和起草、递交给相关成员国批准的独立条约的权力。这些独立的技术组织分别是:国际劳工组织、通讯与运输组织、经济与金融组织和卫生组织。

为了方便执行一些联合职责,国际联盟设置了秘书处,由秘书长直接领导并拥有超过500名职员。

现在,让我们来看一看联合国是如何组织的。根据联合国宪章,它有如下基本的组织结构:

1. 联合国大会。
2. 安全理事会。
3. 经济与社会理事会。
4. 托管理事会。
5. 国际法院。
6. 秘书处。

六、联合国宪章导言

然而,国际联盟与联合国这两个组织之间还是存在着一个很大的不同。国际联盟,正如它的名称所示,主要是国家与国家之间的联盟,它的基本文件是联盟盟约,是其签字者或签署者之间进行的协定而形成上述文件的。而另一方面,联合国则试图成为全人类间的组织,其基本文件是《联合国宪章》,其导言如下:

"我联合国人民同兹决心

欲免后世再遭今代人类两度身历惨不堪言之战祸,

重申基本人权、人格尊严与价值,以及男女与大小各国平等权利之信念,

创造适当环境,俾克维持正义,尊重由条约与国际法其他渊源而起之义务,久而弗懈,

促成大自由中之社会进步及较善之民生,

并为达此目的

力行容恕,彼此以善邻之道,和睦相处,

集中力量,以维持国际和平及安全,

接受原则,确立立法,以保证非为公共利益,不得使用武力,

运用国际机构,以促成全球人民经济及社会之进展,

用是发愤立志,务当同心协力,以竟厥功。

爰由我各本国政府,经齐集旧金山市之代表各将所奉全权证书,互相校阅,均属妥善,议定本联合国宪章,并设立国际组织,定名联合国。"

联合国宪章包含 111 条,被划分为 19 章。下一章里我们将会对联合国宪章做一些摘录呈现。

第十五章 联合国的结构与活动

本章的主要内容是根据联合国宪章对联合国的整个结构和它的目标与活动做一简要描述。

一、目的与原则

联合国宪章的第一章阐述了联合国的目的与原则。它包括两条,即第1、2条,主要观点如下:

1. 采取有效措施维护国际和平与安全。
2. 在相互尊重权利平等和民族自决的基础上发展国与国之间的友好关系。
3. 致力于国际合作以解决各类国际问题与促进人权。
4. (联合国)依下述原则构成一协调各国行动之中心,以达成上述共同目的。

(1) 组织内部各成员国主权平等;
(2) 每个成员应承担所赋予的义务;
(3) 以和平方式解决国际争端;
(4) 所有成员不得使用武力去威胁其他国家的独立和领土完整;
(5) 所有成员应为联合国目标的达成而给予竭尽所能的支持;
(6) 联合国应该扮演作为保护协助非成员国参与维护国际和平与安全的联合机构;
(7) 联合国不应干涉其成员国的内部事务。

通过了解上述目的与原则,我们可以知道联合国仅仅是一个建立在自愿原则成员资格体系之上的法人团体,在其中,成员根据联合国宪章所规定的原则和程序来达成一致以实现特定目标。尽管它对自己的权力并不拥有主权,它却具有巨大的可能和潜力进化为一个世界政府。

二、成员资格

第二章包含第3至第6共四条内容,阐述了联合国的成员资格问题。除了签署和批准《宣言》和《联合国宪章》的创始国之外,成员资格对其他所有热爱和平、有能力和意愿执行宪章所规定的义务的国家开放,在由安全理事会推荐和联合国大会通过之后,就可以成为其会员。对于违反联合国宪章规定的行为,成员会被停止享受其会员权利,或者由联合国大会根据安理会建议撤销其成员资格。

三、机构与人事

第三章包含两条,即第 7 条至第 8 条,规定了联合国组织的机构和人事。联合国主要机构即联合国大会、安全理事会、经济与社会理事会、托管理事会、国际法院和秘书处。另外,可根据联合国宪章的规定建立其他辅助机构。

除了来自于各成员国的代表,联合国的管理类职员属于一类文职服务系统。在平等和没有任何限制的条件之下,任何国籍的符合条件的个人都可以参与联合国主要和辅助机构的工作。

四、联合国大会及其下属委员会

第四章包含十四条,即第 9 条至第 22 条,阐述了联合国大会的相关问题。所有成员国均出席联合国大会,每个国家的代表不得超过 5 人。

联合国大会可以讨论宪章范围内的任何问题,除了当此类问题已经根据宪章第 12 节的规定,指派给安理会或秘书处处理时除外。

根据宪章第 10 条的规定,联合国大会拥有以下特定的特别权力:

1. 大会得考虑关于维持国际和平及安全之合作之普通原则,包括军缩及军备管制之原则;并得向会员国或安全理事会或兼向两者提出对于该项原则之建议;

2. 考虑可能由成员国或者非成员国或者安理会提出的和平与安全原则,并同时向有关各国和相关机构提出建议;

3. 大会对于足以危及国际和平与安全之情势,得提请安全理事会注意;

4. 大会应发动研究,并作成建议以促进政治上之国际合作,并提倡国际法之逐渐发展与编纂;以促进经济、社会、文化、教育、及卫生各部门之国际合作,且不分种族、性别、语言或宗教,促成全体人类之人权及基本自由之实现;或者研究如第九章阐述之国际经济与社会合作之其他事务和第十章关于经济与社会理事会之工作程序,抑或关于任何国际局势之和平调节的建议方法;

5. 大会应收受并审查联合国其他机关所送之报告;

6. 行使托管制度所规定之职能;

7. 核准由各成员国分担之联合国预算,包括其特别代理机构或者辅助机构之预算,并向此类特别代理机构或辅助机构提出建议。

上述职能与联合国大会权力之理据在联合国宪章第 10 条至第 17 条中体现。第 18 条与第 19 条规定了投票之方法。

在联合国大会决断议案时,每个成员国拥有一票。重要议案如维持国际和平与安全之建议、经济与社会理事会之选举、托管理事会、批准新成员加入联合国、中止成员资格之权利与撤销成员资格、托管体制运作之相关问题以及预算问题,都须由出席和参与投票的三分之二多数成员决定才能通过。其他议案包括商定须经三分之二多数决定的议案范围等,都只需出席和参与投票的大多数成员决定就能通过。在向联合国的财政支付方面存在欠款的成员国不得投票,但若由于超出其控制范围的原因导致的欠款,成员国也被允许投票。

第20条规定,联合国大会每年应举行常会,并于必要时,举行特别会议。特别会议应由秘书长经安全理事会或联合国会员国过半数之请求召集之。

第21条规定,大会应自行制定其议事规则。

第22条规定,大会可设立其认为于行使职务所必需之辅助机关。

联合国大会的委员会及代理机构:

1. 主要委员会

第一委员会——政治与安全事务(包括裁军规定)。

第二委员会——经济与金融事务。

第三委员会——社会、人道与文化事务。

第四委员会——托管事务(包括非自治领土)。

第五委员会——行政与预算事务。

第六委员会——法律事务。

2. 可不定期设立的专门委员会

(1) 程序委员会。

总务委员会。

资格审查委员会。

(2) 常务委员会。

行政与预算事务顾问委员会。

会费委员会。

(3) 辅助性委员会与特设委员会。

联合国大会临时委员会。

裁军委员会。

和平使用原子能国际会议顾问委员会。

和平观察委员会。

巴尔干半岛和平观察分会。

集体调解委员会(Collective Measures Committee)。

军事专家小组。

接纳新会员国斡旋委员会(Committee of Good Offices on the Admission of New Members)。

联合国德国民主选举环境观察委员会(Commission)。

联合国朝鲜统一与复原委员会(Commission)。

联合国朝鲜重建署(Agency)。

联合国巴勒斯坦调解委员会(Commission)。
联合国近东地区巴勒斯坦难民救济与工作署(Agency)。
超预算基金协商委员会。
联合国慈善办公室委员会(Commission)(处理南非联盟共和国印度籍种族问题)。
联合国南非联盟共和国种族形势委员会(Commission)。
联合国利比亚问题法庭。
联合国厄立特里亚问题法庭。
联合国难民问题高级专员办公室。
战俘问题临时委员会(Commission)。
联合国索马里问题顾问理事会。
西南非问题委员会。
非自治领土信息委员会。
调查复审小组委员会(特别托管委员会在提交行政法庭复审时,程序上需借助此机构)。
联合国十周年庆典委员会。
联合国审计委员会。
联合国行政法庭。
联合国工作人员养恤金委员会。
投资委员会。
国际法委员会。

五、安理会

第五章包括十条,从23条到32条,涉及的是安理会。第23条涉及的是其组成。安理会有11个会员国,中国、法国、苏俄、英国和美国是常任理事国,另外的六个是由会员大会选出的非常任理事国。这些安理会非常任理事国的选举任期为两年。在第一次选举中,选举的任期为一年,一个即将离任的成员国不能立即被再次选举,安理会的每一个成员国都拥有一个代表职位。

第24到26条规定了安理会的功能与权力。安理会以此能够采取及时有效的行动来维持国际和平与安全。安理会为了成员国的利益而行动。在第六、七、八和第十二章中写明了授予安理会的特定权力,安理会须根据联合国宪章的宗旨和原则履行其职责,并向联合国大会提交年度或特别报告。根据宪章的要求,成员国须同意接受并执行安理会的决议。作为一种促进和维持国际和平与安全的手段,安理会在军事参谋委员会的协助之下来管理军备。

第27条涉及安理会的选举。每一个安理会成员国拥有一票。所有安理会会议决议至少要有七个成员国的赞成投票才能通过。在涉及安理会成员国的决议被讨论时,涉入国不得参与投票。

第28条到32条涉及的是安理会的程序。安理会必须时时发挥职能,每一个成员国的代表因而需要全勤在岗。它定期召开会议,每一个成员国可以由一位选出的代表出席。安理会会议可以在任何有助于其行动机能发挥的地方召开。当认为必要时,安理会可以建立附属机构来履行其功能。安理会可以采用它自己的程序规则,包括选举其主席的程序规则。

任何非安理会成员的成员国当它们的利益受到影响时,也被允许参加非投票的讨论。安理会制定非安理会成员参与其讨论的条件。

安理会的委员会包括:军事参谋委员会、裁军委员会、集体措施委员会和常务委员会。其中常务委员会由专家委员会和接纳新会员国委员会组成。

六、争端的和平解决

第六章是由六条构成,从33到38条,涉及的是解决危害国际和平与安全的形势。国际和平与安全必须首先寻求通过谈判、质询、调解、仲裁、司法等途径解决,或诉诸地区代理或安排或它们自己选择的和平手段。安理会也将号召当事方通过这些途径解决任何争端。任何成员或非成员国为了和平解决都可以使任何争端,或任何危害国际和平与安全的情形引起安理会或联合国大会的注意。安理会将会调查任何争端或任何可能危及国际和平与安全的情形。

安理会可以在这类争端的任何阶段建议调整事态的处理,包括当事方所采取的方法,并且如果涉及任何法律争端,将考虑将案件提交到国际法院。如果这类纠纷不能由当事方解决,安理会可以采取介入行动或考虑将案件提交到国际法院。

七、和平威胁与侵犯行动的预防

第七章由十三条法规构成,从39到51条涉及的是有关和平威胁、和平破坏和侵犯行动的处理。无论一个对和平的威胁、和平破坏或侵犯行动何时发生,安理会都可以提出建议或决定方法以维持或恢复国际和平和安全的措施,或要求有关当事方采取维持和平局面的某种临时措施。

安理会可以决定采取除武装力量以外的有效措施维持和平,并有权利要求成员国采取这种措施。这类措施可以包括完全或部分地中断经济关系和中断铁路、海运、航空邮政、电信、无线电和其他沟通手段,以及断绝外交关系。如果上面提到的这些措施不能有效的达到目的,安理会可以通过派遣空军、海军或陆军采取包括军事演习、封锁等武力行动。

当安理会决定使用武力来执行其决议时,它会请求其成员国提供一部分资源或设施来装备、维持或运转这一联合军事行动。这可以通过安理会与相关国家的磋商协定来实现,并且根据安理会与各个国家的协议安排,各相关国家应准备好维和部队以随时参与联合行动。

安理会采取动用军事力量维和的方案,必须在联合国军事参谋委员会的协助下进行。军事参谋委员会是由联合国设置,用来协助安理会采取军事手段维持国际和平与安全,包括指挥军队、管理军备及必要时的裁军。

军事参谋委员会由安理会常任理事国的参谋长和其代表组成。如果有效执行参谋委员会决议需要非安理会代表的国家参与协助时,该国家代表亦可以被召入。

军事参谋委员会在与安理会和地方机构磋商之后可以建立区域性小组委员会。

为了维持国际和平与安全,安理会的决议所要求执行的行动可以由其所有的成员国来承担或者由部分成员国相互协助来执行安理会决议。为了国家的和平与安全,任何受行动涉及的成员国或非成员国都有权与联合国磋商找到解决困难的办法。

尽管有上面提到的安理会可能采取的措施,受到攻击的成员国将在安理会采取集体行动之前有权自我防卫,并且安理会依然有责任恢复国际和平与安全。

八、维持国际和平的区域协议

第八章由三条法则构成,即52到54条,涉及的是区域协议。成员国可以依照联合国宪章的宗旨和原则组织和加入为了维持地区和平与安全的区域协议。如果这类区域性组织的努力不能够达到他们的目标,他们可以提请安理会寻求帮助。在这类情形下,安理会可以按照自己的优先权来行动,也可以依靠区域组织来维持和平或防止侵犯。但是,任何维持和平行动都必须在安理会的指导下行动,并且安理会有权时刻关注这类行动的最新进展。

九、促进国际经济与社会合作

第九章包含六条,即55到60条,涉及的是国际经济与社会合作。在这一章中讨论了联合国的主要经济社会职责,即促进生活水准的提高、充分就业、一般经济与社会发展、国际经济与社会及健康问题的解决、文化和教育合作、普遍的尊重和奉行人权和排除任何歧视的基本自由。各成员国在方便或必要时可以联合或分散地执行这些计划。为了达到这些目标,可以建立特殊的机构或与各个成员国接触合作。这些机构责任的履行或功能的发挥将会由联合国大会和经济与社会理事会授权。

十、经济与社会理事会

第十章包括从60到71条十二条法则,涉及的是经济与社会理事会的构成及活动。经社理事会有18个成员国构成,其中每年通过联合国大会选举产生六个国家履行为期三年的任期。组建时的在第一次选举中,选举产生十八个国家,满一年后有六个国家离任并进行替换,满两年后又有六个国家离任并进行替换,第三年,剩下的六个国家离任并进行替换,每个成员国均有一个代表席位。

经济与社会理事会会对国际经济、社会、文化、教育或健康问题开展研究和作出报告,并且就此类问题向联合国大会或它的特别机构或是联大成员国提出建议。它也可以为促进人权和基本自由提出建议,也可以起草递交联合国大会的国际公约,以及在联合国的规章所指定的权限内召开国际会议。它也可以同任何联合国的特殊建议机构达成协议,或者与此类机构合作向联合国大会或成员国提供建议。

经社理事会也会从各种特别机构获取相关资料以提高其建议的有效性,或者将其对某些报告的意见传达给联合国大会。

经社理事会也提供信息给安理会,或承担实现联合国大会建议这种功能。它也会服务于成员国或特殊机构,完成与联合国宪章的要求一致的并经联合国大会批准的任何任务。

关于理事会投票制度,理事会的每一位成员拥有一个投票资格。所有的决议的通过,都需要获得出席成员的多数票通过。

理事会也可以建立一个委员会以促进人权和发挥其功能。在争论中涉及的联合国成员国可以被邀请参与商议但不得有投票权。联合国特别机构的代表,或其委员会也可以被邀请参与讨论。理事会的代表也同样可以参与到特别机构的商议中。

当贯彻其目标时,理事会会与非政府组织或有关成员国的全国性组织进行协商。在发挥它的功能的时候,委员会可以遵守他的程序规则并且选举自己的领导。其实质性会议也会在自己的制度和规章下进行。

1. 经济与社会理事会的委员会及派生机构:

(1) 职司委员会和小组委员会。

统计委员会。

人口委员会。

社会委员会。

人权委员会。

防止歧视委员会。

妇女地位委员会。

麻醉药委员会。

(2) 区域经济委员会。

欧洲经济委员会。

亚洲及远东经济委员会。

拉丁美洲经济委员会。

（3）常委会。

技术顾问委员会。

国际政府间谈判委员会。

非政府组织委员会。

临时会务委员会。

（4）特别组织。

鸦片委员会。

麻醉品监督机构。

联合国儿童基金。

协调管理委员会。

国际商品管理委员会。

技术顾问委员会。

国际商品贸易委员会。

2. 联合国专业机构：

国际劳工组织。

国际粮农组织。

联合国教科文组织。

国际民航组织。

国际复兴开发银行(世界银行)。

国际货币基金组织。

世界卫生组织。

万国邮联。

国际电信联盟。

世界气象组织。

十一、非自治领土的管理

第十一章包含73、74两条，讲的是世界上的非自治领土。对因自身原因未能取得自治的区域有管理义务或推定管理义务的联合国成员国来说，首先要以为该地区居民带来福祉为至上原则去承担这个神圣的任务，这些福利可能就是以下的内容：

1. 于充分尊重关系人民之文化下，保证其政治、经济、社会、及教育之进展，予以公平待遇，且保障其不受虐待。

2. 按各领土及其人民特殊之环境，及其进化之阶段，发展自治；对各该人民之政治愿望，予以适当之注意；并助其自由政治制度之逐渐发展。

3. 促进国际和平及安全。

4. 提倡建设计划，以求进步；奖励研究；各国彼此合作，并于适当之时间及场合与专门国际团体合作,以求本条所载社会、经济、及科学目的之实现。

5. 按时将关于各会员国分别负责管理的领土内之经济、社会、及教育情形之统计及具有专门性质之情报,递送秘书长,以供参考。

6. 联合国各会员国共同承诺对于本章规定之领土,一如对于本国区域,其政策必须以善邻之道奉为圭臬;并于社会、经济及商业上,对世界各国之利益及幸福,予以充分之注意。

本章的内容原本是作为一个宣言提出,主要针对欧洲的殖民国家,当然也有除了少数例外。在过去的15年里,其中内容已被大部分欧洲殖民国家在其应对殖民地独立期间大致履行过。当然,在欧洲殖民势力放弃了对这些殖民地的控制之后,许多其他问题继而产生了。这些问题在接下来的许多年中成为联合国面临的难题。

十二、国际托管体系

第十二章包含第75条到第85条共十一条,规定了国际托管体系。这一体系的职能就是管理和监督特定领土即托管领土,由协定所安排下的托管理事会来处理。

托管体系的基本目标如下:

1. 促进国际和平及安全;
2. 增进托管领土居民之政治、经济、社会及教育之进展;并以适合各领土及其人民之特殊情形及关系人民自由表示之愿望为原则,且按照各托管协定之条款,增进其趋向自治或独立之逐渐发展;
3. 提倡全体人类之人权及基本自由之尊重,并激发世界人民互相维系之意识;
4. 于社会、经济及商业事件上,保证联合国全体会员国及其国民之平等待遇,及各该国民于司法裁判上之平等待遇。

以下条件的领土被置于托管体系的管理之下:

(1) 现在委任统治①下之领土;
(2) 因第二次世界大战结果或将自敌国割离之领土;
(3) 负管理责任之国家自愿置于该制度下之领土;
(4) 由协议安排的其他领土,但凡领土已成为联合国之会员国者,不适用托管制度。

托管体系下每个领土的托管形式应由利益相关国家所达成的协定来规定。

---

① 委任统治制度(mandate system)第一次世界大战结束后,帝国主义战胜国所建立的,通过国际联盟对战败国的殖民地进行再分割和统治的一种制度。被统治的殖民地称为委任统治地,受委任进行统治的国家称为受委任国。——译者注

在这样一个协定失效之前,联合国宪章的任一部分都不能被用来以去预定任何国家或民族的权利的削减。

管理托管领土的机构称为管理委员会(administering authority),它可能由一个或多个成员国或者联合国的组织组成。

在托管协议下,一个托管领土的一部分或全部都可能被指定为一个或者多个战略区域。联合国的职能与此类战略区域相联系。这些与战略区域相关的联合国职能由安全理事会来行使,如果有必要的话,可能会请求托管理事会在任何有关政治、经济、社会和教育事务方面的帮助。但所有成员国的权利也必须得到尊重。

与托管体系下的非战略地区有关的联合国职能由联合国大会行使。在联合国大会之下运作的托管理事会协助联合国大会执行这些职能。

十三、托管理事会

第十三章包含第85至第91共六条,主要阐述了托管委员会的职能。这个委员会包括以下成员国:

1. 管理托管领土的成员国;
2. 安全理事会中的永久性和非永久性成员国;
3. 大会选举必要数额之其他会员国,任期三年,使托管理事会理事国之总数,于联合国会员国中之管理托管领土者及不管理者之间,得以平均分配;
4. 托管理事会的每个成员都可以指派一个具备资格的代表。每一成员拥有一票。决议由出席会议的大多数代表投票赞成才能通过。

联合国大会和下属的托管委员会被委托执行以下职能:

(1) 审查管理当局所送之报告;
(2) 会同管理当局接受并审查请愿书;
(3) 与管理当局商定时间,按期视察各托管领土;
(4) 依托管协定之条款,采取上述其他行动。

托管理事会应该采用自己的程序规则,包括选举其主席的方法。根据其承担的角色来召开会议。托管理事会应拟定关于各托管领土居民之政治、经济、社会及教育进展之问题单;就大会职权范围内,各托管领土之管理当局应根据该项问题单向大会提出常年报告。

托管理事会在执行其职能时可以求助于经济与社会理事会和其他相关的专门机构的帮助。

(1) 托管理事会常务委员会。
(2) 管理联盟常务委员会。
(3) 诉讼常务委员会。

十四、国际法院

第十四章包含五条,即第 92 条至 96 条,阐述了国际法院的职能。这个法院是联合国的主要司法机构。其职能和运作方式在《国际法院规约》中有论述,因此,联合国的所有成员国都是作为上述的法令的当事人。经由安理会推荐,联合国大会决定的情况下,非联合国的成员国可以成为这些法令的当事人。当当事人出现争端时,每个成员国应该坚持上述法院的决定。如果一个当事人不能坚持上述法院的决定,那么其他当事人应该求助安全理事会,理事会必须作出建议以影响判决。

当然,成员国也可以自由地提交法案到国际法院之外的其他法庭。联合国大会或者安理会或其他机构或专门代理处,在他们的职权范围内可以请求国际法院提供法律支持和援助。

十五、秘书处

第十五章包括五条,从第 97 到 101 条,主要讲的是秘书处——联合国的主要行政职能机构。秘书处包含由联合国宪章和联合国大会授权的秘书长和其他职员。

秘书长是联合国的主要行政官员,他是由安理会推荐联合国大会任命的。他应该尽自己的能力,在包括联合国大会,安理会,经济和社会理事会和信托投资理事会的所有会议中,执行各个部门委托他的各种职能。其中他最主要的职责是:

1. 给联合国大会做关于整个联合国组织工作的年度汇报;

2. 秘书长得将其所认为可能威胁国际和平及安全之任何事件,提请安全理事会注意;

3. 绝不遵循和接受除了联合国组织以外的任何政府和任何权威的指示;

4. 秘书长和他的工作人员应该践行自身行为的专属国际性。成员国也各自有义务尊重世界宪章中关于秘书长和他的工作人员职责的规定,不能影响他们而使他们失职。

秘书处的工作人员应该由秘书长按照联合国大会制定的规章来任命。秘书处的工作人员应该根据需要分配到经济与社会理事会、托管理事会和其他联合国的部门机构。工作人员的雇用及其服务条件的决定,应以求达效率、才干及忠诚之最高标准为首要考虑。征聘办事人员时,于可能范围内,应充分注意地域上之普及。

秘书处的各个部门:

秘书长行政办公室。

经济社会理事会。

非自治区域托管和信息部门。
公共信息部门。
会议服务部门。
公共服务办公室。
技术支持部门。

十六、条约的审查和联合国官员的豁免权

第十六章包括从第 102 到 105 四条内容，即杂项条款。它主要规定了国际条约的审查以及保证了联合国工作人员在各会员国内履行职责时的外交豁免权。

在联合国宪章之后，各成员国之间所订立的国际条约和协定在生效前应该在秘书处审查注册并且由秘书处发布。任何条约和协定在没有审查注册前不能生效。

联合国会员国在宪章下的义务与其依任何其他国际协定所负之义务有冲突时，其在宪章下的义务应居优先。

联合国作为国际组织，他们的代表团在不同国家执行职务时应该享受特权和各种豁免权。联合国大会应该对这些特权做有关的建议和达成。

十七、过渡安全办法

第十七章包括 106 到 107 两条，讲的是过渡安全办法。在任何威胁到国际和平和安全行为不能得到明确的解决方案期间，1943 年 10 月 30 日在莫斯科签订四国宣言之当事国及法兰西应该互相洽商，并于必要时，与联合国其他会员国洽商，以代表本组织采取为维持国际和平及安全宗旨所必要之联合行动。但宪章规定之内容无法中止二战后与轴心国签订的条约。

十八、联合国宪章的修正

第十八章包括从 108 到 109 两条，讲的是联合国宪章的修正问题。宪章的修正案经大会会员国三分之二表决，并由联合国会员国三分之二，包括安全理事会全体常任理事国，各依其宪法程序批准后发生效力。

十九、联合国宪章的批准和签订

第十九章包括从第 100 到 101 两条，讲的是联合国宪章的批准和有关成员国对职责的签订。宪章是成员国按他们各自的宪法程序而批准的。批准书应交存美利坚合众国政府。当美利坚合众国政府通知已有中华民国、法兰西、苏维埃社会主义共和国联邦、大不列颠及北爱尔兰联合王国、与美利坚合众国以及其他签字国之过半数将批准书交存时，本宪章即发生效力。美利坚合众国政府应

拟就此项交存批准之议定书并将副本分送所有签字国。本宪章签字国于宪章发生效力后批准者,应自其各将批准书交存之日起为联合国之创始会员国。

宪章留存于美利坚合众国政府之档库,其中、法、俄、英、及西文各本同一作准。美国政府后将正式副本分送其他签字国政府。

联合国宪章于1945年6月26日在旧金山签订的。

从前头对联合国宪章概要的回顾,表明联合国作为一个广泛的组织,将来可能会被建成世界联邦政府。然而,这条路上仍然有巨大的障碍,有关促成这一不可逆转之趋势的解决方案将在第四部分得到分析和探讨。

卷四　世界政治的必然趋势：世界政府

第十六章　世界性统一政权的创造和扩展

一、向世界统一体迈进

尽管我们目前世界范围内国族情绪高涨，对不安定因素依旧害怕以及国家间彼此猜忌，但是各国之间对彼此的理解已经是今非昔比。不容置疑，它们正向着持续和平以及世界联邦政府的目标迈进。纵观当今世界大势，战争作为取得世界公正工具的情况逐渐式微，过时的国际法将被淘汰。其时，国际冲突将通过国际法院而转移至正常的司法渠道得以解决，各国军队也被削减至只需承担维护当地秩序的任务。而世界联邦政府则掌握一只最强大的军队，用来平息区域性的摩擦，从而维护国际的和平。

随着战争的根除，世界上将没有战争法，中立法甚至没有了条约法，因为所有国际及地区关系的处理，将依据联合国的宪章，或者另外一个能够替代联合国的世界联邦政府的宪法来处理，当然这还要取决于联合国在未来的国际事务中的表现。将来的世界联邦政府是脱胎于现在的联合国还是会以全新的面目出现，现在还不得而知。但是国际政治的大势则是朝着这个世界联邦政府的方向迈进。假如联合国能够当此大任，那就再好不过了，否则，一个新的组织必将在不久的将来取代它。

二、联合国并非维护世界和平的有效机构

然而，从当前来看，联合国仅仅是一个松散的组织而已。除了在二战后的秩序建设中，得到世界大多数国家和民族的信任以外，它根本不能对任一土地和人口行使主权。作为维护世界和平的机构，它所处理的每一宗事务都必须遵循《联合国宪章》或经由联合国大会表决决议。有鉴于此，为了壮大联合国的能力，至少我们要逐渐赋予其行使主权的权力。但是，从今天所表现出来的国际关系来看，联合国成员对自身拥有的权力没有要放弃的意思，他们将拒绝放弃任何权力，除非其本身被暴力所迫。由于联合国仅是一个没有权力的傀儡，目前唯一的方法便是再建立一个拥有主权的联合国家去发挥更大的作用,这一联合体可以通过对无主国土的主权宣称来强化自身,或者通过兼并其成员国的方式逐渐壮大。

三、主权联合国怎样才能得以建立

把联合国建成一个拥有主权的政府要做的最重要事情是,赋予其三个重要的权力元素:1. 赋予其治安权。2. 建立独立的财政体系。3. 获得领土。

1. 治安权力

将联合国建成一个拥有完全主权的政府的一件重要的事情是,建立一支常备联邦部队驻守在世界各个战略要害。无论现在联合国的军备情况如何,下面的训练机构必须被建成,以训练世界治安系统的所需人员。

（1）陆军学院。

（2）海军学院。

（3）空军学院。

这些学院的学员应该来自联合国的各个成员国,各地区选拔的学员数量应该与该地区联合国议员和代表比例一致。学院里的课程除了军事训练以外,应该包含世界各地主要语言的课程,诸如英语、西班牙语、法语、汉语、俄语或日语。

联合国治安部队的士兵应该来自于世界范围内招募系统,这一系统应该覆盖联合国的各个成员国。

2. 财政体系

正像联合国目前的组成一样,它必须依靠其成员贡献各自的力量来支持其活动。这就使得联合国极易受到其成员的牵制,特别是被一些大国的把持。假如这些大国没有达到自己预期的目的,他们可能要退出,或者拒绝上缴会费。因此,除非联合国有自己独立的经济来源,否则它无法成为强有力的世界联邦政府的基础。以下是一些建立和维持独立的财政系统的可能途径。

（1）加强自身的金融系统。这可能要通过以下的方式：

a. 通过扩大世界银行的职能范围使之变成世界储备银行,拥有发行货币的权力。

b. 通过设计和推行一套世界货币,来解决当前的国际兑换、国际资本流通的难题。

（2）联合国宪章下的世界公司。联合国可以援用宪章来加强国际贸易往来,促进落后地区发展经济。

a. 这些公司将和当地政府合作为本区域的发展贡献力量。

b. 联合国对其所有企业征收利税并分红,这些财富会与日俱增。

c. 受制于联合国公司合作法的公司包含所有那些国际公司,像国际贸易公司,航空公司,蒸汽轮船公司,电话公司,无线电公司或者电视公司,国际开发公司。

（3）对企业的运作及其收入进行管理,让邮政事业及其分支遍布世界,使广播和无线电公司的运作有一个世界性的基础。

（4）建立自己的税收体系。征收属于自己的税收,向跨国私人公司颁发执照,比如捕捞税、航海税、航空税、国际贸易税等,这将会成为联合国一笔不小的收入。

（5）为个人提供服务并收费。通过联合国机构的大众服务收费,如颁发职业执照,如法律,医药,机械,教育,航空飞行或者其他特别具有国际特点的职业,这些个人执照将会为联合国生产大量的收益。

（6）颁发联合国通行证并收取一定的费用。颁发旅行通行证对联合国来说每年也会获取一笔不菲的收入。如果联合国的力量和威望逐步地得到提升,颁发通行证、护照的权利将会从其成员国完全转移至联合国手中,联合国只需在当地政府的帮助下便可在全球范围内签发。

（7）经营世界文化公司,并在全球设立分支机构来翻译和出版书籍、杂志并进行跨文化的艺术展览来获得财富,同时又能促进文化融合及全人类的福利。

（8）倡导、参与以及与地方政府合作举办世界性的展会、交易会获得财富和广泛的福利。

3. 联合国领土权

为了实现它的权力,联合国领土的获得是必须的。这可能要按照下面的方式去做了：

（1）对未被他国宣布行使主权的某些大陆区域,部分水域或者地球的外部空间行使主权。这些空间包含如下内容：

a. 公海,超出传统规定的 3 英里限制的海洋及国际水域

b. 尚未被行使主权的地方如北冰洋和南极洲

c. 地球的外部空间或者其他星球

d. 任何没有其他政府宣布主权归属的领土或领空

（2）逐步蚕食单个成员国的领土以扩大联合国的主权。

（3）修改联合国宪章中关于托管的内容,将属于托管领土的主权收归联合国直接管理,就像联合国对哥伦比亚街区的管理情况,或者像美国政府对美国公民海外财产进行保护那样。

（4）对所有非自治领土宣布行使主权。因此,联合国全球主权将会逐步建立世界联邦政府。

四、对未来的展望

当前,这个时代最耀眼的标志恐怕是由联合国（尤其是联合国大会）在国家民主的发展进程中所促成的进步这件事了。在那里,每一个国家,不管其有多

小,即使始终处在大国的压力之下,假如它们愿意的话,都会拥有平等的机会来表达自己的意愿。因此,联合国有一天可能会被建设成为一个世界议会来审定各国的法律,或者成为世界联邦政府的立法部门。

第十七章 世界公民身份和普遍权利法案

一、联合国公民身份如何产生

为了建立联合国的一般主权和声望,以此来作为世界联邦政府的基础,联合国公民身份这样一个系统必须依据下面的渠道产生:

1. 所有的联合国领土内的居民都必须是联合国公民;所有的来自政治迫害地区的失去他们国籍的流亡者也应该成为联合国的公民。

2. 联合国也应该正式吸纳这些新公民,他们有好的道德品质,并且他们自愿放弃他们先前所在的成员国的公民身份,以获得联合国的公民身份。

3. 联合国公民身份的产生只是促进联合国成为世界联邦政府,拥有普遍的公民身份的第一步。

4. 当联合国或它的替代机构必须建立它的整个主权而成为世界联邦政府时,任何一个它的成员国的公民应该同时就是联合国的一个公民。

5. 当联合国或它的替代机构应该获得完整的主权,那么,所有它的成员国的公民权必须在联合国宪章或世界联邦宪法的保护之下,这些宪法必须包括所有地区或国家选举权,在国与国之间,通过联合国通行证便可以正常的旅游和迁移,而免被捕的权利。

6. 当每个成员国的公民旅游或迁移到其他国家,应该获得这个国家所有的优惠权和豁免权。

7. 任何被指控犯罪或重罪潜逃的人,如若在其他国家被发现,应该被遣送回国进行审判。

二、普遍权利法案

在目前的联合国组织,有一个文件被称为"世界人权宣言",这个文件还不是法律,而仅仅是陈述人权普遍规则的一个宣言,这个文件还有一定的瑕疵。在长度上,它比美国宪法中的"权利法案"要长,但在实质上,它还不够广泛地覆盖所有的方面。然而,这个文件有伟大的教育价值,它可被当作一个指导性的材料,去教育我们的年青一代要尊重我们同胞的权利。

但为了使这个文件变得更为有效,我们必须将它转变成"普遍权利法案",换句话说,不仅仅将它当作教育的材料,我们要通过联合国把它变成法律,使之成为宪章的一部分。

由于目前"世界人权宣言"不够广泛地给予一般的民众完全的保护,这种缺乏应该被修订为包括尽可能多的保护范围。在任何宪法中,权利要目的目的是为了保护人们的权利不受一些特权者的影响,这些特权者处于这样的位置,他们可能运用强权来保护和扩大自己的个人利益。所以这些在目前的人权宣言中被忽略的部分应该被加上:

1. 搜查和逮捕不能被武断的乱用,人身、家庭、居所、言论和个人事务的安全权不能被侵犯,也不能被不合理的调查和搜捕。除非个人已经明显地被证明有罪,否则在没有搜捕证的情况下,个人不能因任何理由被逮捕或被调查。在没有明显的原因,或目击者及最初证据支持的情况下,搜捕证不能被随便发放,财产不能被随便调查,个人和财产不能被随便调查和搜捕。

在缺乏法令章程支持的情况下,所有的议案和犯罪发案应该按受起诉者委托的所在地的普通法执行,在当地缺乏普通法的情况下,其他地方的普通法和通用法理也可适用。

2. 在刑事案件审理中,法律辩护的权利不能被忽视:

(1) 陪审团制度①,大陪审团(grand jury)和小陪审团(trial jury)都要列席。

(2) 没有人会被入罪,除非得到大陪审团的指控;没有人因一次罪行被判两次;没有人允许被强迫作为任何犯罪案中的目击证人;没有人允许在没有通过法律程序的情况下被剥夺生命、自由和财产;在没有得到公正的补偿时,个人财产不能被应用于公共事务。

(3) 任何被指控犯有刑事罪的个人不能被保释;在审判前后不能有额外的罚金,也不能有野蛮的或不适用的惩罚被强加在个人身上。

(4) 人身保护制度应该被建立。任何罪犯都可申请人身保护令,除非在革命或来自其他国家的入侵这样的情况下,人身保护令不得失效。

(5) 剥夺公民权和允许事后追溯法案不得被任何地区立法机关或世界议会通过。

3. 法律辩护的权利在民事案中也相似地得到维护。在民事案中,陪审团的审判权不应该被否定,在任何法庭上已经得到公正的陪审团判定的案例,不能以对被告造成损害的方式而 重新加以审查,除非是为了与习惯法或他所居住的地区政府的权利法案,或者联合国的宪章相一致。

---

① 陪审团制度,是指特定人数的有选举权的公民参与决定是否起诉嫌犯、并对案件作出判决的制度。陪审团有大陪审团和小陪审团之分,大陪审团可以在任期内审理若干起案子,小陪审团则是一案一组。

第十八章　世界政府的功能

一、世界议会的建立

我们应该知道,如果我们真的要把联合国变成世界政府,我们不仅要使联合国获得其成员国主权上的完全让步,而且要建立一整套代表分配制度,来使得联合国大会成为世界联邦政府的最高立法议会。为了形成公平公正的代表制度,联合国大会应被改造成两院制,换言之,世界议会和联合国参议院。

二、世界议会

1. 世界议会中的代表

世界议会中的代表的安排必须按以下方式分配:

(1) 大国的代表可以按人口分配,一个代表对应1200万或者更多的居民。但不能有单一的政治体拥有超过五十个的代表。

(2) 小国或者少于1000万居民的自治组织必须至少有一个代表在世界议会中,不管它的居民人数或者领土大小。

(3) 所有的世界议会的代表必须是由该国有资格的选举者选举产生的,并且能代表他们的利益。

2. 世界议会的权力

世界议会应该有权力为了以下目的而创立法案:

(1) 征收税收、费和税、契约债务,或其他方式来增加财富以促进联合国各种活动的开展;

(2) 为了维护地区和世界和平;

(3) 为了保持联合国的武装力量,以维护世界治安问题,以镇压反对世界政府的起义;

(4) 处理世界金融、经济、工业、财政和投资问题;

(5) 处理世界资本和人口流动问题;

(6) 促进艺术和科学以及人类普遍福利的发展;

(7) 处理世界范围内由战争和革命以及自然灾害带来的健康和病痛问题;

(8) 处理来自对世界联邦政府的执政人员和司法部门的成员的弹劾;

(9) 实行各种外交权力。

三、联合国参议院

1. 联合国参议院的代表

联合国参议院的代表的安排或者由政治实体数量（行政区划）或者由人口数量而定：

（1）每个成员国参议员的最低数量应该是一个，不管这个国家在地域大小和人口数量如何。

（2）像美国这样大国可以有五十个参议院代表，或者每个州选出一个参议员。

（3）大国像大英帝国、俄罗斯、印度或中国，也可以按政治实体数量或者人口数量分配他们的参议员人数。如果参议员人数是由人口来分配，那么人数应该按每1200万人口对应一个人数的比例。

（4）不管代表是根据有立宪权的政治组织还是根据人口，一个国家的参议员不能超过五十个。

2. 联合国参议院的权力

联合国参议院有权力影响法律制定以及执行以下的行动：

（1）批准联合国内阁高层领导人员的任命。

（2）执行所有弹劾案件中的审定，在场的超过三分之二的参议员投票通过表决即可判定。

（3）批准与联合国行政部门的程序有关的重要行政决策。

（4）在世界议会中作出提案人或参与所有法案的起草。

四、世界政府的行政权力

联合国或世界政府的行政权力被授予联合国或世界政府的主席团，他们必须由总统，副总统和总理组成。

1. 总统和副总统应该由联合国或世界联邦政府的两院选举产生，一届一年，可以连任，但不能超过两届。

2. 总统应该是联合国或世界联邦政府象征性的首脑，当他在任内死亡或伤残，副总统应接替其职务，若连副总统也不能执行其相应的任务，总理应该代行总统职责，直到重新选出新的总统为止。

3. 总理应该由总统提名，由世界议会的两院批准，每一届任期三年除非遭遇不信任投票，但每一个总理在任不能超过两届。

4. 主席团候选人的资格如下：

（1）道德品质高尚。

（2）受到社会科学的训练，加上有一个法律学位。

(3) 40 岁及以上。

5. 主席团成员的薪金应该是由世界议会的两院投票决定,但主席团成员不应该同时拥有超过法律许可的多个职位。

6. 在主席团成员就职前,他们要宣誓或发表声明要尽他们最大的能力以保护、捍卫世界联邦政府的宪章或联合国的宪章。

7. 联合国或世界联邦政府的总统应该扮演世界武装总司令的角色,为巩固世界的和平作贡献。

8. 总统应该拥有以下的权利:

(1) 在处理国际的事务或触犯成员国时有豁免权。

(2) 在各种正规场合接见和会见联合国或世界联邦政府成员国的首脑

(3) 监督世界联邦政府的法律是否得到忠实地执行。

(4) 任命所有的联合国或世界联邦政府的高级行政人员。

9. 总理应该拥有如下的权力:

(1) 在总统的指挥下,忠实地执行由联合国或世界联邦政府的两院产生的法律和决议。

(2) 可以要求来自世界联邦政府不同部门、机构和附属组织的,对涉及该部门职责的事务提交书面的报告和建议。

(3) 按两院订立的法律和决议,任命世界联邦政府的普通官员。

(4) 任命人员直到该职位的任职到期,以弥补低级职位职员的临时空缺。

(5) 向两院汇报世界当前状况,提出各种可行的和必要的建议。

10. 当若失去大众信任或因贪污而被宣告有罪时,世界联邦政府的主席团的成员会遭到弹劾,而下级官员应该则会被解除职务。

五、国际司法

世界联邦政府或其先驱联合国的存亡,将依赖于以其自身的能力来建立起的司法系统。为建立这样一个系统需要做如下的努力:

1. 联合国或世界联邦政府应该有它们自己的律师以处理它一般性的司法管理事务。

2. 目前的国际法院应该被重新命名为世界高等法院。这个高等法院将成为将来世界政府的最高法院,同时还有一些各个大陆的高等法院。但一个像亚洲这样的大陆应有两个高级法院作为分支,一个用于东亚,一个用于西南亚。

3. 除了世界高等法院,世界政府还有地区法院遍布世界各地,它们执行地区司法事务。

4. 除了这些各自的地区法院外,还必须有设置在不同地区的地区上诉法院,来复核这些地区法院的决定。

5. 在民事和刑事案件中地区法院拥有初审权。

6. 在国际间的事务的审理中,有关的地区或其上诉法院拥有初审权。

7. 涉及世界联邦政府的宪法的问题的案例,最高法院才拥有初审权。

8. 所有成员国在联合国成为世界政府前签署的条约,应该归于世界高等法院来管理。

9. 当世界高等法院功能完善时候,现存的国际法、军事法、中立法系统将被废止,被世界联邦政府的宪法替代,这些将被视为宪法法案。

10. 所有成员国国民之间的民事纠纷应该由当地世界法院解决,如有必要须逐级上诉。

11. 世界政府的司法功能应该被恰当地执行,各种来源的国际争端应该变成法律事务而交由国际高级法院解决,而不是由我们现在正在进行的战争和报复来解决。

12. 未来世界政府的司法权力应该扩大到所有产生于目前联合国宪章或将来世界政府的宪章的案件;扩大到所有涉及海军或海事的,地区的和空间的案件;扩大到所有有争议的事务;扩大到所有成员国之间的争端,或成员国与本国及其他成员国公民之间的争端,或不同成员国公民之间的争端,或者同一成员国公民间对于国内某一地权或国外某处地权的利益冲突之上。

13. 所有世界政府的高层官员应该接受立法机构下院成员的弹劾,并由联合国参议院或世界高等法院裁决。

六、联合国和成员国的关系

随着联合国主权的稳固发展,它可能篡夺其成员国的主权。联合国和它的成员国之间的关系,应该在联合国宪章中得到清晰的规定,以保护成员国各自破碎的主权。这两者之间权利的划分应该遵循以下的方式:

1. 所有那些已经被赋予联合国或世界联邦政府的权利应该被绝对的实施,不能受任何干涉,这是作为世界联邦政府的基础。

2. 任何现在或者将要成为联合国领土的陆地、空间、海洋表面应该都绝对的属于联合国的司法范围。这种司法权限只能被联合国的各个机构执行。

3. 联合国作为对地球空间内及外太空拥有主权的机构,可以指定在这些领域内行使主权的各种法律,并享受联合国宪章中的所有权利。

4. 联合国作为拥有上面一些地域的主权,可以委任它其中的一部分权力给它的下属机构、部门、官员去执行。

5. 联合国的主权也是有限的,那些在宪章中没有明确表示的,而又没有禁止成员国执行的权利,应该保留给成员国。

6. 所有的联合国宪章中没有明确规定的,或没有被成员国及其人民承认的权利,应该保留给所在地域的成员国人民。

7. 成员国应该对其他成员国和联合国的公共行动、记录、司法程序给予完全的信任和忠诚。(因为)联合国大会已通过一些基本法规定了在公共行动、记录和司法程序中所需遵守的规范。

第十九章　阻碍世界政府建立的障碍

目前,联合国作为维护世界和平和作为世界政府的基础,这样一个机构还是很脆弱和低效的。我们现在生活在一个失序和冲突的时代。从前两次世界大战开始,世界大国由于它们自己的原因,已经一个个崩坏和式微,小国家纷纷结成巩固的团体,使得自身的影响力变得越来越大。但当世界大国变得越来越脆弱,以至没有力量制定出协调的政策来应付这个失序和冲突的时代,很自然地,这种糟糕的状况一直会持续,直到一种有效的替代品出现的时候才会改变,或者让现在的联合国变得更加高效和强大,以成为将来世界政府的核心,或者设置一个公共机构作为建立这个世界联邦政府的基础。目前阻碍着联合国发展成为世界联邦政府的最大障碍在于:

一、相互恐惧

目前盛行于各个国家间的相互恐惧是当前国际冲突的重要因素。这种害怕像人类未发育成熟的原始心智。通过长期的生物的、社会的和历史的进化,人类一直生活在被攻击、杀害、被其他动物或他自己同类吃掉的恐惧中。人类群居生活这一事实表明群居生活是必要的,因为在紧急情况下,和在遭受可怕的陌生者攻击中能够相互帮助。群居生活起始于原始游牧部落,经历了部族、封建公国、强权政治的君主国和现代国家。所以,现在最重要的事情是建立联合国或一个世界联邦政府来保卫世界和平,消除这种因内部群体或外部群体之间,相互害怕或猜疑而导致的无缘无故的攻击。

二、精神上的抵触

上述群体的害怕具体分析来说是群体的领导者各自的个体性恐惧,各个群体的这些领导者都是相似的,在国内则担心自己的地位,对外则害怕不可预计的攻击和破坏。

这些领导人害怕的因素包括:担心失去个人权力、政治地位、自尊、声望、尊重、荣誉甚至生命。当个人利益和尊严处于危险的时候,国家的利益就成为自私的牺牲品。然而,当个人冲突达到这样一种状况,群体或国家会被一种工具去惩罚"那些破坏群体或国家利益"的人,实际上,那些人只是威胁到了领导人的个人利益。

在这些领导人之中，有许多人童年时经历了贫困、家破人亡的不幸，因而养成了卑微的人格。随着时间的推移，那些悲惨的过去在他的性格中结成了一种自卑情结，于是这些人对于外在刺激显得异常敏感、脆弱，尤其是那些伤害到他自尊的刺激更容易让他产生过激反应。

三、被击垮的挑战

在这种人格冲突的过程中，所有正义、公正、和善的情绪都被抛在脑后。各种潜在的特权就会增长对挑战已取得的权力和利益，那些既得利益者因此会更坚持他们原有的努力和信念。这样，最危险的时刻就会到来，不管在国内还是国际，结果都会变得更加冲突和失序，旁人也成了牺牲品，我们现在正处于这种状况中。

在这种失序和冲突的时代，所有群体和群体间的行为都继续以最虚伪的方式开展，猜疑、间谍、阴谋诡计成为盛行方式，就像要毁灭他们的敌人一样，他们的朋友也被以此来对待。最狡黠的分子被选择来去处理这种"老练的"（原文 diplomatic，即外交，这里是一个双关的处理。——译者注）和"聪明的"服务。

情况既然如此，各个国家提高警惕，持续的处于警戒状态，试图发现其他国家的阴谋，尽管他们防范严密，战争却依然不可避免。当事态变得严重时，除了战争外的各种报复性的行动就会被发动。但人们继续互不相让，没有意见会被接受。随着报复性冲突和敌对行为的持续，大战一触即发。

然而，由于已经发明出来的致命性的现代武器，尽管战争不可避免，那些真正能掌握事态的国家因此更避免实际冲突的发生，尤其是战争，如果战争已经发生了，就会破坏它们的财产以及一切能带给它们荣誉的东西。但是这种国家间的过度紧张会时刻直接影响其国内的政治权力的运作。他们的对手随时都会从他们手里夺去政治权力，他们的财富，荣誉等都会随之失去。

所以，在最近几年，国际政治已经发展出一种（战争）边缘政治的艺术，国际间的过度紧张因此维持，这样战争就会被避免以防止不幸的事件发生。如果没有这种军事紧张，那么各国的防务便会松弛，便会让其他国家有机可乘。但是，非战的紧张或战事的爆发这两种情况都会让一国的统治者焦头烂额，因为一旦他们错误判断了形势，灾难就会降临。因此各国会尽力维持一种军事紧张去避免破坏性更大的战争。

战争通常被分成两类：国内战争或革命，对外战争或国际间的敌对。不管在哪种情况中，战争总是残酷的，数以万计的人将失去生命或变得无家可归。战争一旦爆发，总是要持续到一方胜利为止。一场战争的结束后总是有谈判这一回事的，在谈判桌上，胜利方主导一切变成命令者。但战争不能解决问题。憎恨导致憎恨，战争滋生战争，一场战争会引发一个接一个的无止境的循环。

四、文化系统的冲突

人类除了是一种生物学意义上的动物以外,还是一种文化的动物。换句话说,他们是教育的产物。他们的教育不仅仅包括获得一些怎样生存的基本知识。这样一种职业性的教育或许通过企业中的学徒生涯,或者通过向生意场上的师傅学习就可以得到。

但一个人的教育本质远不止学习一项谋生的手段。他们教育的目的是学习怎样成为群体中的一员。所以他的教育包括所有的有助于他心智的、社会的和道德的成分,或者换句话说,他学习他祖先的生活方式。这种生活的本质就是他的群体文化传统的概括,这种文化是群体不断积累的成果,以社会习俗和风俗的方式被明确下来。这种教育从摇篮开始直到死亡。

现在,是什么组成了那些社会习俗和风俗呢?他们包括小时候妈妈教给小孩的摇篮曲、民间歌曲和音乐,群体的传统和文化;迷信、宗教的教条和仪式,节日庆典,社会关系;一个国家的语言、艺术和文学。

除了以上的,一个国家的自然环境像地形、河流、山谷、森林、山川、平原和海洋,也都会成为这个国家文化的一部分,都会被建构进一个人的感知方式、性情等人格特征中。

还有就是政治意识形态,伦理观念,本土思想家和立法者的著作,社会结构和政治组成也都会被建构进人们的文化模式中,最终成为人们自身的一部分组成。

人类还是天生的英雄崇拜者。人们对他们的勇士、智者和宗教领袖以及烈士给予巨大的尊敬,不管谁只要能获得智力、社会、政治、宗教声望,将被当成群体的领袖或者国家的英雄。如果一个人为了群体的事业而献出了自己的生命,那么他就会被当成烈士。所有那些死去的领袖人物都会对后代的思想形成巨大的影响。

所有前部分提到的因素共同加起来就是文化。这种文化塑造着那片土地上所有的居民。

每个人类群体、种族和民族都有他们自己的文化,并且他们都以自己的文化而骄傲。这些人甚至牺牲他们自己的生命和财产来增强这种文化,来保护它,来宣传它,采用其中的内容来教育他们年轻的一代。随着时间的流逝,每一代都在增加这种文化的声望,他们的政客颂扬它,创造者和英雄赞颂他,直到它变成不可驳倒的逻辑。不管谁的思想或行为要是背离了这个准则,就可能被指控为不尊,甚至被认为是一个背叛者,可能成为攻击的对象或者被流放。所以现在,每个人从他们出生到死亡,他就不断地被这种文化要素压迫、轰击、包围,直到他的脑子吸收进更华丽的印象。这就是为什么我们称人是一种文化动物,一种教育的产品和社会遗传物,而不仅仅是一个生物进化的产物。

五、自尊的堕落

自尊的崩溃也是导致人际关系不和谐的一个重要因素,尤其是建立世界联邦政府的一个非常重要的障碍。在我们适应平等的生活在世界政府中之前,我们需要一系列的社会化教育。

所有人都有自尊意识。这种自尊是一种优越感,是个人在成就、社会、政治、经济等各种能表现自己与群体其他成员的区别和独特性的一种指示。

与自尊相反的是自卑,自卑是和屈服、丢脸是同义的。没有人愿意屈服,除非他是被迫做这些事。更为严重的是,自尊会堕落变成自大。而自大对其他成员来说是讨厌的和具有侵犯性的。这样自尊和自大的冲突变得不可避免。不管什么时候,有这种自大情绪的个人或群体一旦接触,马上就会发生在心理上的抵触现象。只要人们有这种冲突,他们肯定很不愿意将自己的一部分主权赋予那些他们认为比自己低级的民族,尽管这些民族也有他们自己的文化和种族自尊,这种自大的念头很难转变为平等、和谐。

六、经济利益的冲突

让这些不同群体、种族和国别的人共同去建立一个世界政府的时候,经济利益、经济行为、经济制度之间的冲突也是不可调和的。但通过开明群体和领袖们的教育努力,这种不可调和可能被消除。实际上,这种所谓的经济利益、经济行为、经济制度之间的冲突还不是个巨大的障碍,因为世界联邦政府建立的最基本的目的是用法律规则来替代武力规则,在这种法律规则下,个人和群体的经济权利和利益会被法院更可靠地保护,而不用依赖武力去进行风险巨大的豪赌。

七、人类寻求改革的惰性

人对改变总是有惰性的。改变和进步是由压力和环境变化带来的。当我们适应一种生活方式的时候,我们不愿意改变这种状况,直到我们被迫去进行改变。改变意味着陌生。我们成为我们自己习惯和行为方式的奴隶。这对那些拥有既定利益的或适应手中握有权力的人来说更是如此。那些拥有福利和权力的人们拒绝给予他人这些利益,甚至也不愿意做出让步,直到他们被迫这样做。结果是发动为权力、权利和利益的斗争。这是当前各种国内国际的阴谋、共谋、革命和战争发生的重要的原因之一。而这种对变化的惰性和它的不可避免的结果,也是世界政府建立的一大障碍。

八、在可预见的将来世界政府的实现

相互的猜忌、心理上的冲突、文化的冲突、个人主义、多样的意识形态等各种力量扭曲着事实,给我们造成了更久远的混乱。在如此复杂的环境下,和平竟成

了欺骗和牺牲那些无辜民众叫卖口号。

  所以,现在加强联合国或建立一个相应的机构,以作为世界联邦政府的基础仍是个遥远的梦想。我们可能还需要一个甚至几个世纪来实现渴望的结果。现在,我们所需要做的是生产关于这个目标的公共舆论并传播到世界各国,使各国统治者和民众都能受到感染并朝着这个伟大的目标努力。最终,争端的法律解决原则将替代现有以战争为争端解决手段的原则,世界联邦政府将以此而得以建成,人类也将从此生活在一个相对和平的环境中。

附 录：

余天休先生之学术思想与政治理论

注：此书为余先生的友人汪公亮、朱照箕、陈文震主编，虽曾内部发行过，但未曾公开出版发行。

编　者　序

　　立国于天地，犹之乎立身于社会，必有所凭藉然后始可以谋生存而图发展。当此举世扰攘之际，忧时之士，无不朝乾夕惕，以谋国家人民生存之道。而个人生存寄在国家生存之内。如国家危亡，所谓覆巢之下，几见完卵！皮之不存，毛将焉附？故欲谋个人之生存者，当先谋国家之生存而后可。然生存之道，亦有多端，由个人言之，或为主人，或为奴隶，生存虽同，而旨趣则异，必有以尽其情之所安，得其心之所荣，决非醉生梦死之徒，所能望其项背。其于国家也亦然，或为强国，或为附庸，立国虽一，而主权则殊，岂能一概论乎？

　　我国以五千年之悠久文化，竟成此支离破碎之局，国将不国，何有于民？是以先生心焉忧之，每发为伟论，刊诸报端，或制成方案，公诸同志，盖其苦口婆心，逢人说法，无非欲以唤起国人猛醒，以期建立救亡图存之大业。其言论风采，早已昭示中外，固无待乎末学为之述介也。余等谬承先生相知有年，会与先生共同研究中国社会文化，本其平日研究所得，俾作沟通中外文化及复兴中国之贡献。先生夙夜努力，以赴事功，多年以来，此志不懈，每聆先生讲述，以为中国甦生之途径，舍此莫由，当劝先生撰为专书，以公诸世，乃先生一再谦执，不肖执笔，虽会于报张杂志，间或作片段之披露，而积稿盈尺，见于刊行者不及十之一，是以友好诸士，每以未窥全豹为憾事。余等鉴于目前之需要，商之先生，择其平日言论之有关复兴中国者，集为一册，内中有先生亲撰原稿，有同仁笔述先生讲演词意，有节录先生报张杂志散文，或其他论文摘要，资料来源不一，所以先后次序或有未能适体者，然而大体上均曾经先生亲自修正一次，本拟定名"中国甦生之路"，以其内容多涉及我国今后建设之具体方策，无如先生认为此题似过于自矜，最后始乃由同仁商议，定题曰："余天休先生之学术思想与政治理论"，所集资料，虽未能完备，而荦荦大端，已得规模之要。

　　窃以先生博学多才，抱负远大，谠言伟论，经纬万端，其腹笥所藏，固非此节略小册足以尽其万一，而精审之言论，专门之研究，另有单行本在，此非余等所能代言者，惟兹篇之所述，聊具轮廓，提纲挈领，略示方向耳。有志之士，如肯将本册细加玩味，进而研究先生之各种专论及其全部学说，因而有所兴起共图国是，固亦先生之所愿也。是为序。

汪公亮　朱照箕　陈文震
1947 年 9 月 5 日

王 序

吾友余博士天休,世居岭南;其地背山面海,水汇之都,东西通航,商舶云辏;其民朴质廉幹,足智多谋,远中土而狎重洋,轻远游而习冒险,得欧风最先,盖地势环境适然耳。博士生长是邦,自童年随兄渡美游学,于英文独为精熟,兼通日、德、法、意、拉丁法文字,故能旁稽广涉,蔚为通儒;初得教育法律政治社会经济诸学士硕士,终于克拉克大学研究院,获博士荣位;为诸生时,曾步武中山先生,联络华侨,参加海外革命运动;民国九年北京大学校长蔡元培氏礼聘回国讲授社会学,博士时年仅二十有五龄。博士本粤产,又幼即远涉美洲,则语言扞格,自在意中,惟姿性颖迈,北来未久,即操京音,教学之暇,且广涉中国文学;经史子集,靡所不窥,以科学之头脑,游览之经历,进而读祖国之典坟,观全书而探其精粹,综浩繁需扼其肯綮,譬如燃钜燎于堂中,几案盆瓶,烛照不爽毫发,语云纳约自牖,以启其明,此之谓也。余与博士相识较晚,然问奇析疑,昕夕晤,盖交期虽浅,而相知实深;观其论治,则主张消灭封建势力,而渐树宪章,以导入近代国家之正轨;论学则谓一为常识之修养,二为高深学术之研究,三为实际问题之解决;其应世主知行合一,谓一切事态起于动,因动而生变化,因变化而得事理之宜,此易之理也;其交游无阶层畛域之偏见,尊重个人之个性而一视同仁,其治事主以静策动,以柔克刚,以虚声寔,以无为策有为,此道家之要旨也;其治生祖白圭、动如猛兽惊鸟之发,而持法尚管仲,坚握信赏必罚之枢,以经御权,以权应变,盖取精多而用物宏也;其述作自社会科学,自然科学,诸如社会、经济、军事、司法、教育各有专著,各有方案,各有行动纲领,刊行之本,不遑枚举,久已脍炙人口,博得美评,故吾于博士,谓为淹贯中西之学者可,谓为理烦治剧之政治家亦无不可;若徒以埋首著作之书生,矩步方行之雅士视之,则失之远矣。友人编次博士学术思想与政治主张既竟,以草稿视余,余受而读之,乃益念博士之名下无虚,有非咕哗小生所能望其肩背者矣。王道元谨序。

王道元

余　序

　　方今行宪伊始,举国同庆,今后建国,定有可期,况自抗战以还,英才应运而起,社会进步,已显而易见。然中国土地辽阔,人口众多,教育落后,致力复兴,绝非短期间内可以奏效也。建造大厦,尚需时日,况我数千年之古国,其固有之传统,与原有之文物,依然故旧,根本改革,谈何容易？故只有暂时忍耐,上下一致,同心协力,逐步迈进,以臻规范而已。惜乎,当今国事纷繁,是非未定,长此以往,何堪设想？休自愧简陋,向不欲有所非议,然对于社会、政治、经济、法律诸问题,每由于时势之观感,与睹目之所及,乘讲演之机,或报张杂志之便,酌情披露,或书成稿卷,以备留心国事者之参考。此种言论,向以超党派之学术立场,客观分析之眼光,随时随地发挥,绝不指摘任何党派,偏袒任何集团,或影射任何局势,只有就事论事而已。

　　宇宙是一个巨大的动体,无时无刻不在变动中,人类是宇宙间至微至小之一种动物,其生存是寄托于此大动体之中,其所以能耐经千百万年自然与人为淘汰,而仍得存在于地球之上者,实乃因其具有应变之天才,因适应于宇宙之故,盖宇宙变动,人类之思想与行动亦随之而变,以配合天时地利之运行,致达其生存之目的,否则人类早已灭迹于此世间矣。吾人参看古往今来世界各国兴亡盛衰之活史,即可知此理之不可否定者也。盖凡一时代之开幕,是皆由于参与者之与时势而具来,及至其闭幕也,则其局中人物已显现衰老之象,灭亡之兆,并与时势背道而驰矣。所以吾人之行动与思想务求适合于时势而后可,否则将步死亡者之后尘而灭迹矣。所以孔子之为人师,乃圣之时者也。

　　近以友人同志及门人等编辑敝人言论集,搜罗休平日思虑之所及,处事之经验,管见之所得,彚集成册定名为本人之学术思想与政治理论,以愚者之一得,公诸当世,恐有贻笑大方,初未敢赞许,后已编辑草成,阻之不恭,允之不安,惶恐之余,检阅内容,所幸皆为管见,有出自休之讲演笔录者,有由杂志报张中摘取者,有抄录休自撰之原稿等,遗漏固多,然皆为因时因地睹目观感,与时势尚似无抵触之处,故敢贸然应允,但他日时势变迁,则观感又或将略有异矣。兹为便于亲友赐教起见,暂先印行草本,幸祈贤达察谅愚者之至诚,加以斧正则幸甚矣。此册既属初稿,殊非敢以问世,俟就正高明后,再行正式付梓以公诸国人。知我罪我,当非所计,耿耿此衷,统希见谅为幸。

戊子初冬余天休自序

卷一　先生之小传

第一章　家境与幼年时代

人类之学术思想及其命运皆由其所处之环境所使然，设若吾人欲明了某人之学术思想，社会政治经济主张，及其行事之成败，必先研究其境遇与阅历而后可。所以吾人介绍余先生之学术思想与政治理论亦先叙述其小传俾作基础。

岭南为山明水秀之地，北界大山，东南临海，为我国历代个性较强而不愿接受封建政治恶劣势力支配者之世外桃源，故其人民性格刚直，勇敢而好动，冒险而多智，自世界互市而后，为我国与外洋文化接触最早之地，其人民远渡重洋者日众，感受近代新兴文化与影响独多，故晚近百年来，中国一切社会政治经济文化改革之领导者，大多为粤人。查今日之粤人已散布全球，举凡南洋、非洲、欧洲、南北美洲诸地，无不有其足迹，然而旅居美洲之华侨，则又以籍贯台山、新会、开平、中山诸县者为最多。

先生为粤东台山荻海区上湾村人。余氏宗人众多，为粤海望族，聚村落而居者凡数万人，其先祖为宋代不满意当时社会政治现状而由中原迁居岭南者，至今已二十有余代，凡千数百年间，自明代而后，渐移新会、中山、台山诸县，以聚居台山者为最众，所有氏系族谱及祖先祠堂具在焉。

岭南在宋元以前，地广人稀，以其气候温和，农产丰富，近六百年来，人口渐众，晚近百年间，则更人烟稠密，生存维艰，加以国内政治不良，人民既未受政府之恩惠，而反遭食官之剥削，于是迁徙海外侥幸以图存者，每年以数十万计，即余氏族人之侨居南洋美洲者已有千数人矣。此辈远离家乡，每受欧人压迫至酷，加以见闻广，思虑切，其爱国之心独厚，所以近五十年来，凡对国内政治持立异议者大多为海外华侨。

先生体质虽不甚健强，然而精神甚佳，能吃苦耐劳，起居有时，每晚至午夜而睡，清晨即起，无烟酒之嗜好，无闲暇之浪费，娱乐场所向无先生之足迹。先生好谈论，好访友，好读书，好阅报，好野外生活，好作思考，好写文章，此外则别无嗜好矣。

先生世居岭南，其态颇受粤海民性遗传之影响，故其个性甚强，情志操急，态度爽直,忠诚而可靠,勇敢而好动,不说谎,不失约,敢说公道话,敢主持正义,敢为天下先,有军人之风度,处世泰然,对事慎重而忍耐,每商诸亲友而后行,肯牺牲,待人和平而有礼,有政治家之作风;且不贪功名,不慕富贵,交友不弃贫贱,只求同道,有毫侠之气概;中年以后,则致力于道学,研究有素,动态为之一变,行事不露锋芒,颇有道家之仪表。

先生之先考讳治中,为美洲华侨之一,妣邓氏,亦岭南望族。先生生于前清光绪二十二年七月二十五日申时,其时为我国内政外交开始剧变之秋,即甲午中日战后二年,戊戌变法前二年,庚子之乱前四年。此种剧变实影响于先生后来之学术思想甚巨也。

先生兄弟三人,先生居长,二弟天暖,现侨居美国,三弟天乾,早已逝世。先生自幼与母居家,父寄居美国,一切家用均仰其父由美寄汇。先生自六岁至十三岁就学于家乡,是为幼年时代。

先生居乡之时,除读书外,即参与晨忙,日出而作,日入而息,有时且上山采樵裨作家用。其王父曾养牛一头,先生每于邻近丘陵上放牧之;每年秋冬之交,常协助其太夫人利用秋收后之稻田种植青菜,除自用外,余则售于市。乡居民智闭塞,先生于未赴美之前曾在乡读书七八年,但因无良师指导,进步甚慢,盖乡间读书,教师讲解甚少,每日仅背诵四书五经若干页而已。先生天资聪明,每次考试必列前茅,凡所读之书均能背诵,但乡间新书缺乏,知识浅陋,惟时先生曾读高小地理一册,颇感兴趣,但苦无其他新书可读。先生是时亦如乡间之其他童子,对于国家社会政治问题,均不知不觉,及至赴美后,思想始乃大变,倘若先生少年时代仍在乡间养育成人,则其学术思想及对社会之贡献或不若今日百分之一,若从较好之观点上视之,则仅为一驯羊式之顺民而为贪官污吏剥削之对象而已,若从较恶之观点上视之,则当为乡间之一顽民,或土豪劣绅贪官污吏之一流人物矣。环境之影响于人生至大且巨,先生今日学术思想与地位之成就,亦当不能例外也。

第二章　留学时代

光绪末年,先生从父命与堂兄会合赴美,时为辛亥革命前四年,先生年仅十三,适国父中山先生在美旧金山组织同盟会,参与者有黄芸苏、崔通约、赵煜、黄伯耀、马超群、李公协诸人。先生与诸先觉为伍,参与工作,为同人中之最年幼者;会中同人尚组织有华侨学校,倡言革命理论,先生于晚间亦曾就学于此,时黄芸苏、崔通约诸氏均为导师。先生赴美后,经良师指导,思想大变,其学业之进步亦有一日千里之势,正若拨云霓而见青天矣。

先生因受良师之训导,于国家思想之发达甚早,其对救国之抱负亦甚大。先生年十六,辛亥革命发动于武汉,本拟回国从戎,旋以大势急转直下,乃转赴美国中部,投考大学。民元同盟会改组国民党,先生复加入新党,嗣后并时向驻美华侨演讲时局趋势。

先生抵美后之数年间,对于学术之志趣甚为复杂,其最初发生兴趣者为地理,常购买地图地理书籍甚多,凡国内出版者均会购阅之;时旧金山有中国书店二家,先生常流连于此,致意于国内出版各书之入口,而以先读为快。先生之记忆力甚强,对各国地理记之特详,每能于黑板上任意绘划各国地图。

先生之兴趣由地理而渐展至历史,尤以对世界史之演变最为关心,常购置历史书籍甚伙,且每于课余之暇,整日流连于各旧书店内参阅史地书籍,倘遇有佳本,亦尝出资购藏之。

先生有爱书之癖,在其青少年时代,遇书必购,但每年因迁居及旅行而损失之书册亦不在少数。先生由美返国之时,除历年已丧失之佳本外,尚运回书籍计有数十大箱,惟先生在中年以后,因忙于奔走国事,且以行踪不定,置书较少,然所收藏者,每年亦仍以百数计。

先生所入之正规学校亦甚复杂,初为工业预备学校 Cogswell Polytechnic College,学习木工、铁工、绘图等技术,再拟入陆军学校,后因故中止;民二,先生年十七,乃离开旧金山赴美国中部考入凡尔巴来素大学 Valparaiso University,初攻法律,民六毕业;后再赴美东缅因大学 University of Maine 攻社会政治教育经济诸学;民七转入麻省克拉克大学研究院 Clark University 研究深造,计先生自入大学至其离校返国时,所研究之功课凡九年。在此期间,先生除攻读其社会学、政治学、经济学、法律学、教育学之正科外,尚选读地质学、生物学、心理学、人类学等功课,而各具有相当之根底,暇时且利用万国函授学校 International Correspondence School 学习农业,所以先生之学问极为渊博,实为我国当代有数之学者。

先生在学生时代,除专心读书外,尚利用假期旅行美国各地,尤以参观新工商业设施最为有趣,故其游历广,经验丰,观察深,而思虑缜密也。

先生在求学期间亦尝参与各种学生活动,且常以英文著作论文刊载于美国各报畅论时事,并常向中外人士演讲中国维新问题。

在第一次世界大战时,日寇乘机向我提出二十一条款,复占领我山东半岛,先生曾在美国各报披露其阴谋,并向各界演讲日人对我之侵略行为,其当时发言论之最重要者为"从法律观点上透视之山东问题",阐述日人占领山东之非法举动。先生因过去抗日之行为,恐有惹起日人之反感,于其回国道经日本时或将其逮捕,乃甚感不安,幸先生过日时,日人未及注意而得以平安回国。

先生除精通英文外,同时尚粗通日、德、法、意、拉丁等文字,在校得有教育,法律,政治,社会,经济诸学学士,硕士,博士,等五种学位。

先生居美共十二年,民国九年在麻沙邱谢特斯州克拉克大学研究院得博士学位,时年仅二十五岁,为当时我国留学生得博士学位之最年轻者。

第三章　回国任事时代

民九仲夏,先生应北京大学校长蔡元培先生之约,回国任教于国立北京大学与师范大学,为当时同事中之年龄最小者。先生抵沪时,适国父中山先生闲居沪上,著述其建国方略,三民主义诸书,中山先生劝先生在南方追随国父任事,先生因与蔡先生有约在先,谨允留沪数周,乃于秋后北上,讲学于北大。

先生因去国甚久,除熟习其家乡语及广东方语外,不谙北方语言,其抵故都与蔡元培先生会晤时,乃由其宗人北大政治系四年级生余文铣君任翻译。先生初在北大讲学时,亦仅以英语教授,但先生颇有语言天才,及至第二年,则已用国语讲授矣。及今先生回国多年,其对国内各地方言,颇有深刻之认识,凡一听某人发言之口音,即可判断其为某地人氏,此足见先生颖悟进步之速矣。

民九、十之际,先生除讲学外,尚兼任北平英文导报总编辑,该报为现今《英文时事日报》之前身。

先生在北大时系讲授社会学原理及诸家社会学说,与同事陶孟和君为在中国讲授社会学最早之二人。民十先生创办中国社会学会,及中国社会学杂志,由上海商务印书馆出版,为中国最早之社会学定期刊物。先生著有《社会学大纲》一书,民国二十年由北平文化学社发行;《社会文化研究法》,《人类之过去现在与将来》等书,皆有经在北平出版。此外先生尚著有《社会学导言》,及其专长之创作《社会学原理》等书,但均未经出版。至先生之其他著作,如有关政治、经济、法律诸项者,则在他处另详。

先生常谓中国边邑沃野万里,河山清秀,森林茂盛,可以开矿,可以畜牧,可以垦殖,可以发展工商业,然而人口稀少,平均每方里不及一人,而东南沿海之区,则人烟稠密,生存维艰,一治一乱,循环不已,今后欲图解决中国之人口问题,必须移民实边,复兴西北,一则可以巩固边防,二则可以厚利民生,一举而两得,实一至善之策也。所以民十一,先生乃本其对中国人口问题之主张(请参照先生之中国社会思想篇),提倡"殖边运动",创办殖边协会,作开发西北之先导,兼任会长,并出版殖边运动周报,旋创办边语学校,约请蒙藏语言专家教授蒙藏及其他边疆语言,作培养边疆人才之基础。时西北边防督办兼陆军检阅使冯玉祥氏驻扎北平南苑,先生乃约冯氏任该校董事长。先生是时常组织西北旅行团,作西北长途之考察,且曾亲自参与指导。及今视之,先生实为当代倡导开发西北之先辈也。

民十二，先生年二十八岁，时感觉中国万事待举，假以仅造就某项人才，实不足以应时变，遂将边语学校改办大学，以期造就各项人才，依计进行，边语学校乃改为北平私立东方大学，并兼任校长，希望以此校作基础，训练多数人才，俾作近代化中国之先导，无如时局转变日急，障碍甚多，致校务未能得到充分之发展，盖民十三以后，南方国民党改组，国共合作，中国政局大变，民十四年后，北伐军开始行动，北方军阀逐渐失利，于是国民革命军乃由珠江，而长江，而黄河，节节胜利，有志青年，均向南发展，东大校务亦因受时局之影响，致进步甚慢。

先生既原属华侨子弟，且久居外国，故对于华侨现状，甚为熟悉，民十四杨晟氏任旧北京政府侨务局局长时，曾聘先生为该局顾问，先生对该局贡献意见甚多。

民十四至十六之间，时局演变愈急，先生鉴于东大校务进步之迟慢，乃欲摆脱，而于十六年孟夏，将该校与畿辅大学合并，后改为铁路学院，至二十六年七七事变后，校务全部停顿矣。

东大合并后，先生乃于十六年秋赴沪与同乡冯仲拔君合作，在沪执行律师职务，任国际电讯社总编辑，并兼主编英文时事评论周报。在此期间，适逢济南五三惨案，日寇出兵占领山东半岛，先生遂用英文著述一书，名为《日本对华之冒险行动》，阐述日本对华之野心及其必败之理论。此书销路极广，系由国际电讯社出版，后因先生赴西北任西安中山大学校长，该书遂未行再版。

卷二 先生之学术与思想

第四章 先生之思想概要

学术与思想为行事之基础,欲知某事之因果,必先审核行事者之思想,及其背景始克有济也。关于先生之处境,已详上编。今欲知先生之政治理论,亦必须考察其学术与思想作背景而后可;兹特介绍,俾作国人之参考。

先生一生之志趣是以研究了解中国自居,及图近代化中国为抱负,在其回国后,二十七八年如一日,无时无刻不留心国事。先生所注意中国者为上下数万年,纵横数万里,从地质学、考古学、人类学、地理学、历史学上观察中国;除其书室中之生活外,先生曾游历中国三分之二地域,从西北而东南,从中原而边邑,均有先生之足迹。

先生之研究学术是从一个"动"字作出发点,所以常谓学问亦为动之工具而贵在致用,尤以科学为然,倘以学不为用,则学将失其目的。所以先生研究中国是为了解中国,为了解中国,是为图救中国,为使中国近代化,使中国军阀觉悟,促其将军权交还于国家,俾由政治家领导人民向近代宪政政治之途径上迈进。

先生向本其少而学壮而行之志,以推进其学理与思想,然先生每感于学尚未完成,轻易妄动,恐有误事,乃埋首于旧本与笔墨生涯,待时机之来临,然后从事于其学理之推行,而完成中国近代化国家建设之理想。然而先生每感觉中国自鸦片战争以还,其内政已渐趋于无轨状态,尤以自辛亥鼎革以还之混乱情势为甚,长此以往,听其自然,恐中国在未来之一百年间亦未必能达到先生所谓近代化国家之实现也。所以先生自四十以后,乃翻然大悟,以"动"为解决一切社会问题之基础,而本其学理上之结论,以图召集同志发展其建设近代化国家之理论。其近十余年来之著作,亦皆以此"动"字作中心,而致力于发挥之。

先生著述宏富,其曾经出版者,有《中国群治与进步》,英译《中华民国刑法》,英文《琵琶记》,华文《英人统治下之印度》,《回教史之研究》,《社会学大纲》,《经济学原理》,《水利救国》,《处世哲学与成功秘诀》,《读书方法》,《社会文化研究法》,《科学导言》,《人类之过去现在与将来》等书。其未经出版者尚有一二百万言,较之出版者尤多数倍,如《社会学原理》,《修养导言》,《洪帮便鉴》,

《中国与欧洲社会政治史之分析的比较》《文化之起源》《参政导言》《中国社会现状之分析》《战后中国之新经济建设》《新中国建设之路》《中国之商业革新运动》《中国之军事制度改革方案》等书，皆有全稿而尚未刊行问世者。此外先生之散篇论者，刊载于杂志报张者，为数亦甚巨焉。

第五章　先生思想之中心

先生思想之中心是一个"动"字,凡事皆以动为本。先生曾谓宇宙间一切物体,由太空间之行星,直至地球上之人类,及人类身体上构成之细胞,以至任何其他至细至微之原子,无时无刻不在变与动之中。所谓变,是质与量之变,或同时,或先后,总在变迁之中。所谓动,是全部之动或局部之动,或先后之动,或自动与被动,或有定性与无定性之动,无论其动之方式为如何,其速率为如何,其动之原理则一。宇宙间一切之动,可分为有纪律之动与无纪律之动,其有纪律之动即物理学上之所谓有定律之动是也。凡物既有动,则有变,有变则有进化或退化,有进步或退步,有伸展或退缩,有生育或死亡。所以动与变是互为因果,动是因,变是果,有动必有变,由于有变乃促成动,由于有动乃又促成变,无时或已。即使个人在睡眠之际,其身体内部之细胞亦仍然在变与动之中,其心脏仍然跳动,其血脉仍然流通,其肠胃仍然进行消化工作,其毛发指甲仍然在生长之际,无时或已。即人之死亡亦不过是一种变迁而已,在其死亡之后,其原有之体质活动虽然停止,但其体质之腐化作用即行开始,在腐化过程中之微生物即行活动使其体质之全部腐化而后已。所以宇宙间一切至广至大至细至微之物,无时无刻不在变动之中。

动之目的或为生存,或为死亡,盖其动之得当者为生存,其失当者为死亡,其所谓得当者,即为一"适"字,适于天时,适于地利,适于人和,适于天下万物之谓。凡动之能如此调适,不论其为人为之动,或为自然之动,乃是合理之动,常态之动,而有定律之动,于是而常存矣。反是,倘其为举动无常之动,即为变态之动,为无定律之动,无可思索之动,不适于天时、地利、人和、与万物之动,而随时随地可以与其他诸物发生冲突与摩擦,结果必至于死亡矣,假若无纪律之动虽或不与其他对象发生冲突而致死亡,但因其乱动,亦必将用力过度或消耗过巨,或积劳过分,而将招致死亡矣。

然而先生之所谓生存,乃指某物体原有体质之继续发展或继续存在而言,其所谓死亡,则是指某物原有之体质已然变态,或趋解体,或演成其他形态,与其原质不符之谓。所以生存是原质之存在,死亡是原质之变态,但其原有之体质,或分量,虽经所谓死亡而有变态,其转变之体,质,与量,则依然存在,其所以不同者,仅为变换另一形式而已。

但生存之动,在物理上是有顺序之动,是有定律之发展,既有顺序,有定律,则当无摩擦与冲突矣。生存之动若移至生物之领域内,则当可减除痛苦,增加万物之生育,尤以在一般动物界为显著。若生存之动移到人类之领域内,则不独减除痛苦,而是快乐、是幸福,盖生存之动是乐观,是有希望、有前途,故有幸福,反是则否。人类是理智的动物,其所谓生存,不独是包含其原有体质之存在而已,所有功名富贵,福禄寿喜,皆包括在其生存之理念中,除其父母遗留其原有之体质外,所有营养其原有体质之物质,与发扬而光大其精神与人格之道义,皆为人类生存动作之目的,而为其所极端钦仰而爱护者。所以生存之动,在人间是风俗、是习惯、是纪律、是道德、是理想、是和平、是人类至高至上之理想与目的,为人人所仰慕,小而促进个人之友谊,次而安定邦国,大而可以致世界于和平与人类之大同也。

至于变态之动,在物理上是无顺序之动,其动既无定律,乃常与其他物体发生摩擦与冲突,结果必将使两体具伤,或双方解体而成另一新体,或若干小体。此种无顺序之动,若移至生物之领域内,则为生物与环境之失调,为物竞与天择,为人为与自然淘汰,为斗争,为弱肉强食,为生灵涂炭,其结果为痛苦,为死亡。此种现象,若移至人间,则为害更甚,必将致使社会纲纪失常,法律失效,道德沦亡,兽性横行,人人为敌,小而个人冲突,次而社会械斗,大而国际战争与世界大战,结果人人自危、家庭拆散、社会破产、国家崩溃、人类消灭。故有定性之动可以使社会致治,无定性之动,可以使人类趋向于灭亡也。

当今人事复杂,人生处世,尤当考虑周到,始可以致动,否则必将招祸,悔之莫及矣。但人为情感之动物,若事事必须得到绝对之把握始行动作,则事实上又是不可能也,故行事比较慎重即可,盖世界上有许多事物必须经过一种动作,然后始可以知其真象,始可以知其内幕,否则将永为不可知事物也。所以先生谓"动"与学问每不易分离,盖动可以得学识,可以得经验,且可以解决问题,可以得到出路。先生且谓,凡人均具有"能性",即人体内具备之剩余精力,除消耗于正常生活,如求衣食住行及家庭问题之解决外,仍有余力可致社会于安危,倘诱导得宜,社会当受其益,否则将蒙其害矣。此种能性,或剩余精力,是潜伏于每人之个体内,各个发展程度不同,可以为善,亦可以为恶,全靠个人自我之修养,与当时之社会环境之动态与动向为之断定。其向善发展而程度较高者,有若尧舜、有若孔丘、有若诸葛孔明、有若拿布伦、有若成吉思汗、有若基督耶稣、有若释迦牟尼。其向恶发展者,有若桀、纣、幽厉、盗跖、黄巢之伦。其中亦有毫无发展,致麻木不仁,而枉生一世者。所以个人若图发展此种能性,必须"动",而有志者更尤其动,盖动足以启"机",足以制造机会,运机而成"变",审"变"以致"知","知"而后可以决定动向,俾行无所感,行无所惑,始能有"成",有成始克有"功",有功而后宿志可以伸,目的可以达,而乃能有结果也。

动有善动,亦有恶动,害人之动为恶动,利人之动为善动,不论善动恶动,均有其成果,有若佛之所谓报应,善有善报,恶有恶报,善有善果,恶有恶果,但先生之说与佛家之主张亦有不同之点，盖先生之所谓成果，是行动之结果，而不一定是若佛家之所谓报复之反应也。

再先生之所谓"动"，在任事上，就是积极，就是攻势，就是冒险，就是勇为，凡事积极，凡事取攻势，凡事先发制人，凡事须求既成事实。至动之在学问上，是格物致知，是寻师，访友，实验，试探，采访，以求事理之定律，而期达到动能合一之真理。所以先生之动的思想，是有若国父孙中山先生之行易知难的学说，行易而知难，不行即不知，不行之知未必是真知，未必是彻底之知；故而不行，等于不知。先生谓人事与自然事实不同，自然事实比较有定性，人事则否，盖人为动物，且为万物之灵，其一举一动，虽似由理智所支配，但其行动同时亦具有情感，而成偏见——有成见之动。故人事比较无定，不易于研究，亦不易于应付，而自然事实则不知不觉，其变动亦比较缓慢，且其变动大体上是较为有准确的因果，故为应付人事必须"动"，"动"而后可以知，知其究竟，知其结果，若仅以理想而推断事实，则有若闭门造车，其理想之因未必能与事实之果相符合也。中山先生之"行"即先生之"动"，所以中山先生之行不独可以知，而且可以解决问题，经"行"之知始可以为最后之知，有若先生之动，同出一理也。故先生谓行而无误，动亦无误，只有不行不动而后可以误事也。但先生予"动"之含义，尚有超愈中山先生之所谓"行"者，盖先生之所谓动，有目的者固可以动，而无目的者亦可以动，比如世间情感较重之人，每轻易妄动，致使世间发生千头万绪之复杂问题，即其一例，且凡人事每经过一次"动"，即变更其原有之面目，有若破镜之绝对不能重圆也。当今世界大乱，乃因无目的或目的错误之妄动者过多，每轻易乱动，致演成世界上之种种复杂现状，小而个人与个人冲突，次而社会争斗，阶级争斗，大而国际战争，世界大战。所以凡图建国，或改良政治，或求解决社会问题者，必须动然后始可以有结果，始可以收效，否则徒尚空谈而已。其善治国者，亦必须诱导民众作合理之举止，免致其触犯法纪而后可。此种诱导工作，应从事于鼓励民众作适宜之消磨动作，以消耗其剩余之精力与闲暇之时光，如提倡各种体育运动与比赛、野外旅行、艺术演习、电影与戏剧之表演、文物学术之展览、社会问题之公开讨论与辩论，以造成一个极乐的人生过程，使社会成为一个乐园，则一切之所谓社会问题，政治问题，将必迎刃而解，社会必将成为一个井然有序的秩序矣。甚至妇女涂脂比美，对于消磨时光与过剩精力，亦有莫大之帮助也云。

先生又谓，在一个常态的社会，人民起居有恒，妄动之事较少，社会秩序，井然有序，人口之相承，亦有若生物个体内细包之新陈代谢，毫无不适，在此种社会状态之下，人人循规蹈矩，致治比较容易。反之，倘若在一个非常时期的社会，人人思动，正常秩序破坏，狡猾之徒，侥幸取巧，或乘人之危，或利用时机，越级上升，或行阴致富，结果从效尤，人人乘机取巧，社会秩序更乱矣。此乃不适宜之动之为患也。所以"动"又非合理的动不可。

先生之动亦可以与王阳明先生知行合一之说相若，盖阳明先生之"良知"，亦有若先生之"能",其行亦有若先生之动,所以阳明先生主张"知行合一",而先生则主"动能知为一",以动即是能,能即是动,动即是知,无动即无能,即无知也。所以先生谓欲求人类,欲求国家,必须动,盖动而后有能,而后明知也。先生即本此理论以图振兴中国。

先生既主张合理之动,故常致力于道学之研究,以道为"适宜"之动学,运用道之要诀以观世变,则可以知止,可以免祸,可以去危,可以保身,可以制胜,或可以以逸待劳,以无为而治。先生之所谓"无为",并非指不为,亦非消极,乃是无不为之为,或合理之为,主张凡事不言则已,言必有中,不为则已,为必有获,不行则已,行必有效,不动则已,动必有果,以不中之言,无获之为,无效之行,与无果之动,徒费心事而已,故不如不言、不为、不行与不动,而任其自然之演变可也。是之谓无为。

先生常谓应付人事,必须求事理之宜,比如动固可以克静,刚固可以制柔,但人事无恒,妄动且有时误事,刚则惹祸,故不如以静制动,以柔克刚。所谓静,乃指以宁静之态度把握对方之妄动而制止之,宁可不动,一动而有成,始乃为合理之动也。至所谓柔,则乃指以虚懦之外表,透视对方之弱点而克服之,亦宁可不动,一动而擎人之谓也。所以先生谓若仅以某一原则为行事绝对之动态,或取胜方式是不可能也。务必权宜行事,刚柔并用,动静兼施,以"适宜"为原则而后可。

(本章内容参照先生著《人类之过去现在与将来》一书,及《世界史之出发点》、《文化之真义》、《社会之意义》、《社会学之历史的背景》等文章)

第六章　先生对知识与科学之思想

先生谓世界上一切事物只有归纳为二点，即物与心之表现是也。此二者是一切事物之出发点，物是心之对象，心是"动"之基础与支配事物之能力，亦即所谓智慧，所以智慧亦即是能力，而知识与学问则仅为智慧之表现与结果，即必先有智慧然后能得到知识与学问也。动物之愈高尚者，其智慧能力愈大。人为万物之灵，乃具有推断事理之能力，发明物理之天资，遂本此能力以创造其社会文化，与政治制度也云。

先生对知识尚有一见解，即人类之齐一性是。先生常谓，世界上之人类本是一体，不论居任何地位，任何区域，任何时代，皆表现此种齐一性，即（一）生理齐一，各有衣食住行之需要，（二）情绪齐一，各人喜怒哀乐之情，希生怕死与鬼神之念，（三）理智齐一，各有判断事理之能力，有善恶因果之观念，有行事决心之意志，（四）社会文化齐一，各有社会、道德、是非观念、宗教、法律、家庭、产业与国家之组织。所以世界上不论任何民族，任何个人，其对任何事物之观察只有一种逻辑，一种思想方法，一个结论，与一个真理。吾人不论游历到世界上之任何地方，所遇见者是任何民族，其举止行动，虽因人而若干个别之不同，但大体上亦是一致的，即各有衣食住行之设施，有道德，法律，宗教，家庭，产业之制度。此种制度有或因气候地理之区别而具有变化或差异，然大体上是相同的。此种齐一性，即我国古圣贤所提倡之所谓"大同"是也。先生谓人类因其具有此种齐一性，科学与哲学始得以发达，社会政治经济制度始得以完成。世间每有持异议之说者，恒以某种口号为号召，企图收集同志，似有所作为，但此种异议，仅具有政治作用，而为党派之工具而已，实非真理也云。

先生曾将人类知识之领域分为四项，即（1）物理科学或自然科学，（2）人文科学或社会科学，（3）哲学或抽象科学，（4）美学及其他文艺科学。

（本章内容大意参照先生著《科学导言》与《人类之过去现在与将来》两书）

第七章　先生之宗教思想

先生之宗教思想亦本其动字作出发点，而以人性齐一之理念作归宿，盖先生谓人生而好动，及至动之至穷，乃觉人生之懦弱，感于在人之上，似仍有神灵主宰其动作，遂尊而敬之，崇而拜之，而有宗教之思念，缘以人类虽为理智动物，但其情感每超乎其理智，于是行动恒受情感所支配，而欠缺思虑，致成冲动，然冲动既切，则错误与失败必多，使其心志所受之打击，与精神所受之痛苦，常按比例而增加，结果失败愈多，精神所受之痛苦愈大，乃自觉日暮途穷，与人生之失望，而另图精神之寄托，每感神灵为其唯一之良伴，唯一之良师，唯一之指导者，唯一之庇佑者。所以崇奉宗教之人，可以减少人生单寡孤独之寂寞，厌世绝望之痛苦，精神病之为患，及自杀之惨剧。至若先生之神之观念，则仍本其人性齐一，思想齐一之理念作立论，认为世界上只有一个真理，无论任何问题之如何复杂，纠纷如何繁琐，而归宗只有一个结论，一种解决方法。此为最后之结论，亦为最后之真理，所以人性齐一，思想齐一，真理齐一，鬼神善恶美丑观念亦只有一种，如是，世界上亦只有一真神，一真鬼，一真善，一真恶，一真美，一真丑，其余之鬼神善恶丑美，均非真鬼神，真善恶，真美真丑。先生之所谓真是无上之真，是与世无匹者。比如人，可分为愚人、凡人、超人、贵人、王者，各有其本分，各有其特性，然而天无二日，民无二王，在普天之下，只有一个日体，在万民之中只有一王者，此日体为宇宙间无上之光，为世上之太阳，但此王者则并非统治国家之君王，而是社会之精神的领导者，为世间无上之人，为万民之主。神在宇宙间之地位亦然，世界上之神甚多，有若人之种类不一，诸人虽各崇奉其不同之神，然神之尊卑大小亦不同，有若人之贵贱智愚之不一，故万民只有一王，诸神之中亦只有一无上之真神，为万神中之王者。此万神之王者为主宰宇宙万物之天神，为万教归宗之最高峰，为浩天上帝，及世界大同之最终点。

先生曾著有福音一小册，谓崇奉真神，行为端正者为善人，其率意行事者谓之恶人，系为魔鬼所诱惑，凡人之行为必有报应，比如坏人之恶行，必将受良心之制裁，地狱之制裁，及刑罚之制裁，倘若坏人希望免除报应，必须向神祷告，舍己救人，痛改前非，或施财赎罪，如是始可以改邪归正，始可以成仁，所以成仁乃为人生最高尚之目的，盖成仁可以快乐，可以长生，可以永存也。

先生又谓有福的人始可以成仁，但先生之所谓仁是与儒家之仁不同，盖先生谓急公好义，乐善好施，舍身救人者，乃谓之仁。先生并列举有福的人多种，谓虚心的人有福,哀恸他人者有福,怜恤他人者有福,为义而受压迫的人有福,行道的人有福,乐善好施的人有福,克己的人有福,正心的人有福,诚实的人有福,改悔的人有福,努力的人有福,助人者有福,爱人者有福,忍耐的人有福,能牺牲的人有福,恕人者有福,奉神者有福等等。

先生因主张以道学为合理动作之要诀,乃在中年以后曾致力于提倡道教,常谓道教是中国固有唯一之宗教,其他诸教仅为外来者。至于儒教则实与道教同气连枝,孔子曾谓南宫敬叔曰:"老子博古通今,乃吾之师也,将适周而问礼。"以上载孔子家语。不过孔门之学乃是一种政论与处世之伦理,故以严格论之,是不能视为宗教。其政论从广义上言之,亦仅为"道"之一支流而已。至道教之内空,则是根据于道德之意义;所谓道,乃为中国独有之处世哲学与宗教思想,为中国独有之国粹,为其他各国所无者,其义至广,其理至微;依老子之原意,道是权,权是术,术是行事之本、处理之源、生存之方;德是宇宙间之正气,万物之精华,由于万物之精华,而育成世间之正果;但道与德,是互为因果,有道始有德,盖道为行事之本,处世之源,生存之方式,而德则为行事之收获也;再道在其运用上乃成术,为应付大自然,以及人类、鬼神、诸事之术。所以术是道之一部,其地位非常重要,故学始能知道,知道始可以知术,知术而后可以有德,有德者始可以王天下也。但为学而学之道谓之理,为用而学之道即谓之术,由施术而收获之正果即谓之德。

道在社会上之运用,是静观世变,是能知人类运动未来吉凶之因果,祸福存亡之预兆,而能使人事调适,社会平衡,个人处世合理化;故得道者,在乱世可以保身,在治世可以得天下之大权,盖道最后之主旨为治国平天下,内圣而外王,其理无穷。我国古圣人开辟天地,建功立业,莫不以道为本。

道在自然界之运用,是研究天时地利之因果,综合万物之真理,所以得道者,是能吸收天地化育万物之精华,能修身,能养心,致成正果而支配物理;其在灵界之运用,是能通达神灵,能驱逐魔鬼,能治理奇病,能调养身心,而成万物之归宿——而成德。所以道是中国民族意识之结晶,道教是中国独有之国教,为世界各国所无者。西洋各国科学较为发达,但科学仅为适应自然之术,而非为对人之术;故道学在西洋社会不发达,以其科学之技能,制造无数之杀人利器,而无道学之知识,为其调适人事之变动,于是人民常致力于争权夺利,小而个人权利之冲突,大而社会国家之斗争,而无法政治。方今世界动荡,战争未已,杀人盈野,科学进步,有何所益?所以今后欲图解决世界之大问题,非倡明道学不可。

(本章内容参照先生著《道教福音》,《中国人的宗教观念》,及《道教学院创设之意旨》等文)

第八章　先生之道德思想

先生之道德观念亦导源于其动的理论,而常谓道德是人类适应环境之程序,是人类行为之标准,亦是生存之标准,凡属人类均具有道德观念,但先生对于道德之见解,尝与众说略异。先生谓道德可分为两说,一为自然道德,一为社会道德,所谓自然道德是人类与大自然之调适,即人类自身之适应于自然环境之谓。在此种调适之过程中,凡"适者"皆得生存,其不适者将被淘汰。所以适者便为有德,不适者乃为无德;即生存是道德,健康是道德,死亡是不道德,衰弱亦是不道德;如是凡身体坚强而能抵抗气候或地理之剧变者皆为有德,其身体衰颓而怕寒怕冷者皆为不德。凡不德者必趋死亡,有德者皆能生存。自然道德亦为行为之标准,凡有碍于大自然之行为,或违背大自然之现象者亦为不道德,例如人类每砍伐大自然所赐予之自然林,而不再行植树以作补充,致演成水灾者为不道德。此中之伐木为行为,水灾为结果,为报应,为死亡;植树亦为行为,为调适于大自然,为替社会增产,为免除水灾,其结果为善报,为生存。所以人类对大自然之行为亦善有善报,恶有恶报。又如人类中每有好嫖好饮或好赌者,亦皆为违背自然道德,盖此种行为皆破坏个人身体与心理之健康,而减少其适于大自然之能力,以其身体已然自伤,举止无力,将日与医药或忧愁为伍,其原有之天年将被减削矣。总而言之,凡违背自然之动作,皆为不道德。上述种种,皆属于所谓自然道德之领域也。

至先生之所谓社会道德,乃指人类间彼此动作调适之谓。凡行为之"适者"皆得生存,反是者皆为死亡或被淘汰,盖适者为和平,为互动,为合作,不适者为争斗,为互相破坏、为不合作,结果社会秩序破坏,内忧外患将源源而来,如是人人自危,人人有随时随地死亡之机会,其生存之日定矣。所以人与人之间,或社会国家与社会国家之间,亦是有德者存,无德者亡。此之所谓社会道德。在社会道德之中,又有所谓私德,即个人与个人间之道义,或光荣,其有道义者存,无道义者亡,有光荣者存,无光荣者亡;假如某人行为不轨,欺骗他人财物,奸淫他人妇女。起初,他人或不知觉,但日久天长,人人尽知,遂乃身败名裂,他人将远而避之,则此人在社会上之立足地日削,其在社会上之死亡乃有定数矣。此之所谓私德不良者也。但人类是常受其所处之环境之动态与动向所支配,其社会道德观念遂因时因地因人而有不同,盖道德观念是具有时间性与空间性,同时亦具有对人性,比如某种行为在某一时代或某一地方或某一集团之内认为合乎众人之道德，然而在另一地方与另一时代或另一集团之内即为反道德矣。例如中国社会有敬老之风，然而在食粮缺乏之野蛮社会，如昔日北美洲之印第安人，因处境困难，生存维艰，乃有杀老之风，凡老人到达某年龄而不能继续工作时，即给予若干食物，而送至野外任其死亡矣。此种风尚乃因食粮缺乏所致，以其敬老不如杀之，以节省食粮，俾便幼小者得以有生存之机会也。又如文明社会皆以杀人为犯罪，然而野蛮社会则以能杀人者为勇敢，为光荣，其不能杀人者亦每收藏无数之死人头骨盖陈列于其居室内以表示其能杀人也。又如在人口过剩之地或时代，则社会国家每提倡节欲，独身主义，或寡妇守节，等动作谓之道德，然而在人口缺少之地或时代，则提倡一夫多妻，或一妻多夫，或寡妇再醮，或以其他方法奖励人口之繁殖，诸如此类之实例不胜枚举。凡此皆为某地方或某时代之行为标准。此种标准，与民族之生存，有极大之关系。凡一种行为，其于某地方或某时代对于多数之人有利益，或能助长共同生存者皆为道德，反是者皆为非道德，盖其有利或有碍于生存故也。又如人类皆以爱群，爱国，爱人，为至尚之美德，其作奸者，损人者，或自负者为不道德。所以通常之所谓道德是以社会国家之生存为标准，凡不合乎此者皆为非道德。但道德与不道德之区别，亦不外时间与空间之区别而已，岂有他哉？总而言之，人类为保存其社会之完整，为促进其自身之存在，乃不惜一切而共立种种信条，使其中之各个份子人人遵守，甚至牺牲个人，令其自杀，或自裁，如所谓杀身成仁，所谓求二取义，所谓从容就义；或令其杀人，如叛乱，革命，或与邻国作战等动作。凡此皆社会以其所谓道义或道德，令个人牺牲其自有生命以自杀或杀人之实例也。又如江湖阶级中之所谓劫富济贫，亦为大我令小我夺取他人财物之所谓美德者也。所以一种道德原为至善之美德，迨后虽已失去其时间与空间性，而一般人民则仍习以为常，所谓泥古不化，至成为社会上之恶习，而有害于众生者，则此种行为又将为反道德，凡行之者，随时随地有被淘汰之可能矣。所以凡泥古不化之人是不容易生存于任何现实之社会环境，而只有活泼而能适应现实环境者始得以生存也。

（本章内容参照先生著《文化概论》及《风纪集》二书）

第九章　先生之文化观念

先生对于文化之见解,亦是从其"动"的理论中之"适"与"调"二字所演绎而来,盖先生谓文化是由于适应环境而发生,人类因其具有适宜之文化,故能生存,其致灭亡者,乃因其文化程度过低,致不能适应于环境故也。至文化之值得保存者,亦因其具有此种适应性所致。所谓适应性,是包含调和性与改变性,倘若其缺乏此二性者,即构成人类与环境之失调,其失调之结果,在自然界为天灾,在人间为人祸,为战争,其失调之甚者,将致使人类趋于灭亡矣云。兹将先生理论之要点,略列于下:

(一)文化是人类之生活方式,生存理念,生存手段,生存工具,及生存程序之综合体或总名称,举凡人类之衣食住行,学术思想,言语动作,争斗工具,争斗行为,以及社会制度,均为文化或文化工作与文化工具。

(二)文化既是由于适应环境而发生,是则从其性质上可分作物质与精神之别,从空间上可分作世界与区域之别,从时间上可分作先进与后进之别。

(三)文化既为人类之生活方式,是则人类古往今来之一切战争均是为文化而争斗,各为伸张或维护其自有之生存方式或社会制度而争斗。

(四)先生谓偏见是一切文化争斗之起源,盖其认为人类经千数百万物竞天择之结果,乃育成人类为生存欲至强之动物,其图存之精神独厚,其为我之偏见独深,致演成古今争斗不已之世界也。

(五)中国近百年来之最大问题为文化与时代环境之失调,致使中国固有之一切文物制度与外来文化处于互相对立状态,外而引起国际战争,内而发动维新与保守之动乱。

(六)文化既有其时代,区域,与精神之背景,所以欲图吸收某项文化,必先吸收其精神始克有成,否则将致失败也。

(七)人类是具有生理、情感与理智之齐一性,所以文化除受地理与气候之限制而具有区别外,其大致上是一体而亦具有齐一性,故人类之文化是整个的,是人类之共有产业,而绝非某一民族之特有物也。所以区域文化如东亚文化,固有造成一体之可能,即使西方文化,亦具有其一体之趋势也云。先生常本此理论企图沟通国际文化,俾作维新中国固有文化及贡献于建设近代新中国之工具,而使其适合于现今之国际情势也。

(本章内容参照先生著《文化之真义》,《中国文化系统表》等文,及《文化概论》一书)

第十章　先生之国学观念

　　先生对国学之见解，亦从其一贯之"动"字透视我国社会政治思想之动态，计其贡献之点有四，一为主张旧籍之整理，二为诸家学说之解释，三为江湖社会政治思想之阐述，四为伪书之探讨。兹将其要点略述于下：

　　（一）先生谓中国过去有悠久之历史，举凡经史子集诸书，千头万绪，若以个人作零星之研究，则结果甚小，其赖以作考据之引证亦每不确实，于是费力至钜而收效极微。所以先生主张当代之研究国学者应首重编目，即应先集中全国学者之力量，将我国固有之一切旧籍分门别类逐一编成索引，使一般后学者易于检讨，而便于确实参考。索引既成，则今后凡著述书册之人，尽可参考引证，而不难作更进一步之贡献于学术矣云。

　　（二）先生谓周秦诸子之学说，大体上是全具有其时代政治动态之背景。凡诸子之说，全是对其时代之动荡情势有所抗议。自周秦以来之学术思想亦莫不受社会环境之动态的影响，盖我国向是封建社会，拥有武力与权柄者均为所欲为，而欲以一手遮掩天下人之耳目，凡持有异议者，每处以极刑，所以忧心时事之知识分子，虽心有所怀，亦仅敢怒而不敢言；悲观者自杀；和平者委曲求全，敷衍塞责；其既不愿自杀，复不肯委曲求全，而又不敢直言表白者，只可借题发挥，或未抑先扬，或指桑骂槐，或托词训诂，或寓言讽刺，总是以不露痕迹，不惹是非为计。比如道家之一派主张消极，消极即不合作，其极端者有若夷齐，宁可饿死而不肯屈服，其和缓者有若庄周，主张凡事听其自然，其权宜行事者有若老聃，凡事以无为而治，以退为进，而不敢为天下先。诸子之说若加以分析，则均为政治抗议之表现，盖自西周而后，天下渐乱，内外族诸侯割据以自雄，文弱书生，何敢公然异议，故只可借题发挥而已。兹再举例述明之：

　　1. 先生谓墨家之说亦受其时代环境所支配，其说生兼爱，藉以寓意，劝导一般执政之诸侯王，不可过于自私，盖戎马固可以夺取天下，跑马固可以占城夺邑，但王者切忌自私，兼爱即自私之反，故兼爱可以保天下，而自私足以失之，实则王者之兼爱天下，仅为其自私之扩大，然而庶民百姓则阴被其福矣。所以墨家以兼爱之说劝王者不宜过于爱护其嫡系，而兼爱天下万民以保其万世之一统也。墨家之思想立在道家与儒家思想之间，盖其比较积极，而敢向王者进言以劝导其兼爱百姓矣。

　　2. 先生谓儒家之说为统治者王天下之理论，其上劝王侯抛弃其武力之统治,而代之以仁以德;依孔氏之主张,王者既以武力夺得天下,大权在握,何必再施以武力?徒加反感而已,故用武力不如施仁施德,使万民心服,而天下治矣。王者倘以此行事,当可保其既得之江山与万世而不替,何乐而不为?儒家之说且下劝万民来归,其说谓王者既得天下,据有实力,反抗既无益反而有害,或将遭杀身之祸,在上者既施以仁德,在下者当接受之以求全。所以儒家主中庸,使其无过无不及,上既施恩德,下当接受而尊敬之使政治成为礼仪之制。先生又谓士为王侯统治天下之具,故士最高尚之人生观亦以修身积德为本,士与士之间则以礼让为本,所谓修身齐家治国平天下是也。以上为孔氏之论。

3. 先生谓创设儒家之说者为孔丘,发扬其说者为孟轲,但孟子与孔子之说已有区别,盖孟子主民为贵,社稷次之,君为轻;孟子之所谓民,并非近代民主政治之民,而为士民,即为王侯统治天下之士大夫。溯当周秦之际,其时之社会安危,先后不同,大抵在道家立说之时为最乱,至孔子之世已渐趋小康,及至孟子之时,则士民更可抬头而谈论国事矣,盖道家之说全主消极,孔氏之说,则已比较积极,主上施仁,下容忍而接受之,谓之中庸,或妥协;而孟子则更较积极而主民为贵之说,即士民尤贵于王侯,王者若无士民与其襄治天下,则天下当不得致治。所以孟子之中庸为除君主之仁德外,士与君应共治天下,而绝非强者之施仁与弱者之接受仁德而已也。凡在戎马之世,生命财产难以自保,其有不满意现状者,只有敢怒而不敢言而已。孟子之如是敢言,足以表示其时社会政治之渐趋安定而士民得以抬头矣。但儒家之说始终以武德兼施而为王天下之中心理论,历代帝王亦乐于利用之以图长治久安。凡建业之帝王于其功成之后,必复以儒家之说为中心理论,而开科取士以阴消反抗也。

4. 先生谓法家之说亦为时代之产品,其言较孟子之主张尤激烈,要求王者公布法令,大夫犯法应与庶民同罪,为政者应以身作则,但在封建社会,政治主张每属空言,益大权仍握在拥有实力之王侯阶级,勇敢之士虽或敢言,而亦终难收效,且因士之有主张而每遭杀身之祸也。所以儒法道三派思想在中国政治上,是以儒家之分布为最广,道家之势力最大,而法家则除偶有所建树外,每仅尚空谈而已,盖道家尚权术而具有投机性,儒家尚中庸而处在调剂之地位,法家虽敢发言,而终于危亡也。近世各国法治之所以推行者,乃因人民教育普及,敢言者不仅为言变法之士大夫,而市井走卒之呼声尤大,致无人不表示拥护,所以法治行矣。倘若我国教育普及,万民自觉,众夫注目,奸人绝迹,则法治又何得而不行也?在我国历史上法家如商鞅、王安石辈之失败,乃因其无群众为之拥护故也。

(三)先生又谓中国社会尚有一种思想,不见于经史子集,而仅见于野史,即江湖派之政治思想是也。其说较法家之言尤烈,是以"敢"字为中心,敢为天下先,敢主持公道,敢抱打不平,敢劫富济贫。此为行动之思想而非书本上之空谈,故不见于经史而见于行动,历代动乱均由其信徒倡导之。其行动之结晶为其份子之团结,如梁山泊之一百零八个好汉,瓦岗寨之三十六友,当今之清洪两帮、大刀会、红枪会等例是。其对内为维持其份子间之义气,对外为打倒贪官污吏,对抗暴虐之君王,而伸张其正义。民族之正气常似寄托于若辈之身上,其集会结社均为官府所注目,然而若辈不怕官,不怕强权,而敢杀身以成仁,实堪注意也。倘此种思想普遍渗透于社会,则贪官污吏当可绝迹,□冗之官僚①,当可避位让贤,法治自备,而国家安得不日趋于富强也欤?

（四）先生谓中国社会政治思想既有如上述之派别,其封建社会现状如是之复杂,居士大夫之地位者又如是之恐怖,是则其对思想之表现只有托词于他事或他人而间接表示之而已,例如儒家每托词于古人,其开口必谓祖述尧舜,宪章文武;道家之说必以黄老自居,以免发言者自身之将受责难,其后来更借题发挥,每赞成某家之说而又不敢自负文字之责,于是有所谓伪书之著作,托古人之名而发表自己之主张。此种所谓伪书从事实上观之,固是作伪,但从社会科学立场上论之,诚无所谓真伪,盖其同为一学派之主张,且每有将其原来之思想发扬而光大之,在著作者本身亦本不愿托他人之名,而表示自己之思想,不过受环境之压迫不得不如是而已。所以吾人今日之责任与贡献,不在发现某书之真伪,而在发现某种著作之真笔者究为何许人也云。故先生不赞成晚近士林之所谓伪书考订,而主张一般学者应致意于发现伪书之真笔者。

（本章内容参照先生于民国三十六年冬在北平美国陆军部华语学校五次演讲《中国文化》英文原稿）

---

① 原书此句的第一个字模糊不清,无法辨认。

第十一章　先生之史学观念

先生之史学观念,更是从个"动"字演绎而来,其内容包含下列要点:

(一) 人类之远祖是发祥于亚洲西南,后因人口之繁殖,渐由此而分布于世界各地。

(二) 人类之文化亦发源于亚洲,今日世界上之主要学术思想均导源于东方,即亚洲之东部,南部,与西南部,而逐渐移植于各地。

(三) 中国民族是发源于西北高原,而逐渐移植于华北之平原上,其移植之原因为西北高原之逐渐干燥,每经若干年必有大旱,草木干枯,游牧民族不能生存,于是集团移植于华北之平原与大川广谷之间。此种移植在历史上不知若干次,每经大旱一次,即移植一次,其先到者为主,后到者为客;任其迁移之过程中,主客互斗,循环不已,经过无数次之争斗,乃造成中国民族今日极复杂之血统,与多元之社会思想而促成其为一文化民族。其先到之主族每自称汉族,其后来之客族则被呼为胡族,但其来源不一,名称亦不一致。中国文化即经过无数次之动荡与民族争斗而演成,每经争斗一次,其体制即复杂一次,其血统亦复杂一次,每次之过程如下:(1) 边境冲突;(2) 双方大动干戈;(3) 高原之客族克服平原之主族,或平原之主族驱逐客族;(4) 在此争斗之过程中,若客族胜利,则干戈冲突一变而成文化冲突,主客各以其社会,政治,经济制度或思想作争斗之工具。此种文化之争斗每经一二百年而未已,卒至主客文化由于冲突而交流,由于交流而融和致另成一体,以造成另一新文化而后已。此种冲突、交流与融和作用,在中国历史上累演不已,愈演愈复杂。融和即儒家之所谓中庸,道家之所谓无为,中庸之最后目的为大同,无为之最后目的为一统,儒道为二理之合并,即为综合主客文化之全部而成一体,即中国文化综合体。古语有云,河海不择细流故能成其大,泰山不让土壤故能成其高。中国文化之伟大亦因其能融和与吸收历来入主中国之客族文化所使然也;五、反之,倘若主族胜利,则客族远逃,或西奔欧洲,或向西南绕经帕米尔高原而侵入印度。所以中国历史是与欧洲史及印度史遥遥相对,在历史上之某一阶级,若中国主族较强则客族远遁他方,若主族衰弱,则客族直入中原,而建立新封建王朝。所以在有汉一代,汉室强盛,匈奴西迁,条顿民族被其驱逐而南逃,致使罗马帝国一蹶不振,而造成欧洲中古以来一千年之封建社会。

此种来自西北高原之客族,原不止一族,盖往来于蒙古与新疆高原之游牧民族,因逐水草而居,每游至远方,一旦遇有大旱,则全族他迁,在其迁移中,倘遇有阻碍,则以干戈逐其志。中国历代入主之客族,即此辈高原民族也。此种高原民族,不论其为由于和平或武装而迁移,一旦他去,则其牧地即成无人之境,及至若干年后,复有新游牧民族再由他方逐渐放牧于此,倘再逢遇天灾,则又复他迁。所以中国历代帝皇,每当其成功后,必北面重修长城,而确保其南面之王天下也。

(四)先生认为欧洲史、印度史,与中国史之演变程序,可以互相对照,但各个客族入主印度,或迁居欧洲,每个遗留其固有之独立个体(文化与血族个体)而不能互相调和,或仍为独立部落,或为对立之封建王国,或敌对之军国,而中国则虽经多次之民族争斗,然而主客各体则均能互相调和而成另一新体,即所谓"天下归仁,宇宙一统,文化一元",由于儒家之中庸而进至大同,由于道家之无为而进至天下归一之道是也。所以中国虽经多次之主客相斗,而卒能成为文化一体之民族,而印度则仍保持其各个独立不同文字,不同语言,不同宗教,不同风尚,而各自成对立之民族。欧洲社会亦有同样之现象,各自对立,互建王朝,而不能成为一统之文化。由是观之,中国之中庸与无为理论,既可统一中国,今后若推而广之,或将可成为全世界之指导理论也云。

(五)泰西各国今日之民主法治制度亦有若中国之中庸理论,比如英美宪政政治之平衡与监察制度 checks and balance system,处处求事理之平衡,而将主权分为立法,司法,与行政之三权鼎立;立法在民,执法在官,司法之判事在民(陪审制度),释法在法官;行政由民选;而监督行政则在议会;立法分上下两院,以便彼此监督,立法且可以弹劾行政;而行政亦可否决立法所议就之法案;而司法则监视行政,务使其不得越权而后已。其政党政治亦采此制,即允许敌对政党之存在,而作牵制之制度。其内政如是,其外交亦然;比如英国近四百年来之一贯外交政策,处处求均势之实现,以便彼此监督而求国际政治之平衡。其平衡理念,即中国之中庸理论。其实施平衡者即为统治天下之领袖,或帝皇。在中国中庸理论上之最高峰,即为"执中"之有德者,盖其能"执中"者即可以王天下也。所以泰西之民主法治思想,大体上亦与中国之中庸理论相似也。至中国之理论则又由于其历史上经过无数次之主客民族争斗而发现之融和哲学。不过此种理论在中国每当乱世失传,及至新兴之指导者出,而重新发现之,并持之以治世,然后天下始得复安,而由其统治也。所以中庸之道在乱世失传,在统世复兴,今后若图复兴中国,必须发挥新中庸之道,即民主法治之道是也。至先生对复兴无为之道,则已他详,兹不多赘。

(六)先生认为今日新时代之形成系导源于海洋交通,世界史上有所谓"近代"二字,系从哥伦布发现美洲始。各国学者每有认为"近代"及一切"近代化"之社会,政治,经济制度,系从产业革命始。此乃一大错误也。所以先生认为"近代"及一切"近代化"运动,均肇始于海洋交通,从西欧而东渐,盖因海洋交通后,人民见闻广,经济充裕,其生活乃发生剧烈之变化,而渐成今日之现象,倘若无海洋交通,则西洋社会绝无产业之革命,更无西风之东渐也。再随着海洋交通,西洋自中古以来之封建社会乃开始崩溃,及至产业革命后,则封建社会寿终正寝,而近代一切之一切,乃依次实现矣。然而今日之中国,则仍停留于其中古式之封建状态之下,此乃因中国距离西洋社会较远,所受普遍文化交流之影响甚微,其产业革命亦最近始乃萌芽,致一切近代化制度与近代化之理念与精神均未能提前实现也。所以今后欲图近代化中国,必须注重海洋交通与东西文化之交流,使人民见闻广,经济充裕,及改讲我国之旧有无为与中庸理念,使之成为今日之民主法治理念而后可。夫如是然后中国政治始可以有轨道可循,而前途方可有望也云。

(本章内容参照先生著《中国史引言》一文)

第十二章　先生之社会思想

　　先生之社会思想亦本其"动"的理论作出发点,以中国为一治一乱之国,当其致治也,主持国政者,皆为明主,皆为能臣,至其将乱也,则人主昏庸,能臣退避,行事失策,每致演成怨声载道;及至大乱方殷,则群雄妄动,纲纪失常,人人自危,社会倾覆。然否极泰来,当大乱之将告结束也,人才复出,合理之动态与动向,重新发现,而致国家渐复升平之世矣。兹将先生对中国之社会思想略述于下:

　　(一)先生认为今日之中国仍为一封建国家,与其他学者主张中国为一半封建国家,或半殖民地,半资本主义国家之论理不同。据先生之见解,封建国家之主体为私人武力,由于农村划期过剩人口中自告奋勇之份子蜂拥而起,私自结帮、或合股为匪,聚匪日众,乃形成小朝廷之规模,上以对抗暴君,下以鱼肉乡民,初由于打家劫舍,继而委派功酋充任地方官吏,横征暴敛,以图个人之享乐,而渐成割据之局。此种割据现象,即为封建形态,以拥兵自雄者为诸侯,其地盘为食邑,个人势力愈大,则国家之主权愈被剥削,直至全部主权皆被诸侯侵占而后已。今日之军阀即为变相之诸侯,在此种形态之下,私人以其私军支配地方政权,各自为政,再利用政权以支配人民,而夺取民脂民膏。于是国家名存而实亡矣。此为中国数千年来之一贯现象也。所以中国社会在乱世为封建割据,即封建分权,在治世群雄消灭,最后遗留之侥幸者乃布告安民,而南面以王天下,政权归一,是为封建集权。其不幸而残存之小诸侯,则本其胜者王侯败者寇之原则,而渐被淘汰。王者安定天下而后,乃按功行赏,特封功臣,重整旧制,而开科取士以示朝野一体;及至太平日久,人口渐众,倘逢饥荒之年,则大乱复发,初而群雄竞起,再而兵匪割据,旧曲新弹,史实重演,分权复现,周而复始;旋经若干年之分权,诸侯渐被淘汰,而复归集权,一治一乱,循环不已。此种现象至今犹存。其拥兵最多者自称正统,其较少者为封疆大吏,其最少者则视为匪寇,各以割据及扩大其辖境为能事,私益膨胀,而公益消灭;诸侯自雄,而国家灭亡矣。此为不折不扣之封建形态也云。

　　(二)先生认为中国人口有划期过剩之患,盖中国人之繁殖力甚强,倘社会安定,则每由三十年至五十年即有倍数之增加,因是食粮渐缺,在丰年之时,尚可勉强支持,一旦雨水失调,则农田歉收,而人民思乱矣。但人民解决其人口问题之方法不外扩大耕地面积,或改良生产方法,如利用新式工具等,或向外移植,以安插其过剩之人口,倘以上诸法不能实行,则唯有诉诸互相残杀之内乱而已。农业社会且受经济学上所谓土地报酬递减定律之影响,人力愈多,地力愈薄,食粮产量按比例愈少,在丰年已感不足,一旦遇有水旱,或蝗虫等灾患,则食粮更感缺乏,于是农村壮丁蜂拥而起,以造成农业社会之划期动乱矣。

（三）先生谓中国为农业国家,其划期过剩之人口,乃造成中国社会循环治乱之局。先生谓纵观中国历史,平均每三十年至五十年即有一小乱,百年一大乱,二百年至三百年一大划期之动乱,即朝代之更替,其动乱之发作也,若不是由于揭竿而起之土著,即由于口北南侵之沙漠民族。前者以连年灾荒,民不聊生,农村间过剩人口之野心份子,乃铤而走险,振臂一呼,天下响应,历史上斩蛇起义之刘邦,黄袍加身之赵匡胤,及贫僧末路之朱元璋,皆其显著之实例,若辈迷信成败自有天数,各本其胜者王侯败者寇之思念以图成就。至后者之高原沙漠民族则远居塞北,地带严寒,生存维艰,常具有侵窥南下之野心,倘遇中原内乱,乃乘机南侵,或因沙漠奇旱,水旱缺乏,则不得不南下而牧马,或从死里逃生,而演成民族之斗争,即上章所谓中国历史上之主客两族斗争是也。先生谓在主客两族争斗之时,假使关内之统治阶级尚有余力以图抗衡,则沙漠民族当改途他迁,或远征西欧,或窜西南而掠取印度,盖平原上之农业社会受划期水旱之影响,沙漠间之游牧社会亦有同一之苦衷。所以高原民族之唯一出路为窥伺其邻境之农业地带,倘入主中原无望,则只有西窥欧洲或西南入印度而已。所以中国历史是与欧洲及印度史遥遥相对,各受沙漠民族之侵扰而遭同一之命运也。在历史上沙漠民族因气候影响而扰乱华夏之先例甚多,如周秦之帝业,五胡之乱华,辽金元清之入主,皆其举例也。综合上述内外动因,遂演成中国历史上之命运矣。

（四）先生谓中国社会由于此种划期之动乱,且造成中国人之特殊性质,盖在一个累演不已之动乱社会,强者当道,生命财产毫无保障,偶尔不慎,每有杀身之祸,所以儒道思想家出,而倡导其明哲保身之术。先生谓儒家之说首尚中庸,对上言德言恩,对下主容主忍,其言恩德是为希望王者对灾黎施恩,其主容忍乃为劝导庶民接受王者之余威,如是始可无过而或无不及也,然而王者得志,庶民齐一,则天下治矣。所以儒家处处言其"明哲保身",或"人各自扫门雪,莫管他人瓦上霜"之理论;凡事拘谨图存,不问他人祸福,一旦遇事,则希望大化小,小化无,其待人接物,则以和为贵,凡事不说破,与人交不闹翻,倘有不快之事,亦仅可指桑骂槐而已。若其超乎此者,则大祸或将临身矣。此为儒家之处世态度。至若道家,则先生谓其与儒家尚有不同之作风,盖道家不敢为天下先,凡事以退为进,以虚为实,以盈为亏,以失为得,以祸为福,只求无伤大雅,诸事皆可迁就,故其处世沉静无为,对人则装糊涂,学糊涂而自愧难得糊涂,盖装糊涂可以免祸,可以保身,其若不能装亦须学习也云。至若道家为政之道,则不在多言,谓言者不知,知者不言。其如是,故在乱世可以保身,在治世可以得天下之大权。综合儒道两家之说,其较善之理,业已另详,但先生觉得其理论亦有缺点,即其保身与求全之道,每演成蝇营狗苟,模棱马虎,唯我自私之理念。以言其世界观,则凡事敷衍凑合,不求彻底,不求有功,只求无过,其对人则远近一体,而缺乏团结。此种事态若以善解释之,则为怀柔远人,中外一体,世界大同,天下一家,若以其流弊言之,则唯我独是,国家消灭,团体涣散,政府无能、政治不良,致人人自私,人人自存,而造成社会之一盘散沙,凡事不能合作,诸事由恶人把持,贪赃枉法,营私舞弊,分门别户,排除异己,利用蒙骗、恫吓、要挟、利诱之手段,以达其自我鱼肉百姓欺诈民众之目的。中国之知识分子亦每具有此种思想者,而奔逐于富贵之途,以剥削民脂民膏为能事,于是民众无领袖,经济无由发展,生产无从进步,民生凋敝,农村破产,工业落后,商业乃呈畸形状态矣。情形如是,则近代事业既无从谈起,一切经济建设更不论矣。结果乃造成人民之衣不足,食不饱,居无所,长无教之现象;若言国家,则财政支绌,币制紊乱,债台高筑,国势日蹙。其所以如是者,皆由于中国历史上之划期动乱,致使国家政务每由于少数之封建分子所支配,其他诸人,则感于环境之恶劣,乃抱一种消极的人生观,听天由命,而寄托其精神与剩余之精力于明哲保身与委曲求全之道,或退修佛门以求来生之荣幸。此乃错误之人生观也。先生认为此种态度似非儒道两家创建者之原意,而仅为后代学者及其他失意之人假托孔老之言,以造成之错误观念而已。时至今日,人类已进至世界互市与民主大同之时,由于各种交通工具之进步,各国间之距离已然缩短,往昔以年月计算之途程,今则以小时代替之矣。然而我国则仍一本其错误之人生观,一面任由封建势力保持其一贯之割据形态,其他诸人,则仍采"不在其位不谋其政"之消极态度,以听天由命。此种作风,倘不加以矫正,则我民族必将无存之可能也。溯自海通以还,欧风东渐,诸种事实皆可证明过去之封建作风已不能适应于瞬息万变之今日矣。

(五)所以先生认为今后中国救亡图存之道,不在高谈主义,大喊口号,或广贴标语,而在改变中国人之消极的人生观,即须改变中国人对社会国家之动态与动向,务使其顾全大体,而同时趋向于积极之合理的行动而后可。其有不信者,试观过去八十年间中国之一切维新改革皆告失败,即可了然矣。比如以政治制度而言,举凡君主立宪,议会分权,民主共和,一党专政,多党合作,一人独裁,或总统制,或内阁制,或委员制等等,一经中国采用,则莫不变性易质,笑话百出,而成非牛非马之局,或不秦不周之混合仪式。此乃因中国由其过去之动乱社会状态,所造成之封建思想,至今仍根深蒂固所致。中国今日仍为封建势力所盘踞,若不彻底消除此种封建思想,及其必然之制度,则无论近代主义之如何高明,理想之如何透彻,亦不能救中国!所以依先生之见解,今后救国之道在于改革中国人之人生观、世界观,及其社会政治经济思想,使其趋向于近代化,然后一切近代化制度始可施行无阻。亡羊补牢犹未晚也云。

(本章内容参照先生著《中国之社会组织及其调治方法》,及《中国为什么闹不好》等文)

第十三章　先生之治学方法

先生之治学方法本其"动"的见解作出发点，而常谓社会是进步的，其进步之程序，是在于新旧知识之积聚与补充而完成的，即每一代学者将先人之遗著一面积聚而记载于书册，以备后代之参考；一面清查先人知识之遗漏或错误，而加以补充，或发扬而光大之。青年学子在求学时代，应准备做此种工作，以促进社会文化之发达。至如何达到此目的，则当在治学方法之得当与否而定也云。

先生谓治学之目的有三：一为作常识之修养，二为作高深学术之研究，三为谋解决问题之准备。一般学子为图达此目的，必须预备各种治学工具，如本国字典，中外国文对照字典，各种学术遍览，各种典籍，各种名著，各种专门学报，及各种杂志报纸等。

先生谓治学首重读书，而读书则不应为宣传所迷惑，或为广告所引诱，非有益之书不读，非名著不读，非经介绍之书不读，非有价值之书不读，利益不足补偿时间损失之书不读，不能应用之书不读。

先生谓凡读一书首阅著者之序言，再而目次，渐至其内容。读书有三种步骤，即精读，迅读，与选读。精读为贯通之读法，经过缜密之思索而逐渐进步者，迅读即为浏览读法，成涉猎读法，认为某书不应多费时间阅览者，则涉猎一过即可；至若选读，则选择较为有关系或比较重要之部分读之即可。读时且须时常思索以明了著者之为人及其在学术上之立场与价值，或求取其精义；倘察觉其有欠妥之处，尚须批评之，俾便贡献于后学者之参考。

先生谓读书时须预备纸笔以便笔记书中之要义，记录有成时，可将其装订成册，或分类保存，以备来日之参考。此种笔记收存之后，可作将来著述论文或编书之资料，或作讲演与保存，以备来日之参考。此种笔记收存之后，可作将来著述论文或编书之资料，或作讲演与研究高深学术之参考。但利用笔记时则首须预备大纲，将拟著述之内容分段详述，然后再三修正始可执笔著作，及至著述完成后，则再三修订之以去繁就简，而成一篇有价值之论著。论文完成后，则可将引用之笔记详加列述、俾作读者之参考。

总而言之，先生谓治学须养成读书之习惯、然后选择书籍，专心研究，再而笔记内容，以便著述。读书尚须利用读书之机会，随时随地行之。此外则应多阅时报以补充常识之不足。最后，则尚须注意修学之方法，除埋头书案外，应着重思虑，访友，寻师，及与友朋座谈等，凡此皆为治学之方也云。

（本章内容参照先生著《读书方法》一书）

第十四章　先生对于社会学之贡献

先生为我国社会学界之前辈、其对于社会学之贡献计有二点，均是由其"动"的理论演绎而来，即所谓动的社会学是也，计其内容：一、认为社会是一个变动不已之机体，其变迁是由于个人与社会之对立而发动；二、社会既是一个变动不已之机体，是则研究社会学及社会文化应利用地质学、生物学及人类学之研究法，以造成社会学之纯科学立场。

先生谓"社会变迁与社会进步，是由于自我与社会之对立而发动，即由于二者彼此间之冲突与调适所致"。自我与社会对立之形态，一面是自我之求发展，一面是社会对自我之加以限制，禁止自我活动之过于膨胀，倘个人之活动愈积极，则社会之限制愈严密，甚至加以压迫而惩罚之。社会之限制或压迫自我，乃为维护社会总体之安宁与生存计；反之倘社会对个人压迫过甚，则个人必图反抗，结果倘彼此得以调适，则社会仍可保持其安宁，否则将致紊乱矣。人类数千年历史之全貌不外此种现象之循环复演而已。例如好事者之作奸犯科、"革命党人"之骚扰、野心者个人独裁之企图、异议思潮之树立、个人主义与无政府主义理论之倡导、保守与过激党之争斗、执中与自由派别之主张，均是由于自我与社会对立、摩擦、融和，或调适所产生之结果，而可作解释人类互相共处之原理。先生谓个人为图达其自我之目的，常不惜采取一切手段及牺牲一切，如利用蒙骗、利诱、恫吓、要挟、勾结、疏通、谄媚、离间、鼓动、分化、奖励、颂扬、虚伪、摆弄、挑拨、造谣、包围、攻击、抵抗、批评、辨正、推脱、压迫、嘲笑、辱骂等等手段以图之。个人之采用此种非常手段，小而可以促成自我之功名富贵，大而可以扰乱国家之法纪治安。凡此均为威胁社会国家之现象。社会国家为图其自身之安全，绝不坐视个人之为非，于是乃施行其制裁之手段，如利用政治、法律、武力、命令、教育、舆论、道德、宗教、迷信、风尚、礼教、家庭、理想、偶像、礼仪、嘉奖、同化、开导、感化、宣传等等工具以图之，务使个人就范于社会国家而后已。先生之论社会学原理即由此而作出发点。

至先生对于社会文化之研究法，常谓学术之研究贵在方法，当今科学分类繁杂，其所采用之方法乃不一致。自然科学向所采用者，为试验与比较方法，而社会科学则向用演绎法，及至晚近则加用统计方法。其余关于历史文化等部分之社会科学，则以往几全采用金石与古籍之考据法。但近百年来，泰西学者复发明发掘之方，将埋没于地下之古代文化遗迹发掘出土，而以分类比较及考据之法鉴定文化演变之缘由及其过程。此种方法晚近因西风东渐而风行于我国,于是考古之风日盛。然而先生认为古今文化演变之证据,除发掘方法可得成绩外,尚可于今人生活上另用新方法调查之以作比较之研究,盖古代文化仍有不少之成分可于今人之生活上保留而复现之。所以先生主张利用地质学与生物学之比较方法,将各地文化之分布状况作比较之调查研究而求发现其源流与原理。先生此种主张,可于其《社会文化研究法》及《人类之过去现在与将来》两书内见之。

（本章内容参照先生著《社会学原理纲要》,《社会文化研究法》,及《人类之过去现在与将来》等书）

卷三　先生之社会政治理论

先生谓社会政治与经济是不可分离的,若不了解社会经济的人而谈政治,则有若盲人摸索大象,愈摸而愈觉其离奇而不可思议。所以先生之谈论政治,是从整个社会科学的立场作出发点,以"动"为程序,以达到人类生存之目的为依归,而常谓政治从科学上观察是一种动力与动态,从其运用上分析是一种技术或致治之道与合理之动向,一面施以治人,一面则用以减轻政治争斗上对方之动力。所谓对方,是在政治运用上对立之对方,盖政治之起码单位是个人,尤以所谓民主政治为然,即个人主义是也。其所以如是者,乃因每一个人均有欲望,——生存之欲望,由于此生存欲而产生其图生存之不同动态与动向。人人既具有其不同之动态与动向,是则其各个处身立世之地位乃当然不同,其地位与动态及动向既然不同,是则其又人人立于利害不同之地位,一方之利将为他方之害,他方之利又将为一方之害,各以利害计较其是非,凡于己有利者皆为是,于己有害者皆为非,于是凡对某一事或某一问题立于有利之地位者乃互相勾结,所谓结党营私;其立于有害之地位者,乃结党除害,而各成立互相敌对之政团或政党以拥护其私利及排除其私害。此乃政争与政治动荡之所由起见。在此种情势之下,人人是立于敌对或对立之地位,团体与团体对立、政党与政党对立,甚至人民与政府对立,人人既成对立状态,是则社会国家为维持其本身之利害关系,及减少人与人间之摩擦,乃不得不规定社会政治制度,以求对立中之和谐,摩擦中之秩序,及冲突中之妥协,于是权利与义务之念生焉。人人既具有图求私利与排除私害之益,则权利义务为人所具有成不可否认之事实矣。所谓权利是自我之利益,自我之权能,自我之享受,自我之自由;所谓义务是自我之代价,自我之损失,自我之拘束,自我之牺牲。凡人皆愿意自由,愿意享受,而不愿意受拘束,或牺牲,或负担损失,盖权利与义务亦一如利害,是互相对立的,但同时亦互相并进,凡有权利之处,必须有义务,必须有拘束,必须有负担,而不得任人凭空享受权利也。此为近代社会政治制度之基础。

据先生之见解,封建社会与近代民主社会不同之点,是前者有少数特殊份子紧握的把持一切权利,只知享受、而否认拘束与拒绝负担损失,或接受牺牲,认为其享受是应该的,其义务是认为失当,致惹起多数人之不平,而种下社会革命之因素。及至近代社会,则一切特殊阶级与特殊份子皆被革命所打倒,以造成权利义务之均等地位,凡欲享受权利者必须负担义务,凡担负义务者必须享受权利,是非黑白分明,绝不使其有片面不平之事态存在,否则社会上将无人尽义务矣。此之谓民主社会。先生对社会政治经济均有深刻之研究,故其分析中国社会至为详尽,兹择其理论之梗概分述于下。

第十五章　先生对改造中国社会政治经济体制之理论

先生谓今日遗留于地球上之人类为经数千万年物竞天择由无数动物演进而成之产品，其生存欲至盛，个性至强，动力至大，时刻思动，以达其自存之目的。所以为我与自私是人类之天性，同情与为公仅是其适应环境之外表；独存是其愿望，共存仅为其用作保障自存之手段而已。经济是自存之行为，合作乃所谓社会行为，是为保障其自存之手段，盖人类不独是情感之动物，而同时是具有理性者，凡事自觉独力难支，于是非团结或合作不可，否则将不易图存也。然而人类虽具有理智，但其一举一动则皆受其环境所支配，所以环境实为人类历史之造因，其理智仅为其适应环境之能力而已。人类既是自私之动物，是则其唯我自是，乃当然之举动；同情，利他，或合群，仅为其谋生存之手段而已。

先生谓合群合作既为人类生存必需之要素，是则成立社会，设立政教制度，乃理所当然，遂致有家庭、宗教、教育、道德、政治、立法、司法、军事及一切统治与统制或监察之设施。此种所谓社会军政制度乃是取缔人类唯我自私之方策。所以人类历史之演变，乃是由私而公，由小我而大我，自由存而共存，由私情而同情，由无组织无政府而有组织有政府，由专制而开明，由自由而统制，由家族而部落，由部落而国家，由国家而世界大同。其政治体制之演变亦然，即由部落而封建，由封建而立宪，由立宪而趋向于万邦协和也云。

先生谓人类之经济思想与体制之演变亦乃由单一而复杂，由私而公，由自由而统制，由无计划而有计划，由私利而公益，由图利而济世，由地方而国家，由国家而世界互市，由互市而趋向于世界经济之一体化。所以人类经济思想与体制演变之结果，必将达到社会统制个人，以限制其过分之自私，而渐进至世界一体之观念，及大同之经济制度而后已。

先生谓以此原则论中国之经济现状，则中国人因受其灾歉不已之农业环境所支配，其自私心之至盛，乃当然之结果。考中国所处之自然环境四面阻隔，东南临海，西北多山，远隔世界其他诸文化中心区域，乃造成其独自而特殊之文化体系，经三千年之传统而习惯性成，遂致有若干体制不能适应于今日动荡不已之新时代，盖中国固有文化与经济体系演变至今已根深蒂固，其抵抗力至强，一切维新至为不易也。所以中国今日之一切制度若与列强相比，均有落后之感，其一般自称为民族之领导者则每固执成见，而不肯接受今日世界之新体制，致使国内之社会经济现象有显示非牛非马之形态。

先生谓社会政治经济既不可分离,是则在某一种社会政治体制之下必有某种经济现象。此种体制与现象是互相促进的,倘若政治或社会经济现象或制度之任何一项一旦有所变动,则三者之间同时必有其相互之反应。所以先生曾断定今日之中国仍为一个封建国家,周代以前为部落斗争时期,由西周以至东周为封建育成时期;在此期间,一切封建体制渐次育成;及至秦代,秦王一统宇内,一跃而成封建集权之局;秦末,群雄蜂起,割据称王,封建分权复兴;刘邦一统,封建集权复现;自汉而后,一治一乱,治世集权,乱世分权,轴辙未改;辛亥一役,分权复现,至今而未已;某今日之现状与中古以前之不同者,只有今日因海洋交通而受新兴文化之打击及输入若干新仪式致使其内部发生剧烈之变化而已。所以晚近百年来,我国之权贵阶级每挟其固有之封建体制,致力于排外,与企图荡平国内之前进份子,于是由于外患而起之争斗,乃一变而成内争。由于内争而成新旧之争,动与反动及不动之争,革命与反革命之争,维新与保守之争,封建与反封建之争。先生认为此种争斗归宗仅有一条战线,即新与旧之争,或封建与反封建之争而已。

先生谓中国既仍为封建国家,其一切封建体制依然存在,其支持此种体制之精神亦完整无缺,是则中国当前之最大问题为如何使其近代化,然而近代化之最大障碍则为支援封建残局之精神,即朝野上下一般人之封建思想,倘若中国人之思想不改变,则中国之近代化绝无希望也云。

先生谓近代化中国之第一步为改变中国人之封建思想,第二步为废除藩镇(消除军阀),第三步为推动宪政而确立近代化政治体制,第四步为改善中国现行之经济法规及致力于近代化之经济建设,而完成近代化国家之使命。先生谓推动此四种建设,必须有一中心力量为之轴心而后可。中国之近代政治至今仍未得确立乃因其缺乏此中心力量为之推动所致,盖中国目前封建势力构造之中心为军阀,附庸之者有两种人:一为士大夫阶级之官僚与若干知识分子,作为献计划策及剥削人民之主谋;二为农村中过剩之劳动人口,都市间之无业游民,无衣无食,乃承封建王侯(军阀)招兵买马之吸引而依附之以作其爪牙,并依仗其虎威以破坏国家。

在此种封建体制之下,凡握有军权者同时把握政权,其政权是随着军权而转移,其政治寿命是限于其武运之久暂。凡把握政权者同时把握其军权支配下之一切财富;乡间之大地主,都市上之大房东及畸形商人,租界内之寓公,银行银号之大存户,投机倒把之后台老板等等,皆为若辈之另一形态。其拥有之财富,皆为利用封建体制所剥削之民脂民膏而构成。晚近论坛每指摘之为官僚资本,或豪门资本,但先生认为以官僚或豪门等名词对之似有未洽,盖因暴敛之经手者虽为官僚,其聚积之资金虽成豪富,但其致富之基础,实为封建体制,故命名官僚资本或豪门资本,不如指之为封建资本较为适当也云。

至被封建势力剥削之最甚而应列入前提者计有两种人：一为都市间之小资产商人；二为乡间之小地主。此两种人因其未尝受过近代化教育，复无自卫之组织，凡事只有委曲求全，被人剥削亦不敢声张，若辈为封建社会最理想之顺民，任人剥削，任人吸骨髓，绝不敢言痛苦，故其人数愈多，政治愈坏，贪官污吏之数量亦按比例愈增。此乃中国政治不良之根本原因也。至若都市与农村间素无恒产之劳动阶级，则更不足论矣。所以先生谓，欲近代化中国，必先摧毁中国根深蒂固之封建势力，欲摧毁此种势力，必须扶植一切反对封建势力。扶植反封建势力，必须培养受封建势力剥削最甚而受痛苦最大之都市小资产商人及乡间之小地主作基础，非如是则绝无成功之可能也。盖中国多数之知识分子向为封建势力之外围，常倚仰其作生命线，早已丧失其发言之机会，且其利禄熏心，或狡猾成性而不配为革新中国之同志也。所以在近代化中国之现阶段必须扶植小中产阶级作都市政治之枢纽，培养乡间之小地主及一般农民作农村政治之中心，务使此两种人自觉而图自救，然后封建势力始可以摧毁也。及至封建体制崩溃后，则致力于新中国之产业革命，促其由封建式之自由经济，而趋至统制经济或计划经济，或任由此三种制度之同时并施，以观其各个之成效，而逐步完成中国未来之新经济体制及促进其近代化之速率。如是，则近代化之新中国方可实现也。但在封建主义未打破之前，则一切新主义、新政治之实现均不可能也。假若有勉强施行此种新体制者，则其结果亦只有实现一种不秦不周之矛盾现象，有若今日之一切畸形现状而已。所以先生谓在中国人之近代化思想未成熟以前，新政治与新经济之设施是无从推动，而只有矛盾而已。此乃先生之社会政治经济思想概要也。

　　（本章内容参照先生著《政治思想之基础》，《各国政制演化之程序》，及《近代民权政治之勃兴》等文）

第十六章　先生之政治演变理论

先生之政治演变理论亦是由其"动"字之一贯见解而构成,而常谓人类是自私之动物,其生存欲至强,每团结以图存,小而家庭,大而帮会社会国家,无一不本其私心以达其生存之欲望而组织者,因是人类虽有组织而同时亦各个对立,各图其独我之生存,故人类在其团体生活中亦有互相冲突,小而个人争斗,大而团体争斗,内而份子之争斗,外而国与国之争斗。政治为人类争斗方式之一,在封建社会其胜者王,败者寇,在中古社会凡占得社会国家之上峰者拥有功名富贵利禄美女,其失意者为平民为奴仆,其生命财产任人剥削;在近代社会其成功者为富豪,其失败者为无产阶级。在人类争斗过程中,各尽其所能,无不用其极,轻而用权谋术数、世故、礼教,重而动干戈,小而争取权利,大而丧伤生灵。

政治为偏见之表现,不论在任何社会,所有权益均由极少数之胜利者,或成功者,或侥幸者所把持,其拥护高位者各本其偏见以制朝仪,立法律,定身份,以图镇压,而维持其世袭之尊严。所以中国历代秉政者莫不采愚民政策,使民由之而不可使知之。此种现象亦曾普遍于全人类史上。先生谓近四百年来,因海洋交通日趋发达,各国人民游历日广,知识渐繁,昔日王侯实施之愚民政策乃渐告失效,于是封建政治逐渐演变而成今日近代宪政政治。

先生谓人类政治体制是由原古之部落组织,而演至古代复式之封建制度,再由封建组织而演至近代化之宪政国家。原古之部落体制是单纯的,是由家族之演变而成,下有同族之子弟作台柱,上有家长式之酋长为之领导,旋经部落或族系争斗之结果,某一部落战胜其他部落而成阶级社会,其胜利者为贵族,其首领为王侯,其失败者降为平民,或为俘虏,为奴仆,以成复式之封建王国。再经海洋交通之结果,民智日开,平民结党问政,昔日王侯贵族之贤明者,如大势已变,乃接受民众之要求,自动开放政权,规定宪法,彼此共守,是为维新之宪政。其有不明大势,而强拒民众之要求者,乃惹起人民之反感,而有人民之革命,结果权贵阶级被推倒而成立所谓革命式之宪政政治;或权贵与革命党人妥协而实行妥协式之宪政;或权贵反动与革命党人抗争,再接再厉,卒致被打倒而成立革命宪政;无论其所经过之程序如何,其结果则一——宪政之成立是也。

先生谓封建政治与近代宪政之区别如下:

(一)封建政治为人治,或君主式之法治,或韩非商鞅王安石式之法治,宪政政治为民主政治或民主式之法治,或简称法治。封建政治之一切政令皆从权贵者个人之意志或其所代表之阶级之意旨作出发点,言出必从,在下者无抗议权,只有服从而已。

(二)封建政治行政万能,在任何政权之下,举凡立法、司法、行政均由君王或权贵阶级独揽,无所谓分权;宪政政治则各就政权之性质而分为立法、行政、司法,或甚至考试、监察等权限,彼此牵制,彼此监督,而保持平衡以互相协调。

(三)封建统治之本质系为统治者谋利益,人民仅为被剥削之对象;宪政政治本质则系人民自行参政而谋其自身之利益,盖人民参政可以在朝执政,或在野以舆论监督政府而保障其自身之利益。

(四)封建政治是富有阶级性,而宪政政治则否。封建政治崇尚统治,一切长官均由上级权贵阶级委任,在下者只有奉命而不得抗命,人民则为其统治之对象;而宪政政治则崇尚民治,长官由民选,法律由人民选举代表决议制订,司法秉公独立,代表人民监督政府。

(五)封建政治国家破裂,近代宪政政治国家完整,盖封建政治,藩镇各个拥兵自雄,破坏国家政令,因其私自招兵买马,所以势力日大,政府为向其讨好,乃对其授以封疆大吏之官衔,其拥兵愈多者,其官愈大,其破坏国家之能力愈厚。所以欲在封建社会占有势力者,必先招兵、通匪,或结帮,以造成实力,然后以实力操纵政权,再利用政权以剥削民脂民膏。至宪政政治则反是,凡在宪政国家占有势力者,必先以主张或政纲向人民号召,结合政党,然后利用政党把握多数之选民,投票支配政权,再由政权支配军权,复运用军权作保卫全国领土之实力,使一切队伍皆成国家之军队,而保障国家主权之完整,及国家之独立自主。

(六)封建政治,有力者利用政权发号施令,作剥削人民之工具;宪政政治则人民利用政权保障人民自身之生命财产或图全民之福利。此为两者之最大区别也。

先生谓近代宪政因受海洋交通之影响,而首创于西欧,旋随着西风之东渐而普遍于全球。东邻之封建日本,为顺应世界思潮,乃变法自强,由封建体制经明治维新而成近代宪政国家。中国亦向为封建国家,在乱世群雄割据,为封建分权;在治世群雄消灭,其侥幸遗留之强者乃布告安民,南面以王天下,而成封建集权之局,是为一统;旋经若干年后,天下复乱,群雄再起,而又成封建分权之势。有清一代平服明末群雄后,复一统宇内,无如西雨东来,人民思想动摇,步骤失常,经鸦片战争而后,初而有洪杨之役,继而有曾左之维新,再而有戊戌之变法,庚子之乱,辛亥之革命,致使国势愈演愈乱而日趋衰颓。此种动态之奥妙,乃因中国自有其悠久之文化传统,且中国向为封建国家,经数千年之反复实施,人民习以为常,而今异式新制之东来,士大夫虽彷徨失措,但始终不承认失败,不肯改变旧制,其有维新者出,则若辈必阴谋捣毁之,于是朝令夕改,反复循环,动而反动,反动而复动,致大势愈演愈离奇,凡百制度,不古不今,不中不外。非牛非马;思想既乱,行为随之,于是人人不安,事事不定,处处失常,内而群雄割据,外而不能自存,国将不国。所以先生认为中国目前之最大问题有二:一为如何使国内安定;一为如何使家国导入宪政之途而成近代化之民主国家也云。

(本章内容参照先生著《古今政治之两大程序》,《封建政治及其本质》,《各国政治演化之程序》及《近代民权政治之勃兴》等文)

第十七章　先生之法治与人治理论

　　以先生之"动"的理论透视人类社会,即可发现其为一动体,内中人人思动,有计划有目的的人固然动,其无计划与无目的者亦动,致使其内部发生千头万绪之复杂的社会、政治、经济、道德及其他诸项问题。此种问题又非常敏锐,时刻需要调整,否则人人为敌,小而个人与个人冲突,次而团体与团体摩擦,大而政党与政党对立,或甚至人民与政府对立,倘无规范为之调整,则此动荡不已之局将无法收拾,而趋于互相残杀矣。于是统治之术生焉。人类在其动荡中,为贯彻其求安定之希望,常施行两种统治方式,一为过去常用之人治或封建政治,一为近代由西欧勃兴之民主法治或宪政政治。先生对此二种方式之见解,在前章已略叙,兹为使读者更加明了其中之意义起见,特综合先生平素对于法治与人治之讲述,再加解释之:

　　先生谓法治与人治对立,其主义固异,其功效亦殊。中国既为封建国家,故向尚人治。历代帝王每以武力竟其大业后,即开科取士,以图久安。其所采之方式自认为人才主义,但此种人治之变相,乃演为官治,或官僚政治,或简称吏治,其流弊往往陷于人存政举,人亡政息之覆辙。近人每有拗执成见,而排击法治或讴歌人才政治者。此种见解,实有对近代民主法治认识不足所致,倘不加以矫正,恐其传误更甚矣。兹试举其异点如下:

　　(一)先生谓人治无常轨,法治比较具有固定性,人治则近于流动性。一国之政治,倘有定性则治,若陷于无定性则乱,此铁则也。故善良之政治,专倚赖领袖、幕僚,或一般官吏之贤明,则必不可得,盖用才之标准,责望于上,则知人明哲,自古称难,每致是非无定名,善恶无定形。拥有权柄者,凡事均可任意为之,以威福专擅,或被左右包围,致上情不能下承,民意不能上达,怨声载道,于是暴君政治,霸道政治,相继出现,而大乱发作矣。反之,法治国家,一切事权,均取决于公意,人无贵贱,凡事依法而行,不但普通人民遵守法律,即政府亦不能立在法律之外,而敢于为恶。此其异点一。

　　(二)人治是消极政治,自来人治之所谓善政主义,其最高之目的与设施,仅为维持地方之安宁,及省刑薄敛而已。其在历史上之成绩,亦仅以昙花一现即止,迨其末流,则演为官治。其弊等于商店之雇庸,以利害属于他人,痛痒无关,只知装潢外表,毫不努力从事,故谓之为体面政治,公文政治,亦非过言也。至近代之法治,其消极方面,固在对内保持安宁,对外发扬国威;其积极方面,却在民生,而图解决国民之物质与精神生活,富民强国,以满足人民生存之欲望,此其异点二。

（三）人治为被动政治,自来人治主义,几全发动于君王,君王以国家为私产,故需要贤才为之襄助,冀保其乃世不朽之业,而人民则立于被统治地位,即无参政权,复无言论自由权,举凡政治之设施,法律之制订,与夫财政之浪费,每与人民之利益相反。法治主义,则主权在民,人民对于政治立于主动之地位,而具有切属之利害关系,复有选举参政权,以订立法律,制定预算与审核决算,而监督政府,使其不敢为恶,此其异点三。

（四）人治乃特异政治,在特异人治制度之下,执政者每提倡圣贤统治,或木偶统治,使人民崇拜英雄,或崇拜圣贤与木偶作统治工具;惟统计史例,圣君良吏或十有一,而暴君污吏则十有九,故人治之成绩,往往十不获一,于是一治一乱,演为定例;但在通常法治制度之下,则法律组织严密,上以道揆,下有法守,民众习以为常,于是有治无乱。此其异点四。先生谓吾人之所以主张法治而反对人治者即此之理也云。

（本章内容参照先生著《封建政治及其本质》,及《社会法理学》等文）

第十八章　先生之法律理论

先生谓法律是人类控制社会动向之程序与规则,在封建社会,其施行权是操在统治阶级之手,是为人治;在近代民主社会则操在多数人民之公议,是谓之法治。封建国家既是以人治为标准,是则所谓近代法律观念是不甚发达,其赖以统治者仅为一种专制独裁之政治理论,及其苛辣之刑法。此种刑法是由封建帝皇或某爪牙之贪官污吏任意所规定,或随其喜怒以个人之命令作法律以压迫人民,使之顺从,其目的是以政治为本,盖致治始可以榨取民脂民膏也。在此种人治国家之下,凡拥有雄兵者,均操生杀之权,予取予夺,任凭己意,即谓之法律,其草菅人命之独行谓之司法。其有敢抗命者,则认为匪类,杀之而不恕,于是养成人民怕官之恐惧心理,使人民有事不敢见官,凡事以忍受为原则,使大事化小,小事化无。以此断行,养成人民之奴隶心理,有若驯羊,而天下治矣。此之谓人治或封建式的法治。凡封建社会均采此作风。

考封建社会有两种法律:一为如上述之刑法,一为民法,但却无宪法,盖宪法系人类由封建社会解脱以后之一种近代产物也。

封建社会之民法,大多为人民之习惯,如有纠纷时则由权贵阶级或其爪牙为之排解,或裁判,所以封建社会之民法亦为权贵所操纵而得不到合理之发展,盖权贵阶级常过其养尊处优之生活,而不知平民阶级处境之困难,且因其有切身自我之利害关系,其所排解之立场,或裁判之案件,仅为其自我之私利,而往往有妨害于平民之利益。

近四百年来因海洋交通之发达,西欧民智渐开,加以因海洋交通而冒险重洋致富之暴发户,不甘受权贵阶级之支配,乃鼓动平民作革命之企图以期推倒权贵阶级,俾便取而代之,于是封建体制崩溃,王侯揖让,互立约章,将国家政权分为立法、行政与司法,严格规定,谓之宪法,彼此遵守,是为宪政或法治,以宪法为一国之最高法律,任何个人或团体均不得任意变更之,或破坏之。凡国家立法行政与司法均以宪法为准绳。此种新兴制度原为发动于西欧,旋即随着欧风之东渐而传至东方,但先生既认为人性齐一,人类思想理智齐一,是则此种新兴制度亦为人类之共有制度,将来一定可以普遍施行于全世界,而绝非任何民族之独占物也。所以依先生近三十年来之见解,无论中国封建势力之如何根深蒂固,其将来必致崩溃,而实行宪政不可。此乃世界上人性齐一之必然趋势也云。

世间有许多人认为法律是应以习惯为基础,法律是应迁就习惯而不得违背之,先生则谓习惯有若道德,原为人类图求生存与适应环境之一种手段,后经年岁月,环境业已变迁,此种手段之一大部分亦已不复适用,而仅成为一种呆板之死物,故成习惯。此种习惯虽仍有可适应于社会环境者,但其大体上已趋向于硬化,然而人类社会则日新而月异,无时无刻不在变动中,若以习惯约束社会已觉其失策,何况以硬性之法律迁就习惯,使社会全部趋向于硬化耶?所以先生极力反对法律造就习惯,而主张以法律改造习惯,凡社会上有不良之习俗,应任人公开讨论之,以得到齐一之公论。此种齐一之公论乃谓之为流行之指导理论。吾人应本此指导理论作立法之基础而制成合理之法律以改良社会,改良习惯,甚至改造社会或改造习惯,如是社会始得以日趋于进步,法律方为合理之规条也。先生谓吾人为图社会之进步,应注意立法而不仅应重视呆板之司法,注意立法是为随时修正法律使其适合于社会潮流,而免其趋向于硬化或甚至腐化而流毒于社会也。

先生谓近代民主政治,是同意的政治,即在社会上无所谓统治阶级或统治者,其内部的人民是互相共治的,每遇有一问题发生,必须经过多数人之商讨,始得决议施行,及至施行后,每个人对此种施政仍得以其个人名义提出抗议,即向法院提起诉讼,经三审决定后,始得认为绝对有效,否则仍将有疑问也。其所以如此者,乃恐某方或某党派滥用其持有之权能施以不利于人民之政务,故得由司法监视政府而限制其施政也。在民主社会,不独施政为然,其经立法手续制定之任何法律,个人亦仍有诉讼权,而得向法院控诉之以视其效能也。所以近代民主政治又名同意政治,或合理政治,其法律是富有柔软性,任何个人对新成立之法案及政府之施政方针,皆有表示不赞同之权,皆得控诉之于法院,而不若封建社会与独裁社会之硬性法律,以削足就履之手段,而强迫施行也。

以先生之立场而论法律,则先生是反对法律系统或法律派别者,益据先生之见解,人性是齐一的,故世界上只有一真理,任何问题只有一个结论,将来人类亦只有一个法统,无所谓大陆派、海洋派或中国派,凡真理是真理,无人可否定者,过去因人类知识程度之未能齐一的发展,人类生活环境之寒暖燥温东西南北之各异,乃有见仁见智之不同,于是有系统与派别之分,如罗马法、英美法等,但现今人类理智发达,今后一切新制度或新法理不论其为发明于某一国家,或由某人所提倡,倘若其为善良之制度,则他国即将采而效之矣。所以将来人类知识发达,世界上只有一种法统,一种合理之法统,各国立法,行政与司法,均渐趋于一致,而成大同之世矣。于是时也,举凡世界上之一切部落主义、封建主义、国家主义、帝国主义,均将消灭矣,何独有法统之存在耶?此乃先生对于法律之见解也。

(本章内容参照先生著《英文法学通论》,《社会法理学》,及《中国人的法律观念》等文)

第十九章　先生对调整政治问题之理论

　　先生本其一贯之"动"的理论之演绎，乃认为每一个人在社会上均具有能性，前已略叙，(见第五章)。此种能性在其动的过程中乃成"动力"，动力在其运用上是能缩、能伸，可大可小，可以为善，亦可以为恶，其能伸是因为有组织，其能大是因为其有结合，其能缩或小是因其能潜伏以待机而动，及至其动也，则可以为善，亦可以为恶，而显示其力量矣。所以人人在社会上均具有无限之潜力，而随时随地可以互相摩擦，小而个人与个人冲突，大而政治争斗，军事摩擦，甚至国际战争，或世界大战。先生谓古今各国之政潮，皆由于两种或多种不同之政治动力发生摩擦而造成。至其解决之方式则有三：一为彻底之清党方式，即绝对消灭政治之反动势力，对于异系人物，以斩草除根之手段，使其尽归淘汰，免致有死灰复燃之虞；二为不彻底之协调方式，即我国之所谓中庸大道，容纳异系异党之意见，而折衷妥协，以中正均平之态度，调整各派之主张；三为道家之无为而治，先任其自然，然后以智计取胜，而从长计议其善后是也。

　　第一种方式手段酷辣，牺牲过巨，不易施行，且若行之不尽其法，则反响最烈，为害最大，往往演成惨剧。倘采第二方式，反能容纳百川，集合群智群力，使其熔为一炉，只需连用得宜，则反动势力自行消灭，破坏亦可免除矣。其理至简，假如一国之内，党派对峙，政争频仍，而一党又不能彻底解决其他各党，则其国绝不易致治，反之，倘若国内党派虽多，然而有调剂之道，亦可扰乱而治。此种调剂之道，即儒家之所谓中庸主义，对人事不分畛域，如嫡系人员，固当厚视，非嫡系之人，亦应一视同仁，秉公待遇。如此始可谓不偏不倚，方能持平，方不致乱，而使政治进于修明之途也。

　　先生谓民国以来，内战循环，乱时多治时少，实因政治措施失其平衡之道故也。此种失调现象之最昭著者，为党见过深，如甲党当权，每对其他诸党之主张、言论或活动，尽量排斥，使之走于极端，如是乙乃图倒甲，甲复阴谋倒乙，如此互相倾轧，而国事无形破坏矣。此种互相排斥，实乃国家之不幸也。

　　先生谓调剂国际问题，亦常利用前两项方式为之，即彻底之战争，或恃强以图灭人国之所谓彻底方式，及均势协调之调整方式或中庸之道是也。先生深信人类之情感龌龊或利害冲突，绝无彻底解决之可能，即以武力压迫，或恃强以图一时之胜利，倘若对方不得其平，则反动势力必将按比例而增加，以致龌龊不已。冲突不已，卒至势均力敌，再接再厉，至最后得到中庸之调适，或双方均趋灭亡而后已。所以调整国际问题之大道,实为中庸之协调主义,而非战争,假使有战争,其结果亦必须调整而后已。此乃先生之所以主张运用中庸大道以施行国策者也。

至若第三种方式,则为道家之作风,凡事先采放任主义,任其自由演变,不加干涉,不彻底追究,应付问题,则多用理智,少用情感,以静观动,以柔克刚,以智取胜,以逸待劳,以无为而治。其处事之步骤,为先观事理之动机,然后静观其变,审察其成败,及至胜负将决,则乘机取巧,突出而击之,或临机而把握之,即可事半功倍而解决之矣。此第三种方式比较前述之二项似为高明,盖其慎重行事,可以节省人力、物力、财力,以最少之消耗而得到最大之成功与胜利。凡事不费力而可以自享其成。今后倘若世界各国之政治家皆能采用此方式以应付其国内外诸问题,则战争必可消灭,而全世界将共进至康乐之大同时代矣云。

（本章内容参照先生著《宇宙间之三大原理》,《东西文化与政治思想之齐一性》,及《古今政治之两大程序》等文）

第二十章　先生对中国政治之理论

　　先生常谓政治既然是一种动态与技术,是则其时刻正在动作中,其动作中之人物亦正有若戏剧中之登台人物,时刻正在表演其技术。不过政治舞台上之人物与普通剧台上之人物有一不同之点,即后者之登台是为卖术,伶人决尽其所能,企图博得观众之欢乐而争取其金钱;至政客官僚之登场则全是自告奋勇,自愿与自动争夺上台之机会,以表演其心中之所怀,一则可以成名,再则可以致富,实一举而两得。至若伶人之登台表演至一幕完毕,即自动下台;而政治舞台上之人物,则念念留恋,舍不得下降,非至其政敌以强力之手段迫其退休,则绝不甘愿放手。幸而当今民主宪政规定官职任期有限,每至下届人选决定后,则须定期交代,而绝不许留恋。此种新作风亦即以示其与旧式之封建作风不同者也,盖在封建社会,凡在政治舞台上表演者,皆为个性至强,情绪至盛,而富有优越感之自私自利份子,绝对贪图功名富贵利禄,凡有利之处,绝对不让,以其所谓"一子受皇恩,全家食天禄",而自认登台为权利,下台为耻辱。其所谓顾念民生者,乃骗人之口号而已,一旦有机缘攀登政殿,即有若饿鬼之抢夺食物,一经到手,绝不肯放松,诚恐其将被他人抢夺之矣,所以非经其政敌之压迫,而绝不肯随手而让也。在一个愈动荡不安之社会,或封建社会,此种争夺之风愈盛,小而个人暗算,大而操动干戈,争城夺邑,杀人盈野,致使人人自危,人人有谈虎色变之说。中国社会向为动荡不安之局,自周秦以来,每乱时多,治时少,平均每三十年至五十年一小乱,百年一大乱;在政治舞台上表演之人物亦极不一致,份子亦极为复杂,但从大体上分析之,约有下列四种人:

　　(一)乱世之江湖等级,即草莽英雄,每起自绿林,自动招兵买马,以其敢死之勇,争城夺邑,本其胜者王,败者寇之理念,用其私有之雄兵,而争取天下。

　　(二)道家。在戎马之后,则有道家为之运筹划策,如何进兵,如何勾引敌人,如何攻其不备,如何以逸待劳,如何收服人心,凡此种种,皆为道家之一贯方策。及至天下暂安,则道家便利用其以退为进之手段,以无为而活之方式,进而得天下之大权矣。此为中国政治舞台上之第二种人,即所谓道家是也。

　　(三)儒家。至若第三种人,则为折衷派之儒家,一面劝导在位之江湖领袖及成功之君王,向其统治下之民众施仁施德,以图长治久安之局,而确保其世世相袭之河山;一面劝导民众,接受君王之仁德,盖其以江湖领袖,由戎马而得天下,民众之反抗不独无效,且有遭杀身之祸,故抵抗不如服从,服从且可以得享受王恩也。所以儒家之上施仁下承仁，乃成为中庸之道，历代帝王成其大业之后，必须采而用之，如礼下求贤，开科取士，宣抚灾黎等，均为儒家之作风，为中庸大道之实施也。

（四）法家。在中国政治舞台上，尚有第四种人，即主张严格律己律人之法家是也。法家之动态及其行事之理论，皆与欧洲大陆左右两翼之作风相似，盖法家之主张，上至君王，下至庶民，均以其狭隘之主观偏倾的命令式之法度为治国之本，与近代之民主法度，断然不同。其在学理上作主张者，有慎到及韩非诸人，在政治上实施演习者，则有管仲、商鞅、王安石，及其他近代之主张法治者；但在中国社会民权不发达，法家无用武之地，因中国地大物博，自古即感鞭长莫及之累矣。所以法家在中国政治舞台上，其成功者极少，其道不独不能行，且常遭失败或甚至杀身之祸，盖法家之行事，每雷厉风行，有过而不赦，复无训练之民众为之拥戴，故易受敌人之打击，结果怨声载道，民心离散，于是道家乃静观其变，乘虚而入，以其无为而治之方式，取而代之。此四种人在中国政治上，儒家之作风向为帝王所特别提倡而分布最广，但道家之势力最大，其在社会上之运用最切；然而在乱世得志者，则多为江湖阶级，至若法家之处世，则得意之时少，而失意之时多也。

友人尝问先生曰，在上述四派人之中，先生是赞同何派？先生曰，法家与江湖阶级皆为企图主张正义之人，其主观见解最强，故可名为正义派，其在文治方面，为主张人治式之主观法治，严格以律己律人，毫厘不让，凡事雷厉风行，有过必罚，有功必赏；其在武功方面，则以武力伸张其主观之正义，亦毫厘不让，宁可牺牲性命，而绝不放弃其自我之主张也。至若儒家则为安定残局，或企图统一天下之理论者，在乱世可以折衷，在盛世可以致治，但当儒家之术困穷之时则道家之术尚矣。所以道家乃为应付乱世，或王天下之士，以其出世之修养，而入世以作治世之企图，上以操纵君王，下以支配百姓。其所持以治世之术又名南面术，或黄老之学，盖其为王天下之奇术，而导源于黄帝与老子。其基本方策为慎重二字，以其不敢为天下先也。先生曰，中国民族之所以伟大，是其具有此四种人，在乱世有江湖阶级以其敢死之勇而争取天下，或维持天下，或保守山河，有若中流砥柱；在文治方面，尚有法家以其快刀斩乱麻之手段而处事雷厉风行；在乱世之后复有儒家出而企图收拾残局，及折衷天下之诸大问题，最后则有老成练达之道家为之运筹，以不争而争，以无为而治，作解决一切问题之方策，而夺取最后之胜利。所以先生谓在乱世愿为江湖阶级以敢死之勇而争正义，或致力于争取法治，或主张公道以杜绝一切贪赃枉法为非之不良分子；在大乱之后，敢以匹夫之勇，与强者折衷而图收拾残局，倘若儒家之作风不足以致治，则将采道家之风度以逸待劳，或弃重就轻，或静观其变，以收拾残局，俾作安定天下之计也云。此乃先生对中国政治理论之概要也。

（本章内容参照先生著《论政》，及《中国政治》等文）

卷四　先生对新中国建设之理想纲要

先生常谓人为动物之一，生而好动，动之适宜者，乃成幸运，为生存之成果；其失宜者，乃成危机，或为灭亡之预兆。人类个人之日常动作如是，其团体活动亦莫不然也。政治活动为人类至高无上之活动，其动之得当者为兴邦，其失当者为衰颓，或甚至丧邦。在人类史上不知有几许名例予吾人与教训，每以执政者因念之差，乃演成国破家亡之祸。即以我国近五十年来之史实证之，假如戊戌变政无袁世凯等为之捣鬼而侥幸成功，则满清皇室至今或仍将存在。又假如民国初年，袁世凯杨度之流不排演洪宪帝制，而致力于建造民国，则又何致有近三十年来啼笑皆非之内忧外患？所以先生每谓，兴家荡产，皆人为之也，兴邦丧邦亦人为之也，幸运与灾祸亦皆人为之也。岂有他哉？但历史事迹亦端非偶然，每造就一局势，或订立一制度，非尽心血，而尚未得其成；其破坏一局也，或消除一习也，亦每经年累月尚未见其效。罗马帝国之崩溃，历经五百年，其固有之体制仍然残存不毁。我国有清康熙以还，累经明令禁止妇女缠足，至今已愈三百年，而此种恶习之在北方，依然残存未已。所以历史上之兴革，一旦道入歧途，即将愈趋而愈远，而不堪回首矣。古人说，一失足成千古恨，即此之谓也。于是古今谋国者，必有先觉为之运筹，晚近更有智囊团为之划策，算无遗缺，行无过举，情安理得，处处慎重以防其误入歧途也，尤以所谓革新政治体制更需慎重，以免覆辙之难收也。我国自辛亥改元以还，即误于事先未有周至之方策为之实施，以致祸乱相寻，盖满清政府之衰弱，有若履上薄冰，由来已久，辛亥一役，仅为其宣布死刑而已。然大厦既倒，谋国诸贤，除国父中山先生于辛亥以后数年，历经反动势力之打击，始乃着手著述其建国方略与建国大纲外，其他诸人，则皆未有预谋为之善后，致使大局愈演愈非，而渐成无轨状态矣。所以先生常谓，中国晚近四十年来一切施政之朝令夕改，是皆因国政由于无轨道为之遵循所致；凡执政诸人当其未登台之先，绝不研究具体方策使国家趋向于齐一步伐上迈进，所谓不在其位不谋其政；及至其登台也，则临时动议，或各怀成见，敷衍了事，或换汤不换药，即作成绩。若遇有反动者登台，则更倒行逆施，先人十年建设，将以其一纸政令全部取消之，有甚于炮火之毒辣；至一般政论家则仅谓"政治不上轨道"即作了事，而亦毫无建议以矫正之。所以先生常谓，近三十余年来，中国之政治，根本即无轨道可遵循，而并非仅不上轨道而已也，盖若一国之政治有一定之轨道，而政治未能得随着轨道而行者,则吾人可使之上轨道,使中国过去之问题为无轨问题,而并非仅为上轨道问题也。所以先生谓欲近代化中国必须提出具体方案,供之忧心国事诸贤共同研究,俾作建国之规范,然后合群策群力使之随着轨道而行,则政治前途始可有希望也;先生着手著述此类方案已二十年于兹,最近拟再另出一书名为《建国纲要》,希冀补充国父中山先生著《建国方略》之遗漏,盖先生幼年时代在美洲曾追随国父多年,深知其思想之真谛。国父曾于民国初年着手著述《建国方略》,但自民国十一年陈炯明叛变后,除一部分经已出版者外,其余即被焚烧无遗。旋以国父病故,阙遗无从弥补,先生乃努力著述,希冀或有所补充之。下列数章,即为先生原稿中之一部分也。

据先生之意见,所谓新中国之建设,系要建造中国成为一个近代化的新国家,使之为民主民生的乐园,内而正义照彰,民生安定,外而万邦协和,世界大同,是为建国之完成,故建设新中国,应包含下列纲要,俾作规范,以资遵循而后可。

(一)消途地方偏见,发扬民族之积极精神与合理之社会动态。

(二)倡导匹夫之天职,培养个人与国家之自卫能力。

(三)提倡积极理论,运用民主新中庸大道。

(四)接受近代文化,建设民主法治国家。

(五)排除贪污,拥护人民利益。

(六)矫正人民之矛盾心理,肃正腐化思想,培养新政治道德。

(七)削平封建势力,推进地方自治。

(八)普及民众教育,督促封建分子改变其奢华生活。

(九)改造商业机构,开发经济富源。

(十)造成健全之农工商阶级,使其参与立法,及依法参与国家政治。

(十一)造成以劳资合作为中心之都市政治。

(十二)造成以农民为中心之农村政治。

(十三)积极调整近邻外交,铲除国内军阀淫威,倡导国际和平。

第二十一章 心理建设

先生谓欲就旧邦而重建新邦,至为困难,尤具有独特之固有政教与文化系统及历史悠久之中国,重建维新,绝非易事,而能于短期间内可以收效也。所以先生主张新中国之建设,应着重六个部门,即心理建设、社会建设、军事建设、政治建设、经济建设及国际建设,逐渐图之而后可。然而一切建设应从心理建设着手,而心理建设之基础,则为思想之改造,即心与物之了解,矛盾思想之矫正,新政治道德之培养及基本信念之育成是也。兹就先生心理建设之理想分段阐述之:

一、心与物之分析

先生谓思想为行为之动机,举凡一切与社会动态与动向,皆导源于思想,即人类之一切行为皆由思想而发动与支配,倘若某人对某事或某物不感兴趣,或认为不值得思虑,则其对之,必无若何举动;反之,倘若其感觉有趣,或值得探讨与参加,则其必将有所举动矣。所以人类之一切举止皆由思想而发动也云。

至于思想则是由于"心"与"物"之对照或互相反应而产生。所谓心,从其大体上言之,是(一)知悟或智力 intellect,(二)触感或感觉 feeling,与(三)意志 will power 之综合的表现。物则是心以外之一切现象,即心之所触感的对象,举凡宇宙之一切现象,连人的本身亦在内,皆为物之表现。物之综合体为环境之总名称,而具有(1)空间性,与(2)时间性。其空间性为现实之环境,为心之现实的对照;其时间性则为继往开来,无始无终,更不可中断之知觉的对象。所谓知悟,在其触物之过程中乃是智慧,包含心对物之识别与思虑。所谓感觉或触感则是由于心之触物所发生之情绪的表现,亦即心对物及其所发生之现象之庸浅的认识,或轻浮的反应。至所谓意志则为心在触物的过程中决定行止与动静之程序。凡人皆具有此三种心理之综合的表现,仅以人之各个个性不同,而各有成分或程度之略异耳。人类千百万年来,反复往还于此地球之上,其全部之历史,甚至其每个人之一举一动,皆是由于心之此三种要素对物或外界之所反应也。心与物在其接触之过程中,倘顺适得宜,即为适应,即为和平,为快乐,即所谓心平气和,亦即所谓生存是也;反之,倘其接触失宜,即为失当,或失体,则为违和,为反感,为痛苦,为怒气,为争斗,即所谓天时地利人和之相冲,终致行动之失常,而趋向于灭亡也。所以欲求宇宙万物之致和,必须使心与物之对照适度而后可。

心与物既互相对照,互相反应,是则二者是互相共存,互相调适。心若无物作其反应之对象,则将无以感觉,知觉既失,心焉何在?反之,物若无心为之触感,则物之存在将无以知悉。所以心之存在是由于物为感应,物之存在则端赖心为之知觉,二者不可缺一,缺一即不知其他之存在也。二者既是共赖生存,则其轻重是相等,绝不能重此而轻彼,更不应有唯物与唯心之区别也。所以,先生谓若作人类行为与史实之合理的解释,则必须心物并重,俾作客观之探讨而后可。

至若社会思想,则为人类自己互相感触而发生之动机或思念,亦即人类自身互相处境所发生之互相反应。此种反应是自然的,所以人类的社会思想亦是自然的。再宇宙万物是时刻变动,人类的思想亦遂时刻变动以图适应。如是人类在某一时代必有某一时代的思想或思潮,在某一区域有某一区域的社会思想或思潮。此乃由于其所处之环境随时随地变迁为之使然也。但人心是具有齐一性,宇宙万物则是具有一贯性,所以人类的思想,除因时因地之触感不同而有区别外,则仍有其一贯及齐一的共同思想,即哲学与科学上的真理是也。先生常谓人为万物之灵,其感应宇宙间及人类自身之社会所予之刺激,乃时刻自动思索以适应之,或自动自为地向前努力去造成一种积极的社会思想,时刻与环境调整而调适。此种积极思想之最终目的,是为使人人努力自强去改善其环境,去抵抗宇宙间之所谓天灾人祸,及排除社会上之恶劣势力,使天时地利人和得以互相配合,使社会上之恶化与腐化势力无由存在,然后人类始可以在此宇宙间得到永久的生存,在此紊乱的人群中得到有秩序而和衷共济的和平生活。

先生谓中国民族过去因累受其所处之环境的影响,尝受到无限的天灾人祸之打击,乃渐显现有若干疲倦衰老与消极的人生观。此种消极的思想,影响于社会之进步与人民之生活甚巨。吾人为使中国趋向于近代化,认为有矫正此种衰老的思想之必要,乃敢呼声改变中国人的社会思想,务使其少壮化、积极化,而恢复其原有之雄伟的作风而后可。

二、矛盾心理之矫正

先生常谓,中国社会有一个一贯的矛盾性,两三千年来,根深蒂固的支配着中国人之一举一动。此矛盾性为何?曰,中国之统治理论与人性本质之互相矛盾是也。人类经千数万年物竞天择之结果,乃造成其为生存欲至强,自私心至盛之动物。先生之所谓自私,从广义上解释,是包含人类之自爱、自尊、自荣、自夸、自耀、自功自利、自有自享,及其他一切为我之现象与举止。中国人为人类之一,当不能避免自私之思念与作风。我国古圣贤如老聃、庄周、孔丘、孟轲、墨翟、韩非诸人,及其宗派虽曾各本其理论企图有以矫正之,但收效甚微。如严厉之韩非及其法家之宗派主张赏罚分明;墨家主张人类应将其自私放大尺寸而兼爱天下;儒家主张天下为公,以中庸为行道之本,处事提防自私之小人,而重视宽厚之君子;道家则承认人类之绝对自私,尤以政治为假公济私之场面,参与者恒有遭杀身之祸,故智者不为;庄周之流乃躲避现实;老聃则更透视人类自私之弱点,知天下尚有可为,乃主张慎重从事,其外表也无为,其待人也虚伪,凡事以退为进,以虚为实,不露锋芒,不动声色,以提防人心莫测之埋伏或暗算。结果,儒、法、道、墨之理论同时并行于中国。但此种理论之本质每与人性及社会现状是互相矛盾,竟致造成中国社会两千年来之一贯的矛盾现象,盖人的本性是自私,贪生怕死,爱好功名富贵利禄美女,是其常情也。墨家要其兼爱,要使其割让其所爱好;儒家要其为公,要使其不偏不倚,为己为人,要使其礼让;法家要惩罚自私要严格的使人服从命令,使其循规蹈矩;拥有武力之暴君,则严禁异议,失言者弃市,倡乱者灭族。至若道家,则知人心为危,道心为微,乃退隐躲避,以防不测,或乘机侥幸,敷衍塞责,不求有功,只求无过,以图苟安,致使法律愈严,枉法者愈多;愈劝人兼爱,人愈暴敛;愈令人为公,人愈假公济私;对人管束愈严,而反动愈甚,阴谋愈险恶。历古圣贤非尽苦心,要使人人为公,而结果则人人仍是为私,甚至狡猾成性,处处乘机取巧,或躲避现实,以图实利,或保障其自我之安全。此非矛盾而谓何? 此种矛盾演变至今,乃造成中国社会之虚伪现状,人人口是心非,而以侥幸取巧,及作为或说谎为能事。所以西洋人每批评中国人为"不诚",谓其凡事缺乏诚意,甚至以整个中国及中国人之言行为一个"谜"Chinese Puzzle,凡事莫明其妙,似是而非,为不可靠之事体。然则中国人为何如是? 先生曰,此理至简,缘以中国数千年来为一治一乱之封建社会,时分时合,太平之时少,纷乱之时多,在乱世兵荒马乱,是非难分,司法无情,生命财产无由保障,偶尔失慎,轻而受辱,重而遭牢狱之灾,或杀身之祸,倘有含冤,只有敢怒而不敢言,勉强将就,遇有强迫之事,亦仅可阳奉阴违,以图苟安。其有志者则怀恨在心,牢骚满腹,一旦有机缘,即行暴发,突趋极端,上以对抗暴君,下而鱼肉里井,一倡百和,大局将无法收拾矣。其奸猾者,则利用权势趁火打劫、横征暴敛、中饱私囊、自作威福。于是众怒俞甚,恶劣情势,更无法应付矣。当是时也,其勇敢者将死于沟野,其懦弱者研求保身之术,以病从口入、祸从口出、多言惹祸、多行招忌。所以贤者寡言,智者不为。韩非商鞅之法虽严,暴君之政虽苛,孔墨之言虽美,而不若老庄保身之术为佳。所以法律愈严,而闪避法律之术愈奥妙。中国人生于斯,长于斯,深知以身试法,不若以计避法为尚。结果人人虚伪作假,以暴君爱护江山,野心者爱慕权势,冗吏爱好利禄,不若匹夫之自爱其生命财产之为上策也。盖个人之至诚,既无补益于实济,又何必多谈国事? 多论是非? 多露真情? 多示诚意,而惹人之不谅解,或遭不测之祸? 明哲保身,即此之谓也,亦即中国人之所以不真不诚,而成为一个谜之主要原因也,盖真诚可以惹祸,而虚伪或将可免祸也。此乃中国社会上一贯的矛盾性之所由起也。此种矛盾性之影响于中国社会甚巨,倘若人人待人接物缺乏诚意,则口是心非,人人离心离德,明争暗斗,各以智取胜,则社会合作至为困难矣。此亦时论者每批评中国人有若一盘散沙之原因也。

先生谓此种矛盾性是经过很长久时间而养成,今若图整理,亦当非一朝一夕可以奏效,而必须期之以渐而后可。然则调整之方为如何？先生曰,解放人性之拘束,使人人恢复其固有之天真烂漫的人性,不受强权之威胁,不怕有力者之拘束,凡事敢言而敢行,不生畏惧之念；遇有错误,尤得到法律之保障,而仅受合理与公平之制裁是。其解放之方法为何？先生曰,承认人类之自私性,而从自私之立场上调整其思想与社会关系是也。所谓承认人类之自私性,是承认每个人之特殊个性及其具有之生存权、居住权、生活权、财产权、行动权、享乐权、信仰权、言论权、研究权、思想权、著述权、出版权、集会权、自卫权、诉愿权、诉讼权、抗议权与政治活动权,应受法律之绝对保障,除受合理与同意之法令制裁外,绝对使其自由享受,而不得加以限制,务使人人恢复其固有之天真烂漫的人性,使其成为一个快乐的国民。如是,人民之举止即不独不受有力者之威胁,而尚得到法律之有效的保障,则又谁肯为伪作假？有冤何不直诉,有理何不直言？

上述之所谓合理的法令,依照先生之见解,乃是经合法之立法程序,即由人民依法投票选举代表集会,经三读决议通过而经合法政府公布施行之法令。至所谓同意,即是指法令虽经立法程序而生效,但每个人对该法令仍有抗议权及诉于法院请求解释或裁判之权,如是则每一个人对于国家法律与政治皆可伸示其自我之意见而作同意或异议之决定,而所谓"经多数通过"在法律上仍未得操纵少数人之行动也。晚近之所谓民主法治,亦不过如是而已云。

先生谓解放人性之拘束与推行宪政,是辅车相依,二者不可缺一,但解放与推行之大权,仍操在执国家大权者之手。当今行宪伊始,人民权利与义务均已规定在宪章,但宪章条文虽是美观,而一般官厅则仍一本其过去之封建作风,大权独揽,自摆排场,自订其复杂之行政手续,擅作威福,致使其经办之每一公案,必经年累月而尚未得了结。此种作风仍含有其中古式之封建形态,距离民主社会尚远,今后非加以改正,则宪政之推行,实有无限之困难也,盖宪章虽为完备,然而复杂之行政手续足以抵消之而有余矣。所以今后宪政之能否推行与夫人性之能否解放,端视执政者之是否具有决心以为断也。

今日之宪法有若富人向穷汉子开具之支票,使其向银行兑款,然而穷汉一看银行外表之庄严,实不敢进其门而问津,如是支票虽美,而持票者,则仍不敢向前兑现也。今日行宪之困难,乃因大多数之人民仍然是阿斗,实不敢接受政府所开具之支票——所允诺之宪法,假使其愿意接受,亦不会将其行使,所以开支票者还要教阿斗怎样去行使支票,怎样去提款而后可。如是,政府当前之急务,不独颁布宪法,如令人民如何遵守宪法即作了事,同时还要教他们怎样去享受宪法上所规定的权利与保障,盖在封建社会人民是无宪法的保障,同时也无权利之可言。其对任何法令亦无有敢抗议或敢违背者。所以在行宪之初,人民之守法是绝无问题,阻碍宪法之施行者,还是当家的执政诸君,因执政诸人恒拥有权势,在封建体制之下,习于发号施令,任意倒行逆施,亦无人敢向其非议,盖在此种制度之下,官僚仅有服从上峰,但官僚一向是蒙蔽上司的,即所谓瞒上不瞒下,自古有明训，而宪政政治，则要服从民众，官僚既仅能瞒上而不能瞒下，则其固有之伎俩，将于民主宪政制度之下丧失其效能矣。故一般官僚在宪政之初期，每仍本其过去之恶习，而阻碍宪政之推行，如自订种种繁杂之行政手续，或加以其他之刁难，使诸事无法顺利进行，即其例证。所以今后吾人倘若真有诚意推行宪政，则政府必须严格约束执政之人或持有特权之份子，严防其暗中作梗，而破坏宪政之精神；同时还要培养人民行宪之能力，使其逐渐养成监督政府与监督官僚之习惯，以防止政府及其执政之权贵份子之枉法为非瞒骗舞弊，务使人人自治，同时人人治人，即人人监督他人，免致任何个人有过为之举止，然后再由人人自治而推至家族自治，团体自治，地方自治，全国自治，而彻底取缔官僚之吏治。如是始可谓宪政之顺利进行，天真烂漫之人性得到合理之恢复也。但中国近两千年来，人民惯受苛政之压迫，除有极少数之人敢以身就义者外，其余之大多数皆为阿斗式之顺民，只知纳税，只知服从，只知遵命，凡事毫无异议，有冤亦不敢诉，免致触犯父母官之暴怒，而遭不测之祸。此种人随意任人支配，任人剥削，任人利用，为贪官污吏之理想的对象，为社会之负债，为国家之牺牲品。其处境实堪怜悯，其人数愈多，国家政治愈坏，以其无能自卫，致引诱贪官污吏之无度的为非作恶故也。所以有意救中国者，必选救此种无辜之人民，使其成为社会之资产，成为国家之中坚份子，而不再为贪官污吏之剥削的对象而后可，否则实无济于事也。而今后担负复兴中国之大任者，尤须真正怜悯民众之无知无能，肯以最大之决心与牺牲割让自己若干成分之"自私"以培养人民之自治与自卫能力，为人民解除痛苦，为社会除害，始克有济；倘其希望成就，则必须具有释迦牟尼之慈、基督耶稣之爱、孔丘之仁、孟轲之义、老聃之智，始能有成，否则徒有穆罕默德之勇，韩非、商鞅之法，或斯达林之党，是无济于事，而只有促进社会之矛盾与国家之紊乱而已。

兹归纳先生对矫正矛盾心理之要点如下：

（一）人类之天性是自私，但我国之社会政治环境及历代圣贤则否认自私之存在，而处处设法拘束此天性之发展，而拟以"公"字代替"私"字，结果乃造成中国人之虚伪作假的心理，凡事假公济私，致演成人人言行分离之一贯的矛盾现象。

（二）拥有权势者乃利用此矛盾现象而为非作恶，致上行下效，人人口是心非，以造成西洋人之所谓"中国之谜"。

（三）今若要打破此"谜"，或矫正此矛盾，则必须恢复人性之本来面目，使其天真烂漫的表现，凡是公是公，私是私，公私分明，而不可假公济私，凡事要真要诚，不可似是而非，致成一个"谜"字。

（四）若要解除封建式之法律的拘束，端赖宪政之推行，但推行宪政实有违背于一般执政者之私利，故最高之领袖虽或有诚意履行宪政之诺言，但在下者，则每感于其自身之利害关系而仍然不肯放手，致推行宪政殊非易事也。

（五）所以若要诚意推行宪政，则主持国家大政者必须下最大之决心，先将

"自己之私"打一个折扣,将自己之利害放松一手,同时严格地约束执行政令之官僚与拥有特权之份子,免致其从中作梗,而破坏宪政之精神。

(六)中国人民既经两三千年苛政之压迫而造成其阳奉阴违之心理与阿斗式之顺从,今若推行宪政以矫正此种错误,则为政者若仅以穆罕默德之勇,韩非商鞅之法或斯达林之党,是无济于事,而必须具有释迦牟尼之慈,基督耶稣之爱,孔丘之仁,孟轲之义,与老聃之智,真心诚意进行教民,育民,导民,卫民,使其天真烂漫的人性得以恢复而后可。但开放政权与解放人性于执政者之利害是有冲突,而具有矛盾性的,历代帝皇知之最切,乃常采"民可使由之而不可使知之"之策,以防止人民之口舌有若防止洪水之为患然。当今多数之执政者亦深知推行宪政于其自身有所不利,而不甘心使之顺利进行,所以决心拥护宪政之其他执政者应具有最大之决心,自己忍痛,甘受委屈,不独还政于民,同时还要忍痛培养人民来监督自己。夫如是,宪政之大业始可以逐渐完成也云。

三、新政治道德之培养

先生谓合理之社会动态为社会进步之基础,失宜之动态为致乱之源。我国自辛亥改元以还,名为民国,其实仍为封建体制,政局演变,每事与愿违。此非国情之不适合,实因国人之政治动态及动向与时代环境之失调,一贯之矛盾心理尚未打破,与新政治道德之尚未培养成熟所致,盖在民权制度之下,凡政治问题,均依多数人民之意思以投票取决之。至民意则以舆论为转移,但舆论之倾向,则又以政治道德为标准,无论选民或政治家,均具有相当之修养,其对政治之动向,以何去何从,亦有相当之认识,故均能熔群智群力于一炉,蔚为国是。反观我国,则党见参差,矛盾百出,彼此争持,每演为流血惨剧,但流血之后,矛盾复现,故态复萌,一如往昔;过去之军阀争斗,士大夫之暗中阴谋即其显例。所以民治之运用,不仅在于启发民智,而尚须培养近代化之政治道德,及打破我国固有之一贯的矛盾心理,即企划"适宜"之社会政治动态与动向,方能有成也。兹将先生对于政治道德之理论略举数点于下:

(一)尊重他人之意旨。先生谓言论自由,为民治之基础。英美法治国家,无论任何党派,皆可于十字街头自由演说,以图博取多数人之同情,官厅任其自由而不加干涉,且绝不挟任何私见,而出于感情用事,或任意阻挠他人发言,或紊乱听众之秩序。至人民之态度,则只有对事,而绝无对人之作用;故在政治上,鲜有发生仇怨关系,其民意如此,故能协调舆情,而步入政治常轨。此先生之所以主张培养尊重他人意旨之美德者也云。

(二)予政敌以活动之机会。先生谓民治国家,每由人民选举长官,凡候补人员,均涵养有素,其对选举之胜败,毫无成见,当竞选伊始,彼此发表政见,辩论激昂,互不相让,迨至事毕,双方握手言欢,谈笑自若,成功者固得诸众之爱戴而执政,失败者亦得到获选者之安慰,而彼此致贺。此种穆穆有容之襟度,实令人叹服。至其施政之程序，则依其当选以前所标榜之主张或政纲而行；其在朝之党则励精图治，力避反对党之攻击；而在野之党，则立于监督之地位，凡事求全责备，不遗余力，双方摩擦竞争，而政治乃日有起色；且在朝之党一面固然致力于维持自己之权势，同时亦顾全反对党之地位，而网罗其份子参与政要，俾其有活动之机会，而不致奔驰极端，或有铤而走险之虞。此种美德，应为吾人所采仿者也。

（三）扶养人民之责任心。先生谓民权政治，乃发动于人民之自动力，故人民必须有自动之责任心，始能有成。自动云者，即自律自治，不需他人管束之谓。近代政治，不贵有超群绝伦之领袖为之指示，或严酷之法律为之取缔，而在有优秀健全勇敢负责之民众肯努力协助政府；若政府有过失，人民敢起而质问，使其矫正。民众如此齐心协力，自动担负责任，则其政治自当修明矣。反之，倘若执政者遇事推诿，敷衍了事，甚至失败，仍不肯负责，而复怙权恋栈，民众亦不敢持异议，则其国事终至没落，而无可救药矣云。此所以先生主张扶植人民之责任心也。

（四）培养国民顾全大体之心理。先生谓人性奸巧，有时政局演变，事出意外，是时法律失效，其所以能临时维持秩序者，仅靠人民顾全大体之心理而已。所谓顾全大体云者，乃指国家或社会遇有危难之时，法律虽失其效力，然而人民仍各本其天良，自行约束，而不作更进一步之破坏，使局势无法收拾者而言也。在此顾全大体心理之下，凡事虽有利于己，但同时有害于众者，则绝对不为；反之，倘事有利于国者，虽于己有害，亦自愿牺牲；倘于己无害者，则更宜勇往直前，宁甘殉义，亦不为强权所屈服，是即近代化国民顾全大体之政治道德，亦即所谓民族应有之意识。此先生之素所钦佩而常广加提倡者也。

（五）扶植勇公怯私之精神。先生谓近代化国家之人民，均有勇于公战，怯于私斗之精神，且彼此鼓舞，以养成此种国民性为美德。故其人民皆孜孜焉向外发展，而以内争为耻辱，一旦国家对外发生战事，不论本国之是非如何，绝对拥护之；在大战之前，国民虽或各持异议，激烈争论，但方针既定，即认为国是，绝对服从，事前之曾作反对者，亦立即放弃成见，持枪向前杀敌，以死于疆场为光荣，怯懦贪生为耻辱矣。此种勇公而牺牲之精神，近于我国古代之所谓行侠好义，除勇于为国之外，倘遇有其他不平之事，亦敢为天下先而首发于难。此种善良风气，与国人"各人自扫门前雪"，"秦人视越人之肥瘠"之风，完全相反，故吾人不得不起而提倡之也云。先生谓倘若我国之新政治道德未经养成，则一切新政治建设均将无从着手，盖即使有勇敢之士肯努力前进，若心为国，而一般反动势力将致力于使其埋没也云。

四、基本信念之育成

先生常谓今日之谋国者，每谓我国今日之大难当为外患，而我则独谓其为内忧，盖我国自十九世纪中业以还，为时代所趋，政治思潮乃突然分为两派，一为企图适应时代之维新派,二为策划复古之反动派,维新派固然急进,而反动派则大权在握,每将急进派之企图加以打击,或甚至摧残。所以洪杨革命失败,曾左维新失败,康梁维新失败,辛亥革命失败,国民革命失败,其他一切新思潮与新政治运动,亦曾经一一失败,但其致败之原因,无一而非反动势力所摧残者。此种复古之反动思潮,倘不加以彻底之调整,则中国政治将永无澄清之一日也。即以今日之所谓外患而论,其起初亦无一而非由若辈反动派因不谙近代世界思潮之所惹起者。吾人相信中国今日之积弱实由于若辈固执成见,使一切人事均背道而驰所致,盖一百五十年前,西欧新兴文化未盛,其时西人之一切日常生活仍具古色古香,与我国民生无甚大差异,牛车帆船仍为其主要交通工具,苛捐杂税仍一如我国一般军阀之无理征收,封建制度依然存在;其时之王侯贵族亦一如我国之军阀官僚,威风赫赫;其所剥削之民脂民膏,浪费无度,而日以酒色为伍。然近百余年以来,西欧各国文化已逐渐机械化,封建之制业已捣废,而挟其新机械以东渐。国人既无应付之方,乃仍故步自封,一如往昔,认原古为黄金时代,为逃避现实,乃提倡复古。此种错误,既陷国家于危亡之途,是为吾人所根本反对者,盖救亡之道在于前进,而不是后退,在于积极而不是消极,在于近代而不是复古,在于适应,而不是逃避。吾人相信黄金时代不是在过去,而是在未来,且任何文化均为全人类之共同产业,而绝非某一民族之特有物,故吾人绝对不相信文化有东西之分,而只有全人类之共同文化而已。西洋人所发明之机关枪大炮,东洋人亦可用之以图存,中国人所发明之指南针,西洋人亦可用之以航空航海。故吾人主张维新是为图生存,采用新机械是适应时代,而不是投降,不是破坏国粹,惟有复古乃是灭亡之道而已。所以中国当前之大问题,是如何近代化中国,而不是如何复古。然而欲近代化中国,则非彻底矫正复古思想不可。

思想既为行动之基础,而信念又为行动思想之主干,所以欲图改造社会,必先造成健全之基本信念而后可。至于育成基本信念之内容,先生认为必须包含下列数点:

(一)要造成人人有自信力,自认为万物之灵,有自造命运之天职,有改造环境之能力,凡事敢为天下先,敢作创议创举,遇有不平之事,敢说公道话,遇有残暴之局,敢打破现状,遇有害群之马,敢为诸众抱打不平,以达为民除害之目的。

(二)要造成人人自命不凡,自信负有救世救人之使命,持有为善为美之理念,做事只有前进而不后退之美德。

(三)要造成人人自信人性齐一,人类精神一致,世界文化只有一体之理念,凡中外文化,均可融长芟短,慎重采用,以挽救时艰。

(四)要造成人人具有牺牲之精神,凡事肯牺牲成见,不计小节,遇有纠纷,仅图原则之解决,而不作枝节之苟求,但见义勇为,肯以力争,以身试法(每遇新法案成立后,敢故意违背之以刺激司法之活跃而裁定法律自身之效力,故名为以身试法。此为民主国家之作风,为我国过去之封建社会所无者。)以身就义,或以身殉法。

（五）要造成人人具有自救救人之思想，视死如归，不怕强权，不怕淫威，依理伸张公私权利，依法求人事之平衡，努力伸张国家之威信。

（六）要造成人人有去暴安良之心理，肯合群策群力以排除社会上之恶劣份子，凡贪官污吏，土豪劣绅，流氓地痞土匪均在肃清之列；贪污枉法之辈，应鸣鼓而攻之。

（七）要造成人人有责任心，使人人肯为责任而牺牲，肯为责任而死。

（八）要造成人人肯与坏人作对之心理，务使损人利己之辈就范于多数人之中心理论，而铲除其劣迹。

（九）要造成人人有不盲从不妄动之心思，拥护开明的领袖，服从合理之指导，凡假公济私及行为失检之假领袖，应共起制裁之。

（十）要造成人人敢创设立法，肯奉公守法，肯为政府作后盾之心理，凡合理之政令，人人应协力推行，作国家之义勇，作民众之保镖，作政府之义务警察，凡违反既定指导理论者，应共起荡平之。

（十一）要造成人人有仁者之德风，凡事肯助人，遇人有难，不论亲疏远近，应一视同仁，积极援助之，以尽为人之道，而得到人类互助之幸福。

（十二）要造成人人具有"真"与"诚"之处世态度，俾作抵消士大夫之"虚伪"作风，及其口是心非之处世哲学，而破除中国社会一贯之真伪的矛盾的心理。

（十三）要造成人人有拥护善人之决心，倘遇有坏人敢损害善人者，应人人共起扫平之，务使坏人绝迹，善人得以安居。

先生以为如是，坏人始可以受统治，人民始可以为公之心理，近代化国家之使命始可以完成，近代制度始可以适用，然后一切近代主义方可采用进行无阻也云。

（本章内容参照先生著《近代化国家之特征》一文，及《风纪集》一书）

第二十二章 社会建设

为求社会动态之平衡,人事之安定,及国家之进步,必须使国民生活有恒,道德风化有律,宗教信仰齐一而后可。我国向为农业国家,一旦水旱失调,或人口增加,则失业者渐众,流氓土匪日增,致社会动荡不定,国家纲纪失常,人民流离失所,当道失措,而造成治乱循环不已之局势。所以中国历史平均每经三十年至五十年即有一小乱,五十年至一百年一大乱,百年至两三百年一朝代之更替;考其原因,无一而非由于民生之失调所致。且其人民生活失调之程度愈高,其政治突变之机会愈多,卒至有急转直下之新陈代谢作用,倘若当道之士大夫仍有杀鸡之能,而尚可有以善其后者,则其仍或可以其残威荡平乱局,否则即将灭亡矣。加以大多数之人民因未尝受教育,而易受邪说之煽惑,于是大乱一起,即有如燎原之火,一发而不可收矣。今为图社会国家之安宁,必须人民肃正思想,安定社会动态,齐一风化,如是始可以谈复兴国家,而发扬民族精神也。所以先生对于社会建设认为必先推行各种社会运动,再而调整社会行政机构,整顿教育方针,实施卫生政策,解决社会问题,始可有成也。兹将先生之社会建设程序分列于下。

一、社会运动之推行

据先生之见解,政治既是由于人群之综合的动力而作出之集体的"动态",是则欲变更此种动态,必须改变支配此种动态的社会思想,及人民之生活习惯始得奏效。如今欲改变中国人之政治作风,亦必须从改变社会思想做起。所以先生谓欲改造中国社会政治,必先调整中国人之社会思想,即先推行改造思想之若干社会运动,再而进行心理建设,改造其政治道德,矫正其矛盾的言行,育成其改造社会的基本理念,再进而改造其生活状况,然后其政治改造始可以有把握也,盖思想为行动之基础,生活为思想之表现,倘若思想与生活不能改变,则政治实无从改进也。关于中国人思想之改造已另他详(见第二十一章"心理建设")。至于改造中国人之生活状况,则必须铲除其士大夫阶级之浪费生活,消灭其对封建残存之摆架子及讲排场等之不合理生活,盖其士大夫阶级之浪费与排场为中古以前残存之封建王侯生活方式;然而封建王侯有其食邑为之靠山,今之士大夫则每白衣起家,以布衣之平民而过王侯之生活,是则其服务社会国家,必贪必污,可无疑也。所以先生谓,中国今日之一切恶劣现象,皆由于官僚军阀之贪污,军阀官僚之贪污,是由于其生活之浪费,其生活之浪费,是由于其摆架子,讲排场,不事生产,而仿效中古式之封建王侯生活所致。中国为当今经济落伍之国,一切生产均落人之后,而人民负担官污吏之浪费,则比较任何国家尤重。所以士大夫阶级之生活不改变,则中国之新政治绝非推进之可能也。但若推行新政,则此辈贪污分子将无法以存在,故其非以死力阻碍新政之推动不可。此为反动派存在之唯一原因也。所以先生谓欲改变中国人之生活与思想,必先推行下列之各种社会运动,造成社会上一贯之反贪污及反封建舆论始克有济也云。

兹录先生主张之理论于下:

(一)于最短期间内推行全民识字运动,作为民权初步,使全体人民渐知国家大势,认识士大夫之贪赃枉法于人民有害。

(二)推行新文化运动,以世界文化作中心,促进国际文化交流,俾作重建我国中心思想之基础。

(三)促进新文艺运动,创设新文艺,专以攻击封建残余与士大夫军阀之枉法为非,及暴露贪官污吏之劣迹为目的,而促进新中国之建设。

(四)推行新生活运动,即奖励合理的新生活,取缔不合理的旧生活,如厉行禁烟、禁酒、禁赌等运动,及推行新社交运动、新宗教运动、新戏剧运动、游艺运动、体育运动、音乐运动、各种比赛运动、农工商业出品展览及比赛运动等,以铲除封建生活,消灭摆架子、摆排场等作风,而造成健康及健全的新国民,俾作建设新中国之基础。

(五)促进新国民运动,提倡人民组织种种民众团体,作拥护正义之后援,以图保障民众自身之利益,改正社会上之一切恶习,及扫除贪污,俾新政得以施行无阻。

(六)促进新政治运动,提倡人民集会结社,参与政治活动,以扫除社会上一切操纵把持,营私舞弊之劣迹,而促进中国之近代化。

(七)促进学生运动作思想运动之中心,盖学生为明白之社会领导者,若图改进一代之思想必须从学生着手,使其先行接受之,然后传播于社会民众而后可。

(八)促进妇女运动。先生谓一国之妇女占其全部人口之半数,一国政治之善良与否,其妇女实负一半之责任。我国女子教育不发达,一般妇女无智无识,既无服务社会国家之能力,复无职业以栖身,晚近更因海洋交通之影响而染受种种时病,致生活浪费无度,小而破家荡产,大而劳民伤财,甚至国破家亡而未已。所以今后欲改造中国必须推行妇女运动,促进妇女教育,督率妇女觉悟,以改变其虚荣心理,务使其理解正常的人生之义务而协力于近代化国家之建设而后可。

(九)推行农民运动。先生谓中国为农业国家,其人口百分之八十五以上皆为农民,此种农民向为封建势力剥削之对象,盖因其无智无识,又无组织及无领袖之指导,于是任由封建王侯剥削,而成俎上肉矣。若以人民各按其收益所得之比例作赋税之负担,则是以农民为最重,而农民平均每人每年之收入则又为中国任何阶级之最低额数。所以今后欲图救中国或建设新中国,必须唤起农民之觉悟,首重保障其自身之利益,再而逐渐领导其参与国家之立法而推行近代政治,盖若农民一旦觉悟,则必将有所自卫,使一般封建王侯及其主使之贪官污吏无所施其伎俩,而政治自然澄清矣。此乃农民运动之重要性也。

(十)促进工人运动。先生谓我国新式工业,当今方始萌芽,故具有新技术之工人甚少。今日之所谓工作,仅为一般目不识丁之苦力,大多数来自田间,为农村中之过剩人口,既无恒产复无一技之长,故仅凭其劳力之贱售以搏一饱。太平年月当不致饿死,一旦遇有天灾人祸,则除集众行险外,绝无侥幸之可能也。此辈在盛世为苦力,在乱世为盗为匪为兵,初而打家劫舍,继而争城夺邑,本其胜者王败者寇之理念而图侥幸,以其敢死之勇而争取天下之大权。万一侥幸而成功者,则大权在握,无所不为,国家政治何堪设想?所以先生主张推行工人运动而改正工人思想,一面造就其为近代化之国民,使其逐渐团结参与国家之立法而改善其自身之生活,同时免致被人利用而危害国家之生存。如是则封建残余将无所凭藉而自行崩溃矣云。

(十一)促进国家建军及废藩运动(内容参照第二十三章"军事建设")。

二、社会行政机构之调整

先生谓一国之安危,常赖其社会内部之是否和谐以为断,而社会之和谐,则又以其内部各个份子相处之是否互相适宜为基准。为求达到此和谐与适宜之目的,则必须厉行社会建设,以作途径。而社会建设,除推行社会运动外,当首重社会行政机构之调整,一则以推动社会事业而领导民众,再则合并或裁撤重复机构,而集中事权,俾便于行政。所以先生主张社会行政机构应有如下之改组:

(一)取消现有之内政部,而将其管辖之业务改隶于社会部,其理由如下:

1. 地方自治既相继实施,是则关于地方行政之一切事宜,如地方行政经费,官吏任免,及成绩考核等职务,均应行取消而由地方自办。其有关选举事宜,应划归政党以竞选方式办理之。

2. 关于征兵及警务事宜,应划归国防部会同各级地方政府办理之。

3. 关于户籍事项,应划归社会部统计司办理之。

4. 取消其他类似之重复的行政机构,而将其余之业务,附设于社会部,或直隶于行政院办理之。

(二)内政部原有之民政司职权既经减少,是则其应与礼俗司合并,改为社会部之社会司,专筹划及掌辖下列事项:

1. 致力救灾救贫使城郭无饥馑,郊野无灾难。

2. 提倡风化道德,使人民举止有度。

3. 维护宗教,使人民精神有所寄托。

4. 改良婚丧仪式,使人民习俗俭朴化。

5. 提倡国民合作,使国民经济有所调节。

6. 举办社会保险,使人民在失业,疾病,残老状态之下,不受贫困之压迫。

7. 统核及筹设各省县市政府所属之公私立职业介绍所,务使其一元化,以期调剂全国之失业人员。

8. 统核文化事业,以期促进社会进步。

9. 督导社会运动,俾作社会改造之基础。

10. 社会部之劳工局应与经济部及其他有关之部门合作设立调剂劳资纷争机关,以期保护劳工。

11. 各省民政厅应改为社会厅,各县加设社会局与市之社会局同为管辖地方社会事业之行政机关,其职权如下:

(1) 管辖育婴院、救济院、孤儿院、托儿所、感化院、惩戒院、贫民院、养老院、救生院、敬节党、济良所、犯人拘留所、监狱、贫民工厂、贫民习艺厂、贫民借本处、职业介绍所、失业及灾民收容所、公墓、浮桥、渡船、路灯等公所、民众教育馆、民众报馆、民众法律指导所、公园、民乐园、游艺园、宣讲所及教堂等。

(2) 筹设义仓或公共仓库,俾作储积食粮以备救灾。

(3) 筹设各种社会中心事业,由各地方政府就地设立社会中心区域及提倡社会中心事业,如社交堂、社会服务处等以培养人民之团结精神。

(三) 社会部应设统计司,专管辖全国人口统计及其他社会统计事宜。

三、教育方针之矫正

先生常谓综观今日国内形势,每感现象非常恶劣,而鲜有令人满意者,至其致此之由,则论者每因人而异,其归咎于国人之劣根性者,大有人在。但先生以为中国民族与其他民族相比,不独本质无异,而其优秀之美德,善良之风化,待人接物之技巧,处事之灵活,智慧能力之高尚,实有超乎其他民族之上者,诚如是,其所以致中国于今日不幸之现象者究何所在?先生曰,实因我国传统教育思想之错误,而影响于人生处世之态度,及国民经济之无由发展而已。

先生谓中国传统之教育目的是为造就士大夫,而士大夫之最大希望是为做官僚。此种思想在中国,凡与历史同源。青年人求学,向以升官发财为目的,盖其入学唯一之志愿,是为希望参加国家之试典,一旦有所成就,终身之生活问题立可解决,正所谓"一子受皇恩,全家食天禄",不胜荣幸之至。万一应试而不及格,则仍可横行乡井,充任缙绅,鱼肉乡民。其再次焉者,则可涉猎一二医药方录,悬壶问世,自称皇汉医师;或参阅一二卜筮之书,为人预测未来祸福存亡吉凶之兆,而自命为神灵天师。至读书人中之最末流者,则仍可为商,盖其虽为一般士大夫所鄙视为奸商,但其一旦财气兴旺而富者,亦可以买官捐爵,以过其准士大夫之官僚瘾也。

然则身为士大夫者究有何荣幸？先生曰,富贵是也。富贵因何而得？曰:教育为之使然耳,岂有他哉？盖教育之目的为培养士大夫,而士大夫则又必须具备其特有之"格局",特有之"场面",以显示其富贵之荣幸与可贵。此种富贵之"场面"是具有下列条件:(1) 不操劳役,不作粗鲁工作;(2) 要斯文尔雅,文质彬彬;(3) 衣必轻裘适体,指必留甲;(4) 行动威仪,要排场,要摆架子;(5) 出入需人侍候,车马具备;(6) 居宅必须阔大,陈设务求精致;(7) 婢妾成行,装饰入时;(8) 待人虚伪,做事不负责任;(9) 发言高谈阔论,隐恶而扬善;(10) 暇时以诗书画酒琴棋作取乐。凡此种种,皆为不生产之事态,同时消耗巨额金钱始得以支持。由此可知士大夫之不事生产,与浪费之无度矣。然而士大夫阶级又为中国之统治者,于是一旦有执政之机缘,则非贪污与榨取民脂民膏以资其浪费不可。但士大夫求学之目的既在求取功名富贵,是则社会上多一个读者者,即将多一个高度的消费份子,同时亦多一个剥削民脂民膏的候补人,如是则读书人愈多,候补官僚愈众,社会经济愈贫困,而国家愈乱矣。所以历代执政者,其自身虽为士大夫,然而对教育则每敷衍了事,以其提倡教育,多办学校,将多培养游手好闲之候补官僚,结果必致加重人民负担,而将影响于社会之安危矣。

先生又谓,士大夫既专心致意于升官发财,是则宦途日益狭隘,竞争激烈,"奔门子","讲情面","倚靠山",等恶习相继养成;假有机缘补充空缺,则亦只有怀着五日京兆之念,感于朝不保夕,而致力于营私舞弊,举凡枉法为非之事,无不专心致意进行,俾作致富之捷径。所以贪污,是中国教育必然之结果。

先生再谓,设若一个国家之知识分子,皆致力于高度的浪费生活,同时不事生产,而且利用其权势与职权剥削其他生产者,则该国家将非乱不可。中国今日之现状,实皆由数千年来教育宗旨之错误,而养成游手好闲之士大夫阶级所使然,盖一般有知识之士大夫皆不事生产,而反致力于剥削他人,是则一般农工商人,既不学无术,乃缺乏领导者为其策划如何增加生产,及改善其自身之生活矣。此外诸农工商阶级复被一般士大夫利用种种手段榨取其劳力之所得,于是上下交征利,乃演成中国今日啼笑皆非之局矣。所以先生谓欲图中国今后之复兴,必须矫正已往教育思想之错误而后可。兹就先生对中国教育之调整方策分列于下:

（一）教育不应着重于英雄主义之提倡或以培养士大夫或候补官僚为目的;而应以个性之自由发展,健全人格之修养,体质之锻炼,独立判断能力与服务精神及正义感之育成为宗旨,俾资矫正一般人过去之封建思想,以期促进我国近代化国家之使命而后可。

（二）实施生活教育,酌量递减特殊教育,全国就各地方情形,广设职业学校,以增加民众寔利教育,而增进人民之生产能力,并同时实行配合人才之产量,务使教育职业化,而与社会之需要互相平衡。

（三）奖励学术。

1. 充实文教经费,保障学术研究之自由,对社会科学与自然科学应加以同等之重视。

2. 凡与教育有关之文化事业及从事教育文化之人员,均应予奖励;其有特别著作或发明者,除保障其著作版权许予专利外,并应予以褒扬之。

3. 提高教育文化界人员之待遇,并实行按年晋级增薪,及给予养老金制度。

(四)广设民众学校以推行民众义务教育,在可能范围内,强迫实行,并规定推动计划,由省县市着手,限于若干年内普及民众教育,以免国民程度发展之不平衡。

(五)为实行教育普及起见,应先推行下列二项运动:

1. 全民识字运动,务使全国人民于若干年内根绝文盲。

2. 简字运动,包括注意字母,国音罗马字母,简体字等,俾作简易教育之基础。

(六)中央教育部应与全国各地教育厅社会厅社会局联合设立教育人才之介绍机关,以备集中及分配全国之教学人才。

(七)改良学制。

1. 废除文凭入学制度,凡具有同等学力之人均可投考任何学校,务使人人有受教育之均等机会。

2. 充实学校公民课程。

3. 提倡天才教育,由高小以上一律采用学分制,以缩短学校教育年限,凡学分满足者均应准予毕业。

4. 减少学校假期,以缩短学校教育年限。

5. 奖励学生团体生活,俾作社会共同生活之基础。

6. 奖励私立学校以济公立学校之穷。

7. 提倡补习学校以补助正规学校之不足。

8. 统一中小学以下教科书,以资划一教育宗旨。

9. 广设奖学基金,及免费学额,以期拔萃天才。

10. 调整国外留学办法,并奖励优秀学生出洋留学。

11. 切实施行实际教育,务使学校与社会衔接,如以职业学校及补习学校教育代替现有之商店学徒制度即其一例。

(八)为使全国教育平均发展起见,各地学校应以人口之密度及地方需要为标准分别设立之;每省及每特别市最低限度应各设立一完全之大学,其省份之较大者应各设立大学若干校;中央则应设立规模宏大之大学研究院若干所,以吸收各省市及私立大学之优秀毕业生,而期造就多量之专门学者。

(九)随时随地举行教育界座谈会,以期交换知识,而振兴学术之研究。

(十)为图教育之有系统的发展,教育行政机关应进行下列事项:

1. 强化师范教育,养成健全师资,俾作普及教育之基础。

2. 强化各地教育会,俾作领导教育之辅佐机关。

3. 各省县市应实施教育视导制度,俾便联络而资指导。

(十一)实施社会教育及严格之军事训练以养成国民奉公守法之美德。

四、卫生政策之实施

先生常谓,西洋人每以中国为东亚病夫,其含义有二:一为我国势之不振;二为我民族之衰弱,人民生活困难,营养不足,百病丛生,每年死亡率至巨。此中情状,国势不振,原因固多,然而疾病死亡率之由于人民之不请求卫生者亦当为其主因之一,故今后为图全民族之健康,非实施国民卫生政策不可,其办法如下:

(一)为求人民健康及卫生之保障,中央应设立卫生部,省设卫生厅,县市设卫生局,以作一贯系统之卫生设计,宣传,指导,教育,统计,及行政机关。

(二)中小学校应特别提倡卫生教育,每省及每特别市应分别设立医药学校,中央设立医药研究院,以期造就医药专门人才。

(三)各省县市应广设公立医院,卫生诊疗所,妓女检验所,奖励私立医院及医药研究所。

(四)奖励人民成立国药原料制造公司,每省最低限度成立一制药公司,以提倡国料药品。

(五)整理医药,严格取缔庸医及伪造成药之制售。

(六)集中医学人才,传授节育知识及充实防疫与卫生设施,俾作减低人口死亡率之准备。

(七)奖励青少年学生野外作业,以期锻炼健强之体格。

(八)每年举行若干卫生宣传周,作高度之卫生宣传,而防止传染病之蔓延。

(九)厉行严厉禁烟禁毒运动以期保护人民之健康。

五、民众之把握

先生谓国家之致治,端赖人民与政府之团结,而人民与政府之团结,则当视政府之如何把握民众以为断。然而把握民众,则贵在组织,若由各地方官署领导提倡,将民众各按区域加强组织,使其上下一致,与政府联成一体,中央政令得于最短期间内直达于任何里坊乡区,俾便人民理解政府应付时限之苦衷,与维护人民之至意,则民众必将全体拥护而无疑矣。

然而组织民众,徒尚空言,于事无补,只有增加其烦扰而已,盖国人所组织之团体,每于其成立之日即同时宣告寿终正寝,缘以一般参与之人,以后极少再闻问其是否兴废,以其只有三分钟之热度,过时即行消灭矣。此乃因人类经千数万物竞天择及自然淘汰之结果,而造成其好利自私之心,凡有利可图之事,皆趋之若鹜,其无利或有所损之事,则避之三舍,以人类团结是理想,自私是事实。凡有利于己之团体,虽经至大之困难亦要求参加,倘若只是为尽义务,或按时尚须向会中捐助若干经费,则此种结合必将于最短期间内寿终正寝矣。

往昔梁山泊一百零八将聚集人马数万之众,晚近军阀匪徒招兵买马,每集合人畜数十万,俨成乌合之众,争城夺邑,破坏国家,损毁建设,如此庞大之组织为何不自行瓦解,而必须动员全国兵马而尚未得其平服?此无他,梁山泊英雄,军阀匪徒等号召喽啰之办法,不外诱之以利而已。凡曾读水浒传者皆知悉加入梁山泊之英雄,均以口袋分金。新旧军阀之号召其部下亦不外放任其随意勒索民脂民膏,或持斗争与清算他人财产为手段,凡参加斗争者皆可分得土地钱财谷物,故其破坏国计民生之能力愈大者,其所得之实惠愈厚。无怪乎匪群之愈聚而愈众也。

当今建国伊始,组织民众,至为重要,但为使民众组织坚固,信赖至诚,亦必须着重在"利"字,始克有济也。所谓利,并非政府与民争利,更非政府贪图人民之利,而是以利领导人民作组织工作——为人民谋福利,凡参与组织者,皆可得到其应得之利益,即提倡以地方合作社为一切社会组织之中心是也。

查合作社之种类甚多,其主要者为消费与生产二种。所谓消费合作云者,乃集合社员之财力购买多量之廉值物品配售于社员,使每一个社员均得到其廉价之购买利益。至所谓生产合作云者,乃集合同业之人采一致有利之行动,凡募集资本,购买机器原料,推销成品,规定行市等,皆采一致步骤,倘若资本缺乏,则由社中出名向银行商借,以便购置,俟货品销售后归还之,如是,凡参与之社员,均可得到其应得之利益,人人乐意参加,而政府即可藉此以把握民心矣。诚如是,则政府领导人民组织任何其他团体,或指示其做任何工作,人民将莫有不信仰而拥护者矣。兹就先生对把握民众办法分列于下:

(一)本办法系一种试办性质,可先由某一都市作试验区域,由市政府提倡试办之,俟其试验有成后,再逐渐推行于全国。

(二)为推行便利计,可由市政府附设民众组织指导委员会作为发动之机构。

(三)民众组导委员会由市政府约请专家及有关系之地方官署及各自治区首领组织之;委员不支薪金,但于必要时得支车马费。

(四)该委员会之工作为协助市府企划,训练,指导与考核民众组织事宜,其内部工作于必要时分四组进行之:

1. 企划组——计划一切有阅民众组织方案,供给市府作参考。

2. 训练组——成立短期干部训练班,轮流调市内各保甲或里坊长,城郊各村长及市内各行公会职员等来班作两星期之训练,而准备进行组织工作。

3. 组织组——本组工作再分三组,由该委员会领导各区负责人员指导市内里坊长、城郊各村长及市内各行公会会长等进行之:

(1)市内之保甲或里坊组——由各区负责人员领导各里民做下列工作:

a. 组织里民消费合作社以图谋其生活上之利益。

b. 定期举行里民晚会,联欢会,或座谈会,以资联络感情。

  c. 指导保内或里内贫民之谋生机会,及筹划救济保里内贫民之设施。
  d. 介绍里坊民彼此认识,及协助其彼此互相介绍职业。
  e. 筹设里坊义务识字班,或半日义校。
  f. 筹划其他有关里坊之公益事宜。
（2）市内之各行公会组——由各区负责人员领导各行公会进行下列工作：
  a. 分别组织各行合作社以图各行商人购运及推销货品之便利。
  b. 分别定期举行各行商业座谈会,以图各行商业之改进。
  c. 分别定期举行各行商人晚会、游艺会或联欢会,以资联络感情。
  d. 分别筹设各行商人图书室,以图商人知识之增进。
  e. 筹设其他有利于商人之福利事宜。
（3）城郊之农村组——由各城郊区负责人员领导各村长进行下列工作：
  a. 组织农村生产与消费合作社,以图农民之福利。
  b. 提倡农村副业——如植树、牧养家畜,及创设手工厂等,以改进农民生活。
  c. 于农暇时举行农村晚会或联欢会,以资联络感情。
  d. 每年秋后筹设农品展览会及农品比赛会,以提倡农民增产之精神。
  e. 提倡农村水利事宜,如挖井及引水灌溉等,以图农产之增加。
  f. 筹设农民识字班及农村学校,以图农民知识之增进。
  g. 每年秋后举行农民讲习会,派员向农民宣讲改良农村生产之诸项问题。
  h. 筹设其他有关农民福利及农村救济事宜。
  4. 考核或监督组——监督该委员会一切工作人员之工作效率,及考核其成绩之进度,其办法为轮流派员前往视察,及收集有关工作之资料。

  （五）关于本办法推行之经费是以政府领导,由人民自治、自办、自理为原则,其根本之步骤为鼓动全体人民之合作精神,使其努力发动全体之人力物力与财力共谋其自身之福利,其需用之经费,均可以民主方式,向参与之人募集之,如有不足之数,可酌由政府补助之,或由各界热心公益人士捐助之,或用合作社名义,向市民银行借用之,俟款项收进后,再行奉还之。上述诸事皆为有利于人民之义举,人民当可自愿负担之,且合作社为一生利之机关,绝不致有亏本之虞也。

  （附识：先生认为"保甲"二字富有封建性,故不主张多用,而应以"里坊"二字代之。特此述明。）

六、党派活动之矫正

  先生谓中国政治思想向主融和,而力反冲动,强者每当乱世虽得意于一时,然而大局粗安,即行消灭,总是以偃武修文为原则。至于文人执政,则又力避党争,所谓君子群而不党,以有党即有争故也。

  晚近民主思潮自西徂东,政党制度亦随着宪政制度而东来。但不幸得很,西洋文化亦有其不同传统之派系，即大陆与海洋之区别是也。海洋文化注重个人主义，大陆文化则偏重社会主义或集体主义。晚近大陆主义更分为左右两翼。民主作风原为海洋制度，以英美为中心，后传至欧洲大陆，然而欧陆原有之文化系统，为昔日罗马帝国与罗马天主教之政教传统，本与英美式之民主政治大不相同，盖英美式之海洋政制着重个人、自我、放任、自由、平等、民权或民主，而大陆文化，则着重团体、大众、拘束、服从、阶级、专制或独裁，处处适于海洋系统相违背。此种海洋思想，一面原是发育于英伦，缘以英伦为一海岛，距离欧陆不甚遥远，适以吸收大陆文化之精华，同时不受其传统之拘束，在其历史上虽曾受大陆民族之侵扰，但以其四面沿海，面积适度，人口不甚繁众，物产则比较丰裕，乃足以建国，而能融和与育成大陆同源而异流之健全文化；一面则是由于大陆宗教思想之叛变而来，盖以大陆思想过于固执，尤以中古之罗马天主教思想为甚，例如教堂内之强迫坦白与赎罪，及斗争所谓思想不健全之教徒等，卒至促成一般爱好自由之份子之叛变，使其一面致力于宗教革命，一面逃亡海外，从大陆而至英美，而建立自由民主国家。

旋后此种自由思想复由英美传入大陆，致使欧洲大陆原有之传统，受巨大之打击与熏染。但大陆思想虽受自由思想之熏染，然其固有之实质依然存在，于是所谓民主方式竟亦分为两种不同之形态：一为英美式之个人主义民主思想，其活动范围仅限于英美统治区域；二为大陆式之民主思潮，竟渐演成社会主义形态，与海洋思想立于对立之地位。盖社会主义名虽民主，其实则仍为专制制度，以大众服从独裁领袖之指挥，使个人牺牲小我为大我，凡事以团体为中心，个人之生命、财产、自由均寄托于团体内，团体以外即无孤立之个人。此种思想与作风，晚近乃渐演成大陆式之极权政治或独裁制度，在其行动上，且分为左右两翼，左翼另立旗帜，名为共产主义，右翼则亦单立标号，而名为法西斯蒂或纳粹主义，但其二者之间，却是大同而小异，均是由团体而支配个人也。

至若海洋制度，则个人虽为团体内之一份子，但在法律上则团体与个人皆立于平等之地位，每一个人在社会上皆有其自我之权利与自由，除受司法上之限制外，不受任何政权、团体、或政团与特殊势力之威胁或支配。由是以观，西洋政治思想乃分为三种不同之派别，即洋海派之英美民主思潮，及大陆左右两翼之共产主义与社会主义思潮。此三种思潮晚近竟演成三种不同之党派，即共和或民主党、共产党、与国社党或法西斯蒂党；复由此三种不同之党派演成三个国际大阵营，即英美之民主阵营，苏俄支持之共产主义阵营，及德意标榜之法西斯蒂阵营，而成鼎足而立之势；经第二次世界大战后，大陆右翼之法西斯阵营已然崩溃，其遗留之民主与共产主义阵营，则复弓弩相向，有一动即发之势。

晚近此三种思潮乃随着海洋交通而传入中国，英美所携来者为中道之民主思潮，德奥意诸大陆国家所传来者为大陆之右翼思潮。大陆之左翼思潮在欧陆比较后起，故其传入中国亦较晚。但欧洲大陆之左右两翼思潮及其作风皆为继承古代罗马政教之传统，而与英美之民主思潮与作风断然不同。此三种思潮与作风传入中国后乃互相挣扎。康梁之戊戌宪政运动，国父中山先生之革命运动，皆本英美之民主宪政思想而进行。民国初年之国民党乃本此志趣以推行革命，旋累经失败，乃自民国十三至十七年之间渐趋左倾，并曾一度效仿苏俄。民国十七年直至抗战以后，乃为其倾右期间，一切作风有若欧洲大陆之德意方式。抗战胜利后乃又渐倾回英美式之中道的民主作风。

本来中国过去之固有政治路线亦有三道：一为儒家之中道，二为道家进退不定之无为作风，三为法家之极权作风。中国过去虽无民主方式，但儒道两家之作风却皆与英美作风极为相近，法家作风则与大陆之左右两翼作风似无二致。中山先生之三民主义虽掺杂社会主义思潮在内，但其大体上是本着英美之民主思想及我国儒家之作风而著成，故比较与英美思想与作风接近。而今之左右两翼运动，则是本着欧洲大陆之政教传统及我国之法家思想而活动，希冀在中国造成一种极权政治制度。此种企图，未免过于奋勇，缘以极权作风，如韩非、商鞅、王安石之流所代表者，向不受中国人所欢迎，故其动作，每昙花一现，即风消云散，且因其施政酷辣，处处树敌，每经短期执政后，即被其政敌压迫下台，及至其离职后，恒被其敌人报复，而遭杀身之祸。察今日之权极动作，亦处处树敌，一若其前驱之作风，实属遗憾。盖两千年来，支配中国之政治理论与作风，非儒即道，有时儒道合一，有时儒道分道扬镳，其善治国者，居敬而行简，或无为而治，而绝不以重典作示范也。此为中国民族之一贯的作风。此种作风极似英美民主国家之中道方式，盖英美的民主方式与我国儒道作风皆为和平手段，而绝非韩非商鞅，或近代左右两翼之武断与极权作风也。所以先生是不赞成极权政治，及不敢恭维端赖极权作风之党派，而主张自由宽大与和平奋斗之政党，兹就先生对党派活动应行矫正之点列述于下：

（一）近代政党为领导人民参政之团体，而非自行招兵买马以争夺政权之封建机构，故政党不应拥有军队，而破坏国家之统一军制；凡拥有私军之党派，即将被人疑惑其为军阀，而成国家之公敌矣。所以政党务须避免此种作风，以释群疑。

（二）近代政党是民主政治之阶梯，其活动方式是公开与自由；我国当今既采民主宪政政体，今后一切政党皆应本此公开与自由原则推行其党务；凡作秘密活动之政党，即丧失其公开与自由作风，而成阴谋之结合矣。所以一般政党应自行检点，免致其政敌所藉口始为合理也。

（三）一党专政，及个人利用军权与政党或阴谋造成一己之独裁，皆为封建社会英雄主义遗留之残存作风，是与近代民主政治背道而驰；当今行宪伊始，此种封建作风应行废止，而代之以爽直公开竞选制度，务使人人有参政机会之民主作风而后可。

（四）近代民主政治既着重公开自由，是则人民参加政党应以自由意志为原则,任何党派不得要挟或无理拘束其党员,凡入党、脱党均应绝对自由。

（五）政党与政党之间应和衷共济,其所持之政见虽各有不同,但为顾全国家大体及避免政争之类锐化,各政党每一二年应招集一次联席会议,协商一共同遵守之根本国策,不论任何政党执政皆不得违背之。

（六）政党与政党之间,除以和平手段领导民众参政外,不得以武力,或阴谋,或威胁手段,互相攻击,或压迫人民,或争取政权;凡以和平以外之手段做此种活动或企图者,即为阴谋之活动,而将予人与口实矣。

（七）今后为使宪政推行顺利及提倡政治效能起见,凡拥兵自雄之军阀应从速将军权奉还于国家,再由政府号召人民组织政党参与政治,使各政党公开自由活动,凡选举结果,当选之党应行执政,其应交代者应立即退位,而不得恋栈。

（八）所有政党应以主张号召党员,其党费应出自党员之自由捐助不得动用国币。

（九）政党之职责限于监督政府,及领导人民参政,政党不得干涉人民之自由,或逮捕人民。

（十）政党除受政府与法院之制裁外,任何政治或军事势力,均不得干涉其活动。

（十一）地方政党领袖应由党员大会直接选举之,高级政党领袖应由各地方政党代表大会选举之。

（十二）政党之各级机构应设指导委员会聘请党中对于党务有专长之专家充任导师或指导委员以便指导党员参与各种党务活动。

七、社会问题之合理解决

先生谓生物学家曾向吾人指示,适者生存。此乃物竞天择之铁则。所谓"适",乃是适合,乃是调适,适于天时、地利与人和,亦即先生之所谓合理的动态与动向。所以适者生存,亦即先生之所谓合理者生存。所谓适是有恒久之适,与偶然之适;恒久之适是恒久不变之适,偶然之适是凑合之适,或凑巧之适,昙花一现,即行灭迹。此种偶然奇遇之适,亦即常人之所谓好运气,之所谓走运。至所谓适,尚具有两面观,一是其正面,即适之本身;一是其反面,即不适;其正面即顺适,即走好运;其不适即不顺适,即走逆运,亦即所谓倒霉。所以适者生存,亦是具有二义,即适合于时势者生存,不适者死亡之谓。所谓生存,是存在,是不消灭,是其原有之质与量之保存;死亡是不存在,是消灭,或原有形态与质量之变迁。但不适者固有变迁,而适者亦有变迁,即不适者恒有突变,且其变迁率甚速;而适者之变迁则较缓。其二者之不同点即前者之突变是不可防范,是不可思议;而适者之缓变则是井然有序,而大可从长计议其应付方策,有若四时之运行,春去夏来、夏去秋来、秋去冬来、冬去春来,周而复始,人类生活可依次作准备。但突变如地震、狂风等,乃不可预知,且其来势凶猛,而不可预防,于是秩序大乱。

先生之所谓合理的动态亦可与生物学家之适字作同一的解释。所以合理亦有恒久与凑合，凑巧，或巧合，或偶然的奇遇之别。合理亦可作"和"与"配合"的解释。所谓和是和合，亦即配合，亦即适宜或适合，或调适，亦即平和与致平。凡事倘若配合，或适宜，或平和，即为合理；凡合理之事即能持久，即能应变，即能有把握；反是则否。不测之风云，偶然的祸福，虽或一时合理，但终是巧合的现象，是不能持久，而皆是动荡不已之结果。吾人所希求者，不是偶然而是有恒，不是动荡不已，而是举止有度，行动合理。适与合理在自然界是调适，或适度，否则是失调或不适度而将发生突变矣。其在人事方面，适于合理是和平，是正义，是平衡，是合作，其结果是幸福；反是则为冲突，为摩擦，为错误，为不平，为动乱，为灾祸。

人生之目的是为求生存，为求幸福，为避免冲突，避免灾祸，与避免死亡。所以人类之一切动作，皆是本此原则而进行，但活动既多，则失检或错误在所难免，所以道家不为，为必有获；不言，言必有中；不行，行必有果；不欲，欲必有得；否则宁可逍遥自在，绝不肯耗费一毫一厘之光阴，与精神及力量与无为之事也，盖多言，多行，多为，多欲，皆难免错误，而为智者所不为也。所以道家处处慎重，事事检点，免致错误而发生问题也。今日之所谓个人问题、家庭问题、社会问题、何一而非人之过言，过行，过为，过欲所造成之错误而发生之结果？然而问题既经发生，则必须调整始可以得到人事之和，否则不平则鸣，社会将愈动而愈乱矣。所以先生主张社会问题之合理解决或调整。兹将其主张列述于下：

（一）民族问题

先生谓社会上每有少数野心份子为自求功名富贵，而不惜牺牲他人，或甚至企图蒙骗全体社会，以达其自我之目的，其活动之方式为特立异帜，自称优秀，如某民族会，某地区协会，某同乡会，或某派某系等，巧立名目，俾资号召，而杀惑是非；但今后实行宪政，此种以民族或以区域作政治活动之标题者，应为人民所鄙视，因在一个民主宪政国家内，人民是以个人为单位，每一个人皆有其权利与义务，在法律上凡人是一律平等，绝无种族与宗教之分，更无所谓弱小民族之观念，盖此种观念仅为封建社会之残存传统，在民主宪政国家内应行消灭矣。所以先生对国内之民族问题有下列之主张：

1. 行宪以后，我国不应有汉满蒙回族之分，在中国之内，只有大中华民族，任何个人皆可随时随地团结，皆可通婚，而不应存有彼此之分。

2. 在本国内应只有一个民族意识，大中华民族意识，而不应再有其他之民族意识。

3. 今后吾人应培养一个统一的民族理念，一个民族道德，彼此互助，彼此共生共存，共荣共辱。

4. 在本国内，倘有少数风俗习惯与其他人民不同之分子，吾人应协助其得到同等之教育，使其思想言行，与其他人民渐趋一致。

5. 政府在行政上对此种习惯特殊之人,应多加帮助,使之与其他人民同具有爱护国家之统一观念。

6. 吾人信仰世界大同,今后全人类应同舟共济,何况国内尚任其残存一种狭隘之民族观念,而障碍于国家内部之团结?故先生不敢赞同此种狭隘民族意识之存在也。

(二)民众组训问题

先生谓中国领土辽阔,交通不便,人口众多,经济落后,人民生产不足,衣食维艰,知识不齐,甚至贫病交加,致使社会安然无定。此种现象,互为因果,人口愈多,生计愈困难;生活愈贫困,人民知识愈无法提高,人民程度愈低,社会秩序愈不安;社会秩序愈乱,则社会进步愈困难;结果乃造成中国今日七零八落之不幸情势矣。今后欲图补救,只有长期组训民众,使其明了互助合作之道,及其自身对社会国家之义务,然后进而领导其自动团结而致力于社会,教育,生产,与保卫社会家乡等工作,以期达到自救救人之目的,始克有济也。尤以当今动乱方殷,此种组训工作更不可容缓也。兹略述先生对民众组训办法数项于下,俾作留心者之参考。

1. 组训民众,首重训练干部,而此种干部分子之构成,又必须从社会各阶层缜密选择精明强干之有为份子充任之而后可,否则徒费人力,财力,与物力,而绝不易得到成绩;假如组训农民,必须从农民中选择干部;组训市民必须从都市内选择干部,切不可如过去之办法,由市内任用士大夫子弟下乡作农村工作,结果非失败不可,因农民与市民生活距离太远,各不相关,亦各不发生兴趣,假使令其勉强下乡,亦仅作阳奉阴违之敷衍动作,因其实际上对此种工作毫无志趣故也,所以徒费金钱而已;假如以有志趣与有为之农民做农村工作,则其本身利害关切,乃不得不努力前进以求最大之成效矣。市民于都市工作亦然。

2. 选择干部的方法是要逐渐行之,即先由各地区物色推荐有关系之有为青年,经主管人员或直接负责任者加以口试及考核,倘认为合格者则暂行录取作初步之试训,否则应即令其退回;其经录取者,应一面授予训导,一面仍继续考核其是否有充任干部之天才,倘中途发现其有缺乏才能者,仍须陆续令其退出,免致其误己而误人。如此逐渐淘汰后,其存留之份子必较为可用矣。

3. 此种逐渐选择之目的,是为发现天才——办事天才,及淘汰无能分子,盖凡拟推动任何社会政治工作,必须有精明强干之干部始可收效,而此种干部分子又必须经长期之考核、训练与选择后,始可分发其担任工作或训练他人,否则因其自身之无能,或知识之缺乏,必将致失败也。

4. 干部人员可分作三级选择之,即高、中、下三级,高级为企划与领导人才,中级为成绩考核人才,下级为执行人才。

5. 组训之目的,为集中全民力量作保卫社会国家之主力,在乱世为协助政府维持地方治安,及人民自动自为的保卫家乡;在治世办图谋人民之互助合作,及互相服务，以求人民自身之安居乐业，及社会国家之安全。故其训练课程应分下列五项：一、经济，二、教育，三、社会，四、政治，五、军事。

（1）经济训练应着重于提倡合作事业，如生产、消费、推销与信用等合作社之组织，运用，及推广，以作发展国民经济之基础。

（2）教育训练应着重于民众识字及普及教育运动。

（3）社会训练应着重于社会服务工作，如救灾救贫等。

（4）政治训练应着重于地方自治、保甲组织、公民及政治常识等。

（5）军事训练应着重于普通体操及地方保卫工作，如军事常识，及警防常识等。

6. 组训之范围应包含全民，不分男女老幼，均应酌情令其参加之，先从壮丁做起，次及儿童妇女及老年人。

7. 组训进行步骤，应从市内及城郊区做起，逐渐推行到农村，务使其渐行普遍于全国。

8. 初步训练期间，暂定两周至一个月，毕业后即暂令其试办组织及领导民众工作。俟其工作若干时期后，再选择其中之精干份子做再度之训练，然后再遣派其做较重要之工作，及至工作若干时期后，再度选择其中之精明份子做三度之训练，如是一面工作，一面再选择再受训，至再三再四，逐步挑选，则人才渐多，组织日趋严密，而工作日精矣。

9. 组训民众应注重如何启发民众之兴趣，使其经过训练后，自感兴趣而自动进行组训其他民众，如是始可以由浅而深，由近而远，以至普遍于全国。

10. 为图引起受训者之兴趣计，每班受训一周以后，应举行业务与训练课程之比赛，由保与保之间，或班与班之间，彼此竞赛以显示其成绩。

（三）妇女问题

先生谓溯自辛亥以还，提高妇女地位之呼声四起，从事于妇女运动者亦大有人在。此当为受海禁大开后欧风东渐与革命思潮之影响所致。然以旧酒灌装新瓶，每生异味，因我国妇女数千年来，在封建社会积习支配之下，一旦受外来文化之掺杂，其固有之作风，乃受巨大之打击，盖我国下层妇女既无智无识可做贡献于新社会建设，而一般中产阶级妇女，则游手好闲，每致力于模仿外来习气，日以时髦为怀。此种妇女既不事生产，而仅致意于浪费其父兄或丈夫之金钱，致使男子尽成贪官污吏，或努力于枉法为非，以博取金钱供给女子无度之浪费。所以中国今日之病状，妇女应负其一大半之责任也。此种所谓摩登妇女，且每逃避现实，认家庭为罪恶场所，视婚姻为恋爱坟墓，于是淫风日甚，社会罪恶日增，诚可浩叹也！

纵观中国历史，亦恒有贤良伟大之妇女，每能建功立业而成巾帼英雄者，然其他则或既无教育，复缺乏修养，一旦得势，即阴谋把持大局，垂帘听政，为非作恶，倒行逆施，致使国破家亡者何只一人？唐之武圣，清之慈禧，即为明鉴；故吾人今欲建设近代化之新中国,必须致意于妇女问题之解决,即首重于妇女新教育之合理的设施,以养成一般妇女之近代化的思想,而促其协助一般先进的男子于近代化国家之建设而后可。夫如是,国家前途始可以有望也云。兹就先生对妇女问题之意见列述于下:

1. 为提高妇女对国家与社会之服务能力,先生主张普及妇女教育,及提倡妇女职业教育。

2. 奖励贤妻良母之美德,及妇女服务之精神。

3. 铲除妇女之偷闲生活。

4. 提高妇女结婚年龄。

5. 废除童养媳制度。

6. 逐渐废除娼妓制度。

7. 奖励妇女经济独立,及婚姻自由。

8. 为解除家庭痛苦及图家庭合理之发展,在法律规定之下男女应有请求离婚之自由权。

9. 提高妇女劳酬报,俾作奖励妇女经济自立之美德。

10. 广量提倡妇女参政,凡受过中等教育之妇女到达成年后,应给予参政之练习机会。

11. 指导妇女组织、妇女运动团体,作指导妇女生活及妇女参与社会立法之枢纽。

(四)农民问题

我国自古以农立国,农业之于我国,犹若树根之于肢体,根深蒂固,历代帝王莫不重视之;乃降至今日,世界各国已进至近代化之工业经济,而国人百分之八十五以上则仍为泥古不化之顽固的农民。故农民问题,实乃我国今日心腹之问题也。

然我国农村破产久矣,农民之痛苦深矣,推其原因,虽千头万绪,或错综复杂,然简略言之,仅有内外二端,即外受资本主义商品之侵略,内受天灾人祸之连绵,加以生产方式陈腐,与夫贪官污吏土豪劣绅高利贷之剥削。于是农村经济破产,农民离乡别井,而国本动摇矣。

试观我国历代兴亡,莫不由于天灾人祸致使农村破产,灾民遍地,群雄竞起,豪强兼并所致。频年战乱,农民背井离乡,贪官污吏横征暴敛,一本其已往之作风,复兴农村,谈何容易?所以今日之农民问题,日益严重,吾人苟欲建设新中国,必须振兴农村经济,及指导农民自救而后可。兹将先生对农民问题之主张,略列于下:

1. 为图解决农民问题,必须减低租税,及取缔高利贷而解除农民痛苦。

2. 发展农村交通以图农产运输之便利。

3. 推行农田配给制度,勒令大地主将剩余农田以规定价格直接售与佃户,或由政府规定公价收买农田配给贫农俾资调剂。

4. 广设农村学校推行农民义务教育。
5. 训练农民组织团体,实行自治与自卫,而保障其自身之利益。
6. 广设公私立农事试验场以协助农民改良农业。
7. 建设公私立农民银行,俾作发展农业之基础。
8. 广设农民借贷所,以轻利借贷农民使其致力于增产。
9. 广设农村信用合作社,以农民银行作资金之基础,吸收都市游资藉信用合作社作媒介,用低利供给农民使其振兴农村。
10. 发展农村副业以补救农民之季节失业。
11. 开辟农村边荒,俾便发展农业经济。
12. 组织农民指导团体,作指导农民运动之枢纽。
13. 设立大规模之农业公司作改良农业生产之中枢。
14. 创办合作农场及国营农场以补救农村人力与农业指导人才之不足。

(五) 商人问题

观夫世界先进诸国,其社会特征之一,即为其都市文明之发达。此种发达现象,乃由于近代经济制度发达之结果,即由于乡村之农业或手工业演变为都市式之大企业所致,盖在近代都市中,不独人口激增,而新兴之独立的知识分子亦大部群集于此,与一般小商人及从事于自由职业者,如教师,律师,会计师,医师,工程师等结合而构成所谓中产阶级,为近代社会之中坚分子。

中产阶级不独集中于交通便利之都市,且拥有多数之知识分子,于是近代国家政治乃常受其左右,凡不受其欢迎之官吏决不得上台,即使其能侥幸偶得以上台,亦将被迫而后退;凡有害于其利益之法律亦决不能获得通过或施行。其中之分子不独实握选举与立法之权,而实际上且可运用罢免官吏与复决法律之大权,同时更以其在社会上之特殊地位而能监督政府行政之措施,因是官僚不敢贪污,吏卒不敢枉法,公役不敢为非,近代政治之清明,实利赖之。

故今日我国苟欲推行宪政,必须建设近代化之都市文明,培养中产阶级,使之成为都市政治之中心势力而后可。否则此种中产人物既不能独立生存,势必依附封建势力,不独不能监督政治,反为贪官污吏之爪牙而为虎作伥矣。观察我国今日之农村破产,都市知识阶级之不能独立,苟欲使其成为社会上之有力的中坚分子,事实上是不可能,故唯有商人是赖,盖因都市人民所受痛苦之最大者皆为商人,而商人且拥有若干游资,大可利用之以培植政治力量,而促进封建势力之崩溃也。所以先生对今日之商人问题有下列之主张:

1. 为确定商人政策,改良我国商业法规,俾便商业之进展。
2. 协助商人解除痛苦,实行商业行政简单化,凡商人对官厅之请求事件,应一律从速执行或批示,以免贻误商事,而取缔贪官污吏之枉法妄为。
3. 限制官厅对商人这种种刁难,如商人报请发给营业执照,官厅勒令其先具备两家铺保始肯发给,诸如此类的封建残毒与腐化恶习,应行取缔之。

4. 协助善良商人,改良商业俾作造成健全中产阶级之基础。

5. 整顿商人风纪,设法制裁不良商人,免致其贻害社会。

6. 广设商业学校,以期造就多数之新式商人,并积极提倡新式商业而逐渐消灭旧式商业。

7. 逐渐领导商人参与商业立法及参与政治运动,俾便造成以商人为中心之都市政治。

8. 利用都市内新兴之中产阶级作打倒封建势力之基础。

9. 中产阶级养成后再设法控制之,以免其势力之过于膨胀而贻害于社会。

（六）劳工问题

先生谓保障工作生活,图谋工人福利,均为近代化国家之固定国策。故近代国家对工人均设有专司,俾便训导而资管理。设若劳工问题不加闻问,而任其自然,则必致各地人口分布不均,食粮有缺乏之虞,如某地人口过剩；失业人众,食粮缺乏,他地则人口稀少,食粮过剩；加以交通不便,运输困难,一旦有水旱之灾,则饥饿盈野,无以自救矣。如是灾黎之不甘自待毙者,则聚众成匪,集匪以成军,小而糜烂地方,大而倾覆政府。若辈作乱,有如活剧,反复重演,循环不已,致使社会成一治一乱之局。吾人试观中国历史,当知其为一本治乱循环之记录,平均每三十年至五十年一小乱,百年一大乱,两三百年一王朝之更迭。其每次之动乱,均是由于下层社会劳动人口过剩,及充任统治之士大夫阶级无法应付所致。及其乱局之将终也,则过剩之劳动人口,尽经人为淘汰,而仅遗留一拥兵最厚之侥幸之雄夫以收拾残局；于是大势渐安；而得志之君王,当重建社稷,立朝定制,以享人主之福。如是,小康之局复现,而渐至下期旧剧之新排矣。此种循环怪状,至今仍复演于所谓共和时代,诚可浩叹也。所以先生谓,今后为图消除此种残忍之循环浩劫计,对劳工问题应有下列之办法：

1. 为安定劳工生活,应以法律规定劳工报酬之标准,依照各地生活费指数支付工资,而以个人生产效率分配利润及分给红股。

2. 逐渐提倡工人参与劳工立法,制订完善之工厂法,俾便保护工人福利。

3. 广设工人学校,提高工人知识,作调整劳工问题基础。强化工人团体,运用国家之权力,调整一切劳资纷争,指导工作作业,及调度其移动,以达劳工安居乐业之目的。

4. 为贯彻上述主张,各级政府应分别设立劳工调节机关,以中央之机关负企划,统计,考核,及指导责任,地方机关负执行责任。

5. 各级劳工机关应分劳工教育、劳工介绍、劳工分配与就业、劳工经济调查、劳工福利、劳工仲裁、劳工保险、劳工团体、劳工运输等,以便切实施行劳工政策。

第二十三章　军事建设

　　先生谓中国之政治建设,首重宪政之完成,但中国之宪政运动至今已达半世纪,似始略具头绪。此并非宪政本身之缺陷,或宪法条文之未得妥善,而实有其他原因在也。比如英国之宪法,并非成文法,然其宪政之施行并无障碍,而中国自辛亥以来,国人所拟就之宪法、约法、组织法等等,其已经颁布,或未经颁布者,不下十余种,然其所拟就者愈多,国家法纪愈乱,距离宪政愈远。其中之任何一种倘若取而切实施行之,均可见效,然而我国为何愈治愈乱,有若野犬之追逐太阳,愈追而愈远？此无他,实因破坏宪政之封建势力,利用其拥有之雄兵,割据以自肥,上而破坏国家主权之完整,下而剥削民脂民膏以满足自己之私图,致上无法纪,下有效尤故耳,如是国家何有不乱者哉？故先生主张完成近代化国家之使命,必先实施宪政,实施宪政,必先废藩,制造强有力之舆论,促军阀之觉悟,使之将其拥有之军旅奉还国家,根除残存之割据局面,有若日本明治维新时,废除幕府而将大政奉还于日皇采同一之方式,如是宪政始可以施行无阻,盖是时破坏宪政之封建势力始可以消灭也。然而施行宪政既先废藩,是则当今行宪伊始,吾人必先促进封建军阀之觉悟,劝其将军权奉还于国家,然后由政府领导人民依法选举最高行政长官,由长官依法执行政务及编遣队伍,建设全国统一之国军,而完成近代化国家之使命。先生谓政府二十年来,即致力于此一点,即一面削除封建式之军阀,一面建设国军,而最近更一面推行宪政是也。此种努力,至为钦佩,但封建势力根深蒂固,而常有死灰复燃之虞,所以非于短期间内可以竟其全功也。吾人只有祝其早日成功而已。

　　查我国军事之积敝由来已久,自海洋互市而后,以旧式之矛枪与列强之枪炮对垒,当相形见绌,迭遭败北;甲午庚子而后,从小站练兵以至各省创办新军,虽积极整饬军备,但事经半世纪,而国力仍一筹莫展,推本求源,不外军政施行不当,致使藩镇割据,而破坏国家有以致之耳。兹就先生对我国军政弊端之观感及宜整理之方案略列于下:

一、军阀祸国之事实

　　(一)破坏国家主权之完整。依照近代政治学之标准,凡国家之得认为完整无缺者,必有其健全之主权。所谓健全之主权,其政府之政令必通达全国,而绝无任何私人敢以抗命者。而我国则自民初袁世凯弄权以来,各地军阀乘机割据而治,各自建树其半独立之地方政权,上以要挟国家而称霸,下以榨取民脂民膏而自肥,其拥兵较多者企图把握中枢,其较少者自请任命封疆大吏,其最少者则认为匪寇,彼此仇视,互相斗争,内战不已,致政令不得出都门,主权何在? 国家何在? 今后若图民族之富强,必须重建国家。所谓建国,必须树立健全之中央政权,将沦陷于军阀或匪寇手上之政权逐渐收复之。所以建国必先建军。所谓建军,是建立近代化之强有力的国军,而非建立封建式之私军。此为政府二十年来时刻所致意之事也。但建军必须同时废藩,将各地大小军阀逐一削平之,免致其再有妨害于国家主权之完整。中国今日之一切社会政治经济病态,皆由于若辈所造成。今后倘若仍容其存在,则国家不能统一,若国家不能统一,则绝无自力更生之可能也。所以建国,建军,与废藩,实同为一问题也。

(二) 使国家无统一精练之队伍。近代国家所有军队,皆为国有,最高行政长官可随时依法将其调遣;举凡将兵,均可如期依法转动,有若棋盘上棋子之随时移动然,偶或有敢违命者,则以抗军令论罪。如是政令统一,国家政治井然有序。此为近代国家之一般现象也。反观我国,则军队隶属私人,军阀视军旅为私产,兵卒竟成私人之打手,藉以争城夺邑。此种私军系中军阀私人自告奋勇以招兵买马方式招集而成。其量虽大,但其质乃极劣,而成乌合之众。其聚兵愈多者,其声势愈大,国家目视其势力之膨胀,乃委以封疆要职,其兵力愈大者,其职位愈高。若辈以其实力上而威胁政府以要求饷糈,下而糜烂地方以鱼肉百姓。其支配国家之大权,上无法纪,下有效尤。于是凡具有野心者,乃私行招兵买马,征兵拉夫,拥兵自雄,横征暴敛,而成独霸一方之藩镇,卒至闹到国破家亡,或人人自危而未已。我国历代亡国莫不由于此辈之骚扰所致。先生谓欲救晚近之颓风,非设法破除此种军阀制度,而加强国军不可。

(三) 使国家军事与政治混乱。夫近代政治以民治为原则,国家大权操在人民,创立军制,仅为御外侮;国内维持治安,则由政府别编保安军,或警备队以资专责。今我以藩镇式之队伍布防于各省县市内,任意干涉地方政务,俨若盗匪,不但使国防空虚,且养成军阀地盘主义之恶习。一着之差,误及全局,殊为失计。

(四) 造成兵制之不良。查近代国家皆采征兵制度及国军制度,国民服兵役,乃本当之义务,而我国过去则取募兵制及私兵制,官兵互相勾结,兵为官之私产,人民服兵役,系雇佣性质,而成主仆关系,即为"吃粮""领饷"而当兵,非为国家而服务。二者兵质之优劣,实在于此。且以近代武备,一兵之武装每值千百元以上,军备固须扩充,而军费不得不节约,于是乃设常备,预备,后备之制,依次轮流服役,以节省军费而完成举国皆兵之实。至我国则向采用义勇式之私兵制度,私人假藉国家名义,自行招兵买马,徒费国币,无俾于实际。

二、军阀贻害之结果

由于以上四失,而受军事之牵制,乃扰乱政治,由于政治之变乱,而贻误军政;其最昭著者,则为内乱频盈,统一破坏,民政军治,纲纪荡然,致使军人自觉万能,而驰骛于政争,彷徨于权利,学军不专其精,治军不专其责,倘遇强邻压境,则弃地而逃,结果乃造成下列之恶劣现象:

（一）全国土匪义勇充斥,藩镇割据,上以对抗政府,下而排挤群雄。

（二）军阀集兵既多,乃日益专横,日图支配政府,而鱼肉百姓,内忧既多,外患乃无法应付矣。

（三）军事机构散漫,人才不集中。

（四）军权分散,队伍指挥不灵。

（五）军队教育与训练不统一,致造成步伐凌乱之类似暴群。

（六）军需不统一,军阀自行暴敛,剥削民脂民膏,致使国困民贫。

（七）军械不统一,新旧武器,花样奇异,致使弹药与枪械不能配合,而失却其作战效用。

（八）战略不统一,情报缺乏,军旅调度不灵,致使作战无从收效。

（九）军法不统一,军阀自设司法机构,任意独裁,甚至干涉民政,草菅人命,紊乱国家纲纪。

三、建军之方针

建军之第一步,为调整藩镇队伍,破除残存之私军制度,及淘汰新旧大小军阀,然后建军始可以顺利进行也。所以建军应有下列之方针:

（一）铲除私军制度,强迫军人服从国家法令,禁止其兼任行政职务,倘有欲任政职者,应先令其放弃军人身份免致其利用职权以干涉政务也。

（二）集中陆海空军权,造成陆海空军三位一体之军备,而完成机械化之国防设施。

（三）淘汰腐化队伍,重编国军。

（四）严查军人劣迹,而重整军纪。

（五）禁止市内驻兵,及限制宪兵之越权行为。

四、整军及其步骤

重建新军应从整理旧军着手,即先破除残存之私军制度然后统一军权,矫正军事教育宗旨,重编国家队伍,整理警政,重整国防阵容,及充实参谋机构等步骤。兹将其应进行之阶段分列如下:

（一）破除残存之私军制度,务使其瓦解,然后代之以国军。其进行办法如下:

1. 大量出版有关军事常识之书报,俾作造成废藩之根本理论,及作国家建军之参考。

2. 劝导政论家与文艺作家制造反军阀之舆论。

3. 创设在野军人同志会，收罗在野军人及对其授予新军事之再教育，而使其作废藩之先锋，以分化军阀之势力。

4. 制造国家建军及国军超然地位之舆论，务使私军无有存在之余地。

5. 提倡藩镇军人自觉，利用其下属主持正义，务使其自行崩溃而后已。

6. 政府对残弱之藩镇队伍应设法零整收编之，务使其早日消灭，而推进国家之建军工作。

（二）统一军权。封建军阀既经推倒，国家应逐步统一军权，以防止封建势力之死灰复燃。其步骤如下：

1. 统一军制。（1）划分军区，（2）规定兵制及服役退役年限，（3）划分军费。

2. 统一人事之任免及统一指挥。（1）统一帅权，（2）统一编制权，（3）统一用人权。全国队伍采用军人如期转动制度，以严防封建势力之再造，而统一军令及统一指挥。

3. 统一军械。（1）扩充全国兵工厂，统一其内部管理方针，（2）改良军械，（甲）样式统一，（乙）配备统一，（丙）制造、购置、管理、配给及统计统一，免致私人之把持或营私舞弊。

4. 统一军需。（1）充实军需学校，训练多量之军需人才，（2）划一军饷，（3）实施独立会计，（4）严行预算决算制度，（5）禁止军人就地征取军费及军需品。

5. 统一训练。（1）增设军事学校，多聘专家担任讲席，（2）设立全国陆军训练总部，统一训练机构及训练课程，（3）严禁私人招练新兵，而铲除军阀制度，四、实施国民军事教育，集中青年受训，俾资提倡国民尚武精神。

6. 统一军法。（1）为防止军阀之操纵，国家应建立军事独立司法机关，凡军旅中自设之军法机构，应一律勒令废除之。（2）国家在各驻军防区应分别设置独立之军事法院，俾便审判一切军人犯法事宜。（3）在行军时期，应加设随军法院，军人犯法，统由军事法院审判之。（4）切实施行国家宪兵制度，凡军人犯法统由宪兵检举或逮捕送交军事法院审判之。（5）人民如有触犯军法者应由普通法院会同军事法院审判之，人民如有犯其他法律者，军事法院不得审判之。（6）军事机关如有越权侵害人民之法益者，得由人民向军事法院控告之。

（三）矫正军事教育与训练目标。查我国军制之所以淆乱，实由于军事教育目标之错误及训练之不能一致所使然。所以军事教育目标应有矫正之必要，俾资齐一，其应注意之要点列下：

1. 消除英雄主义及私人招兵买马藉资造成军阀势力，致危害国家之封建思想。

2. 消除军人干涉政治之思想。

3. 消除军人倚势欺人之思想。

4. 消除军人干涉人民自由之思想。
5. 消除军人参加内乱之思想。
6. 消除军人滥用职权之思想。
7. 锻炼军人豪侠之气概。
8. 陶冶军人之牺牲精神及奖励其誓死疆场之美德。
9. 训练军人服从命令及遵守法律之良风。

（四）重编国军。藩镇既废,则国家必须重编残存之封建队伍,同时建立健全之有力的国军,作保卫国家之唯一武力,及支持统一国家之后盾,其重编办法如下：

1. 由政府筹集巨资吸收藩镇队伍,不论其为整军或零星游勇,均可利诱之使其携械来归,而收编之或遣散之,或再训练之。其长官则酌给巨资使其还乡听候国家之再行起用,如是,则藩镇队伍将可逐渐收编整理矣。
2. 实施编遣手续,藩镇队伍中之资质较良者,可酌予收编而给予再教育之训练,其较劣者另编屯垦队送往边邑开垦荒地,其残弱者着给川资使其回乡解甲归农。
3. 凡经收编而给予再训练之队伍,可暂编作地方警备队,协助维持地方治安。
4. 逐步轮流起用在野军人作牵制封建势力死灰复燃之居间份子。
5. 私军制度既经推倒,则征兵制度当可逐渐施行,而造成健全之国军矣。
6. 国军健全后,则更可将其装置新式之配备,而使之成为机械化部队矣。

（五）重整国防阵容。我国近百年以来,因受海洋交通之影响,执行国政之士大夫,惊惶失措,西欧帝国主义乃乘虚而入,致使我国屏藩尽毁,海陆边防无以保障。今后为图恢复我健全之国家,必须重整国防阵容以资御守,其应注意之点列下：

1. 划定国防区域,在边疆重要地区,设置国防警察,俾资巡视。
2. 重整海陆边疆防御工事,俾资防范。
3. 重整军械工业,切实配合陆海空军之健全的发展。

（六）充实参谋机构。参谋机构为全国军事策划之枢纽,举凡作战与行军计划,队伍编制,传达军令,情报收集,交通运输,战略战术之研究等,皆属其管辖焉。列强各国,莫不专心致意于研究其优越之设施,而我国则因受时势之影响,恒居落伍之地位。今后为设置健全之国防,必须有效能之参谋机构为之策划而后可。其应注意之点如下：

1. 规划军队编制,调遣,及军人转动,转业诸事。
2. 计划军费与饷械及人马补给诸事。
3. 训练参谋人员。
4. 组织国内外军事情报网。

5. 研究国防计划及建设国防工事。

6. 规划军事教育。

7. 整顿军人风纪。

8. 编制军事统计图书。

9. 测绘军事地图。

10. 研究各国军势。

（七）重建海军。洪杨之役以后，清室中兴诸臣，感于世界大势之突变，乃致力于提倡近代化军事设施，其意至善，无如反动势力至多作梗，当时海军虽略具粗备，然而进步缓慢，加以甲午而后，一败涂地，忧国之士，每建议重建海军，乃顽妇专政，所筹的款，既充建造娱乐场所（建设颐和园），旋以一蹶不振，清室遂亡。然而转入民国，内乱频仍，举步维艰，筹集重建海军专款，复不可能矣，盖以海军设备与扶养，耗费至巨故也。幸今抗战胜利，藉敌人赔偿我之少数军舰，及盟邦赠予我方之其他船只，作小规模之基础，而重建海军俾资协助我陆空军力守卫辽阔之领海及距长之沿岸，于我海防不无小补，但重建海军，应注意下列诸事：

1. 铲除生活经验军界之封建势力，及区域观念，而造成全国统一之海军。

2. 严格甄别海军人才。

3. 充实海军学校及海军训练机构。

4. 规划造船制械计划。

5. 重整舰队及军港要塞。

6. 充实海军参谋机构。

7. 组织海军情报网。

8. 研究海军战略战术及作战计划。

（八）充实空军。空间为各国晚近新兴武备之一，其进步有一日千里之势，然而我国则因国民经济不发达，致使国库空虚，及无重工业为之配合，乃发达迟缓。所以列强与我虽同时与建，现各已达登峰造极之势，而我则仍处在幼稚之地位。今为维持国家大势，亟宜努力前追，以补救于万一。但充实空军应致意于下列数点：

1. 规定航空建设计划。

2. 集中国内航空人才及聘用国外专家致力于航空建设。

3. 充实空军参谋机构。

4. 建设航空重工业。

5. 增设公私立航空学校，俾资普及国民航空教育。

6. 充实防空设备。

7. 广设机场及储机库。

8. 建设海军航空队。

9. 推广商业航空，及民有航空事业。

（九）整理警政。警政为国家行政主要部门之一，地方治安为其是赖；乃以近百年来，清廷内政失修，外患迭至，士大夫彷徨失措，凡事自感应付乏术，乃敷衍了事。庶政既无法推动，警政亦当随之，致使局势日非，卒至灭亡而已。而今建国伊始，诸事待兴，警政亦理宜重整。兹就先生观感所及，略列于下：

1. 整理警政应划分警察权限。警政应由内政部移转国防部办理。警察应分为中央与地方两种。

2. 中央警察应由中央税警，海陆缉私队，边防警察队，中央系统之法院警察等编成之；其职权为专办中央驻在各地行政与司法机关之警务事宜。

3. 地方警察应由各地现有之地方警察，地方税警，地方法警等改编之。其各有之职权仍旧。

4. 各省及各特别市应成立警备队将现在之各省地方军队，保安队，民团等，除编成正式国军者外，其余之编余队伍，则改编为地方警备队，分别由其所驻扎地之省政府或特别市政府指挥之，以维持地方治安。

5. 中央警察应分为四组：一、普通税警，二、海上缉私队，三、陆上缉私队，四、边防警察队，五、中央系统之法院的法警，（关于本项之意义，请读者参照第二十四章政治建设内之司法建设一项），六、特务警察及秘密警察等。

6. 地方警察亦应分为四组：一、普通治安警察，二、地方税警，三、地方法警，四、由军队改编之警备队，五、地方特务警察及秘密警察等。

7. 中央警察应归中央警察总监部统率，各省分设副总监部协助指挥俾资统一。地方警察及警备队，则归省政府指挥，但其统率则仍由地方政府担任之。

8. 各级警察机关与警备队司令部，应各附设（1）参谋处协助推进警务事宜，（2）警备督察特务队，由特务警察组织之，专任密查警备人员之不法行为等任务。

（本章内容初稿成于民国十七年，后经多次修正而成今文。此外先生尚有《军政》一书，详述我国之军制问题约有四五万言。）

第二十四章 政治建设

先生谓军事建设既有把握,则政治建设乃比较容易,盖破坏政治建设之封建势力已逐渐消灭而开政治建设之先河矣。然而政治建设,首重人民参政习惯之养成,继而宪政之完成,再而立法,行政,司法,考试,与监察机构之改造,内政与地方行政制度之改革,外交方针之重新规定,边务与侨务之整理等,均须全部施行,然后中国政治始可以踏上近代化之途径也。兹将先生对我国政治建设方案略列于下:

一、养成人民参加政治活动之习惯

先生谓国家社会为民众之集合体,一国之强弱,端视其民众之政治活动能力如何以为断,盖民众之政治活动力愈强,其社会之进步愈速。我国立国五千年于兹,其社会政治经济文化制度,在过去之封建阶段中,虽曾有若干之光明发展;然而近百年以来,各国已由封建政制而进至近代宪政制度,其人民之风尚习俗亦随其政制而演成近代化之习行矣。反观我国,则仍处在其过去之封建状态中,一治一乱,循环不已,周而复始,若与近代世界列强相比,则处处显示落后,察其原因,至为单简,亦不外我国民众之富于保守而缺乏政治活动能力所致耳。当今世界,新奇百出,竞争尚不得以图存,何况顽固自守,尚可得哉?

考我国历代政治在治世为君王专制,在乱世为军阀诸侯或奸雄得志,凡把握政权者,皆迷信英雄主义,而自命不凡,诸事任意独断独行,而人民则感于武力之压迫,乃将政治之措施,委诸专制君王,或乱世之奸雄,任其自由支配。然君王与军阀之图治,莫不依其爪牙之士大夫或官僚为之作祟。此辈官僚上媚权势以邀宠,下抑庶民以博德,而成为中间之特殊统治阶级。一般民众则因惧于官僚之淫威,乃抱"束身寡过"为苟安之玉律,以各自扫门前雪为天经地义之处世哲学,而养成其自暴自弃之消极态度,虽偶有一二勇士,敢作不平之鸣者,然而一般官僚,则目之为大逆不道,致难免斧钺之诛。旋以儒家之说兴,人民之思想更受束缚,盖儒者主张尊君王,贵秩序,严等级,齐庶民之说,使人民不在其位不谋其政而听命于天。所谓天云者,乃指人君之命是也。后世王者乃窃取其说而用之以作宰制天下,驾驭万民,兴巩固权位之工具。考儒之论治,是礼刑兼施,所谓"安土治民,莫善于礼",又谓"分争辩诉,非礼不决",欲藉礼让感化人民,使其成文质彬彬之顺民,而天下治矣。但"礼不下庶民,刑不上大夫",充任统治之士大夫虽接受礼为自肃之道,然而万民则非刑莫治。盖下民施刑,是以图保士大夫自身之淫威。此乃其致治之术也。然士大夫之施刑虽苛,而肯舍身抗衡以从容就义者,仍大不乏人,盖天性使然,其起也由于不公,其继也由于不平。我国历代野心之辈,其所以倡乱,或马上争取天下者,皆因其努力斗争所致,而绝非辞让之功也。

当今行宪伊始,假若图治,必先使人民全体起立,与操纵把持之军阀与贪官污吏作一对峙之势,使其不敢作威作福,而将人民应有之权利逐渐收回之,如是国事方有可为也。所以吾人不宜妄自菲薄,而应即时兴奋,将过去之遇事畏缩不前,或"得过且过"之人生观,或自诩为和平民族与自夸之自欺欺人态度一扫而尽之,而代之以一种新的动态,即养成参加政治活动的习惯是也。尤有进者,吾人应认清自身之立场,体察自身之利害与社会之需要,负起救亡图存之大任,参加政治活动,铲除封建贪污劣迹,而创造新环境,俾作改造命运与推动宪政之基础而后可。兹就先生对于人民作政治活动应采之方式分述于下:

(一)本当仁不让,见义勇为之道,凡目睹所及,敢发议论,俾作建造时代之理论的基础。

(二)组织各种社会团体,传授积极之理论,使人人理解其真义,而作政治活动之渊源。

(三)将舆论所确定之政治理论,积极推进立法运动,以制成新法案或修正固有之法律,俾作施行法治之基础。

(四)制造推行法案之舆论,而严厉监督政府及行政官吏,强令其执行法案,倘有敷衍塞责,或阳奉阴违者,应约集同志鸣鼓而攻之,以罢免其官职,务使行政人员就范于积极推行法案而后已。

(五)尽量运用司法机构之便利,以伸张社会与人民之正义。凡有营私舞弊之官吏,应自诉或告发于法院,以取缔其枉法为非之劣迹。倘法官有舞弊之情事,或袒护枉法之官僚者,应控告法官,务使其免职而后已。

(六)严厉维持法官与律师之风纪,违者除依法追究外,应制造舆论攻击之。但倘有敢言之律师与敢为之法官,则人民亦应制造舆论以拥护之,俾作社会之模范与正义之表率。

(七)我国贪官污吏固多,但贤明廉洁之良吏亦不乏人。人民对其应加拥护,俾作模范。夫如是,民主政治始可以建树,宪政始可以推行无阻。

二、完成宪政

先生谓宪政为各国政治演进之最前阶段,为封建政治与近代先进政治分野之鸿沟。宪法为保障近代先进政治之大法典,为一国之最高法律。凡立宪之国,其人民均上下一致遵守,以置国家于磐石之安。所有其他一切法律皆以之为成立之标准。凡法律之与其抵触者均失其效能。除法院由宪法所授予之解释与审判权外,任何之有权力份子,或行政机关,皆不得变更或干涉之。乃国人不谙宪法之精神,往往将其作御用工具,任意兴废,任意更改,致人存政举,人亡政息,一如往昔之帝王封建政治,使国政自辛亥鼎革以还,连年内讧,流血遍野,至今犹未止息。所以今后欲图政治之澄清,非实施宪政不可。兹将先生近二十年来对于宪政之主张择要略列于下:

(一)七七抗战以前之主张。

1. 由全国军人或其中之多数份子联合签订还政约法,愿将全部军权奉还于国家,无派,无系,俾便宪政之实施,而完成近代化国家之使命。

2. 由国家元老及各党各派决议召集国民代表大会制宪并由国民政府接收各军阀之军权,同时宣布实施宪政,及命令军旅各组军事维持委员会暂代保管军机,听候处理。

3. 由行政长官协助退伍军人组织在乡军人会听候国家整军之任用。

4. 依法选举各级长官,执行宪法,现役军人不得兼任行政长官。

5. 依照宪法设置各级民选立法机关,制订各种法规,以完成法治制度。

6. 各省市县区应筹设宪政促进会指导人民拥护宪法。

7. 联络各界组织宪政研究会作国民研究宪政及充作建议修改宪法之机关。

8. 各省县市应依照宪法之规定,另制订各该省县市之地方宪法或自治法,俾资地方自法之实施。

9. 联合各界组织言论团体,俾便制造拥护宪政之舆论。

10. 支援拥宪法之舆论,及拥护宪法之律师与法官。

11. 组织民众团体制裁违反宪政之一切势力与人物。

12. 关于宪法条文之解释与审判应由中央系统之各级法院行之,以中央最高法院之判决与解释为确定。(关于本项解释读者参照本章内之司法建设项)

13. 宪法施行若干年后,倘发现其有不适用之处,可依照原有制宪手续加以补充或修正之。

14. 宪法公布后,应严格施行,以后一切施政方针,及政治活动,均须依此进行,自政府以至于人民应一律遵守之。

15. 中国幅员辽阔,施行宪政后,各省县市区所成立之宪政促进会应努力向民间宣传,及解释宪政之意义,指导民众享受宪法所给予之权利。

16. 中国各地因交通不便,凡人民知识程度过低之地区,宪政得分期或分区施行之。

17. 宪法施行后,既经举国共同遵守,如有敢违背或破坏宪法者,除由检察官提起公诉外,全体人民应共起制裁之。

(二)现行宪法施行后之主张。

先生认为宪法既经完成,其主张亦随着时势而略有下列之更改:

1. 拥护现行宪法,促进其真义与精神之实施,盖宪法既成,不论其内容为如何必先施行然后可以发现其弊病,以其重点在于整个宪政制度之开始实施,而不在理论之检讨也。

2. 在宪政实施过程中，倘发现宪法有未尽善之处，以后可依照原有制宪之规定程序陆续修正或补充之。

3. 实行宪政，贵在民法之严密，与法院之健全组织，今后一切现行法规，必须经过法院最后之解释始得认为确定。所以行政以后各级法院之工作，必将倍忙，而非将加倍或按比例而增加其组织与数量不可；同时法官之质方面，亦必须特别加强，始可以适应此种非常转变之局势也。盖宪政虽为国人多年来所企图争取之政治目标，然而真能认识宪政之切实运用者，其人数尚不多也。所以行宪以后之最大问题，当为如何强化整个之司法问题也。

三、确立选举制度

古今世界各国除封建诸侯之马上得天下外，凡用人行政均采用三种办法，一为考试制度，二为选举制度，三为布道制度。我国过去除大局纷乱，时由强人把持政局或割据以自雄外，在升平之世，一律采用科学之考试制度，凡用人行政，均以考试为标准。乃自海通以还，我国屡受西方新兴文化之打击，人心动摇，致大势日非，卒至庚子而后，乃废科举，兴办学校。及至辛亥一役，军阀绿林辈出，凡百要政均为之把持，其虽有虚设机关，举行考试以为作求贤之态，而掩饰人耳目者外，一切要缺，均为军阀辈之王亲国戚所操纵，致不平者自鸣，甚至持械以对抗，而置国家于风雨飘摇之下，使人人自危，人人失信，政局愈演而愈无法收拾矣。此种弊病在考试项内已经略详，兹不多述。

至选举制度，则为人民直接投票选举行政长官之制。其候选人为由地方团体或政党作预选之得票数最多者充任之。凡大选之前，必先由各党各派举行预选，以决定其候选人员，然后以党之力量作公开活动，请求人民之同情，作决选得胜之准备。此种举动是为竞选之活动。及至大选决定后，当选者与失败者，均互相致慰，胜利者安慰其政敌，失败者贺祝胜利者之成就，以示彼此为公之至诚。及至就职之日，新任就职，旧任交替，豪无留恋。此为近代宪政国家之一般现象也。回顾我国，则考试制度已废，选举制度未兴，一切国政任由有力者之把持，国事何有不乱者哉？

至若布道方式，则为自19世纪以还，各国所渐采之新政治作风，以作中心政治理论之提倡，而利用此中心理论作执政之砥柱。此种趋势，为集政治，宗教，与教育于一炉而治之，即采基督教布道之精神及学校教育之方法，以布扬其中心理论，使人人彻底理解其真义，然后以其中之得道者执行国政，而贯彻其政治理论。其宣扬之法，为用口传，用报纸，用广播，朝夕如是，年年如是，务使人人理解其真谛而后已。其布道方式如是，然则其选人参政之方法为如何？曰，由听众内求之是也，盖凡专心致意接受其主义者，必为有心人，必为有抱负者，凡有抱负之人，必能牺牲，必能为其主义而奋斗，甚至可以杀身成仁。若辈起初仅为听众，继而参加宣扬,再由宣扬而贡献,而牺牲。其如是肯为主义而牺牲,乃成信徒中之优秀分子,则当可以受命执政矣。此亦为近代新主义国家中之一种选才方式。

先生对于考试制度仍主张保留,在考试项内业已另述,但其对行政长官及立法代议人,则主张选举,对党义及政治理论之陶冶,则主张采用布道方式,以集全世界三大制度之大成,而改善我国过去之腐化政制,其必须如是方能有成也云。所以先生对于选举有下列之主张:

(一)确定选举制度,中央及各级地方政府行政长官或立法议员,均应由人民直接投票选举之。

(二)凡中华民国国民年满二十岁者,应给予选举权,但不识字者及其他受法律限制之人,不得参与选举。

(三)选举应分为两种,普通政务长官应由人民直接选举之。普通选举应以区域为单位。其有关职业代表或专家之选举,则应以职业团体作单位依法选举之。其当选名额之分配,须依社会生活各方面之情形而规定。各种技术团体及各种专门学术专家均应取得最低限额之代表。

(四)选举概依照选举法办理,任何官厅或有力者之圈定或指定办法,应视为违法,而应加取缔之。

(五)在选举前之竞选时期,任何国民皆得用个人或政治团体名义自由发表政见。

(六)凡有选举权者,皆得为候选人,不受任何限制。

(七)普通选举以平等直接无记名投票方法行之。

(八)选举时候选人或政治团体代表均得到场监视投票开票。

(九)为防备选举舞弊起见,各级立法院应从速制订并交由政府颁布选举法,及选举舞弊惩罚法,以保障国家之威信。

四、实行人民立法

先生谓立法为国家主权之一部,乃近代宪政之基本手续,盖凡一政治制度之兴废,一施政方针之推行,或一社会组织之变更,皆以法律为根据,而近代国家之一切法律则又须经过立法手续始生效力,至立法手续则乃以民意为依归。所以凡提倡政治或经济新体制者或有志改造社会者,必先建立改造理论,再由理论促成民意,然后依照民意制成具体之法律草案,向立法院提出通过命名为法律或单行法,然后转送行政公署颁布施行之。此种法案除法院得以解释与审判,或立法院之自动修正外,任何其他团体或个人皆不得干涉或变更之。盖其效力与其他一切法律无异,所有行政手续均以之为依归,反是者则为越权行为,而不生效力,且越权之人应自负其责任。立法院及其所制定法律之尊严于此概见矣。然而我国,则过去仍处在一般封建状态之下,立法、行政、司法,表面上虽似分权,而实则行政万能,三权不分,所有行政长官,比俨若欧洲各古之君王,寡人一言可以立法,一怒而可以取消之,朝三暮四,使人民无所适从,而予其政敌与反对之口实,初而互相对骂,再而互动干戈,于是大势日非,在位者固然有过失,然其后起之企图继承者,则不独未能减除前辈之过失,其行为且恒有反而过之,致使我国政治日趋没落,而任由拥兵自豪之军阀操纵一切。若以近代政治学及法学原理衡之,则我国之法事,每成军阀之御用工具,而多数尚未经立法手续完成者,若要使手续完成,则必须将过去一切未经立法手续之法规加以追认,或另立新法以代替之而后可。所以先生谓要改造中国,对于立法,必须有下列之步骤始克有济也云:

（一）先生对国父中山先生主张之五权宪法,极有研究,认为现行之立法制度,实有未尽发挥国父之原意,而有修正之必要,盖五权宪法,应从中央一直贯通至地方,务须名称统一,系统一贯,始乃符合 中山先生之意旨也。比如中央有立法院,省县市亦应有其各级之立法院,而今则中央虽有立法院之名称,然而省县市,则有参议会或议会等名目,实有名不正言不顺之嫌,今为修正此种错误,省县市之参议会或议会等名称,应一律取消而改为各级之立法院,如省立法院,县立法院,市立法院等,以示事权与名称之统一。

（二）立法应以发扬宪法之精神与谋人民之福利为目的,其主要工作为依照民意及宪法之规定制定法律及法案以保障人民及国家之法益。

（三）各级立法院应采两院制,下院为动议机关,上院为审核机关,互相牵制,以图立法之平衡。

（四）法律之与宪法有抵触者,应一律修正或取消之。

（五）各级立法院之立法委员十分之九应由民选,其余十分之一由立法院自行通过聘请专家充任之,其发言权与当选议员同。

（六）各级立法院之上院委员应由各民众团体、文化团体及职业团体选举之。各级下院议员则由各政党提名,领导人民投票普选之。

（七）全国各省县市各级行政区域所设之立法院,是以制订各该地方单行法规为范围。

（八）凡关于各省县市之地方法规及省县市各级政府之施政方针,应由各该省县市立法院,依各该地方政府组织法之精神及民意之依归,制成法案通过,经省县市政府依法公布施行之。

（九）全国各级政府预算亦应由其所属之立法院作成法案,依法通过,经各该行政官厅依法公布,始得施行。

（十）行政公署非依据立法院通过之法案,不得由行政长官任意以命令充作法律施行政务。行政机关如欲施行某种政策时,应先向其所属之立法院建议,由其制成法案通过,经行政公署公布后,方得以命令执行之。

（十一）人民对于政府或政治有所建议时,不应直接向行政公署请愿,而应先向其所属之立法院请愿,促其将建议制成法案通过,交由行政公署公布执行之。

（十二）凡各级立法院通过之法案，其未经行政公署之颁布者，为未成法律而不得施行。

（十三）法律之解释与审判应由其所属之法院行之，其有关中央与地方关系者，由中央系统之法院行之，其有关地方法案者，由省市系统之地方及高等法院行之。

（十四）凡未经司法裁判或解释之任何法律条文不得认为绝对有效。

五、限制行政权能

封建国家，一切政治向采包办制度，立法、行政、司法权限不分，仅由一人独裁。我国向为封建之国，此种制度相传成风，今虽改称民国，而古风犹存，历届当道，其秉公理事者固多，然而以大权在握，枉法为非者亦大不乏人。此种为非之份子每希望人民各本其不在其位不谋其政之论调，以服从此辈之剥削。当今各国政治分权鼎立，彼此牵制，以成所谓宪政政治或简称法治，行政仅为政权之一部，何容若辈官僚军阀之把持哉？盖行政为本着宪法之精神，依照法律手续颁发命令以执行法律之职权。行政官吏之发号施令，均受立法与司法之牵制，其有违背此原则者，即为违反宪法，应受司法之制裁，盖近代宪政政治与封建社会之人治不同，缘以人治着重行政或命令之执行，而法治则着重立法之精神与司法之审核，即在人治制度之下，国家大权是操在各级行政长官之手，凡事由上而下，每由主管长官发号施令，言出必行，号令即法令，法令即法律，号令既出，不问是非曲直，除服从与执行外，别无他途，亦绝无敢抗议者。此为封建社会之一般现象，亦为我国数千年来之一贯作风，假使命令有错误亦须执行，将错就错，绝不可收回，盖一旦收回，即有碍于施令者之体面矣。

在人治之国家内，因命令错误而置人于损害者，其受害之人或其亲属，亦仅敢怒而不敢言。所以在人治之国，每因贪污吏之倒行逆施，致惹起大祸，而造成国破家亡之局者，在历史上何止一例？即我国法家之法治思想，亦不外此种独裁式之法治，或命令式之法治而已。因是，晚近由西洋传来之民主法治，亦每由国人误认为与我国固有之法式或封建人治式之法治相若，致使民主法治之大受其障碍，而不得易于施行，盖其误解命令作法律，误认独裁作民主，误会韩非子式之法治为近代民主法治，致使近代之民主制度难以推行也。

至若法治，则先生系指民主法治而言。所谓民主法治，是着重司法，即当每一件讼案，或每一种法律问题发生之时，先不必究问违法者是否犯法，即先审核法律本身之条文是否合理，倘若法律之本身既为不合法，则所谓违法者之讼案或法律问题即不但不成问题，而法律条文亦即应由法院宣告其失效矣。法律条文既经失效，则根据此条文而发出之命令亦当然无效矣。

所谓法律是否有效，则须审核其成立之时是否经过立法手续，而此种立法手续与法律之条文又是否有违背宪法之精神，及立法之原意，始可以断定也。此种审核与判断工作又为法院之职权,所以在民主法治国家内,法院之职权至为广泛,实有超乎行政权之上也。如是,人治与法治之最大区别即在于此,即在人治制度之下,行政万能,而在法治制度之下,则司法万能,其权能且可以指令行政也。所以中国今后施行宪政,必将从根本上强化司法制度使其真能秉公监督政府而后可。盖在人治制度之下,命令高于一切,而在民主法治制度之下,则一切命令皆受立法与司法之限制,必须经法院之审察其是否符合宪法之精神与立法之原意,始能断定其效力也。

先生且谓晚近民主法治尚着重"同意政治",或同意的法治,即凡一法案必须经过立法手续,而此种手续又必须经过多数人或其代议者之同意始得通过,及至法律之执行时,则极少数之人仍可持异议,仍可表示反对,而控告于法院,请求法院之解释或裁判,以视其是否有违背宪法之精神也。所以在民主国家内,人人有发言权,倘若其在立法时站在少数之地位而未得将其私意申述者,则在法案既成后,仍可以诉讼程序向法院请求解释或裁判之以示公平。此所以司法权至为巨大,而行政权至多受拘束者也。

先生谓吾人既图建设新中国,对于国家行政应有下列之主张:

(一)行政之目的为本着宪法之精神执行法律,行政公署不得以命令作法律,或以命令取消法律,或颁发无法律根据之命令,或干涉司法。

(二)为确定宪政制度及行政之制度化,所有因人设制之机构,及一切重复之行政机关应行取消,以示划一。

(三)行政公署或行政长官,倘不依法执行政务,即谓之越权,依人民或监察院之控告应受法院之制裁,各视其过失之轻重,酌予处分,或免除其职务。

(四)行政公署或行政长官因越权执行政务,致损害人民之法益者,应负赔偿之责任。

(五)在宪政国家,司法权操于法院,仅有法院可以依法限制人民之自由,倘行政公署或其长官,如有越权或非法干涉人民之财产或自由者,应由监察院弹劾或控告之;被害人亦得向法院诉请赔偿损失。

(六)行政公署对政务拟有所设施时,应预先咨照同级之立法院制成法案,交由行政公署依法公布后,始得以命令执行之,否则应认为越权行为,而不发生法律上之效力也。

(七)倘若法律之根据,行政公署不得揽权接受人民之请愿或诉愿,人民之请愿,倘有涉及施政方针者,应导其向立法院行之;如有涉及司法者,应导其向法院提起诉讼请求裁判或审判之。

(八)为严防行政公署之越权侵害立法及司法权限起见,凡行政公署如不依法执行政务,或有其他之越权行为者,应受监察院之弹劾及控告,及法院之制裁。

(九)各级行政公署之政务长官,应一律民选,连选得连任一次,或至多二次,期满应行交卸,其有藉故把持者,应受司法之制裁。

（十）民选长官只限资格年龄不拘党派。

（十一）各级政府之文官及事务官，及中央之外交官，得由各级政府依法任免之，但其资格必经考试或铨叙有案及经行政会议通过者始得任用之。简任以上之事务官及外交官，则须由各级政府之立法院提议通过，交由行政公署任用之。各级文官及事务官均不得作政治活动。

（十二）事务官无辜不得被免职，倘其服务若干年后，退职时应酌予退金，或特别年俸。

（十三）现役军人不得兼任行政职务，免致其利用权势而把持舞弊。现役军人倘愿参与行政职务者，应先取消其军人身份。

（十四）行政用人手续除民选者外，应咨询铨叙及考试机关转送任用。凡资格不明之人，不得任用，违者得由人民向监察院或法院控告取消之。

（十五）为求行政之收效，及解除人民痛苦之便利，各级政府或行政公署，应分别附设政治参谋本部，（即政治智囊团），俾作调度政治工作之枢纽。各级行政长官应随时请求该政治参谋本部之彻底协助。其办法如下：

1. 政治参谋本部之工作分为企划，调度，情报，及统计四项，直隶于各级行政长官，为各级政府首脑部门，其职责为协助长官调度一切行政事宜，以求行政之效率。

2. 政治参谋本部之企划工作为设计，有若昔日幕府制度，其工作应选择学问与经验丰富之人充任之。

3. 政治参谋本部之调度工作为协助政府执行政治计划，由富有行政经验之人充任之。

4. 政治参谋本部之情报工作，为在各地广设情报网，收集各地行政及其他地方消息，供给本部企划组做行政设计之资料，以便随时作改善行政之参考。本组工作应由情报专家充任之。

5. 政治参谋本部之统计工作，为聘请统计专家收集全国各地有关政治之统计，俾作改善行政效率之参考。

六、健全司法制度

先生谓司法为近代法治国家三权鼎立中之最高权能。立法权虽高，但其所建立之法律，法院可以裁决之为违宪法案，使其失效。行政权虽大，然而法院亦可以裁判其政令为越权行为，使其失信。所以在近代法治国家内，司法权实高于一切也。所谓三权鼎立者，乃立法，行政，与司法之彼此对立，彼此牵制，以防范野心之操纵政权为是，盖近代国家系从中古流行之封建制度脱胎而来。在往昔封建制度之下，君权高于一切，立法、行政、司法不分，所有全国军政大权，均操纵于少数统治阶级或君王一人之手，若辈以大权在握，乃为所欲为，每致使大局日非，旋以海洋交通发达，民智渐开，中产阶级突兴，不满意现状者日众，于是齐起革命以推倒此腐化之封建残局。封建势力受此打击,乃渐形崩溃,遂为时势所迫,乃矢天发誓,承认国民参政之要求,并将诺言记在约章,是为宪法,以示其永不反悔之意,而成今日之所谓宪政政治。然而封建之局既倒,新兴政治之拥护者仍恐其死灰复燃,于是创建三权鼎立之制,以防止封建残余或其他任何势力之伸手操纵。此乃近代三权分立宪政制度所经之历程也。18世纪以前,欧洲各国之政治制度亦一如我国,常操于君王及其封建分子之手,但近二百年来,欧人已渐将其封建政治推翻,而代之以三权制度。其试验颇见成功。反观我国,则虽曾经历次表面之改革,然而实质上,则一切制度仍停留于一般封建状态之下,一如二百年前之欧洲,凡遇有重要案情发生,不独人民不敢过问,即使法院亦无此勇气以审核之,盖过去在封建势力把持下之中国,一切军政大权每操诸军人或拥有特殊势力者之手,其对于一切政务无不加以干涉,何独司法?至较小之司法案由,为一般军阀之无暇兼顾者,则由其走卒所操纵,致三权绝对不能分立。倘三权不分,则法治实无由推展。然而欲使军阀还政于民,则国人务须先问自己是否配享此权利,然后始可以接受之,盖近代国家之国民,人人敢为天下先,敢以力争正义,肯以身试法,肯杀身以成仁,所以在其国内无敢操纵政权之军阀,坏人不敢抬头,于是国政三权鼎立,而法治行矣。回顾我国,则人人不敢为天下先,人人只有后退,而不敢前进,结果坏人操纵,而大道不行矣。所以我国政治之不上轨道,是谁之过欤?今后我国企图法治,必须培养人人敢为天下先之精神,人人敢与军阀拼一个尔死我活之决心,再由培养敢作敢为之律师与法官,使其敢以身殉法,再而图制度之改善,则我国之司法前途,始有可观也,所以先生对我国之司法有下列之主张:

(一)司法应以执行宪法为中心原则,法院处理一切讼案应先认真审谛其有无涉及宪法问题,即应先审核涉讼之法律条文是否抵触宪法之真义与精神,以断定该案之可能成立与否,倘若发现其无违背宪法之处,则该案当可准予进行,倘若察觉其有违宪之处,即可宣告该条文之失效,同时制止该讼案之进行矣。

(二)提倡宪诉政策,使律师对于一切讼案,如有发现其涉及宪法范围者,必先提起宪事诉讼,请求法院先解决宪法问题,然后再图讼案本身之进行。

(三)提高司法权限,使法院对行政法令,及新成立之法案,得应人民之请求,予与解释及审判,如发现其与宪法有抵触者,得奖其宣告无效或废除之,务使其监督政府及牵制立法机关之越权行为。

(四)保障司法之绝对独立,使其不受任何政治或军事势力之支配或干涉,但法院执行职务不慎致使人民之生命财产受不当之损失者,应负赔偿之责任。

(五)军事或行政机关,如有越权侵占司法权限者,应一律归还法院办理之。

(六)除治军应有军事法院之设施外,所有军事机关内附设之司法机关或制度,应一律废除之。

(七)军事机关如有非法干涉人民,或逮捕人民者,应受军事法院之制裁。

（八）人民如有因军事机关之非法干涉而受损害者,得向中央系统之地方法院提起诉讼,以便该法院知照军事法院民庭,会审裁判之。

（九）人民如有违犯军法者,应由中央地方法院会同军事法院民事庭审判之,但人民除犯军法外,如有其他一切犯罪行为,均为普通刑事犯,而不得受军事机关之审问,或受军事法院之裁判。

（十）行政官厅或党政机关,及其主持之官吏人员等,如有非法干涉或逮捕人民者,依人民之控诉,应受法院之制裁;地方官吏应受省法院之审判,中央官吏及省府高级官吏及其他特任官吏,均应受中央各级法院之审判;其他一切行政诉讼,如非法免除僚属职务,或以行政处分法益,致损害人民之权利者,亦应分别受省市及中央各级法院之制裁,及负赔偿损失之责。

（十一）为切实推行宪政之精神,及保障人民之生命财产与自由,全国应只有一种刑法,凡宪政国家,除正规之刑法外,不应再有任何其他之特种刑法,所以我国现有之一切紧急治罪条例,及其他局部之特别或特种刑法,应一律废除之。

（十二）修改现有之民刑诉讼法,扩大人民之自诉权,并酌采公民陪审制度,以保障人民之法益。

（十三）改组现有之检察制度,使其脱离司法系统而改隶属于监察院,以监督及协助法院执行司法职务。

（十四）中国领土辽阔,人口众多,现在司法制度,原系采仿领土狭小之邦国如日德等国之制,每处理一讼案,倘经三审,常因地域距离过远,交通不便,经年累月,尚未完结。人民偶一涉讼,劳民伤财,山高皇帝远,有望洋兴叹之感,甚至闹到家散人亡,仍未得了结。实有违背司法保障人权之真意。贻害莫此为甚。故此种制度,绝不适于人口众多及领土辽阔之巨大的中国。所以先生特别提倡改组现有之法院制度,将法院分为四种系统,即治安法院,省市法院,中央法院,及军事法院四种,以适合中国的环境,其组织系统如下:

1. 设立地方治安法院。依照司法独立之精神,废除现有公安局或警察局内附设之司法科,而另设地方治安法院代替之。治安法院不设院长,仅设推事一人及助理二三人,不论市区或乡区,凡由五万至十万人口之区域应酌设一处。凡管辖区内之地方单行法规,与违警罚法案件,及民事案件诉讼标的在二百元以下者,均应划归其审理,务使其利民而补充现有司法制度之不足。

治安法院兼办理非诉讼及公证职务,如登记契约,房地转移,婚丧证明,及其他有关法益事宜,俾便保障人民之权利而增加法院之收入。

现有之警察制度系属行政范围,故亦可协助治安法院兼办司法警察任务,由警察局酌拨人数充任,受法院之指挥,以执行司法事宜;至缉捕凶犯时,法院亦得指挥其他警察协同办理之。

警察局之司法科既经取消,则其原有之经费,应扩充治安法院之开支。

为节省经费计,治安法院推事之酬报,应以现有之警察分署署员待遇相同。

治安法院判决之案件,得上诉于地方法院作为终审。

2. 改组现有之省市法院。每省应自行司法独立,而各设一独立之最高法院,并于其省内直辖之下,全省分设若干省属之高等法院,即每一旧道或一府之管辖区,各设一处,每县设一省属系统之地方法院,以办理普通民刑案件,及裁判本县及本省之单行法规。所有省属地方法院之判决,得上诉于省高等法院,及终审于省最高法院即作了结,免致转呈中央,徒费时间而劳民伤财。

特别市直隶于中央,与省立于平行地位,其司法亦应独立,而不应隶属于省系统之法院。所以在特别市内,除分区设立治安法院外,应视人口及案件之多寡,另酌分区设立若干地方法院,或若干高等法院及一最高法院,以办理本市内之一切民刑案件及单行法规之司法事宜。其办法应于每一警察管辖区内设一市地方法院,每百万人口设一市高等法院,每五万至十万人口设一市治安法院,全市设一市最高法院。凡普通民刑三审案件均应于本市内三审终结,而免除旧制之一切弊病。

3. 设立中央系统之法院。中央系统之法院为先生建议之一种新式制度。为贯彻中央之主权于全国各地区域,除各省分别设立其自有之法院外,中央应另设中央系统之法院于各省,以保障全国性之人民与国家之法益。中央系统之法院应分中央地方法院,中央高等法院,中央最高法院三种,亦作三审制度。中央地方法院酌设于全国各通都大邑,及特别市内,其职务为专审理宪法案件,及中央特种法规,如行政法,海商法,国籍法,各国通商事宜,缉私漏税案件,中央在各地直辖机关之司法案件,或省与省间之争议,省与特别市间之讼案,及其他关于国际条约问题,或中央直辖范围内之其他案件。凡有此项讼案发生时,即于中央地方法院作第一审。

中央系统之法院除在各处分设地方法院外,再设中央高等法院于各省或特别市内,计每特别市,或每省各设一院,就近接受中央法院之第二审案件,以便利于人民法益之保障。

中央最高法院高于首都,专为接受中央法院第二审之上诉案件。至普通民刑诉讼,即于各省或特别市内自设之最高法院作终审,而不应划归中央最高法院之范围,俾便节省人力财力物力与时间;但各省最高法院为审判普通民刑案件,及省市县政府组织法等问题有所疑问时,得呈请中央最高法院作条文,或学理上之解释,以凭审判。

4. 设立全国统一性之军事法院。此亦为先生之主张。为统一全国军事审判事宜,中央政府应在各驻军防区,设立独立之军事法院,凡军人犯法应由宪兵检举送交军事法院审判之。在军事时期内,军事法院应加设随军法院,以审判军人之犯法事宜。

(十五) 各系统之各级法院应斟酌案件之多寡而增设专庭,以免案件之拥挤。

（十六）为符合宪政之精神，除上述之四种法院外，所有其他之一切特别或特种法院应全部取消之。

（十七）法院审理讼案时，法官应仅负裁判之责，其审问口供，应由双方律师对调行之，如审问原告时，应先由被告律师行之，再由原告律师复审之；到审问被告时，则应由原告律师之再由被告律师复审之，以示公平。双方律师审问完毕后，即由双方律师举行辩论，及至辩论终结，则由法官裁判之。

（十八）凡被押之嫌疑犯人，执行司法者，不得向其施刑强取口供。

（十九）凡证据不足之嫌疑犯人，法院应本着宪法保障人权之精神，及国家爱护人民之宽厚作风，一律依法释放之。

（二十）法官资格应酌量提高，以造成真正法治之人才。

（二十一）法官待遇亦应按生活水准酌量提高，但同时禁止法官在外兼职以免贻误公事。

（二十二）各级法官及院长，应一律由人民就律师中之曾执行律师职务十年以上者选举之。法官任职除贪污经弹劾有证而免职者外，应一律改为终身职，不得由行政长官随意任免之。但军事法院院长及法官应照军事法规任免之。

（二十三）实施公证制度，及提高律师地位，凡非诉讼之法律事件，均得由律师负公证责任解决之。

（二十四）提倡改良司法与拥护司法之舆论，及倡导人民之正义风，凡急公好义，或主持正义之律师与法官，人民应以全力拥护之。

七、确定考试权能

先生谓用人行政，在封建国家，原为君王之特权。当今各国施行宪政，君主还政于民，国家用才，任人选举。其办理例行公务之人员，则由考试录用之。我国向为封建专制之国，用人向由君主独裁，其选才之法为科举，而今改建民国，长官本应民选，奈因军阀把持政权，任用私人，以便暴敛，致长官均为戚党。其所谓考试以取材者，不过掩人耳目而已。当代宪政国家，考试为行政之一部，其目的为广罗人才，依宪法之精神辅助国政，以图人民之福利。我国父中山先生独倡五权宪法，考试划归专权，本应有所建树，奈因旧习一时难改，致使考试制度未能与立法，司法，及行政诸权互相配合，实属遗憾。所以先生谓今欲图补救，考试能有彻底确定之必要，务使国家用人有所遵循而后可。兹列述先生之主张于下：

（一）为贯彻国家之考试权，中央应从速修正中央与地方考试及铨叙条例，事务官任免及退职条例，以资实行。

（二）为贯通考试制度之真义，中央设考试院，省县市亦应分别设立省考试院，县考试院，及市考试院，分工合作，以示事权之一贯，而期达国家至治之目的。

（三）调整学校毕业与考试制度，查世界各国用人行政之选举方法有二：一为我国固有之考试拔取人才办法；二为晚近由西洋传播东来之人民直接投票普选方法,前者以考试及格为当选,后者以得票最多为当选。考试制度原发明于我国,现已传播于全球,各国事务人员之作用,亦常以考试作标准。至普选制度近亦由于我国之施行宪政而采用,但我国既仍重视考试制度,并将考试列为国家政务五权之一,则现有之用人制度应有从新调整之必要,盖我国自辛丑以后,即废除科举,而设立学校,国家用人,即以学校毕业为标准。今者毕业与考试并用,事属重复而具有矛盾性,故二者之重新调整,是所必须矣。

（四）据先生之主张,国家既仍着重考试,则以学校毕业作从政资格应行取消,盖近代国家,教育与参政是截然两事,而非一体,只有我国固有之错误传统,始将教育与参政混为一体,而向以教育为造就官僚之工具;但宦途狭隘,教育愈发达,作候补官僚之士大夫愈多。所以历代当局,向不敢普遍提倡教育,以士大夫为不事生产之份子,倘其产量过剩,则必将危害社会,盖以其僧多粥少,竞争激烈,一旦任职,则非贪即污,怨声载道矣。今为补救此病,必须将教育与参政分离而后可,即取消学校毕业资格作从政资格,凡独立长官,必须经民众普选得票最多者始得任事,至文官或事务官则必须经考试及格者始得任用,其考试程序,应如下列纲要:

1. 考试应分初试、中试与复试三种,初试以流行之政治理论或公民常识与政治常识作试题,为思想与常识之考试,在县市举行之。中试为学科或专门技术之考试,在省及特别市举行之。复试为拔萃之考试,在中央举行之,凡初、中试不及格者,不得参与复试。初试及格者得充委任职,中试及格者得充荐任职,复试及格者得充简任职。凡考试不及格者,仍得参与下届考试。

2. 从施行新考试制度时开始,应规定二年至三年为全国推行普考实施之期,在此期间内除简任职以上之公务员及民选长官得以免试外,所有全国公务员及其他有志从政者,应一律参加考试,及至全国考试完毕后,所有公务员应一律按考试及格人员之资格任用,其有未经考试及格者应一律免职。

3. 以后考试制度之县（初）试与省（中）试应每年举行一次,中央（复）试应每两年举行一次。

（五）考试制度应根本改组,现有之委员制应全部取消,所有考试应由考试院函聘专家命题阅卷,以资公平。中央考试院应全部改组,各项委员会等名义应一律取消之,其职务亦应予缩小。中央及各省县市均应分别按级设立考试院。中央考试院设铨叙与考试部;省与特别市考试院设铨叙局及考试局;县与普通市设铨叙科及考试科。如省县市因经费不充裕,因而不能单独设局科者,应合设一机关俾便执行。

（六）铨叙机关为审核公务员资格,记录事务官功绩,及登记人才之处所。凡考试及格与经审查免试合格之人员,应将名单送往该机关登记以凭任用。以后政府各机关除由民选长官及聘任人员不适用此办法之外,凡任用某项人员时,应先函谘铨叙机关询问,是否有该项记名人员,倘有之,应谘复来函机关,将候补人名送往,以便任用,倘记名录上无是项人才时,则应转谘考试机关临时招考,以备任用。

(七)各级政府之铨叙机关,为考核其所属之公务人员成绩,俾作阶级升降、职务任免,或人事转动之记录,应作用铨叙员秘密调查公务员之功绩与劣迹,并制成报告以便随时供行政公署之参考。

(八)临时考试应以用人为标准,行政机关需用雇员或技术人员时方得依铨叙机关之复函委托考试院临时招考,其不需用人员时考试院不得任意考取。凡应考被取之人员就一律送委托之行政机关任用,否则被取者得依法向法院控告政府要求判令任用。

(九)临时考试应分中央与地方两种,中央各机关用人由中央考试院招集之,省县市公署用人,由省县市考试院分别招考之。

(十)考试应以机会均等为原则,应试人员既凭考试录取,应不受文凭或学校资格之拘束,亦不得受党派或阶级之限制。举行考试机关如有违犯此原则者,应得由应试者控告,由法院制裁之。

(十一)考试权仅限于录取文官及专务官,其民选长官及聘任人员,不受考试权之限制。

(十二)凡经临时考试任用之人员,无辜不得被停职。行政公署如有违背此原则者,得由被害人依法请求法院判令该公署收回成命,及赔偿损失。

八、充实监察制度

先生谓监察制度,在封建国家,原为君王特权之一,以其一统君权,恐有持异议之辈出,乃遣派专使巡游监察,以防万一。在立宪国家,监察权则属于人民全体,由立法机关代行之。我国首创五权宪法,乃划归独立,本意至善,惟现行之监察制度,以权限不清,责任未明,一如已往之封建监察制度,遂演成一种不秦不周之怪现象,盖在近代宪政国家监察权既属于人民全体,若官吏有贪污枉法之事,人人均可提起公诉,或联合弹劾,以儆效尤。回顾我国,则监察人员由封建权贵委派,其地位与其他官僚无异,是则官僚枉法,而监察官僚者仍为官僚,官官相护,人民有冤而不敢诉,恐有触犯官僚之尊严而遭不测之祸。所以监察制度非彻底整顿不可。

查监察制度在近代国家之目的,是为保障宪法之尊严。我国监察制度既经独立,是则其权限须划分清楚,中央与地方均应分别设立监察院,其在中央者为中央监察院,在省者为省监察院,在县市者为县市监察院。所有边邑地方亦应依法成立边地监察机关。

监察权应分审计与检察二部,前者为审核政府之会计,后者为检举枉法为非之官吏,故各级监察院之内部应分两部执行职务,即审计与检察是也。

近代民主宪政国家,监察权原属立法机构执行,检察权则由司法代办,我国固有之政治传统为封建集权,恒集全国军政大权于一人,为无上之君王,晚近经辛亥革命而号称共和,但其固有之传统根深蒂固,绝不能于短期间内可以抛弃而接纳外来之新制,每致演成不古不今,不中不外之畸形制度,当今正在国家改制之时,先生以现有之监察制度为未尽适宜,而有下列之主张:

(一)先生谓现行宪法将监察院改为立法院之上院,是与中山先生提倡五权宪法之原意不符,盖中山先生鉴于三权之缺憾,乃特创五权之制,而今宪法既着重五权,是则监察权仍须独立,而不应将其变回立法之附庸,无形中取消其独立性,使其回陷于三权之覆辙,实有不当,故先生主张现行宪法有关监察之部分,将来应提出国民代表大会修正之。

(二)先生不独主张监察权仍须独立,且主张各级政府亦须设立监察院,由中央政府直至各省县市政府均应贯彻其独立之监察制度,中央有中央之监察院,省有省监察院,市有市监察院,县有县监察院,分别执行其独立之监察权。

各级监察院之组织与职务如下:

1. 中央监察院设审计部,省院设审计局,县市地方监察院设审计科。
2. 中央监察院设检察部,省院设检察局,县市地方监察院设检察科。

(三)各级监察院为人民之独立代表机关,不受任何行政机构之干涉或指挥,其在法律上之地位与各同级之行政机关平行。其主要部门之首席长官应由民选,如监察院长,审计部局科长,及检察部局科长等,均应由民选。其被选之资格,为曾经执行会计师或律师职务十年以上,或曾任法官五年以上者充任之。

(四)中央政府及中央直辖机关之决算,应由中央审计部审核之。省决算归省院审核之,市决算及会计归市院审核之。县决算归县院审核之。

(五)现有之监察委员制度应全部取消之。其职权由各级检察部,局或科分别执行之。中央官吏之犯法者,由中央检察部向中央立法院弹劾之,或向中央系统之法院检举之。省官吏由省检察局向省立法院弹劾之,或向省系统之法院检举之。县官吏由县检察科向县立法院弹劾之或向县地方法院检举之。

(六)改组现有各级法院之检察制度,将其隶属权,由司法系统移至监察系统,并将其职务划归监察院管辖,而由监察院之检察部,或省市之局或县之科分别执行之。

(七)检察部,局,科,之职权有三:

1. 向立法机关提出弹劾贪污枉法之官吏。
2. 检举犯法之官僚,如发现官吏有犯法行为,或由人民告发者,应即分别向中央系统之法院,或省县市系统之法院提起公诉惩办之。
3. 检举其他普通刑事案件,及人民告诉之刑事讼案。

(八)检察部,局,科之职权即现有之检察权,加上现有之监察权,亦即将二者合并而为一之专权;简言之,即检察官不独对普通刑事嫌疑犯人得提起公诉,其对官吏之渎职贪污等亦应一律加以检举之。

（九）官僚之既经弹劾,或提起公诉者,应暂行停职,倘宣告无罪时,得再行复职,但宣告有罪者,即自动永久免职。

（十）检察部,局,科,对官僚之提起公诉,应以各级监察院长代表国家或者县市名义行之,普通刑事检举案件应以各级监察院之检察长代表国家或省县市名义行之。

（十一）各级监察院各设检察长一员,均应由民选,以一年或二年为期,期满连选得连任一次或二次,检察部,局,科,视事务之繁简,得各设检察官一员,至若干员,任期无限,其任免由检察长呈请监察院长,转请同级之立法院通过,由同级之政府依法公布之。

（十二）检察部,局,科,执行职务时,得指挥当地警察协助之。

（十三）检察官行使职权感受法律之保障,检察官所弹劾或检举之官吏,除故意陷害忠良外,不论被告之罪名成立与否,检察官概不受处分。

（十四）取消现有之行政法院,及其他类似名义之司法机关。监察权既经独立,司法既有中央与地方系统之法院,可分别兼办审判各级行政官吏之犯法行为,是则公务员惩戒委员会,及行政法院等组织,应一律取消之,以免权限之重复而破坏统一。

（十五）为互相监督,及彼引牵制起见,监察及司法人员如遇有枉法行为时,得由人民分别向各级立法院直接弹劾,或向各级法院自诉之。

九、修明内政

先生谓封建国家,君为天子,官为主宰,民为仆役,凡属权利者,尽归官享,其属义务者,均归民负。所谓内政,仅凭一人之喜怒以定局。中国向为封建之国,凡读书之人,均乐意于官,盖其享受独厚也。如是,人人结党营私,贪污枉法,无恶不作,上蒙君主,中贿同僚,下压百姓,致使田野荒芜,民不聊生,盗贼横行,内乱时作时止。晚近忧国之士,结合同志,问鼎中枢,遂成宪政运动,但若辈官僚把持如故,于是今日之国是问题,仍本十九世纪末叶之变像,一筹莫展。晚近之要求开放政权,还政于民,实施宪政诸项问题,何一非近五十年来国人累向清廷所建议,而未得实施也？察诸今日之事实,宪政虽已开始施行,然而缘于朝野上下之惯于旧习,前途障碍依然甚多,非将于短期间内可以解决者。所以吾人理想之宪政,亦恐非于短时期内可望实现也。倘吾人欲排除目前障碍,则非逐渐图内政之改进,以作基础不可,于是先生乃有下列之主张：

（一）为配合宪政之切实施行,促进人民福利,及社会之安宁,全国应从速施行地方自治。

（二）我国过去政治上之一大病态为中央与地方政治之权限含糊不清,方针不定,致常发生种种障碍,今为贯彻地方自治,中央与地方行政应划分权限,并应由宪法加以保障,除外交、军事,及其他具有全国性之政务中央应加保留外,其余之一切地方政治,如地方立法、行政、监察、司法、考试、教育等项,应划归地方自治施行,中央仅保留其设计与指导权即可。

(三)为便利地方自治,及防备地方封建势力之养成,各省行政区域,应行缩小,或重新划界,使民情、语言、风俗、习惯相同,或地域有特殊性者,同划为一行政区域,以顺民情,而利行政。

(四)为铲除封建残余势力,使国家完成其近代化之使命,施行地方自治,应依照下列政纲进行之:

1. 由各政党组织地方自治指导委员会,从事参加各级地方自治,由村自治直至省县市自治,以作地方自治之基础。
2. 规定地方宪法(即地方政府组织法或地方自治法)、选举法,及单行法规。
3. 加设地方自治机构,如立法院、考试院、监察院及法院等。
4. 由各政党参加竞选地方长官。
5. 举行地方人口及职业调查。
6. 划定地方财政,使省县市各有其充分之财源以发展其地方事业。
7. 筹划地方建设。
8. 开发地方利源。
9. 增进人民生计福利。
10. 促进方地卫生设施。
11. 训练地方警备队,以维护地方治安。

(五)倘全国同时实施宪政不易举办,则每省应选择一模范县或市,先行试办,将宪政应有之一切设施先行完成,以观其效,然后逐步推行全省,而及于全国。(此为行宪以前先生之主张)

(六)为促进地方自治,中央应规定人民政治活动条例,许可人民自由集会,结社,以参加政治活动,使其不受行政手续之拘束与干涉。

(七)各级政府之责任,为执行各该行政区域内立法院制定之法案,其对于人民之生命财产自由,除法律有规定者外,不得加以干涉之。

(八)各级行政官吏如有越权干涉人民之权利者,应依人民之控告,受法院之裁判。

十、实施地方自治

先生谓当今行政伊始,地方自治实为迫切之问题,然而实施地方自治必先明了近代宪政政治与封建政治之区别而后可,盖地方自治为近代宪政政治之一步骤,过去之委任吏治则为封建政治之残存形态。二者之间,必须分析清楚,然后宪政始可以施行顺利也。考其二者之区别有下列数点:

(一)出发点之不同。封建政治是以君王或独裁人主之自我意志或其所代表之阶级作出发点,即所谓人治。宪政政治则系依照宪法之规定,以全民意志为基础,亦即所谓法治。

（二）政权行使方式不同。在封建社会,行政权高于一切,举凡立法,司法,监察,考试,均由行政长官包揽,实无分权之可言。在宪政制度之下,每一行政区域,各就其政权之性质,而分立法,司法,行政三权,或加考试监察等共为五权,彼此分立,互为监督,各保平衡,以资协调。

（三）代表利益之不同。封建之行政乃代表王侯或军阀个人或其特殊阶级之利益；而在宪政制度下之行政,则是以多数人民之利益为前提。

（四）官吏之产生方法不同。封建政治崇尚统治,其一切行政长官,皆由拥有封建武力之君王或其代表所委任以统治人民,而宪政政治则长官由民选,实行自治,其制定宪法及各种法案以防止军阀或其他统治者之剥削。

我国政治,向具封建形态,数千年来,皆为循环复演,而无若何特殊之进步。自海通以还,虽受宪政思潮之影响而企图维新,但权贵执政诸人,因昧于外情,而恒表示反对,致使其固有之体制,依然根深蒂固而不易于改革。幸今朝野渐趋一致,共认宪政为中国今后之出路,乃决意改制。但改革制度必须彻底,必须从根本着手,而根本改革,则端赖地方自治之彻底施行。所谓地方自治,其范围甚广,自省与特别市,而至县市以至村镇,皆为自治之阶层,凡地方与上级行政区域之关系皆由宪法为之规定,互相联系,各不得逾限而互相侵犯,倘有摩擦之处,则由立法为之调整,或由司法为之解释,独不得由行政藉故而加以干涉焉。兹就先生对省县市自治之主张分列于下：

1. 省县市或特别市最高行政长官之委任制度应根本废除之。

2. 省县市或特别市自治,必须有其自治之基本法则为之批示。此种基本法则为地方宪法或自治法则。所以施行地方自治,必先制定地方宪法或自治法则。

3. 地方宪法或自治法则应本着中央宪法之规定由地方参议会或地方人民代表制订之。

4. 地方自治与中央政治应联成一体,中央之五权宪法,应贯通到各级地方政府,即中央政府设立法、司法、行政、考试与监察五院,各级地方政府亦应按规定制度设立之。关于五权宪法之贯通办法,已在本章内之立法,司法,与行政各项内详述,希读者参照之。

5. 各级地方参议会依法制定地方宪法草案后,可先将草案公布征求人民之批评,并约定时间由地方人民投票通过之。

6. 地方宪法立法手续完备后,应由地方参议会咨送地方政府公布,同时由地方政府呈报上级政府行政机构备案。

7. 地方宪法既经公布后,当地各党派招集联席会议决定候选人员参加竞选行宪后之地方正式立法委员。

8. 地方立法委员选定后,由同级之地方政府召集之以组织地方立法院,同时原有之地方参议会应自动宣布解散,并将其应移交之公牍咨送新成立之立法院。

9. 地方立法院成立后,各党派应再进行竞选地方行政最高长官及其他之地方各院院长。

10. 各长官既经选定后应由其各自筹备或进行接收其所负责之各院,及至成立后,分别向其直辖之上级院方呈报备案。

11. 各长官就职时应分别宣誓以至诚拥护宪法及保卫国家。

12. 地方立法院成立后,应依照地方宪法或自治法之精神进行制订,追认,或修订,各种地方单行法规,及审核地方预算等立法工作。

13. 地方行政方案,及单行法规经地方立法院通过后应咨送同级之地方政府公布施行,并同时呈报上级政府备案。

14. 地方人民因事请愿,或对地方政务有所建议时,应由地方立法院接受之,并于可能范围内制定法案咨送同级之政府公布施行之。

15. 地方单行法规之初步解释,应由地方司法系统之地方法院行之。

16. 地方行政诉讼应由地方系统之地方法院接受之作为第一审,但地方弹劾案件,则应由地方法院接受提出之。

17. 地方人民在不扰乱治安之原则下,有绝对集会,结社,议论,与信教之自由,地方政府不得藉故干涉之。

18. 地方宪法,或自治法则,不得与中央宪法或其他之中央法规抵触,但中央之宪法如有缺陷之处,亦得按其原有之制宪手续修改之,或补充之。

十一、厉行村镇自治

先生谓中国向以农业立国,农民占人口总数百分之八十以上,均集居于农村之中,国家之安危,为农村是赖,盖风调雨顺,农民安居乐业,国泰民康。水旱成灾,则农民思乱,而国家堪虞矣。所以农村为中国政治最基层之组织,亦为至要之组织,一旦失调,即将致乱矣。先生自小生长在农村,深知农民痛苦,所以对于村政亦甚为关心,而有下列方案之建议:

(一)村镇自治区域应从一百户以上为基础,其不足此数之农村,可与邻村合组村公所,作联村治区。

(二)各省立法院应依照中央政府颁布之地方自治法规制订村镇自治法。

(三)村民依照村自治法组织村公所、村议会、村裁判所、村监察及村考试等机构。

(四)村公所设村长一人、副村长一人、文牍二人(一正一副)、村财务委员三人至五人、庶务二人(一正一副)。

(五)村长副村长由村民直接普选之,其竞选人由村民十分之一以上之签署参加之,以得票较多者为当选。

(六)村长副村长以下各人员由村长提名由村议会通过任用之,其职务为协助村长办理一切村行政事宜。

（七）村财务委员应组织委员会协助村长办理村内一切财务事宜，如制订村预算，筹划村经常与临时等费，并制成议案咨送村议会通过施行。

村经费之收入，着重村公益捐、村地租、村合作营业收入，学费、娱乐费及其他临时收入。

（八）村公所附设下列机构，协助村长办理一切村建设事宜：

1. 附设村民学校及书报阅览室，俾便教育村民子弟及提高村民知识。
2. 附设村警务所，负维持村治安及预防火灾等事宜。
3. 附设村建设委员会，负责办理修路、植树、垦荒及救济等事宜。
4. 附设村民服务处，专为村民介绍职业，及谋社会福利事宜。
5. 附设村医务处，特约医士为村民治病，及购备药物供应村民使用。
6. 附设村社交堂，供应村民办理婚丧及娱乐事宜，并按时举办村民演讲会、村民体育运动会、土产展览会、土产比赛会、文化展览会及设置村民澡堂，供应村民沐浴等事宜。
7. 附设村民综合合作社，内分信用、生产、购运、推销、消费及保险诸部门，合力推行业务，俾便为村民图谋福利。
8. 附设村民合作工厂，举办手工业，奖励村民生产，及规划村民副业事宜。
9. 附设村土地整理委员会，根据平均地权理论以合理方法调整土地，及收买富农地亩，酌量配给贫农耕植，并于可能范围内试办合作农场，俾资提倡。
10. 附设村仓库供应村民储藏物品，及购藏食粮作准备求荒诸事宜。

（九）村设村议会，每十户选一代表参加组织之，其职权为决议村内各种自治单行规则，村施政方针，与村预算，及弹劾村长，审核村财政决算，与考核村长用人行政等事宜。

（十）村设司法裁判所，内设裁判员一人、书记一人，由村长提名，经村议会通过任用之；其职务为办理村民登记一切非诉讼事件，如房地转移登记，契约登记，婚姻登记，或作公证等事；及裁判村内发生之一切细小民刑案件，如处理违警罚法，罚金在数元以下，或拘役在数日以下之刑事案件，及诉讼标的在百元以内之民事讼案，均可由村司法裁判所裁判之。

（十一）村设监察委员七人组织监察委员会，督察村内之行政及监察与检举村内之不良分子，其人选由村民二十人以上签署提名由全村普选之，以得票数较多者为当选。

（十二）村行政遇有用人考试时，由村公所兼代办之。

（十三）村立法，司法，行政，监察各部人员以不支薪金为原则，但经村议会之决议，得支办公费及生活补助费。

（十四）本方案如有未尽事宜，得由村议会通过补充之，但以不违反地方自治法之规定为原则。本方案内列举之事项，小镇市皆可采用之，故定名村镇自治,特此附及。

十二、整理外交方针

先生谓外交二字,英文原名为 Diplomacy,其意即纵横捭阖之术,或权谋之术之谓。国人不察,每误解其义,以为遣派驻外使节,或与外人应酬,或与外人通商,即为外交。此绝非其全义也,若谈外交之全貌,则所有一切权谋术数,蒙骗利诱,恫吓要挟,敷衍虚伪等等奸计行为,均应包括在内;其施行方式,为令人在不知不觉之情状下投入其圈套。今之外交家,较之我国周秦时代之策士说客辈,有过之而无不及。衰弱之国,每因外交得宜,而国运复兴;反之,原为强大之国,每因外交失败,而致衰弱,或甚至灭亡;前者如欧洲各小国之得以存在,后者如我国近百年来之衰颓是也。我国数千年来,向为堂堂大国,屏障巩固,内有专制政体为之镇压,外有河海业山之阻隔,四夷莫敌,遂养成自负之民族性,以为除了华夏,当无伦比。不料近百年来,泰西新兴民族,以其新创之科学文化,澎湃东来,我向以自耀为治国平天下为能事之士大夫,乃彷徨失措,凡涉外交,遇事退缩,一见外人,躲避三舍,纠纷既起,无战不败,乃割地求和,或赔偿巨款,不平等条约,遂相继成立,而渐置国家于半殖民地之状态矣。幸晚近出国留学者日众,与外人交接者日繁,国人渐明新兴文化之不可轻视,而高声疾呼,内图改革内政,外求调整邦交,如今虽未见全效,倘能继续努力,则国运之重兴,仍有可期,故先生对外交认为应有下列之主张,以促进复兴之大业也:

(一)确实适应时代之外交及以和平为基础之外交国策。

(二)重整外交阵容,联络与我有利害关系之国家,以图振兴国势。

(三)逐步图谋收复失地及厘定国际边界。

(四)确定外交原则:

1. 一般外交应以主权完整为原则。

2. 普通邦交应以平等为原则。

3. 通商应以互惠为原则。

4. 利用外资应以发展国民经济为原则。

5. 近邻外交应以消弭国际龃龉为原则。

6. 经济合作应以不涉政治而以我国商法为原则。

7. 收回国际权利应以渐进为原则。

8. 和平外交应以保存实力为原则。

9. 坚持国际利益应以均势为原则。

10. 国际交涉在可能范围内应以公开为原则。

(五)集中外交人才以研究外交政策,及外交方案。

(六)设立外交学术机关,译述有关各国情状之书报,以便当道及人民之参考。

（七）充实外交营垒,及派遣干材充任驻外使节。

（八）派遣驻外文化使节,加强国际间宣传及添设国际情报网,俾便沟通国际文化,与发现国际阴谋及防止野心国之国际宣传攻势。

（九）设计进行下列外交要策。

1. 促进国际合作与安全组织。
2. 建立国际管制力量,及强化国际司法机构。
3. 裁减国际军备,促进国际和平。
4. 强化国际社会经济文化合作。
5. 支援弱小民族自治。
6. 调整外人在华投资,使其脱离外交范围,而依照中国商法,在中国官厅注册,或成立中国法团之公司,免致因国际投资而发生外交纠纷。

十三、重振边务

历代帝皇,每当其得天下之后,莫不致力于边务之调整,如重修长城,设置屯军,安抚边民等,皆为其要策。在清一代莫不皆然。满人之所以能享受其二百余年隆盛之帝业者,盖亦康熙帝安定边邑有以致之耳。当八旗奠定中原后,康熙即承父业,内而致力修文,外而巩固边疆,以图长治久安。其内治之策,暂置不论,兹仅就其治边之计,略陈二一,为当今执政者之一参考。历代建业帝皇,皆以重修长城为要务,然而康熙帝则独异,盖其对边民以防之,不如柔之,于是乃采怀柔之策。凡蒙回藏之人,其有势者,封为王侯,赐予宝物,对其所信仰之宗教,则特加奖励,将重修长城之方策,改而建庙,其寺宇之宏大者,俨如宫殿,可居僧侣万千之众,其主教之有力者,则约其来京,朝夕相聚,共研经典。皇帝自身,亦受戒为僧,以示其同道,并建造威皇之巨庙,招待边僧,且赐予金玉使其乐而忘蜀。今散布于旧都之北海高塔、白塔寺、五塔寺、碧云寺、雍和宫等,皆具有政治作用之宗教遗迹。如是边民内归,尤以蒙民为众。当道乃引其作进一步之迷信,使其日以诵经为天职。家之有三男者,即将二人献佛,使其终身为僧,女则提倡单居独宿,俾便旅行僧徒任意私通。积二百年之恶习,多数之人民,乃传染花柳病,致使人口日少,以收根本消除边患之效。于是,边邑逐渐成万里荒芜之区矣。所以有清版图,北越沙漠,西过流沙,南达恒河,东至大海,堂堂大国,宇内一统,四夷莫敌,百年小康,当无忧患之可言也。此种方策,若谓其恶毒酷辣,或为权宜适体,姑且不论。然而曾几何时?千思百虑,尚有一失,不料19世纪,西欧新兴民族,乃挟其新机械,以作东侵之企图,而恃为四海巩固之清室,遂无法支持,而开关迎敌,结果自鸦片战争开其端,大局渐趋崩溃,卒至辛亥之变,乃结其全局;继而民国,演变三十余年,而大难未已。今者,屏藩盖削,门户大开,倘再不致力于边务,以图补救于万一,则前途更不堪设想。所以为今之计,先生谓吾人应有下列之建议,以作亡羊补牢之策:

（一）为整理边务及开发边邑事宜,中央应从速设置边务部以执行一切边政。所有以前之蒙藏委员会或其他类似机关,应一律并归边务部俾资统一。

（二）提倡边民团结,边地文化交流,俾便造成齐一性之大中华民族与大中华文化。

（三）提倡内地人民组织边地旅行团,以实地观察边邑情状。

（四）设立边务学校,以培养边务人才。

（五）出版有关边邑之书报及设立边邑图书馆博物院,使人民明了边邑情状。

（六）提倡边务立法,奖励移民实边,勉励边民杂居及互相通婚。

（七）建设边邑交通,建筑铁路,公路,及组织运输公司。

（八）实行集团移民,并移送内地遣散士兵到边邑,作集团屯垦之先锋。

（九）奖励实边政策,遣送内地囚犯,及无业游民于边区,使其垦殖,以充实边疆。

（十）招人承领边荒,以解决边邑土地问题。补助边民开发荒地,限定私人占有边荒,依期开垦,否则另招他人承领。

（十一）规划边邑地方区域,组织边邑地方政府,及规定边地赋税。

（十二）促进边邑政治,如扶植边民自治能力,惩戒贪污等。

（十三）发展边邑经济,提高边民生活水准,组织边业银行,垦植公司,实业公司,开发林、矿、农、牧、盐、工、商、水利、水产诸项事业。

（十四）发展边邑教育,征集边陲青年前来内地就学,俾便向其灌输新思想。

（十五）组织边陲民众内地观光团、资派边民前来中原各地考察工商各业,使其有所观感,而图改善其固有生活。

（十六）改善边邑社会习惯,及提倡边邑宗教,以安慰边民。

十四、调整侨务

中国向为人口过剩之国,人民因生存维艰,竞争激烈,社会乃累生变故,内而互相残杀,外而远逃四方;其不死于饥饿自杀者,乃死于边陲,或流离海外;计世居边邑者每死于外患;托生内地者,恒没于水旱之灾,或亡于强盗贪官之手;其祖居沿海者,每从死里逃生,而乘机奔走海外,以成当今之所谓华侨。考国人之出国最多者,当为闽粤两省,海通以前,其地人烟稠密,旋后西人东渐,向我沿海拐诱愚民,输送南洋诸地,作开辟新天地之前驱。当是时也,新开诸地,均为毒蛇猛兽与野人所盘踞,非吃苦耐劳之华工,实不足以应付;于是国人之被拐离乡别井者日众。其最初出国之手续,几全为被拐诱或被俘虏而往者,盖是时西人有专营贩卖人口为业之徒,常乘舟至中国海岸,每遇愚蠢之辈,设法诱其上舟,或强其离岸,一旦登舟,遂不得再出,及至人数满载,立时放洋。到达目的地,即令其上岸,由拐掳之西洋人,将其整批售与开辟新地之主人,以资剥削。旋后其中之刻苦者，除献身主人服役外，经年岁月犬马之劳，乃略有积聚，而自为赎身，其无大志者，乃终身为奴，至死而后已。当时亦有家贫如洗之辈，自愿卖身前往者；其法为与洋人订立契约，先使用若干金洋，作为安家费，旋随之出洋，作苦力若干年，以资清偿，或中途遇有特别机会，得资若干时，虽未达期满者，亦得赎身；倘再耐劳数年，而积蓄若干现金，并可作回乡之行；及至床头金尽，则又须挺身出洋矣。但其二次出洋，因前已有经验，乃自筹路费，甚或包领一二人随往，以从中取利。其中之境遇较好者，则偕子弟或乡里同行，以作小本之经营，积多年之血汗，而成今之所谓侨商。迩者，新大陆已次第开发，华人苦力之需要，日形减少，于是排华之风日盛，拟渐将华侨驱逐出境。惟各地待遇华侨之法不一，如英美民主集团之殖民地，限制华工入口甚严，但一经入境，其生命财产，尚可享受法律之保障；至若非英美系之殖民地则否，其对入境之限制轻松，大有来者不拒之势，但当地政府，对其生命财产绝少予与保证。所以每遇排华运动，死人无数，财产之损失恒以百万计，然而政府则向不负责任；倘遇我外交官之抗议，则当地政府仅以无国籍之人，身份不明，不得享受法律之保障了之；盖华侨向以贫寒者居多，出口时既无政府之护照，以证明其有华人身份；而入口地则又限制不严，任人皆可走私入境，于是遇事则无法补救矣。当今华侨之幸运较好者固有什一，然而命运不济者，则占最多数，内而受经济之压迫，外而受当地统治民族及其政府之虐待，而成今之所谓华侨问题。此辈侨胞皆为中华之好儿女，曾因国内经济与政治之压迫，乃离乡别井，远渡重洋，企图从死里逃生，不幸遭遇帝国主义者之侮辱与压迫，受尽人间之凄惨与痛苦，每一念及，至为伤心，遂远仰祖国，祈祷其富强，俾作救星。所以当国父中山先生在海外提倡革命时，恒踊跃解囊相助，卒以建造民国。但自辛亥鼎革以还，至今将近四十寒暑，然而国家仍积弱如故，实堪灰心，于是其中之拥有资产者，乃转仰视线，更换国籍，投到帝国主义者之怀抱，归附外邦，企图保障其产业之安全，实乃一憾事也。当今建国伊始，吾人为图补救事态于万一，对于海外侨胞，应尽我保证之能力，使其生命财产有所寄托而后可。所以先生提出下列建议，俾作补救，幸祈国人注意焉。

（一）为整理侨务，及切实保护海外华侨，中央应设立侨务部或海外部，各省市之出入国华侨人数众多者，酌设侨务局或海外局，及招待所，以资侨胞出入国之助。

（二）奖励海外移民，以图国内经济之发展。

（三）通令驻外各国领事切实办理华侨登记，并发给政府护照，以保障侨民权益。

（四）调查各地华侨经济状况，及设计救济失业华侨。

（五）与各国订立互惠保侨条约。

（六）筹设华侨金融机关，及介绍华侨投资本国内地及边邑工商业。

（七）于各国华侨所在地，提倡设立华侨补习学校，简易图书馆，及国势讲座,以提高侨胞对祖国文化及现势之认识,并在海外各地设立各项公益会所,及华侨俱乐部等,而导其以正当之娱乐,及改善其不良之习惯。

(八)筹办侨民公报提倡侨务,及刊载团内工商农各业状况,以助侨民投资经商之便。

第二十五章 经济建设

先生谓,中国今日之最大问题,一为中国内部之如何近代化,人民生活习惯与现实环境之如何调适,前数章内业已叙述。兹为使读者彻底明了先生之真意计,特再为略述之。

所谓近代化,乃指人类逐渐脱离其中古以前之一切旧式生存步骤,而导入晚近二百年来因海洋交通,机械发明而变更之新生存方式之谓。考四百年前,今日全球上之所谓先进民族,其风俗习尚,与夫衣食住行之一切工具,亦全具古式古样,与我国今日偏僻之区无异。然而晚近三百年来,则因海洋交通发达,人民见闻日广,教育程度日高,生活习惯乃为之一变,其生存工具,如作战之炸弹枪炮,运输之轮船火车,通信之电话电报,居室之高楼大厦,生产之机器机械乃日新而月异,卒至因交通之便利,人民接触之频繁,乃渐变成其互让与顾全大体之美德,及爱群、爱国、爱人类之崇高理念,同时减少其自私排外之古风,而促成其内部社会政治之革新,致形成其近代之所谓法治政治。此种神速之变迁,以近百年来为尤甚。此为东西洋先进诸国演变之一贯程序也。

回顾我国,当此期间,明室尚朱衰微,旋后明亡而清继之,清复亡,而民国继之,政治之兴亡盛衰已非一度,然乱而复治,治而复乱,亡而复兴,兴而复亡,人民之生活习惯,及其生活所代表之政治方式仍一如往昔,每当乱世,强者出而问鼎,及至群雄尽灭,则最后侥幸残存之强者乃布告安民,而南面以王天下;至人民之生存方式,则除受近百年来海洋交通所输入之若干舶来机械与文物制度外,仍一筹莫展,且惯于旧式旧制之朝野士大夫每感舶来文物不如其固有土产之可爱,乃尽力排斥之,而仍以其失效之陈腐方式作挣扎之工具,初仅为对外,人心尚似一致,旋以屡战屡败,人心动摇,致使国人生活与学术思想形成两派,一尚维新,一重保守,当维新者之前进愈急,保守者之固执愈坚,卒至互相仇视,而促成两大敌对阵营,继而互动干戈。此种动乱状态,循环复演,至今已百年于兹,且最近三十年间,已渐演成国际争斗之局,初由于国内绿林土匪军阀之混战,继而造成列强钩心斗角,追本溯源,实由于此地大人众之老大古国其人民生活及社会政治制度与其所处之现实环境互相失调所致。此即先生之所谓近代化问题。此不独为中国今后百年之大问题,亦即今后安定世界之最大问题也。

然则欲图解决此问题,又将如何而后可?先生曰,谋社会制度之合理化是也,但要使人民与社会举止合理化,则又必须先图中国之近代化而后可。所以中国问题今日之第一阶段,为近代化问题,即如可使中国近代化,其解决之方,亦只有从近代化着手而已。

查各国近代化之程序为中产阶级之渐兴,民众舆论之日强,及独立而健全知识阶级之养成,俾作监督统治阶级之砥柱,继而有贤明指导者之就时势而兴,一面受中产阶级之拥戴,与论之赞许,与统治阶级之谅解,或统治阶级受中产阶级之威胁而表赞同,一面受环境之感动与良心之驱使,于是顾全大体与接受新思潮之风尚乃次第形式,而上下一心一德,致力于近代化之建国大业。此种事实为中国近百年来之所缺如者,间亦有明达之士,其言行虽忠于国,应于时,而堪负领导时代之大任,但因无健全中产阶级为之爱戴,公正舆论为之支持,独立知识阶级为之拥护,及开明统治阶级为之谅解,卒至身败名裂而随时代以俱亡,若辈贤豪,一起一倒,均于大局无补,是则,建设新中国亦云难矣。迩者,时势虽转变日急,但国内情势仍未脱离混沌状态,长此以往,何堪设想?

今欲使中国彻底近代化,其第一步工作为制造健全之中产阶级、独立之知识分子、开明之民众,使其作主持公道之中坚人物及支援贤明领导者之砥柱,如是,顾全大体与奉公灭私之美德始可养成,排外之封建心理始可铲除,合理之社会制度始可以实现也。然而此种事实之造成,必先发轫于经济之建设。至于如何推动中国之经济建设,希读者留意本章之内容可也。

一、发展我国经济之根本方策

先生谓,中国为经济落伍之国,人民向习于古风古俗,在闭关时代,保守固无大问题,然自近代机械文化勃兴以还,各国旧制均被其倾覆。迩者,列强所用之新兴工具,如飞机,无线电,长距离大炮,汽车,火车,轮船等等,及其随新机械发达所施行之一切社会,政治,经济制度,亦顺应时势以俱来,而我落伍之古国,则仍以堂堂大国自夸;其一切固有器械,与夫社会政治经济制度仍固守自负,以为近代之一切新方式,均为物质文明之产品,为当代罪恶之渊源。处在此进退维谷状态之下,国人明了前途之严重者,固大不乏人,然执行军政大权者,则每仍一贯其自负之心理,认为采用新方式不如复古,施行新政不如守旧,企图适应不如躲避;如是新文化之前进愈急,其保守之心愈切;而处在其间之民众,则无所适从;致凡百事务,无不具不秦不周之怪现象,使新者不通,旧者不行,事事离奇,人人见怪;结果矛盾百出,凡事变态,处处冲突,人人不安,社会如是,政治如是,经济如是,似有日暮途穷之慨。关于社会政治诸问题,除前已有专论外,今特叙发展我国经济之根本方策数项,俾资留心时事者之考虑焉。先生谓我国今日之新式工商业,大致尚未发达,今若图开发其埋藏之富源应利用国内外游资,俾作基础。但倘如是进行,则全国产业,应通盘筹划,依下列原则规定范围,使一般经济界有所遵循而后可。

(一)为保障人民生活之安定,国家应限制私有财产之膨胀,务使国民财产趋向于平衡的发展,免致有贫富之悬殊。

(二)国家为贯彻其自身之生存,及推动一般国策计,应设法扩充其公有财产,并依法移转或吸收私人产业,改其余值,以作发展国家经济之资本。

(三)为谋我国在国际上取得平等之地位,国人除致力于我国经济之发展外,应注意于世界经济问题之解决。

(四)政府为听取人民对经济建设之意见,每年应定期召集全国经济会议,由各种从事经济事业之团体推举代表及由政府约请专家参加之,俾便向政府建议方策而利进行。

(五)为促进我国一贯的有计划之经济建设,我国政府应在首都及各省县市分别设置有连贯系统性之经济参谋本部,调查与企划全国一切经济事务,及制成有连贯系统性之方案,俾资执行;并定期召集专家举行经济方案座谈会以求贯彻。

(六)为贯彻上述计划,政府应设立经济研究所,从事于整个经济政策之研究,并定期召集经济专家举行座谈会,以期产生一元化之合理经济政策,而资两国之互惠施行。

(七)为图我国工商业之合理发展,凡含有全国独占性之工商业,应由全国经济参谋本部规定计划,由政府与人民共组公司经营之。其业经私人经营者得由政府议价收回之。

(八)凡含有地方公共性,或地方独占性之工商业,应由地方政府与人民共同组织地方公司办理之。此种地方公司亦可吸收中外游资,俾资发展。

(九)凡工商业虽有独占性,惟不便于国家或地方经营者,则亦可由各级参谋本部规定方针,任由官商合办,或人民自动组织公司经营之。

(十)凡工商业之不合于上述条件者,应由经济参谋本部提倡,任由私人自由组织公司经营之。

(十一)前项工商业,除有涉及非常外交或国防问题者外,均应允许外资组织公司或参加经营之。

(十二)为急图使我国工商业近代化计,今后一切官商合办或人民自办之经济事业,应以股份有限公司为主体;在开端之先,应由政府积极奖励提倡之。

(十三)外商投资我国工商业应一律取消已往之政治及外交方式,而服从我国之法律制度,依照中国商法成立中国式之股份有限公司经营之。

(十四)为促进我国经济制度近代化起见,我国现行之公司法,应行修订,任由中外商人自动设立公司,或准许外商购买现有股份有限公司之有价证券,凡投资商人应不限国籍,准许其一律享受平等待遇,只求其适合于中国法律即可,故我国现行公司法之修正,实不可容缓,务使其适合于现在世界情势,而便利我国企业之吸收外资而后可。

(十五)为促进我国社会经济建设之近代化,及应付目前之非常现状起见,我国应紧急强化现有之统制经济政策。

（十六）为图振兴我国社会经济,预防民族资本之外逃,及吸引外资之流入,我国应制定保护及奖励农工商业之法律。凡首先投资于国营事业者,应给予优待权。

（十七）为图切实发展我国之一切企业,我国之司法制度应彻底改革,甚至根本改造,加紧纠正其过去之误民事实,务使其成为利民之近代化制度;如是外资始可以流入,游资始可以不致外逃也。

（十八）为期使我国近代化,我国官民应养成一种经济立法之习惯,凡感觉我国经济法规或经济制度有不良之处,应积极提倡立法运动,而制成经济法案以改正之。

二、非常时期统制经济之措施

先生谓统制经济为各国在非常时期实施之唯一经济方策,但其在我国尚属伊始,始于短期间内当不易达到理想之境地也。查统制经济之目的,在求社会经济之安定,即求人与物及币值之平衡是也。然欲求统制经济之收效,首在有统盘之筹划,即设置强有力之实施机关,俾资执行,及成立调查研究机构,俾资策划而后可。兹就先生之主张略列于下:

（一）设立或随时强化具有军司令部作用之最高物资统制执行机关,及各地分机关,其目的为强制执行一切统制法令。

（二）设立强有力之人口统制机关,俾作彻底统制人口与物资之平衡,或强化现有管理人口之机构,使其适合于目前现状。

（三）设置独立之经济法院及各地分院,俾便加速审理一切经济嫌疑犯人。

（四）设立具有参谋本部作用之经济对策调查研究所,及各地分所,其工作为制作全盘经济统制之一切方案,以完成经济统制之目的。

一、执行机关之工作

（一）命令各地有关经济统制之各机关及市商会,分别设立经济调查班,以便就地收集有关统制之统计资料,而供给调查研究所充作统制企划之参考。

（二）命令各地商会及行公会,每周分别向调查研究所或分所报告调查,或收集资料之结果,俾便随时制订或变更统制计划。

（三）通令各地商号,分别向各地商会及所属机关,或调查研究所,或分所办理物资登记。

（四）命令各地商会及行公会,每周分别向所属行政机关及调查研究所或分所,报告各行存货及营业状况,俾作每周制订统制计划之参考。

（五）通令各地工厂或其他生产场所报告每周物资之产量俾作统制之基础。

（六）通令各地仓库每周分别向直辖行政机关及调查研究所或分所报告其存货量,俾便变更统制之参考。

（七）通令各交通及运输机关每周分别向所属行政机关及调查研究所报告货物之移动状态，俾便统制。

（八）命令各地银行及银钱业公会，每周分别向所属行政机关及调查研究所或分所，报告营业状况，俾便制订统制计划。

（九）命令发行通货之银行，每周分别向最高经济统制机关及经济调查研究所，报告每周销票之发行额，俾作制订或变更统制计划之参考。

（十）命令下级统制机关，执行调查研究所或分所规定之物价，一面劝导人民遵守，一面惩罚违犯之人。

（十一）命令各银行号限制其任意放款及人民自由提款。

（十二）依照调查研究之计划，下令移动银行储存之剩余存款，投作生产用途。

（十三）命令下级统制机关及各级政府，强化经济警察及缉私队，以便严拿违犯公定价格之人。

（十四）咨商立法权关强化现行之经济法规，对于违反公定价格之买方卖方，均应一律规定其应处罚之金额，俾资安定物价。

（十五）执行调查研究所建议之其他各方案。

（十六）为调节各地食粮及其他生活必需品之平衡价格，执行机关应附设具有一贯系统之物价调节机关，并命令其在各地之下级机关彼此连锁而便于推行。

二、统制人口机关之工作

（一）整顿户籍。

（二）严查人口移动状态。

（三）编制户籍统计，俾作统制基础。

（四）与调查统计机关采取严密联络，并按期向研究机关报告人口移动统计。

（五）随时严查人口增减之统计。

（六）强化各行职业公会之就业统制。

三、经济法院之工作

（一）处理一切违反经济统制法规之案件。

（二）经济法院处理案件应以速决为原则。

（三）经济法院之设立系为应付非常时期之需要，故其判决之案件，实无上诉之必要。

（四）经济法院之推事应由经济专家及法律专家充任之，一切案件均应由此两种专家会审之。

（五）经济法院所吸收之物资及所得之罚款应以三成至半数赏予告密告发之人，俾资奖励。

（六）经济法院审理违反公定价格案件对买卖双方均应酌情一律处罚之。

四、调查研究所之工作

（一）整理各地方有关系经济统制机关及各地商会调查班所获得之统计资料，编成指数，备作统制。

（二）整理各地有关系机关及各商会各行公会及各银行定期报告之统计资料。

（三）编制每周人口增减之指数。

（四）编制每周人民各阶级层之生活费指数。

（五）编制各地政府岁入岁出指数。

（六）编制每周通货发行额之指数。

（七）编制每周各银行存款指数。

（八）编制每周各银行放款指数。

（九）编制每周各地票据清算额指数。

（十）编制每周人民储蓄数量指数。

（十一）编制每周证券交易所凭券转移额指数。

（十二）编制每周房产转移登记指数。

（十三）编制每周各地人民请求建筑许可指数。

（十四）编制每周各地商号及仓库存货指数。

（十五）编制每周各地物资产量指数。

（十六）编制每周各地物资物产出入口指数。

（十七）编制每周各地百货商店售货额指数。

（十八）编制每周货物成本指数。

（十九）编制每周物价指数。

（二十）每周综合上列指数，分别规定下列项目之比率并转咨最高统制机关公布施行：

1. 合理之各项物价（平抑物价）。

2. 合理之营业利润率（取缔暴利）。

3. 合理之商业股息（节制资本）。

4. 合理之银行利息（平衡币值）。

5. 合理之工金及薪俸（安定生活）。

6. 合理之房租及房价（取缔地主剥削）。

（二十一）计划奖励人民储蓄方策及增产方针，转谘最高经济统制机关，制订法案下令施行。

（二十二）计划生产事业，俾便吸收银行储存之剩余存款，并转谘最高经济统制机关制订法案公布施行。

（二十三）由最尚经济统制机关下令，取缔囤积，并于必要时由最高经济统制机关，利用银行之剩余存款，依照公定价格收买各项物资，作局部或全部配给之实施。

上述对策，虽为纲要，但含义至广，倘若依策进行，一面聘请专家缜密调查研究，随时规划统制步骤，一面选任能才，秉大公无私之精神，严厉执行则当可收统制经济之奇效也。

三、金融与资本之调整

先生谓物与物主本质及其真形之表现，贵在比较。凡事物之真伪一比即可知其真像。所以商人作伪，最怕是顾客以货比货。今吾人观察社会政治经济现状，亦可以比较方法为之。若以近代比较方法视察我国则全部社会制度即显现其封建特性，凡事均受此封建残余之障碍，人民之间，只有统治者与被统治者之区分，及偶尔参与残存之封建余孽，而绝无所谓强健之中产阶级或敢说公道话之第三阶级存在。中国政治之不良，新经济事业之不发达实基于此。盖人民与政府之间除收税与纳税，及子民对父母官歌功颂德之外，实无其他关系。倘若一国之间，只有统治者与被统治者，则是非无从判断，正义无从伸张，凡事只许州官放火，不许人民点灯。俗语有云："窃钩者诛，窃国者侯"，有力者趁火打劫，有势者见风驶船，各尽所能，以图个人宝贵，于是贪污成风，国将不治矣。今为补救此种颓风，先知先觉之领导者，应起而高声疾呼，倡议人民参与立法运动，凡社会上之宜兴宜革者，均应起而建议，作成法案，俾资执行，而肃正风纪。凡人民参与建立之法律始得谓之合乎民意适乎民情；否则，居高位者仍将拥势以自肥，致民生日趋凋敝，民怨无由申诉，善政无从建立，国家将无从发展之希望矣。所以先生提倡调整我国金融与资本，亦着重人民之参与立法问题，否则一切经济事业将无从振兴也。兹将先生之主张列述于下：

（一）提倡人民参与有关金融与资本之立法，务使金融与资本得到合理之发展与节制。

（二）实施货币紧缩方案，拥护币制之一元化，及金银国有政策，以期巩固金融制度。

（三）奖励人民集资经营下列诸项银行，或由政府提倡，以官商合办方式之公司经营之。

1. 实业投资银行，作一切产业投资之中心。
2. 农业垦殖银行，作全部农村经济之中心。
3. 国际商业银行，作发展国际贸易之中心。
4. 信托银行，作信托保护人民财产之中心。

（四）强制整理现有之银行银号，钱庄，及取缔其他类似金融机关之活动，凡经营金融事业之商号。应令其一面向政府提出保证金，一面改成股份有限公司，其业务之性质相同者，应令其合并，以强化其组织，而资统制。

（五）调整金融机关之地理分布，依照全国人口之密度与各地经济实况，分区调剂银行银号设立之数量。

（六）集中金融机关之准备金，统制其放款，及指定其投资方向，而图通货之安定，及产业之合理发展。

（七）统制外汇，但同时设计输入外资，以期巩固国内金融而振兴本国产业。

（八）支援投资银行利用我国投资机会，吸收国内都市及国际游资，奖励其投于我国国民经济有利之生产事业。

（九）奖励人民储蓄，及购买保险，俾集中资本，而作生产之经营。

（十）广设发展产业之公司，奖励人民购买新兴公司之有价证券，以高利吸收封建资本，使其流通市面，而促其成为商业资本，免致其外逃，或作投机倒把之企图；及至商业资本发达后，则可再设计以节制之。

（十一）扶植证券交易所，俾作吸收游资与调剂金融之枢纽。

（十二）提倡各地广设农民银行及各种农民合作社，以中央金融机关支援之农业银行为后盾，用高利吸收都市游资，使其利用合作社作媒介，而将游资转入农村作复兴生产之工具。

四、财政建设

先生谓我国虽地大物博，但因人口逐年增加，人民知识程度不等，生产技术不精，产量缺乏，致民生困穷，丰岁亦只得一饱，荒年则不免饥亡，且农业国家，水旱之患，当不能免即在丰年，食粮虽或有余，然其他物资，则无从自给，而随时有恐慌之虞。此种事实，乃造成中国社会近两千年来一治一乱之循环现象。衣食既感困难，负担捐税，如何筹划？但政府为求收支相抵，一切税政势在必行，若正税不足，则副税重重附加，必至民穷财尽，或甚至惹起民变而未已。所以中国之财政，向来是困难百出，即以世界最有名之财政专家经理其事，亦感束手无方。升平之世，既已如是，危乱之时，执政之辈，勾结拥兵自雄之军阀，把持政权，横征暴敛，作个人之威福。其分配税收，有下列原则：(1)作维持其封建政权之经费，(2)作扩充其封建实力之军饷，(3)作供给封建领袖作威作福或预备亡命之所需，(4)经手官僚自肥。此外，其用于民事者鲜矣。事实如是，结果，乃贪污成风、上行下致，致国计日困、民生日穷、民德日薄；然而若辈封建爪牙，仍执迷不悟，一本其已往之剥削手段，使人民流为盗匪者日众，致兵匪互相为患，无人无地不受其害。如是，民生更趋凋敝，人民之负担愈感困难，财政愈加紊乱，政费无定额，所谓预算决算更无足论矣，尚云图人民之福利者哉？今后欲期财政之整理，必须妥筹方策，使封建之风，日渐衰颓，而趋向于近代化，方克有济也。兹就先生之建议略列于下：

（一）财政立法与司法。

1. 各级政府之一切收支及其他有关财务之事，应先制成法案，经近代立法手续通过颁布后方得施行，法案如有与宪法之精神相抵触者，应由法院宣告无效。

2. 提倡及奖励人民参与财政司法之习惯，凡发现财政官吏贪污或其他不法行为时，人民应向法院告发或诉愿，由法院裁判之，以纠正颓风。

（二）培植税源。

1. 为图我国财政之充裕，政府应奖励人民组织各种大规模之生产公司，及提倡官督商办或官商合办式之股份有限公司与地方实业有限公司，俾资培植税源，及补助政府之财政收入。

2. 对其他私人事业应加以合理之统制，俾增税收，而裕国库，同时免致私人垄断，而影响民生。

（三）岁入。

1. 在不违反各国互惠原则之下继续整理我国关税，增加进口税，及废止出口税，使我国财政及经济得到合理之发展。

2. 改善现行之所得税，土地税，及遗产税，务使其累进征收，而渐成我国之主税，以减少贫富之不均。

3. 力图改良盐政，及计划新盐法案，使原有之积弊，一扫而尽之。

4. 彻底整顿我国数千年积弊重重之田赋，实施清丈测量，及另订征收办法。

5. 整理现有之统税，凡不合理之税率，应彻底修订之。

6. 酌减苛捐杂税，集中税目，整理征收手续，以期达到裕国便民之主旨。

7. 实行征收都市土地税，以递减农民之负担。

8. 减征本国工业产品税，俾作振兴土货之提倡。

（四）岁出。

1. 裁彻并枝机关，淘汰冗员，以所节省之经费救济农村，发展教育及其他应举之事业。

2. 勿兴不急之务，以节省经费作建设之宏图。

（五）预算决算。

1. 政府财政应以公开及民财治民事为原则；中央与地方财政应严格划分清楚，中央有中央之财政，省市县地方各有其自治之财政，及各有其独立之预算决算，凡属地方之收入，不得由中央拨用，中央之收入，地方亦不得扣留。

2. 各级政府应严格施行预算决算及审计制度。预算应由立法机关通过经行政机关公布后始得施行；决算亦应由审计机关审查后方得核销之。

3. 各级政府所属各机关会计事务应直接受各该政府之独立主计机关指挥，所有会计人员亦应由各该级政府之主计机关直接委派之。

（六）公债。

1. 政府财政应以收支相抵为原则，各级政府应限制滥发公债，以免增加人民之负担，但为发展生利之建设事业（如公用事业等），政府得发行有奖公债，吸收社会游资以利进行。此外其他生产事业应委托国营公司或地方实业公司经营之。为生产用途而需借用外债或发行国内债券时,亦应由该项公司以其自身之名义进行之,以免涉及政治或外交问题。

2. 政府遇有非常事故,如应付国际战争或平定内乱时得发行公债俾资措施,免致人民受通货膨胀之害。

（七）财务行政。

1. 为求财务行政效率起见,财务人员之素质应行提高,凡旧有人员对财务知识及普通常识欠缺者,应一律加以甄别,或施以严格之训练。其新任用人员,亦应加以严格之甄选,使其不得冒滥。此外应多聘用专门人才,务使事得其人,以收事半功倍之效。

2. 财务人员之待遇应从优厚,其职位亦应予保障,务使其安心服务,以增进行政效率,但同时务须严格取缔贪污舞弊等恶劣行为,以挽救颓风。

五、土地与农林建设

先生谓,以农立国之汉族,两千年前为图万世之幸运,乃致力平服百蛮,开辟河山,以奠定农业千秋之基业。旋以后世日趋堕落,不谋环境之改善,仅因生齿日繁,生活维艰,勇于私斗;且因受大自然之支配,生存竞争日剧,团结日艰,自存之私念日甚,争斗愈多,政治乃愈不安定矣。

所谓大自然之支配,即水旱之为患是也。人类本为万物之灵,以其天赋之智慧,当可征服其所处之境遇,然而近二千年来,国人不但不设法克服环境,如加植树林,整理河道,引水灌溉诸事,而反受环境之害,盖因其常致力于河山之破坏,如砍伐森林,焚烧树苗,放牧山坡,使内地山脉尽成童山,一遇雨水即直冲而下,将平原山谷尽数冲废,高山成高原,山谷积土成邱,下游河道淹塞,而成水患。大水之后,自命不凡之士大夫,乃利用其地位,藉赈灾与治水为名,假公济私,而浪费国币,以图私囊之自饱。于是年年水灾,年年治水,经理其事者年年发财,人民年年受害,而年年负担加重。至如上游荒山尽废,雨水失调,大雨之后,即成旱灾,旱灾之后,复成水患,或同时上游荒旱而下游水灾,灾后土地之破裂愈甚,狂风乱刮,高原渐成沙漠,雨水更少,狂风愈大,沙漠愈南侵。雨量愈不准确,河身愈宽,水患愈甚,河道乱改,致农作不独收获无望,即耕地亦每顺水而去。如是社会受害愈巨,贪官愈多,民生愈困,政治愈无常轨,循环不已,愈演愈烈,将至无法制止。若不及早试图挽救,则若干年后,整个华北将成沙漠,其中之河道亦势将成为瀚海中之无定河矣。

今后为图避免受大自然之征服,及防止华北之速度沙漠化,吾人应致力于土地之整理,一面扩大耕地之面积,一面治水及开发水之富源,俾便除害而兴利,同时整理河道,引水灌田,值林山上,改造童山,俾成密林,而恢复其原古状态,以造福于人民。如是大自然始可为吾人之所征服也。兹就先生对我国土地与农林建设之主张要点分列于下：

一、土地

（一）提倡人民参与土地立法，以期集思广益，而改进我国之地政。

（二）为使土地分配之合理化，贯彻国家对于私有土地之支配权，整理权，与征用权。

（三）中央及各省市县应分别设立一贯系统之地政机关，实施全国土地所有权与地值登记及举办土地之经纬度测量以便整理地政，及统计耕地面积。

（四）为图办理地政之急速收效，全国各地应广设地政学校分科训练土地测量，土地统计，土地行政，土地登记诸项人才，俾资应用。

（五）平定农耕地值，实行土地配给制度，并由国家积集大量资本或发行公债依法收买富豪农地，俾资配给贫农耕植而恢复土地国有，及合理的土地分配，务使工农及佃农依法变为自耕农而后已。

（六）提倡人民自动整理耕地，奖励人民成立合作农场及实施有计划之土地交换，以期土地之合理的分合，而变更道路、畦畔、沟渠及堤防等之现状，俾便作大量之农业生产。

（七）限制私人占有荒地，应一律于限定期间内开垦，否则由国家收回另招人承垦，俾资增产而利民生。

（八）平定都市地租地价，在可能范围内实行都市土地房屋配给制度，及由国家集资依照官价收买都市土地房屋，配给市民廉价买货，每户以人口计算以一所为限，免致富豪操纵而妨碍民生。

（九）征收都市地税，减轻农民负担，及整理都市土地俾增地值而厚利民享。

二、农林

（一）提倡农林立法，藉资保护及奖励农林事业。

（二）提倡大农场制度，及机械垦荒与机械农耕。

（三）各省地方政府应设立农垦机关，调查，提倡，及管辖各省荒地与垦殖事宜，一面奖励人民自动垦殖荒地，一面由政府成立垦殖公司，组织垦荒队，强迫无业游民，乞丐加入，使其从事垦殖而厚增生产。

（四）奖励人民垦殖庭园边荒，俾作家庭增产之实施。

（五）施行大规模之植林计划，将全国荒山划分为若干造林区，依计逐年造林，及培养自然林，以期全国绿化，而收征服大自然之实效。

（六）奖励私人与地方团体推行造林运动及特许私人设立林警，利用荒山培养自然林。

（七）国家及地方广设林警，保护荒山，藉资培养自然林，及保护国有森林，凡可培养自然林之山地，应由政府圈定为禁地，由林警或指定地方保卫队驻防，不许人民进山采樵免致损害林木及自然林苗，如是数年之间，荒山即将成为优美之自然林矣。

（八）各省市广设公私立农林学校，及农事试验场，并定期举行农产展览，以提倡农业,及供农事之研究与试验。

(九)提倡灌溉,以调节雨水,俾便改进农耕(关于水利先生另有专论)

(十)奖励各地方政府创设地方仓库,以屯粮备荒。

(十一)提倡及改良农民副业,以救济农民之季节失业。

(十二)广设各种农民合作社,俾资振兴农民生活。

(十三)设立以最高金融机关为后援之农民银行,用高利吸收都市游资,使其流入农村,作振兴农业之运用。

(十四)奖励农民组织各种农民团体,及强化其工作,俾便领导而资统制,以改进农民生活。

(十五)提倡农民教育,出版农民读物,及强迫实施农民识字运动。

六、工业建设

先生谓为图中国今后之复兴,必先建设新中国,而建设新中国,则非先从事于经济建设不可,但今日之中国,其政治仍停留于封建阶段之下,其经济事业乃上受贪官污吏之剥削,下受不健全组织之拘束,若图推行经济建设,诚非易事也。故今欲谋新中国之建设,必先革新中国之封建政治而后可,盖有近代化之政治,始克有近代化之经济也。试观今日之列强,其政治与经济之互相为用,概可知矣。

中国之政治既仍具封建形态,是则今日中国之经济制度亦仍停留于中古式之农业状态,其工业亦仅为中古式之手工业而已。今苟欲建设中国之新经济体制,则必须打破此种中古式之农工制度,然后近代经济事业始克以振兴也。

我国向以农业立国,其农业大半为小田农制制度,资金缺乏,生产方法落后,但中国之人口则有加无已,于是乃造成天灾人祸之结果,使农民流离失所,农村经济破产,人民日渐贫困。今欲振兴农业,则必须要大量之资本。此又为今日我国现状之所不许可,即农业得以振兴,中国经济亦未必能近代化,因近代化国家之经济,不赖农业而端赖工业也。

我国今日经济之发展稍见成绩者,当首推商业,但其商业亦仅为自掌自东之原古方式或领东制度之中古方式,而未能适于近代大规模之组织,故今欲使中国进至近代化之阶段,则必先由商业入手,改进中国之商业机构,然后推及其他,始能收事半功倍之效也。

中国之商业既未甚发达,其工业亦当无从进展,而仍停留于手工业状态,其技术之传授,则仍用学徒制度,进步绝慢。所以从业人员不独缺乏近代工业知识,其采用新式工业机械亦绝无仅有。

综上所述,中国经济既如是之不健全,苟欲建设近代化之中国,则必须谋工商业之健全的发展。关于我国之商业改造,已另文叙述。至于如何促进中国工业之近代化,则谨就先生目视之所及分列于下:

（一）政府应特别提倡与奖励民营之大小工业以促进中国工业之近代化。

（二）集中国内现有之手工业工厂，将其同类者分别合并改组之，使其成为较大之股份有限公司，俾资发展而易于统制。

（三）出版工业书报及广设工业图书馆，以传播工业知识。

（四）广设工业陈列馆及定期举办工业展览会，以提倡工业之发展。

（五）提倡工业立法，制定保护及奖励工业之法律，以助长工业之发达。

（六）定工业专利法，凡人民对于工业所发明者，应确保其专利之权，俾资工业之提倡。

（七）广设工业学校及工业研究所，以养成多量之技术人才。

（八）提倡各种工业合作社，如原料之取得与采运，及工业出品之推销等合作制度，俾便工业之发展。

（九）振兴国产原料，以达自给自足为第一目的，向外输出为第二目的。凡原料品之在国内运输及入口应一律免除捐税。

（十）创设大规模之国营与私营煤、铁、煤油、造纸、纺织及其他制造工厂以图自足。

（十一）在陕甘产煤铁之地带酌量建设重工业区，俾便促进中国之工业化。

（十二）各省市区应酌情划定重工业区，及轻工业区，以厚利民生而充实自给能力。

（十三）施行统制生产政策，以调剂物资，而安定国民经济之供求。

以上诸项倘能一一见诸实施，匪独我国工业得以建设，而中国经济之全部亦将日趋近代化矣云。

七、商业改造

先生谓今欲图近代化中国，必先由经济入手，盖经济为一国之命脉，举凡一切政治教育等设施，几无不以经济进程为依归。前已述及。我国本为农业国家，因连年战乱，逐村经济破产，产业落后，致生产仍停留于手工业阶段，其发展稍有成绩者仅为商业。故欲使中国经济走向近代化，又非由商业着手不可。

然改良我国商业，则必先改良我国之旧式商人，旧式商业方法，以及影响商业发展之陈腐的法律。其中尤为重要者，厥为打倒商人之贪污行为，盖旧式商人之于我国商业，亦犹旧式军阀于我国政治之为害也。彼辈旧式奸商利用既得权利，渐行任意妄为，上瞒政府，中欺东主下骗市民，投机倒把，从中渔利，坑东减伙，时有所闻，只图自肥，甚至利用龟甲文式之旧账簿，进而营私舞弊，或囤积居奇，而防害经济之合理的发展。故苟欲我国政治近代化，必先打倒作威作福之旧军阀；而近代化我国商业，亦必先打倒自私自利之旧式商人也。所以先生谓吾人对于改良我国商业，应作以下主张：

（一）强迫商人改良商业组织，凡资本在五万元以上者，一律限其改为股份有限公司,俾再保护善投资之东主;凡性质类似之商号,在可能范围内应酌令其合并改组以资统制。

(二)强令商人改用新式簿记,及按月向主管官厅呈报资产负债表,以期严格监督其资产之损益,俾作整理商业资本及振兴我国工商业之基础。

(三)广设商业学校及商业研究所,以养成多数之商业人才。

(四)提倡商业立法,制定奖励善良商人及取缔奸商之法律,以排除发展商业之障碍。

(五)整顿商人风纪。凡有不法之商人,应奖励人民自诉或告发于法院,务使其就范于新时代之精神而后可。

(六)改订商人通例、公司法及其他不合时宜之商业法规,务使一般犯法为非之奸商就范于时代之精神。

(七)严格取缔投机,划一物价,铲除奸商之垄断市面。

(八)严格保护商标及殷实商人之专利权益。

(九)实施商业行政简单化,凡商人对官厅之请求事件应一律从速执行或批示,以免贻误商事。

(十)彻底铲除我国行政及司法上之一切弊病,俾资保护人民之财产及商业之正常利益。

(十一)强化商业各行公会及商会机构,俾作合理经济之基础。

(十二)编制国际贸易,改正关税制度,以期确保国内工商业,及发展国际经济之互惠关系。

(十三)制订奖励土货输出计划,如退还税金,补助奖金,以免费汇兑等,俾资振兴对外贸易,以图保障我国之经济基础。

(十四)制订统制生产、购买、运输、贩卖事业之对策,俾资调节物价,而利民生。

(十五)扶植物品交易所,俾作物品流通之枢纽。

(十六)出版商业书报,以提高商人知识,确立商人之中心理念,及改善其风纪。

(十七)提倡新式商业技术,使我国商人适合于近代商业之大势。

(十八)组织强有力之国际贸易公司经营出入口贸易,及提倡商业之输出入合作制度,以期商业之顺利进行。

(十九)为促进我国商业之发展,应从速完成全国度量衡之一元化。

(二十)制订严厉之法律处罚破坏度量衡一元化之奸商。

以上诸端倘能见诸实行,匪独旧式商人贪污得以取缔,旧式商业经营得以改良,而中国经济亦可日渐近代化,新中国之经济建设亦当可完成矣。

八、交通建设

先生谓,二百年前西洋各国陆地交通均用人力荷负,或骡车、马车、牛车等;水上交通则用帆船、木筏等,此外则无他具矣。但近一百五十年间,其交通机械已大为进步,陆上有火车、汽车、海上有汽船、轮船,海下有潜水艇,空中有飞机、飞船,传递讯息有电话、电报、无线电等等不一而足,瞬息之间,全球了然。八十年前,华侨赴美,横渡太平洋费时十月,而今飞机数十小时即可到达。若以飞机飞行之速度推算,则一月之间即可环绕全球二三次;若以无线电广播,一分钟之间,全球均可得悉。回顾我国,则沿海各地虽受近代文化之侵略而稍有进步,但其他内地,则仍一本其过去一千年之现状,陆地交通仍用人力车,牛车,骡车,骆驼;水上往来则亦仍用帆船,筏子等;至若火车汽车,则尚属罕见,飞机则绝无仅有。兹再以一例述明我国交通之落伍状况。比如由绥远至新疆之伊犁,直径行程不过八千里,若以火车直达,费时不及四日,若以飞机航行,则仅用数小时足矣。但今我国西北,此两种工具均称缺乏,运输每以骆驼为主体,往返常费时十月,加以夏日放牧骆驼若干时日,则往返一次已达一周年矣,若以同样之时间,乘飞机周游世界,则可往返二十四次;若以轮船火车兼乘,则四十日可往返一次,一年之间,即可有九次矣。为何世界若是之小,而我国版图则若是之巨?先生曰,非也,吾人所用之交通工具不同故耳。盖东西洋先进诸国,已先后近代化,其人民之举止均以速度为准则,而我则仍为落伍之国,凡事滞涩,交通亦然,于是近代文物灌输迟缓,然而凡事愈慢愈显示其落伍,比如他人业已进一百步,而我则只有三五步而已。所以今欲图吾国之近代化,交通事业应及早有所筹划,依先生之见地,下列纲领之实施,应为当前之急务也。

(一)务于最短期间内完成全国东西南北各铁路干线,及西北西南高原铁路干线。

(二)全国广设公路及利用工兵筑路,而完成各省县公路网,每省以省会为建设中心,县以县城为中心分别建设,务使全国各县与省会互通汽车。

(三)统一交通行政机关,如公路、铁道、邮电、航空、航海等机关,务须统一,而使其一元化。

(四)提倡民筑轻便铁路,奖励民有长途汽车事业,及其他一切与国家利益无冲突之民有交通事业。

(五)整理国内外航政,奖励民有航海事业,开辟远洋航线,及资助民有船务公司,以便扩充国家航权,而期发展海外贸易。

(六)广设飞机场,奖励民有航空事业,减轻航空运费及推广航空路线。

(七)全国各省县市应设无线电台,以便人民传播文化消息,及为政府公布法令。

(八)改良现有之电政,务以速递及廉价为原则,而便利人民交通。

（九）改良邮政，凡缺乏邮政设备之地，应速予加设，各地邮局之未设立邮政储金局者，应酌量添设。邮递文化品之收费，应酌量低减，以图增进人民之知识。

（十）增设交通学校，及出版交通书报，以造就交通人才，而传达消息；于必要时，可借重外国专材，充任顾问及教师。

（十一）提倡人民参与交通立法，俾便制订或修正最新交通法规，以发展交通事业。

（十二）奖励人民筹设股份交通公司，以促进国内外交通事业。

（十三）测量沿海主要港湾，于必要时关为商港，以便利国际贸易。

（十四）内地主要地点，如河道或铁道交叉之地，均应酌量辟为内地商埠，以发展土地经济及国内工商业。

九、水利建设

先生常谓水之为物，用之得当者利，反之则为害。吾人生活不可一日而无水，但水之盈亏，均为致害，中国历代史册，足可证之，每回风调雨顺之时，则国泰民安，一旦水旱成灾：则人民思乱。所以调整水利，实为吾国典运之基，惜乎历代士大夫对治水事业，每纸上谈兵，平时治理乏术，一旦洪水为灾，更束手无方；及至灾后，则假善后之名，伪作筹款救济，而中饱私囊，或藉口修补防堤，虚作号召，以浪费公款。公费既尽，成绩毫无，及至下期雨节，则洪水复汜，士大夫竟又施其故智，以假公济私；结果年年水灾，年年修堤，私吞公款；至其所修筑之防堤，愈筑愈高，河身随之，每高出平地数丈至数十丈不等，一旦河道决口，则沿岸居民，全被淹没，一无幸免，例如河南之黄河，较开封城高出多丈，当其决口，全城淹没。明末之际，曾演惨剧。先生曾著有"水利救国"一书，阐述如何建设水利作救国之道。兹特将其中之内容略列于下：

（一）整理水利行政及发展水利经济。

1. 统一全国水利机关，在中央设立水利部，各省县市设水利厅局或科，以划分水利行政权限，部厅局内应各设水利指导委员会由水利专家技师组织之，各地水利机关组织规模之大小，应酌视各地水利情形决定之。

2. 在各省兴办水利学校，俾资造就水利人才。

3. 广刊水利书报以提倡水利建设。

4. 中央及各省县市政府经立法机关之通过得发行水利公债，或设立官商合办之水利股份有限公司，或地方水利公司，经营水利事业，并于必要时得借用外资，或特许私人组织股份有限公司经营之，水利公债以水利建设物作抵押，并由水利收益项内逐年偿还之。

5. 每一水利建设完成后即可开始征收水利捐，凡享受水利灌溉之地亩，每年每亩应向政府或政府特许之水利公司缴纳若干水利捐，有若市内自来水公司之征收水价办法，俾作偿还水利债券之基金，或弥补水利公司之资本，如是利用水利公债,水利基金,及私人资本,即可逐年推广水利建设,经过若干年后,当今之荒野童山,即可成锦绣山河,而恢复其原古之绿化美景矣。

(二)建造人工湖。

1. 在各河道及其支流之上游,应建筑大规模之蓄水池,即在河道发源之山上,建筑高大坝堤,将山水堵塞,使其成人工湖,并应在堤上安设水闸,任意放水灌溉,以救荒旱,或安装水管将水吸至都市供作饮料。

2. 在各河道上游之人工湖上,应蓄养水产,以增加社会富源。

3. 在各旧水池四周及河之两岸,应开凿人工河道安设水闸,依时引水灌田,当天旱或需用水量时,任意向各人工渠内放水,将其引至各农地上灌溉。

4. 在各人工湖口外,应按水力之大小,设立磨电厂利用湖中流出之水量发展电力,用电线送至都市工业区,俾资振兴工业。

5. 在各人工湖四周远近地带,及各河道上游,应栽植森林,使山上石土不致下冲而保护河身及避免其破坏河道,如是尚可调节气候,增加雨量而促进社会利益。

(三)整理河道。

1. 在各河道沿途,应多建造拦水坝堤或制水闸,将河水分段堵塞,以免其急流直下,而破坏下游河道。

2. 在各河道下游沿岸应将防水堤基加高,以免河水高涨时浸淹两岸农田而造成水灾。其加高之法,先将河道挖深,然后将其中之泥土置在两岸上,使其加高,工程完工后,并在两岸堤基上全部栽植树木,使其巩固而免除水患。

3. 在河身两旁加建护河堤基,使河水集冲河道中间顺流,以保护河身而便利航行。

4. 各河道上游建设完成后,应再将下游河道疏濬,使河道加深而促进航业。在常有水患之区,则应将河道多开支流,将过剩之水改道他循,以免氾滥。

(四)发展升降航线。

在下游河水较浅或河道不甚平坦之处,应分段设置制水闸,使往来舟轮得从高度闸中顺水降至低度,或由低度河道上积水上升至高度,以利行舟。

(五)开发高原水利。

凡较河道或蓄水池高出之农地或沙漠区域,而不能直接开设渠沟将河水送至其地者,应分段设置抽水机,将河水或池水抽至高度渠上,使其流入高原农地,以作灌溉,或在高原沙漠地带广植仙人掌,俾资吸水而灌溉沙地,使沙漠地带逐渐回复其故有之肥沃性,而适于其他农作。

(六)整理湿地。

1. 凡湿地或洼地之在上游者,应多开渠道,使其中积存之死水流出,而成干地。

2. 凡湿地或洼地之在下游或靠近海旁者,应筑堤避水,以免洪水侵入,同时按置排水机，将现存之死水抽出，使其成为膏腴之地，而适合于农植。

（七）整理盐碱地

凡土地之含有碱性者，应将河水引入冲洗其滷质，俾成优地。

（八）滤清污水

在都市邻近之地，应设立滤水池，将市内流出之污水，全部过滤后，始使其流出，以便吸收其所含有之肥质，俾作肥田料，而资废物之利用，及免除其发生传染病之虞。

十、矿业建设

先生谓今日战争之所以异于往昔者，非独兵力之雄厚，包括国家之众多，或战线之延长，而在于其战争之复杂性。即今日之战争已非专赖局部之武力作制胜之可比，而必须发动集体力量，展开全面之军事，政治，经济，思想，宣传，及资源之各种战争，以图制胜，其中尤以资源战为最重要，盖今日之战争恒赖游击战与消耗战而延长时日，其目的不独图资源之获得，而且耗损对方之资源，使其丧失战斗力，致不败而自败，故拥有丰富之资源者，始可以有胜利之把握也。资源与今日战争关系之重要于斯概见矣。我国拥有丰富之资源，倘能积极开发，则我国之贫苦民众当可逐渐致富，倘遇有国际战争亦当可把握胜利之左券矣。兹将先生对于开发我国矿业之主张，分列于下：

（一）奖励人民探矿，以期大量发现我国之矿苗藏量。

（二）测量全国各地矿区，及举办矿权登记，俾便权利之证明。

（三）奖励人民自动组织矿业公司，俾资发展矿物之资源。

（四）提倡矿业者组织同业合作社，及其他矿业团体，俾资矿业之振兴与倡导。

（五）集资组织矿业银行及矿业投资公司，俾便资金之募集，及矿山之开采。

（六）广设矿业学校，以便大量培养矿业人才。

（七）提倡矿业展览，及出版矿业书报，以传播矿业知识。

（八）提倡矿立法，俾便规定矿权而奖励矿业。

以上诸端，倘能以坚忍之毅力促其实现，则埋藏于深地之资源必能尽其用，而我国之富强亦当逐渐可期矣。

十一、渔牧建设

先生谓中国为经济落伍，及产业幼稚之国，今后苟欲向前直追，则必须消极的铲除封建残余，积极地谋求近代化之建设而后可，但欲如是进行，则全国之产业，自应通盘筹划，而不仅头痛治头，脚痛治脚可以奏效也。

今日之言开发与建设者，莫不着重于土地，农村，造林，开矿，贸易，工厂，货币，与交通等，而对于我国之渔牧事业，则鲜有注意及之，其对我国经济之改造既无全面之计划,而只求片面之经营,于学术之研究,尚属不足,何有进步之可言哉？当今我国渔牧事业并非前途无希望,试观我国荒野之广大,岛屿之罗列,西北高原之层叠磊落,东南海岸线之蜿蜒绵亘,即可知渔牧事业之极堪期待也。兹就先生对改良渔牧事业之纲领列述于下：

一、渔业

（一）倡导渔业舆论,及渔业立法,以保障沿海渔业。

（二）奖励内地人民利用蓄水池,或其他洼地畜养水产,俾资发展水产之资源。

（三）在沿海大都市设立渔业银行,俾便于渔业资金之募集。

（四）集资设立国营渔业公司及设置洋海捕鱼舰队,以发展深水渔业。

（五）沿河海地带设立水产实验区,以作发展水产之基础。

（六）沿海诸省多设水产学校,以期造就渔业及其他水农人才。

（七）创设渔业团体及刊行渔业书报,以提倡渔业及改善渔民生活。

二、畜牧

（一）奖励人民培养家畜,俾资增产。

（二）在高原地带设立畜牧实验区,以期改良牧种。

（三）在高原区域多设畜牧学校,以期造就畜牧人才。

（四）提倡牧畜展览会,以鼓舞人民改良牧种。

（五）创造畜牧合作社,劝导农户加入,由合作社借给社员畜产,待其养成后交还社内销售,俾资得益。

（六）在内地都市设立畜牧银行,俾便畜牧资金之募集。

（七）集资在西北产毛地带,设立国营毛织厂,及制革公司以振兴畜牧工业。

（八）奖励人民或由国家成立国营罐头公司,在西北畜牧地带设立罐头工厂,以发展西北富源。

（九）倡导畜牧舆论,及提倡畜牧立法,以期改善畜牧事业。

（十）创设畜牧团体,以便一面提倡其业务,一面作通盘之筹划,而改进牧民生活。

（十一）出版有关畜牧之书报,俾作提倡畜牧之向导。

以上诸项,倘能施于实行,不独我国渔牧事业得以振兴,渔牧经营得以发展,而我国西北荒僻之高原当渐得垦殖,东南曲折之海岸亦将得以利用矣。如是,地尽其利,人尽其才,则国家之富强当渐有可期矣。

第二十六章 国际建设

先生谓,莽莽大地,芸芸众生,人类原为一体,其生理与心理原具有齐一性,旋以知识英锐,心力坚毅者,本其竞争生存之思念,渐割据称雄,而占领天赋独厚之地区以成立健强之国家,其意志较弱者,则常被人牵制,甚至沦为强者之殖民地,而受其剥削至死而不能挽救,于是强弱互分,致不知同心协力共图光荣,误认互攻之说为牢不可破,而失其相亲相爱之诚,互相仇视,恒演成兵戎相见之局。夫世界各民族若能切实合作领导其他弱小民族共同奋斗,至百数年后,必能达到世界和平之日也。唯一般具有野心之霸道主义者,为图达其独霸世界之野心,乃不惜诱以重利,谈以甘言,施以诡计,使诸弱小民族,亦步上一般强者之后尘,至自相残杀,自相吞并,兵连祸结,互相死亡于锋镝,彼辈强者,则坐视成败,图享渔人之利。吾人倘尤不悟,则前途何堪设想?岂不悲哉!夫今日之人类,是唇齿相依,无论任何一国,苟有发生战事,其他诸国,必将连累而及,绝无独自生存之理,远观虞虢之患,近窥二次世界大战之蔓延,事实昭著,可为殷鉴,虽然东隅已失,桑榆非晚,今宜猛自觉悟,实行亲善,相见以诚,共谋世界永久和平之基础,使我全人类有所依附,则全世界,全人类幸甚矣。

再当今陆海空交通,世界里程日渐缩短,昔时往返经年之行程,而今则二三日间即可到达,闭关自守之局,绝无恢复之可能矣。吾人处此,独善其身,绝不足以济世,独善其国,亦未必能自救而救人也。所以吾人欲救祖国,同时必须企划如何以救人类,以救世界,即除致力于国家建设外应同时致力于国际建设,而达到整个世界之建设而后可。然而国际建设首重近邻邦交之调整,再而各国之文化交流,战后近邻各国之经济建设,及全世界之新建设。兹就先生对于国际之建设程序分列于下:

一、调整近邻邦交

先生谓我近邻诸国壤地相接,应互尊互助,彼此亲善为亚洲之福,互相交恶为东亚之祸,戎马相见,尤为不幸。所以先生对近邻邦交之调整,累有主张;兹就先生之主张分述如下:

(一)七七以前之主张。

1. 竭力恢复我国主权之完整,撤销列强在华之一切特权,促进近邻邦交之全部调整,所有中外地方纠纷,应就地解决之,其他此较严重之邦交问题,应约集有关系之国家组织调整委员会直接折衷或间接约请第三国参加仲裁解决之,以期保持国际间之永久友谊关系。

2. 订立近邻各国间切实互惠之条约。

3. 催促各国履行其返还我租界之手续,所有租界内之公产可以最公平之价格作地方借款之让渡,其利息及偿还办法应由此项公产之收益按期负担之。

4. 调整各国在华营业之各种公司,使其依照中国商法注册成为中华民国之股价有限公司,或将其管理权移交中国,俾作各国在华经济合作之重心。

5. 推行近邻国际间之技术合作,所有技术人才应互相借重,以开发各国间之资源,并于必要时彼此借重外资。以补充其国内资本之不足。

6. 订立各国切实保侨之条约,及实践彼此内地杂居之办法。

(二)抗战胜利后之主张。

1. 今后近邻邦交之调整,首重日寇对抗战损失之赔偿,及中日邦交之恢复常态,其应着重之点如下:

(1)现今日寇业经投降,我方对日固宜采宽大政策,以表彰我伟大民族以德报怨之仁风,但日寇自九一八以还,其侵略我国为害至巨,非与盟国互相商议令其向我赔偿若干损失不可,所以我方朝野应宜从速搜集自九一八以来日寇侵略中国之经济统计,以期及早核算我方所受之损失而向日方提出赔偿之要求,同时要求其国内工业之主要部门,移迁我国作为日方对我赔偿损失之一部分。

(2)与盟邦协商早日成立对日和约及恢复对日通商关系以重奠远东和平之基础。

(3)与美英合作督促日寇彻底建立和平民主政治体制,俾便矫正其霸道思想,免致其再行威胁世界和平。

(4)我国各政党应派遣要员驻日,向日方朝野作提倡亲华运动之活动,俾便维持我国在东亚超然之国际地位。

(5)我国政府每年应选派多员之国学专家常驻日本各大学讲授汉学,以期复兴日方之汉学思潮,而提倡今后日人之亲华思想。

(6)我政府今后应奖励日人之来华留学,以育成其亲华之份子。

(7)为防止日方之顽固分子对我作报复之阴谋,我政府应派遣多数之特工人员驻日,搜集其帝国主义活动之情报。

(8)日人之留居于我国在五年以上而在过去对我尚无劣迹行为,且有善良中国人为之保证者,得许可其归化改入华籍。

2. 对朝鲜问题酌量与美国合作促进朝鲜统一政府之成立,俾便扶植朝鲜之独立以奠定东亚之和平。

3. 苏俄自彼得大帝以来,即为亚洲之侵略者,近四百年间,自乌拉山而东,直至太平洋沿岸,已成其劫掠之地,所以自清康乾以还,我边患日急,每遇中原多故,俄人乃乘虚而入;我大局略安,则边患亦按比例而暂减,盖俄人以我据有巨之领域,持有众多之人口,且其边界与我毗连最长,于是对我常怀有恐惧之心,而视我为其永久之理想敌人,一旦有机缘,即企图陷害。此种误会,至为不幸。所以先生每忧心忡忡,谓今日之俄国,比过去之日本,尤为可怕,在我国未能强盛而有独立能力排除其威胁以前,我方对之,应一面忍气敷衍,与其折衷解释及维持友好关系,一面时刻准备预防,免致再受其更剧烈之危害也。

4. 为向海外发扬我国文化、及宣抚各地华侨,使其关怀祖国,我政府应向近邻各国遣派文教参赞,作文化交流之使节,凡有我使节驻在之地,应加设一二文教专家专任其事,使我国政情得以外达,学术思潮得以外扬,同时对各国学术思想之新发明,得以向国内作合理之介绍;如是,知己知彼,世界和平始可以有厚望也。

5. 在世界大势未安定以前,我国应团结亚洲东南各国缔结互助条约,俾资保卫亚洲之集体安全。

二、设立近邻国际研究机关

先生谓人类原是一体,世界本是大同,然而野心之徒每恃异端而争立,盖有异始可以独存,若同是一体,则仅有共存而绝无独存之理也。自古之争立者必先树立其与众不同之谬论,俾资号召。所以有异必有争,大同则无争矣。人类既是一体,是则其虽或有小异,然而归根必是大同,盖大同始可以致治,大异即将召乱矣。人类历史上之一切争斗是因其否认大同,而各持异议所致。今为打破国际纷争,必须排除大异而进至大同。夫大同之法,端在文化之交流,使各国人民得以知己知彼而消除成见,俾共进大同而维持人类间永久之和平。所以设立国际研究机关作推进大同之理念是所必需也,幸我邦人共起图之。

(一)在各大都市设立近邻国际研究机关作下列问题之研究与倡导。

(二)研究近邻国际和平之各种障碍及其排除方法。

(三)研究近邻各国之外交,俾作调整我国外交政策之准备。

(四)研究近邻各国之内政问题及其社会政策,俾作解决近邻各国社会问题之对策。

(五)研究近邻各国之国民生计及劳工问题与卫生政策,俾作我人民福利健康之参考。

(六)编刊近邻各国之法律,俾作划一近邻各国法律系统之准备。

(七)编刊近邻各国之历史,俾作近邻各国文化交流之基础。

(八)调查近邻各国经济及财政状况,俾作划一各国经济政策之准备。

(九)调查近邻各国之军备,俾作我国防之参考。

(十)在各大都市设立国际图书馆、文化博物馆,及近邻国际语言学校,俾作传授近邻各地语言与社会制度及倡导各民族合作之发动机关。

三、致力于战后之近邻国际经济建筑

先生谓和平是人类之幸福,战争是人类之大患。当今二次世界大战方息,而三次大战又正在酝酿,有一触即发之势,但当和平未至绝望之时,吾人当致力于和平之争取,尤须竭力于此次战后之复兴,彻底策划未来之建设,以期安定今后百年之大计也。近邻诸国,地利不同,资源各异,今后若图亲善,必须各本兼相爱、交相利之原则,一心一德,各自及共同发挥其特殊之人力、物力、财力,于同一目标——世界大同之目标之下建设而后可,但先生谓建设世界一体之新经济体制,必须从近邻之国际经济建设始,兹将先生之主张列述于下:

(一)设立近邻经济建设企划委员会,计划我国近邻各区域之开发问题,其委员以我近邻各国代表为主体,其他之弱小民族亦得遣派代表参加之。

(二)每年定期召集近邻国际经济会议,由民间社团及政府遣派代表出席,贡献经济建设意见,俾作近邻各国政府之参考。

(三)划一我近邻各区域之间关税制度,逐渐取消各国间之一切关税,使我近邻之各国成为整个经济单位。

(四)划一我近邻各国之币制,俾便国际贸易之清算。

(五)设立近邻国际清算银行,俾便推行我邻邦各区域间之国际贸易,及维持各区域间币制之平衡。

(六)划一我近邻各区域间之度量衡制度,俾便贸易之推进。

(七)划一我近邻各国之经济政策,经济法规,及投资制度,如修主要性能各国商法,及公司法等,凡在某国营业之公司即为某国法团,同受平等之保证,不论其资本为任何国人,如外商在中国经营之洋行,应改为中国法团,依照中国公司法改组,而向中国官厅注册经营之。

(八)订阅近邻各国之人民国籍互惠条约,允许近邻各国人民互相入籍,凡近邻各国侨居在中国一年以上之人,皆可准许其履行入籍手续取得中国国籍;华侨居住近邻各国者亦同;其有不愿履行此手续者,听其自便,其已经改籍之人回归其原籍地而愿意归复其原籍者,亦可依此原则变更之。

(九)划一我近邻各国之劳工政策。

(十)调整我近邻各国之民法与司法制度,在可能范围内使其渐趋一致,俾便各国人民债权、债务之易于履行。

(十一)调整我近邻各国之经济阵容,各按其所有资源、人力与资本之供给而开发其本境内之生产能力,倘某一国之财力不足进行开发,则可由近邻各国内之人民投资共同经营之。

(十二)调整我近邻各国之交通运输,使其紧密联络,俾便物资交流与供给之圆滑。

(十三)上列诸项可由我近邻之各国以条约规定之,俾资实行。

四、促进世界建设程序

先生谓,举凡社会事业或世界大事,均需群策群力为之推行始克有济,而今之世界建设,尤需全人类之努力方可以收效也。所以欲图建设世界新体制亦必须创设团体作其推动力而后可。

先生谓,举凡社会事业或世界大事,均需群策群力为之推行始克有济,而今之世界建设尤需全人类之努力方可以收效也。所以欲图建设世界新体制亦必须创设团体作其推动力而后可。

（一）由一般有志世界建设之个人或团体自动在各国各大都市组织世界问题座谈会,随时座谈世界之建设问题,并以座谈会为基础,彼此交换意见,及讨论世界建设方案,然后依照方案进行组织世界建设协会,以便与各国内同性质之团体取得联络,俾资推行。

（二）各国间之世界建设协会应互通消息,并每年举行国际年会一次,俾便推行世界建设,而促进国际和平。

（三）世界建设协会之工作如下：

1. 研究各国合作之各种障碍,及其排除方法。
2. 协助世界上各弱小民族之解放与独立运动。
3. 提倡世界上各弱小民族之解放与独立运动。
4. 设立世界问题研究所,以客观态度作下列问题之研究：

（1）研究各国之外交政策,俾作调整国际问题之方针。

（2）研究各国之法制,俾便将来统一世界各国之法统。

（3）研究世界各国之经济、财政、币制与关税状况,俾便将来统一世界各国经济制度之基础。

（4）调查世界各国之军备,俾作调整世界军备之参考。

（5）研究各国之内政问题及其政策,俾作世界建设之参考。

（6）研究世界各国之国民生计及劳工问题,俾作世界人口问题之调整。

（7）研究世界各国之民族问题,俾作调整世界问题之基础。

（8）研究各国之教育与文化状况,俾作编制世界和平方案之参考。

（9）以客观立场研究各国历史,俾作矫正人类错误思想之基础。

5. 促进世界各国之非战运动,筹设世界联邦政府以确保国际间之永久和平。

6. 沟通世界文化,促进国际友谊,废除民族间之不平等,而图全人类之紧密提携。

7. 废除各国间之不平等条约,解放各国之移民限制,奖励异族通婚,使全人类早日进于大同。

8. 废除各国之关税壁垒,开发各国之资源,以期贡献于全人类之幸福。

9. 划一各国间之政治理念,国籍法,关税制度,政治制度,经济制度,司法制度,度量衡制度,货币制度,教育制度,投资制度,及商法民法等,以促进世界之大同。

10. 人类中心理念及各种社会,政治,经济,司法制度划一后,应由世界建设协会约集各国政府遣派代表会议筹设世界联邦政府,统筹联邦之陆海空军,俾便控制破坏世界和平及威胁世界联邦之野心国家,而统一全人类于平等博爱之下同享世界之安宁,是为世界建设之完成。

五、建立世界联邦政府

上列纲要为先生十年前所写就之计划大纲,后经二次世界大战后,各国共同发起世界联合国,先生极表赞同,盖先生曾著有"世界大同方案",十年以来,即主张设立世界联邦政府以控制全人类而促进世界大同,若以现在之联合国与先生之世界联邦政府作比较,则前者之组织仍不若先生之主张较为完备,致未能贯彻其应负之使命,故极有加强之必要。据先生之见解,假设联合国为使其机构健全,则其必须具有其独立之主权,负起其作世界各国之太上国家,而成为世界之联邦政府而后可。兹从先生之"大同方案"内节录其所主张之世界联邦政府纲要列下,俾作有志趣者之参考:

（一）组织

1. 联邦政府设主席委员会以执行联邦政府之大权。凡参加联邦政府之各国,其元首皆为该委员会之当然委员,主席委员会设领袖一人,为联邦之大总统。总统任期一年,由联邦政府各主席委员中公推之,或由各委员轮流充任之,连选得连任一次至三次,其详细办法,由联邦约法规定之。

联邦政府与各国现有之群主或民主政体并无冲突,各国内部仍维持其固有之政体,君主国之皇帝亦可轮流兼任及连任联邦政府之大总统。

2. 联邦政府主席委员会之下设行政院,即责任内阁,及其直辖之若干部,以执行联邦政府之施政方针。

行政院或内阁设总理或院长一人,由联邦政府主席委员会建议经联邦立法院投票选举,由联邦总统任命之。

行政院管辖之各部均设部长、次长,由内阁总理或行政院长建议,经联邦立法院通过,由大总统任命之。

其他高级行政人员则由行政院长建议,由立法院通过,谘由内阁呈请大总统任用之。

3. 联邦政府设立法院,其立法院委员由各国选派之,各国所应选派之人数,由联邦政府约法规定之。

联邦立法院之职权为制定联邦政府之各种法案。

立法院长由立法院从其委员中投票选举,转谘内阁呈请大总统分布之；任期一年至二年。

4. 联邦政府设考试院,其职权为铨叙、甄别、考录及审核。联邦政府管辖各部之下级事务人员之人事问题。

考试院之高级人员及院长之任用,由联邦政府主席委员会建议,经立法院通过交由联邦内阁核准呈请大总统分布之。

5. 联邦政府设司法院及各级法院于联邦统治区域内之各大都市,凡涉及联邦政府之组织问题,民族问题或国际争议案件,人民之国籍问题,关税问题,投资问题,及其他关于联邦以外之一切国际经济,外交,诸项问题等,均属其管辖。

联邦司法院长及各级法院院长与推事之任用,均由联邦政府主席委员会建议,经联邦立法院通过,谘由行政院核准,转呈大总统公布之。

6. 联邦政府设监察院,其职权为审核联邦政府之会计,监督及弹劾联邦政府之各级官吏,接受联邦人民之诉愿,及对联邦之贪污官吏提起公诉。

监察院长及高级监察人员之任用由联邦政府主席委员会建议,经立法院通过谘由行政院转呈大总统分布之。

7. 在世界各国未全部加入联邦以前联邦政府应仍设立外交部,筹划联邦政府对联邦以外之各国之外交事宜,使在联邦管辖内之各国,得享受联邦政府之保护,但在世界各国,全体经已加入世界联邦后,联邦政府之外交部即行取消,盖在联邦统治区域内之各国,不办理外交,及不互设领事,或遣派公使。

侨居联邦内各地之人民,既为联邦籍民,应得设立同乡会,如某地某同乡会等,由侨居之同乡选举一人任会长,某任职之先,须取得其本国政府及当地官吏之许可。

凡参加世界联邦各国之外交,统由联邦政府外交部办理之,其外交官亦由联邦政府任命之,联邦内之各国政府不加设外交部。

8. 联邦政府建设独立之陆海空军,由联邦总统任大元帅。

联邦政府之各级军官,依照世界列强之军官任用习惯,经立法陆军制成法案,由联邦政府任用之。

联邦政府之军费,由联邦政府自行筹划之。

联邦军成立之后,在其管辖内之各国陆海空军,应逐渐划归联邦政府整理及编遣。

联邦军健全之后,专任联邦国防职务,使联邦内各国得享受均等之保护。

各国内部之军队除划归联邦政府编遣或指挥者外,余应即改作各国之地方警备队,专任各国内政之治安职务。

(二) 政纲与行政步骤

联邦政府之政纲及其行政步骤如下:

1. 划一联邦内各国之国籍法,凡参加世界联邦之各国,其人民一律取得联邦之国籍;凡生在某国之人为某国之原籍民,但其向外迁移,而侨居联邦范围内之任何国家在一年以上者,即取得侨居国之国民资格,为寄居籍民;倘其归回其原籍国居住在一年以上者,即恢复其原有之国籍。原籍民与寄居籍民在联邦内之任何区域,于法律上一律平等。

2. 划一联邦各国之赋税制度,联邦统治区域内之各国不互设关税,凡参加联邦之各国,其货物得免征出入口税,自由流通于联邦各区域内。联邦统治以外之各国货物,则应一律照章征收入口税。

3. 划一联邦各国之币制,使联邦统治区域内均采用一元均等之货币。凡在联邦内之各国,均得自由汇兑,而不受任何限制。

4. 划一联邦各国之经济政策,及投资制度,如修改各国之经济政策,投资制度,商法及公司法等。凡在某国营业之公司,即为某国法团,不论其资本主为任何国人民。

5. 划一联邦各国之教育方针,及发扬联邦教育,并在联邦区域内之各大都市,分设联邦学校,教授各国文化、语言、文字及社会制度,以图世界语言文化之统一。

6. 划一联邦各国之劳工及卫生政策,以图联邦人民之福利。

7. 变更联邦各国之司法制度,使其互相适应,而易于维持世界大同之新秩序。

8. 筹划联邦政府之财政及指定其岁收;联邦政府之赋税,由其直接征收之。

9. 联邦政府统治下之各国内政,除上述诸项问题外,均仍各按其原有正体推进其内部自治,及各施行其固有之内政,例如某国为帝国,某国为共和国,某国为联邦等,仍自保持其原有之内部制度,与联邦之政纲无冲突。

10. 联邦政府之社会政策采取各党各派之自由活动制度,任由人民以和平手段依法自由组织团体或正常活动之。

11. 参加联邦之各国,其国际间如有发生争议时,得由联邦法院依法解决之,联邦法院之组织法另订之。

12. 凡未加入世界联邦政府之各国及各非自治区域,应由各该地人民依照本方案之方式组织政党或世界建设协会请求参加或督率其政府参加之。

13. 其他关于联邦政府及联邦以内之各国或各区域间之有利于联邦之诸项问题,应由联邦立法院制成法案,谘请联邦内阁转呈大总统分布,交由各关系机关或联邦内之各国执行之。

第二十七章 结 论

先生一生致力于学术之研究,本其一贯之"动"的理论透视宇宙间之一切现象,由物理以至人事,由个人立身处世,以至君王治国平天下,及近代宪政政治之树立,无不详加分析。并由其理论之分析中,洞悉中国近百年来之痛苦,为中国固有文化之传统由于海洋交通与西洋新兴文化接续,而致互相摩擦,由于摩擦而失调,由于失调而发生社会上之种种痛苦,如内部革命,国际战争,及其他动荡不安之现象。中国固有文化既经与时代失调,则由于新兴时代所发生之一切问题乃不能应付,有若常人误食不适之物品,而遭消化不良之病。中国今日之与时代违和,即乃此消化不良之病症也。

先生之思想是以"动"为出发,以"适"为归宿,所以为调治中国今日之失调的病态,必须开具"适宜"的良方,使服用之者,得与时势具和而后可。于是乃建议彻底近代化中国为唯一之良药。然而近代化中国,则有六个步骤,一为心理建设,二为社会建设,三为军事建设,四为政治建设,五为经济建设,六为国际建设。此六种建设之重心对内为近代化民主宪政之完成,对外为万邦之协和,与世界联邦政府之建立,并制有各种方案,俨若建造大厦之一本蓝图,俾作建筑之南针。倘依案进行,逐步建设,则天时地利人和与时势均能调适于一体,而康乐之中国当可实现矣。此为先生思想之概要也。

刘　跋

　　台山余公学贯中西，秉赋过人，年虽知命，仍不释卷。先生谈于荣辱，勇于不平，一切可惊可喜，坦然处之，盖所见者大，所虑者远，所养者深，而得独厚者也，虽然博通经史，娴研儒、释、道、耶、回各教，而尤长于社会政治经济法律焉。公以道德文章，名闻中外，考其言论，卓然独到，而不难于权术，其操守本其所具，从不稍舍而夺于势利，凡形诸文字讲演之间，施诸动静云为之际，盖无一不本乎仁义道德之怀，出于至诚之天性也，每聆先生之慷慨议论，诚若浩海慈航。至于复兴政见，譬如万里铁轨舍此莫由进步。谈时势，有若针炙临床，指无虚发，往往经当局目为最新之计划，实则十数年前，已见于先生著作中矣。先生著作不下百十种，关于政治文学、社会自治、人民思想，以至经济法律、道德风化，无一不备，可作行政之南针，可为人民之师导，大义耿然，言人之不敢言，见人之所未见，精旨微妙，一本乎中庸，以之供献牧民者，谁曰不宜，呜呼，晚近以来，国家多故，满目疮痍，每思复兴国家，与安抚人民之良策而不可得，乃从事研读，先生之言论集，有若拨云见日，光明浸照，无处不表现在先生之关怀国家，及时刻之不记忘复兴也，如能藉以启迪第二代国民，俾作救国济世之途径，及立身致力之正轨，则尤为吾侪之所馨香祝祷者也。是为跋。

戊子历城刘梦久谨识

张　　跋

　　思想为立身之本，行动乃处世之基，是以欲知一人对于社会之贡献如何，于其思想行动之中即可窥其梗概矣！先圣有云："穷则独善其身，达则兼善天下"，此语若加诸于吾师余天休博士，可谓无间焉！盖我国自欧风东渐，国人深感生存维艰，忧时之士，每协谋国事，只以思想不一，复无中心理念为之指标，以致愈救而愈乱，国家无日不在风雨飘摇之中。先生怒然忧之，经多年研究之结果，乃制成各种方案，以备建设新中国之需，救亡图存时切于中，与人言则不惜以苦口婆心现身说法，或发伟论刊诸报章，以期唤起国人之猛醒，暇时则潜心著述作学理之探讨。其著述已经出版者甚多，文章之风采与裨益于后学者，早已彪炳环宇，固无待吾人之介述也。

　　先生研求救治之道，数十年如一日，孜孜不倦，所有著述除有专书印行者外，尚有足为建设新中国图治之道者，零金碎玉散轶甚多，所有刊行者不过十之一耳。因先生雅不欲以文炫于世，而同仁等则咸以未能得窥全豹以为憾，于是以救国之道宜公诸于世以为劝，先生不得已，乃慨然应允，余等遂将积稿谨而理之，其有关治世之道者，提纲挈领择要而辑，定名为"余天休之学术思想与政治理论"，兹篇所述，不过略示先生之思想与为人之大概而已，倘能进而引起有志者之兴趣共图国是，想亦于先生改良社会趣旨不悖欤！略志数语以为书后。学生张以之谨识。

张以之

附先生著述目录一览

（凡有△符号者为尚未经出版之原稿）

先生著述宏富，其已经出版之专书论文等合计总在数百万言以上，兹就先生历年著作之专书及论文题目附录于此，俾作留心先生学术思想者之参考，但下列题名尚未完备，盖先生著述虽多，然而历年奔走国事，致经遗失，或因刊载机关业已停办，而无法考查者尚属不少，他日搜集有成当继续刊出以公诸同好。倘有先生之各方好友见有其他论文而题目尚未经本文刊登者，希望致照编者以便再版时刊出为幸。

（一）专著书籍类

经济学原理　△陆海空军刑法　社会学大纲　△参政导言　读书方法　△欧美社会政治史之分析　成功秘诀　日本国概观　英译中华民国刑法　△社会学原理　英文中国文化系统表　△社会学导言　英文琵琶记　社会文化研究法　水利救国　人类之过去现在与将来　英文中国社会问题　△教育社会学大纲　△英文法学通论　教育之社会目的　△中国历代亡国之原因　△军政　回教史之研究　法学概论　英人统治下之印度　商学概论　△英文中国革命论　△社会福音　殖边问题之研究　△经济学大纲　△洪门便览　中国经济改革方案　△文化起源论　社会法理学　△应变论

（二）论文类

1. 政法项。

政治思想之基础　为政之道　人权　世界史之出发点　论政　中国的政治　中国人的气质和他们的政党　中国什么闹不好　我们昨日的统治者　宇宙间的三大原理　模范县政纲要　中国农业政策的检讨　救国　从社会学观点上看的法律和法治问题　中国政治史之演变程序　中国已往之治乱循环现象　中国近百年来之崩溃现象　辛亥革命及其后患　中国近五十年来的宪政运动　辛亥革命的心理观　当今中国政治弊病的情状　中国人的法律观念　解决中国现在各种问题之建议及其得失　中国今日崩溃的原因及吾人所负的使命　社会法理学

2. 社会心理项。

中国现代社会之根本问题　中国社会之组织及其调治方法　物质文明的危机　中国人的宗教观念　中国社会学家之目的与责任　社会学之派别　原人心理　社会学之起原　研究社会学之阻碍　人类的演进　中国与欧洲社会政治制

度之比较　社会之意义　革命的学理　原始社会的演化　中国秘密结社的研究　娼妓问题的研究　实习的社会学　华北的秘密的结社　青年人的社会心理　社会学之历史的背景　人口过剩的神经过敏　社会科学落后的危机和补救方法　洪门手册　中国人才的地理分布　全民教育　广州市的平民宫　娱乐与农村生活　今日之中国　我们向哪里走　中国史引言科学导言　人类社会循环崩溃之必然性　人类社会循环崩溃之理论　中国人的社会心理　社会进步的意义　分析心理学　中国史上的唯水论　中国社会进步的测量　近代社会政治经济思潮及其对于世界大势之影响　法国革命对于近代各国政治的影响　欧洲工业革命以前的社会状况　欧洲近一千年之社会政治变迁

3. 商业经济项。

中国的经济现状　白银问题　水利与治水　水利的经理问题　晚近美国经济状况的变迁　商人卖货的秘诀　以赠品推广营业的方法　投资技术　绥新交通问题　怎样做一个善于卖货的人　德国的重工业——克虏伯炮厂的历史　为改良我国商业敬告金融界书　为改良我国商业敬告我国资产阶级书　为改良我国商业敬告官厅书　为改良我国商业敬告司法界书　为改良我国商业敬告舆论界书　为改良我国商业告商人书　为改良我国商业告民众书　农民问题　中国教育目的的错误和士大夫阶级的经济思想　经济学研究的内容　广西省五年经济计划初稿　统制经济方策

4. 社会统制项。

利诱　颂扬　佯伪　命名　指挥　麻醉　说练　惩戒　宗教　风俗　辩论　讽刺　宣传　指挥　造谣　包围　舆论　广告　开导　成规　恫吓　理像　口号　级治　维持社会秩序的功能　社会统制的需要　社会自然的秩序　道德在社会统制上的功能　社会统制的失调　社会统制的调适　社会统治问题　情感与利害关系　社会统制的限度　社会统制的集中点　乐群性在社会统制上的功能　听人发挥　服人　合作之道　得人之道

5. 修养项。

思思　任事　成功　华盛顿治行格言　有为　夺斗　节制　自安　觉悟　主观　沉忍　因小失大　一贯主义　急功近效　作文简法　自检的方法

6. 风纪项。

职业风纪　商人风纪　医师风纪　教师风纪　药商风纪　宦风　律师与法官之风纪　新闻记者风纪

7. 青年人问题项。

青年人的自杀　青年人的修养问题　非常时期学生应有的修养　青年人的出路和成功　青年人成功的要诀　青年人做事的方法与成功的关系　青年人的思想问题　青年人怎样可以获得良好的位置　青年人怎样可以锻炼健康的身体　青年人怎样奋斗　青年做事成功应有的态度　青年人的求偶问题　怎样发

展我们的记忆力

　　8．文化项。

　　吾人所探讨之文化　中国文化的新理念　文化的真义　创设道教学院之意旨　英文中国政治思想文化演讲稿五篇

　　9．国际问题项。

　　晚近德美两国步兵的改进　英爱问题的进展　英国民族性与英帝国的前途　横渡大西洋的飞船事业　晚近耶稣航空的发展　苏联在远东作战的准备　西印度群岛的华侨

　　10．开发边邑项。

　　中国人口问题解决之必要　殖边救国　殖边问题　发展中国边境意见书　筹备中国殖边协会宣言　殖边运动（汉英文各一篇）　地方殖边运动计划